U0930162

奉化年鉴

2022

《奉化年鉴》编纂委员会 编

方志出版社
Publishing House of Local Records

图书在版编目（CIP）数据

奉化年鉴. 2022 /《奉化年鉴》编纂委员会编.—
北京：方志出版社, 2022.9
ISBN 978-7-5144-5343-0

Ⅰ. ①奉… Ⅱ. ①奉… Ⅲ. ①奉化—2022—年鉴
Ⅳ. ①Z525.54

中国版本图书馆CIP数据核字（2022）第226070号

责任编辑：范静
责任校对：刘玉霞
责任印制：梅中英
出 版 者：方志出版社
地　　址：北京市朝阳区潘家园东里9号（国家方志馆4层）
邮　　编：100021
网　　址：http:// www.zgfzcb.cn
发　　行：方志出版社图书营销中心（010-67110500）
印　　刷：浙江全能工艺美术印刷有限公司
开　　本：889毫米×1194毫米　1/16
印　　张：24.5
字　　数：700千字
版　　次：2022年9月第1版
印　　次：2022年9月第1次印刷
定　　价：168.00元

《奉化年鉴》编纂委员会

《奉化年鉴》编辑部

编辑说明

一、《奉化年鉴（2022）》以马克思列宁主义、毛泽东思想、邓小平理论、“三个代表”重要思想、科学发展观、习近平新时代中国特色社会主义思想为指导，坚持辩证唯物主义和历史唯物主义的立场、观点和方法，全面客观记载2021年奉化区域范围内的新事物、新变化、新成就和新经验，为执政提供借鉴，为发展开创思路，为历史留存资料。

二、《奉化年鉴（2022）》旨在全面、系统地按年度记载奉化经济、政治、文化、社会和生态等方面发展情况，为各级党政机关和社会各界人士了解、研究、建设奉化提供丰富、翔实的资料。

三、《奉化年鉴（2022）》资料、图片由全区各部门、镇（街道）提供，稿件由各单位指定专人撰写，经编辑部编纂统稿，再经区委办公室、区政府办公室审核后定稿。

四、《奉化年鉴（2022）》由特载、专记、大事记、奉化概况、正文、附录、索引组成，配以地图、图片、表格。记述以文字为主，采用分类编辑法编纂，分为栏目（类目）、分目、条目3个层次；各层次以不同的字号和字体表示。条目是年鉴的基本单元，其标题以“【 】”引出，以便查阅。

五、《奉化年鉴（2022）》记事时间为2021年1月1日至12月31日。

六、凡涉及奉化区国民经济和社会发展全局性的数据，以区统计局编纂的《2021年奉化区国民经济和社会发展统计公报》为准，其他数据由各部门、镇（街道）提供。

12月29—31日，中国共产党宁波市奉化区第二次代表大会召开（区委宣传部　供图）

1月20—22日，中国人民政治协商会议第一届宁波市奉化区委员会第五次会议召开（区政协办　供图）

1月21—22日，宁波市奉化区第一届人民代表大会第五次会议召开（区人大办　供图）

6月19日，区总工会组织开展“学党史、强信念、跟党走”奉化区万名职工党史知识竞赛（区总工会　供图）

6月22日，庆祝中国共产党成立100周年“永远跟党走”合唱大赛（决赛）在奉化剧院举行（区委宣传部　供图）

5月6日，“生就是奋斗——胡华百年诞辰生平与书信展”在中国人民大学博物馆开展（区委党史研究室　供图）

6月25日，奉化区举行庆祝中国共产党成立100周年主题文艺演出（区委宣传部　供图）

9月26日，“红船从浙里起航（中国共产党在浙江1921—1949）浙江省庆祝中国共产党成立100周年大型巡展奉化站”活动在溪口开幕（区文广旅体局　供图）

7月，奉化区庆祝中国共产党成立100周年主题展在奉化博物馆开展（区博物馆　供图）

4月27日，奉化区代表队在“百年潮涌浙江印记”宁波市党史知识大赛中获得一等奖（区委宣传部　供图）

5月28日，奉化区代表队获得“百年潮涌浙江印记”浙江省党史知识大赛优秀组织奖（区委宣传部　供图）

5月24日，莼湖街道桐照村全体党员干部在码头歌唱革命歌曲庆祝中国共产党成立100周年（莼湖街道　供图）

7月1日，奉化实验小学师生同唱《唱支山歌给党听》，向中国共产党成立100周年献礼（区实验小学　供图）

6月15日，江口中学杨映赞等美术教师运用掐丝珐琅技艺创作的一幅10米长、1米高的党史故事画首展，庆祝中国共产党成立100周年（区教育局　供图）

8月，江口街道麦浪农场四色稻田巨画“喜迎新奉化”庆祝中国共产党成立100周年（江口街道　供图）

3月17日，国家税务总局宁波市奉化区税务局溪口税务所“零窗”智慧办税厅荣获“全国巾帼文明岗”称号（区税务局　供图）

7月30日，在东京奥运会男子200米个人混合泳决赛中，奉化区游泳运动员汪顺以1分55秒00破亚洲纪录的成绩夺冠（区文广旅体局　供图）

11月12日，在“闪亮的名字——2020最美大学生/最美高校辅导员发布仪式”上，“挡刀女孩”崔译文获2020年“最美大学生”、全国道德模范等荣誉（崔译文　供图）

11月1日，奉化区推荐的“下一代超高速硅光集成芯片项目”获第六届“创客中国”中小企业创新创业大赛全国总决赛创客组一等奖（区经信局　供图）

“7·1”前夕，滕头村被中共中央宣传部命名为全国爱国主义教育示范基地（滕头村　供图）

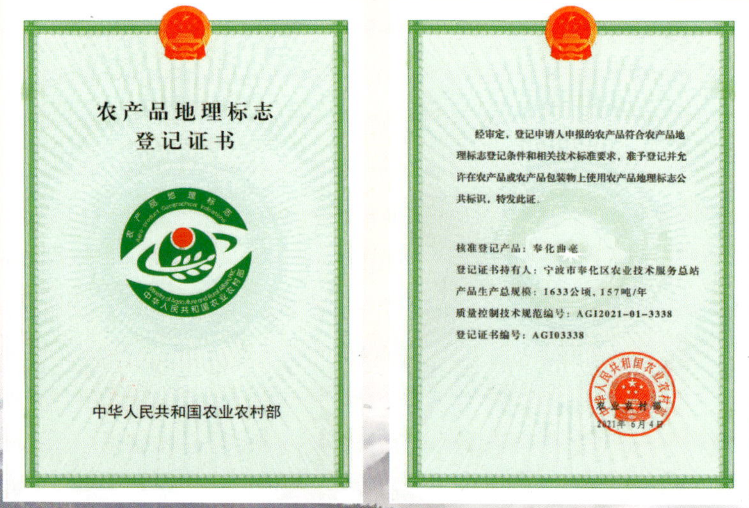

农产品地理标志
登记证书

中华人民共和国农业农村部

经审定，登记申请人申报的农产品符合农产品地理标志登记条件和相关技术标准要求，准予登记并允许在农产品或农产品包装物上使用农产品地理标志公共标识，特发此证。

核准登记产品：奉化曲毫
登记证书持有人：宁波市奉化区农业技术服务总站
产品生产总规模：1633公顷，157吨/年
质量控制技术规范编号：AGI2021-01-3338
登记证书编号：AGI03338

2021年6月4日

2021年6月4日奉化曲毫荣获中华人民共和国农业农村部颁发的农产品地理标志登记证书（区农业农村局　供图）

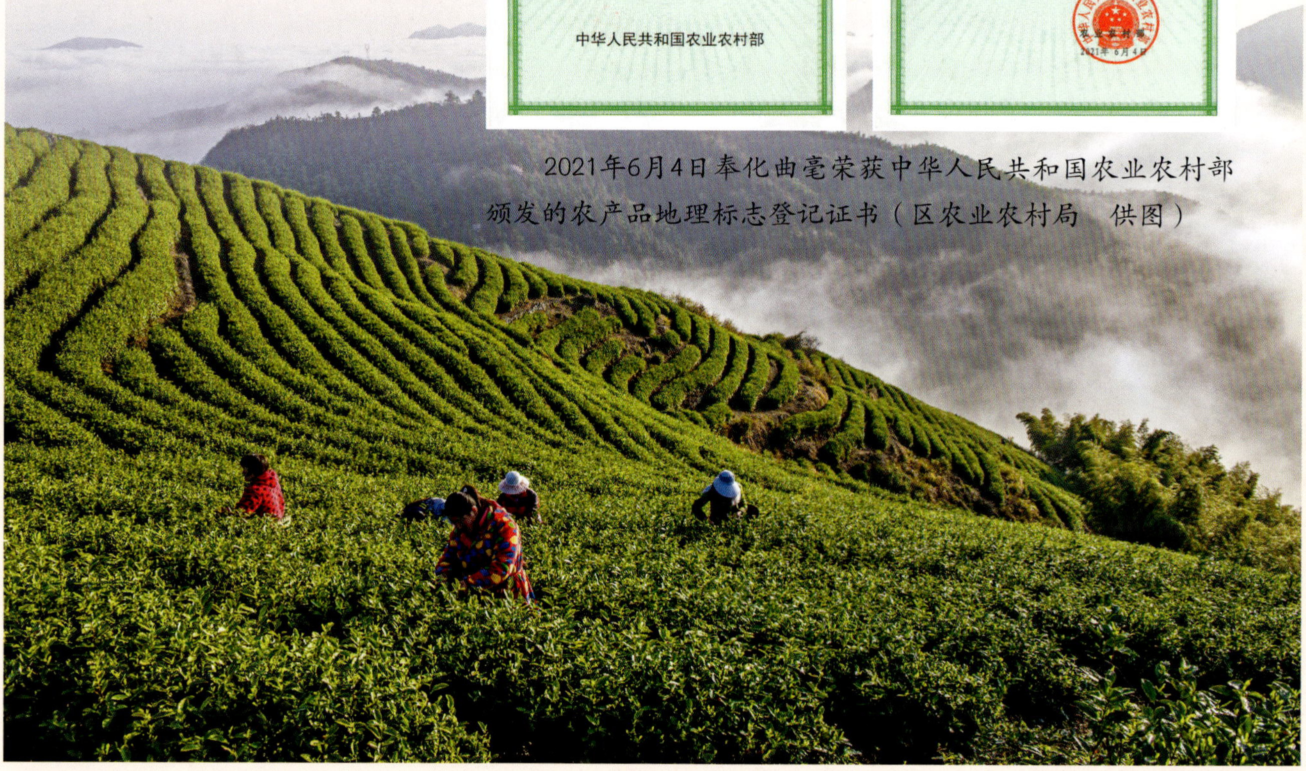

6月，奉化曲毫获评国家农产品地理标志（区农业农村局　供图）

4月3日，2021奉化海峡两岸桃花马拉松在溪口开跑（区文广旅体局 供图）

2月3日，奉化区总工会为就地过年台胞送温暖（区总工会 供图）

9月15日，以“共叙亲情 共盼团圆”为主题的2021海峡两岸（奉化）中秋晚会在武岭中学举行（区台办 供图）

奉化年鉴 2022

4月15日，奉化区扩大有效投资重大项目集中开工活动在宁波生命科学城酒店商业综合体项目现场举行，此次开工的重大项目达18个（区委宣传部　供图）

6月22日，奉化区扩大有效投资重大项目集中开工活动在华侨城欢乐滨海酒店及商业综合体项目现场举行，此次开工的重大活动达17个（区委宣传部　供图）

11月，南山路综合改造工程完工并实现通车（区住建局　供图）

8月30日，203省道奉化段（一期）工程按时完工并通车（区交投公司供图）

8月18日，中铁十二局集团有限公司金甬铁路（奉化段）首条隧道——金穗隧道顺利贯通（区轨道交通指挥部　供图）

1月29日，大成路、中山路两侧品质提升工程全线竣工（区委宣传部　供图）

7月16日，西河小区一期建设完成并交付（区委宣传部　供图）

年末，滨江生态公园一期基本建设完成（方桥街道　供图）

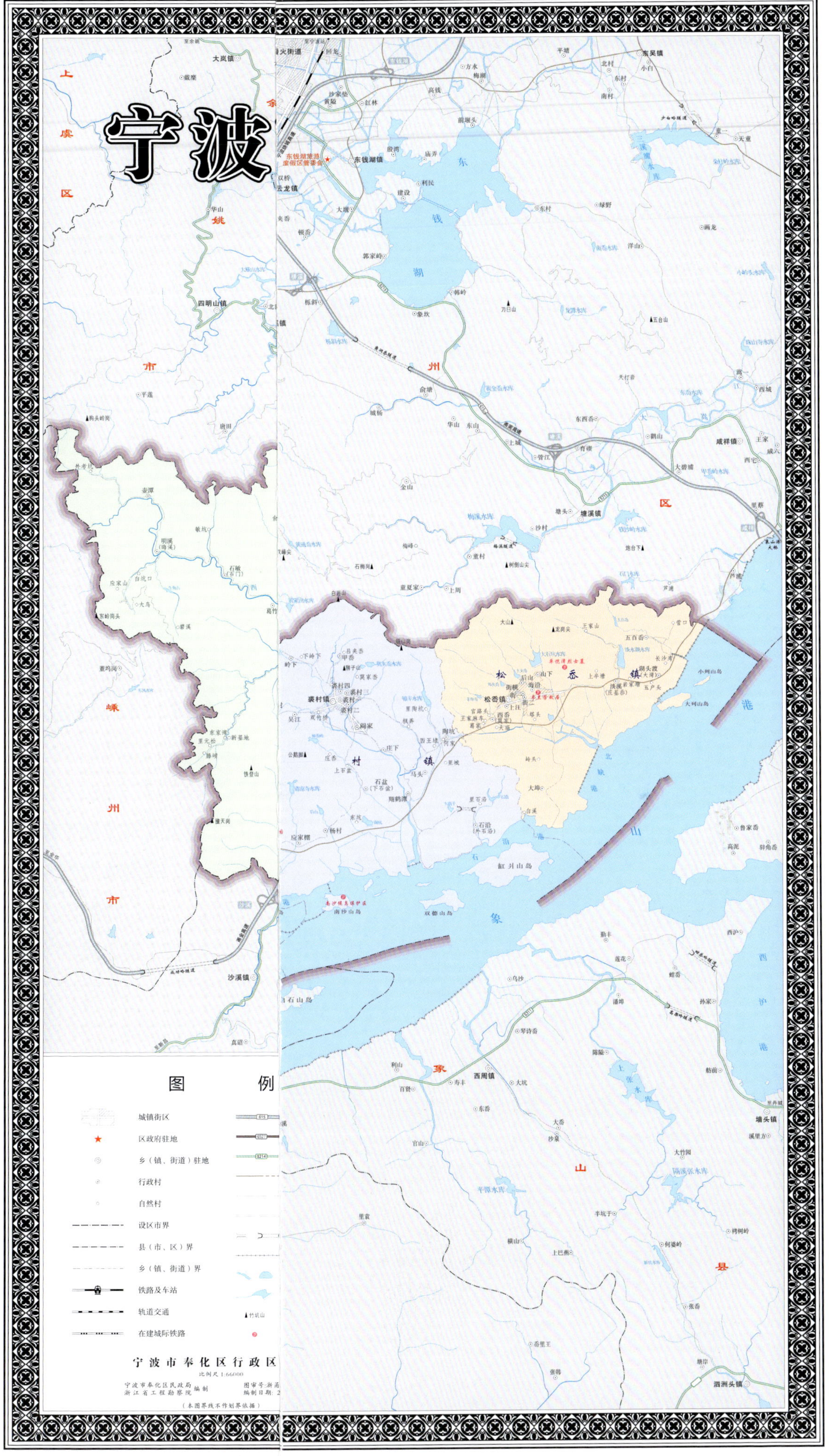
宁波
图例
城镇街区
区政府驻地
乡（镇、街道）驻地
行政村
自然村
设区市界
县（市、区）界
乡（镇、街道）界
铁路及车站
轨道交通
在建城际铁路
宁波市奉化区行政区
比例尺 1:66000
宁波市奉化区民政局
浙江省工程勘察院
编制
（本图界线不作划界依据）
东钱湖
松岙镇
裘村镇
象山港
西周镇
象山县
大岚镇
四明山镇
东钱湖镇
云龙镇
咸祥镇
塘溪镇
沙溪镇
墙头镇
泗洲头镇
东吴镇

Table of Contents

目　录

特　载

专　记

大事记

奉化概况

中国共产党宁波市奉化区委员会

宁波市奉化区人民代表大会

宁波市奉化区人民政府

政协宁波市奉化区委员会

纪检　监察

民主党派

群众团体

军　事

法　治

农　业

农村工作

自然资源管理

工　业

贸易合作

旅　游

城市建设与管理

交通运输

水利　水务

邮政　通信　信息

金　融

经济综合管理

生态环境保护

教育　科技　卫生

文化　体育

社会生活

社会保障服务

镇　街道

人 物

附 录

特　载

在区委一届十一次全体会议上的报告（摘要）

区委书记　胡永光

（2021年12月22日）

今年以来，面对错综复杂的内外形势，面对新发展阶段的新使命、新任务、新挑战，区委常委会聚焦聚力“跨越发展、二轮攀高”，攻坚克难、开拓奋进，干成了“五年奉献一个新奉化”目标，实现了“十四五”良好开局。预计全年地区生产总值突破800亿元，一般公共预算收入74.2亿元、增长15%，固定资产投资395亿元、增长29%，城乡居民人均可支配收入分别增长7%和7.5%。重点抓了四件大事。

一是精心组织开展党史学习教育。坚持把党史学习教育作为一项重大政治任务，列入重要日程、摆在突出位置，推动党史学习教育真正走深走实、出彩出效。召开党史学习教育动员部署会，提出“四争四做”模范目标，高标准高质量覆盖全区2001个基层党组织、36846名党员。充分利用奉化丰富的红色资源，广泛开展“沿着红色足迹学党史”系列实践活动，受教人数超3万人次。深入开展“四百”宣讲活动，累计开展宣讲1624场次，受众达14万人次。精心组织线上答题竞赛、线下总决赛，吸引干部群众参与33万人次，党史知识竞赛获市一等奖、省优秀组织奖。深入开展“三为”专题实践活动，累计为群众办实事18634件，为企业解难题2889件，为基层减负担1392件（项），打造形成“红五星”“家系列”等一批具有奉化辨识度的金名片。通过党史学习教育，有力引导全区党员干部不断从百年党史中汲取智慧和力量，守好“红色根脉”，砥砺初心使命，坚决扛起高质量发展的历史使命。

二是扎实推进共同富裕特色区建设。专题召开区委一届十次全会进行部署，制定出台推进高质量发展建设共同富裕特色区行动方案，明确七大攻坚行动、十大标志性工程。成立推进高质量发展建设共同富裕特色区领导小组，组建区委社会建设委员会，建立工作推进、改革试点等机制，形成重点任务、突破性抓手、重大改革、首批典型案例“四张清单”，“特色区”建设“四梁八柱”初步形成。主办“2021雪窦山全球智库论坛”，发布“县域共同富裕研究成果”。高质量做好对口支援、东西部协作、山海协作等工作，探索“劳务经纪人”新模式，促进与甘洛县产业合作、劳务协作和消费帮扶，小草志愿服务队荣获“全国志愿者扶贫案例50佳”。

三是统筹实施“两大计划”。 坚持把“两大计划”作为引领未来发展的总牵引，建立区级领导领衔、专班推进等机制，积极探索高质量发展新路径。全面创新“1+5”行动计划顺利推开。聚焦科技赋能，加快推进动力创新，区属研发投入强度达到3.2%，人才总量达到17万人。聚焦质量变革，加快推进产业创新，出台推进制造业高质量发展、服务业高质量发展等一系列专项政策，预计全区制造业中长期贷款余额增长48%，高新技术产业增加值增长25%，数字经济核心产业制造业增加值增长19%。聚焦格局重构，加快推进开放创新，新设武汉、成都、西安等3个招商及人才工作联络站，成功引进亿元以上项目35个。聚焦全面深化改革，实施机制创新专项行动，部署安排年度重大改革26项，知识产权协同保护、家园理事等制度出台实施，基层综合执法“镇队合一”体制改革试点顺利推进。聚焦“四治”融合，加快推进治理创新，问题闭环机制平台正式投用，区级问题库累计入库问题978条，整改757条。全域美丽“1+5”行动计划高效开展。实施“城乡之美”专项行动，全力推进“精特亮”创建，惠政老街正式开街，溪口应梦里举办试开园活动，名山风景线获评全市首批最美“精品线路”。实施“生态之美”专项行动，深入打好污染防治攻坚战，夺得大禹鼎银鼎，大堰生态环境教育特色小镇入选“美丽中国”十佳公众参与案例。实施“人文之美”专项行动，红帮裁缝技艺列入第五批国家级非物质文化遗产名录，上榜中国好人、全国道德模范各1人。实施“生活之美”专项行动，高标准完成人代会票决的10项民生实事工程，“奉有”系列民生品牌逐步打响。实施“和谐之美”专项行动，专题开展“奋战三十天、护航百年庆”八大行动，深入实施“周一夜访”“五大员”等机制，社会大局持续保持和谐稳定。

四是一体推进“六大会战”。 坚持把“六大会战”作为工作突破口，聚焦重点、攻坚破难。“五年奉献一个新奉化”100个项目全面完工，完成投资168亿元。城乡危旧房整治不断深化，5个老旧小区改造有序推进，征迁房屋115万平方米，整治老旧农房1558户，完成农房拆旧822亩、建新547亩。平台园区建设有序推进，完成投资36亿元，拆除旧厂房50万平方米，新建厂房96万平方米，淘汰落后产能（设备）涉及企业27家，“低、散、乱”整治提升企业202家，万洋众创城（二期）、联东U谷和怡诺科创园获评首批省级小微企业园，溪口—滕头景区入选省千万级核心大景区培育名单。基层治理水平持续提高，创新推行“家园理事”制度，“共享法庭”全面推开，连续第三年获评省“无信访积案县（市、区）”。民生同城化稳步推进，116项民生同城化项目圆满达标兑现。干部作风整治走向纵深，村社书记例会、“百村立功竞赛”等赛马平台持续发力，村社干部党性党风教育年活动取得预期成效。

具体来讲，主要是取得以下六方面工作新成效：

一是政治引领进一步强化。 区委常委会始终把党的政治建设放在首要位置，确保全区各项事业发展保持正确方向。理论武装更加自觉。带头落实“第一议题”制度，深化“周自学、月集中、季交流”机制，深入系统学习习近平总书记系列重要讲话、党的十九届六中全会等重大会议精神，累计召开区委常委会43次、区委理论学习中心组学习33次。部署落地更加坚定。坚决做好上级专项督查整改工作，政法队伍教育整顿胜利收官，第二轮中央生态环境保护督察整改有序推进，“恢复地类”复耕整治圆满完成，省委巡视反馈问题整改销号26个、完成率76.5%，省、市委“七张问题清单”涉及问题整改完成率分别达到71.4%、84.7%。统揽全局更加高效。坚持党对一切工作的领导，支持人大依法履行监督权、决定权、任免权，政协依照章程开展政治协商、民主监督和参政议政，“一府一委两院”依法履行职能，加强同各民主党派、工商联和无党派人士的合作共事，充分发挥工、青、妇等人民团体桥梁纽带作用，党管武装、国防动员和军地融合发展等工作不断加强。

二是经济实力进一步提升。区委常委会坚持发展为先、效益为重，推动县域经济向城市经济加快转型。工业稳步增长。预计制造业投资增长12%，新增规上企业120家，规上工业增加值增长9.2%，鲍斯能源获中国驰名商标，秉航科技入选省级工业设计中心，7家企业入选国家级专精特新“小巨人”名单。服务业逐渐复苏。预计实现服务业增加值增长5%，接待游客人次、旅游综合收入分别增长26%和28%，驿淘跨境电商产业园获评省AAAA级电子商务产业基地，徐凫岩运动景区入选“中国体育旅游十佳精品项目”和“长三角体育旅游目的地”。农业特色发展。预计实现农林牧渔业总产值57.7亿元、增长5%，滕头田园综合体项目完成建设，雪窦山省级现代农业园区通过验收，“奉化曲毫”获国家地理标志农产品登记保护。

三是发展活力进一步激发。区委常委会坚持创新驱动、改革带动，发展新动能更加强劲。创新主体快速壮大。茗山智创小镇入选省级特色小镇创建名单，沪甬双创基地揭牌运营，国泰、经佳、移盟等“飞入地”按期开工，全省首个“腾讯云启产业基地”成功落户，新认定高新技术企业47家、“小而美”企业22家、创新孵化平台2家。创新环境加快优化。深化人才新政3.0版，“人才码”全面升级，“人才银行”揭牌成立，“奉麓青研院”组建运行，人力资源产业园建成投用，东部人才社区主体基本完工，入选甬江引才计划11人、创历年新高。数字化改革迭代升级。“1+5”门户全部上线，上线多跨场景应用7个，“浙里惠渔”、智慧门牌、智慧光伏列入省级试点应用，“镇街一件事、帮办一键通”获评省党史学习教育“三为”专题实践活动最佳实践案例。

四是美丽特质进一步凸显。区委常委会坚持重点突破、整体联动，城乡整体形象加快蝶变。城乡形态持续重塑。基础设施短板加快补齐，锦屏南路拓宽、南山路改造一期等项目完工，县江两岸、中山路完成立面改造，生命科学城中央公园、东门广场建成开放，新增公路里程25公里、绿地16万平方米、景观绿道20公里，创成省AAAA级景区城。美丽镇村建设成效明显，累计创成省级新时代美丽乡村达标村69个，莼湖获评省AAAA级景区街道。生态底色持续擦亮。蓝天保卫战持续打响，完成大气治理项目16个，环境空气质量优良率达到97.2%，$PM_{2.5}$平均浓度降至24微克/米^3。“污水零直排区”2.0版加快打造，县控以上断面地表水优良率、地表水环境功能区达标率、饮用水水源地水质达标率均为100%。垃圾“公交化”收运处置范围持续扩大，“无废城市”创建全市领先，“无废村镇”模式在全省推广。文明风尚持续培育。借力全国文明典范城市创建，扎实开展共建“我们的家园”活动，深入实施文明实践“六色”行动，累计参与志愿服务30余万人次，萧王庙、溪口获评省农村文化礼堂建设示范乡镇。

五是生活品质进一步改善。区委常委会坚持凝心聚力惠民生，城乡居民的获得感、幸福感、安全感持续提升。社会事业全面进步。教育事业优质均衡发展，上师大附属宁波实验学校、春晖幼儿园等建成投用，宁波城市职院奉化校区、锦屏中学迁建工程主体完工，新增公办幼儿园学位1350个，义务段课后托管服务实现全覆盖，3所学校获评省首批现代化学校。健康事业建设加快，区中医医院迁建工程进入装修阶段，医疗健康综合体项目完成初步设计，殡葬一体化项目有序推进，新增3岁以下托育机构4家，建成为老助餐服务点58个、省级康养联合体3个，3岁以上人群新冠病毒疫苗累计全程接种56.5万剂次、覆盖率99.2%，“青鸟探巢”志愿服务项目荣获省青年志愿服务项目大赛金奖。体育事业显著进步，体育中心主体完工，新增体育场地2.3万平方米，中国皮划艇协会总部基地和国家训练中心落户宁波湾，夏季奥运会金牌实现零的突破，获评全国群众体育工作先进单位。社会保障全面提升。城镇新增就业19692人，城镇登记失业率为2.38%，最低月工资标准提高至2070元。“社保惠民”计划深入实施，户籍人口基本养老保险参保率达99.3%，企业退休人员基本养老金实现“十七”连涨。城乡居民医保参保扩面工作稳步推进，户籍人口医保参保率达99.9%，医保电子凭证激活率达84.6%。社会救助标准实现同城同标，最低生活保障标准提高至1005元/月，特困救助供养基本生活标准提高至1709元/月。社会大局和谐稳定。常态化开展扫黑除恶斗争，严厉打击涉网新型违法犯罪，抓获电信网络犯罪嫌疑人248名，移送审查起诉222人。升级“放心消费一码通”，切实保障群众“舌尖上的安全”。安全生产工作扎实推进，有效防御“烟花”“灿都”台风，各类生产安全事故起数、死亡人数分别下降23%、33.3%。开展“周一夜访”活动35期，接待群众372批719人次，解决信访事项和民生实事319件。区、镇、村三级矛盾纠纷调处化解体系进一步优化，破解历史遗留问题91件、破解率93.8%，全区信访总量下降35.9%。

六是政治生态进一步优化。区委常委会坚持全面从严抓党建，推动政治生态持续向好。基层基础更加巩固。累计组织村社干部各类培训300多场次、参训15000余人次，24人入选省市“担当作为好支书”“兴村（治社）”名师，受党政纪处分的村社干部下降61%，“导师帮带”作为浙江经验推向全国。选派“五大员”1599人，发现问题23443个，解决23336个。主动对标省委“浙里红色根脉强基系统”，成功揭榜“党内组织生活”场景应用。干部队伍不断优化。全省率先开发“乡镇换届综合应用平台”，全市率先完成乡镇换届干部调配，实现全程平静安静。创新实施“担当指数”考评办法，71名“担当指数”较高干部被提拔使用，3名“担当指数”较低干部被调离重要岗位或降免职。“上压一级”优化中层干部队伍，创新实施“中层干部选聘预审机制”，“30周岁及以下”“全日制大学及以上”两个关键比例稳步提升。持续开展“名校优生”百人计划，深化实施选调生公务员“墩苗”工程，推动年轻干部在基层经风雨、见世面、长才干、壮筋骨。清廉建设持续深化。出台党政部门涉企事项“六不准”和公职人员涉企行为“八严禁”等制度规定，处置问题线索590件、立案238件，其中，区管领导干部8人，采用监察留置措施2人，移送检察机关17人。保持高频次、常态化正风肃纪力度，开展专项行动749次，发现问题582个，处理332人，其中，查处违反中央八项规定精神问题27起，党纪政务处分27人。精准运用监督执纪“四种形态”处理757人次。深化巡察利剑作用，顺利实现巡察全覆盖任务。纵深推进清廉奉化建设，建成沿山、沿海2条清廉风景线，对6名受到不实举报的党员干部澄清正名。

同志们，以上报告是我们一年来的主要工作。在看到成绩的同时，我们也清醒认识到工作中还存在一些不足，奉化发展还面临一系列不平衡、不充分的问题，特别是一些长期积累的矛盾问题，在新的形势下更为凸显、更加迫切需要解决，将奉化建设成为宁波现代化滨海大都市健康美丽新城区仍然任重道远。对此，我们务必要高度重视，切实采取有效措施加以解决。

政府工作报告

——在宁波市奉化区第二届人民代表大会第一次会议上

代区长　魏建根

（2022年1月23日）

一、本届政府和2021年工作回顾

过去五年，是奉化发展历程中极不平凡、极不寻常、极为不易的五年。回首五年，区政府坚持以习近平新时代中国特色社会主义思想为指导，在区委的正确领导下，在区人大、区政协的监督支持下，和全区人民一起，抢抓撤市设区历史机遇，用心做好加速南融合、念好“山海经”、做强增长极、建设新城区“四篇文章”，经济社会实现高质量发展、展现全方位进步，疫情防控落实常态化措施、取得阶段性成果，圆满完成区第一次党代会和第一届人大历次会议确定的目标任务，高水平全面建成小康社会，“一年一个样、三年大变样、五年奉献一个新奉化”的宏伟蓝图化为美丽实景。

五年来，我们书写了一卷追赶跨越的奋进篇章，奉献了一个更有实力、更强支撑的新奉化。据初步统计，地区生产总值从2016年的501.2亿元增加到2021年的800亿元以上，连跨三个百亿元台阶，一般公共预算收入从37.1亿元增加到74.2亿元，全国综合实力百强区排名从第78位上升至第71位。规上工业总产值从544.2亿元增加到890亿元，关键基础件产业产值突破百亿元，获评国家气动元件出口质量安全示范区、纺织服装外贸转型升级基地。净增亿元以上企业86家、规上、限上企业301家，新增国家“专精特新”“小巨人”企业14家，亚德客入选国家单项冠军培育企业。服务业增加值从155亿元增加到280亿元以上，商品销售总额增长122%。引进各类金融机构14家，本外币存、贷款余额分别达到1053亿元和1179亿元，均实现翻番，不良贷款率从3.08%下降至0.4%。

五年来，我们涌现了一批领先领跑的创新成果，奉献了一个更有活力、更多青创的新奉化。国家气动产品质量监督检验中心荣获国家科学技术进步二等奖，瑞凌降温薄膜等世界领先的科创项目落地投产。3号青创大走廊“一轴五城多点”创新格局基本形成，启迪智能装备（气动）科技园、宁波上海产业转移双创示范基地等创新创业平台齐头并进。全社会研发投入、高新技术产业增加值占规上工业增加值比重均实现翻番，高新技术企业数增长150%，新增省科技型中小企业1019家、“小而美”苗子企业52家。人才政策迭代升级，引进博士人数增长3.4倍，国家和省级引才工程数超历史总和，省级人才培养工程、省领军型创新创业团队均实现零的突破，新增高校毕业生3万余人，人才总量达到17万人。

五年来，我们争出了一股纵深向前的改革动力，奉献了一个更加智治、更优服务的新奉化。“最多跑一次”、数字化改革互促共进，奉化为主起草的《政务服务中心服务现场管理规范》国家标准正式实施。政务服务事项基本实现“零次跑”，民生事项实现100%“一证通办”，惠企人才政策兑现实现“最多点一次”。新时代文明实践中心、文旅市场信用经济、溪口“镇队合一”行政执法体制改革等国、省级试点工作压茬推进，“360”劳动争议多元化解、社区矫正、生态环境议事厅等“奉化模式”全国、全省领先。“联企跑企”“驻

企链长”等企服品牌广受赞誉，累计拨付奖励资金30.4亿元、减税降费83.5亿元。国资监管向“管资本”深化，区属国企“7+2”主框架基本完备，资产总额增长186%。

五年来，我们拓展了一张携手共赢的合作版图，奉献了一个更加开放、更大格局的新奉化。在北、上、杭、深等7个重点城市布局招商及人才工作站，与中交城投、中国金茂、中信、中铁建、中国保利等中字头国企合作共建，比亚迪、网易、小米、腾讯、百度、浙商资产、浙栋资产等头部企业项目接续落地。引进亿元以上项目145个，实际利用外资4.2亿美元、浙商回归到位资金428.8亿元、市外境内到位资金522.5亿元。完成自营货物进出口总额1093.2亿元，外贸出口占全国份额实现新高，跨境电商出口总额增长52倍。接轨长三角一体化工作梯次深化，奉新嵊合作区纳入甬绍一体化合作先行区，与杭州上城签订合作框架协议。东西部扶贫协作、山海协作、对口支援五年任务圆满完成，助力吉林安图提前一年脱贫摘帽，新增近十万新奉化人。

五年来，我们开启了一场同城一体的城市变革，奉献了一个更强能级、更有张力的新奉化。城市功能越来越强、同城距离越来越近、平台能级越来越高，实现边缘城区到南部核心城区的全面转变。完成固定资产投资1410亿元，建成亿元以上重大项目147个。轨道交通3号线、机场南路“复合走廊”全线通车，金甬铁路奉化段快速推进，新建改建203省道奉化段一期，大成路、汇诚路等道路73条，148公里，内联外畅、互联互通的宁、奉“半小时通勤圈”基本形成。宁波溪口雪窦山作为名山建设管委会挂牌成立，浙江佛学院一期建成开学，雪窦山作为佛教五大名山的地位基本确立。宁南新城雏形初现，上海师范大学附属实验学校、宁波农副产品物流中心一期等建成投用。滨海旅游休闲区列入省级大花园示范平台，联合国开发计划署首个绿色发展中国试点、中国皮划艇协会总部基地和国家训练中心签约落户。

五年来，我们打造了一个清秀宜居的和美新城，奉献了一个更有品质、更加精致的新奉化。聚焦“山清水秀、天蓝地净、城美人和”的品质城市要求，致力精心规划、精致建设、精细更新，展现了翻天覆地、日新月异的和美面貌。奉化区总体规划编制实施，建成区面积扩大三分之一，方桥街道挂牌设立，莼湖、尚田撤镇设街。完成征收拆迁570万平方米，超前十年总和，新建、改建小区100余个，2.6万户居民搬离危旧房、住进新楼房。公共空间精美呈现，新增休闲公园12个、城市绿地130公顷、景观绿道224公里、夜景里程223公里，获评省首批全域旅游示范区、省AAAA级景区城、省美丽城镇建设优秀单位。全国首个生态环境教育特色镇落户大堰，莼湖、江口、松岙等荣获小城镇环境综合整治省级样板。生态环境质量创新世纪最高水平，$PM_{2.5}$日均浓度下降42.5%，空气质量优良率上升至97.2%，蝉联中国天然氧吧，两捧省“大禹鼎”银鼎，获评省生态文明示范区、清新空气示范区。在全省率先实现生活垃圾“零填埋、零增长”，能耗强度控制在全市的六成以下。

五年来，我们绘就了一幅全面振兴的乡村画卷，奉献了一个更加融合、更加协调的新奉化。聚焦农业农村现代化，累计投入乡村振兴财政资金85.7亿元，实现一产增加值156.7亿元、增长10.8%，粮食生产连续五年超过1.2亿斤，获评首批国家农产品质量安全区、全国平安渔业示范区、全国平安农机示范区、国家农村一、二、三产业融合发展试点区。滕头乡村振兴学院向全国持续输出“奉化经验”，尚田入选国家农业产业强镇，萧王庙入选省首批特色农业强镇，竹产业建成省示范性农业全产业链。完成农房拆旧3425亩、建新226万平方米，新增国家森林乡村6个、省AAA级景区村38个、美丽乡村精品村81个，裘村荣获省美丽乡村示范镇。新建改建美丽乡村风景线5条、农村联网公路近200公里，荣膺“四好农村路”全国示范区。行政村经营性收入增长60.5%、均达到20万元以上，低收入农户收入实现翻番。

五年来，我们交出了一份枝叶关情的民生答卷，奉献了一个更有温度、更加幸福的新奉化。民生支出超300亿元，城乡居民人均可支配收入分别从45371元、25885元增加到64400元、38400元。养老保险、医疗保险、社会救助、公共法律服务等134个民生事项实现同城同待遇，第一所本科院校浙江药科职业大学、第一个城市文化中心、第一座城市展览馆等建成投用，第一所三甲医院市第一医院主体完工，区中医院、体育中心等加快建设。投入教育经费71.2亿元，新建改建中小学、幼儿园40所，教育现代化发展水平上升至全省第22位。三大医共体组建运行，连续三年获评健康浙江考核优秀等次，荣膺全国基层中医药工作先进单位、国家慢性病综合防控示范区、省食品安全区。社会主义核心价值观和主旋律昂扬向上，涌现出崔译文、周洪富等一批时代楷模。荣获全国群众体育工作先进单位，汪顺夺取夏季奥运会奉化首金，健康步道总长度居全省第一。强势推进扫黑除恶专项斗争，刑事治安发案总量保持全市最少。区镇村三级矛调中心实体化运作，获评全国信访工作“三无”区，荣膺省平安金鼎。

五年来，区政府持续抓好自身建设，“两学一做”学习教育、“不忘初心、牢记使命”主题教育、党史学习教育和“两强三提高”“作风大整治”等纵深推进，锻造了一支理想信念更加坚定、“两个维护”更加坚决、规矩意识更加鲜明、作风建设更加深入、精神状态更加昂扬、工作效率更加高效的政府干部队伍。自觉接受区人大、区政协监督，办理人大代表建议1027件、政协委员提案1080件，解决基层、企业、群众反映问题10万余件。政府机构和事业单位改革全面完成，评审中心、融媒体中心、奉化海关等挂牌运行。坚持节用裕民，三公经费下降53%。

各位代表，刚刚过去的2021年是中国共产党成立100周年，也是“十四五”规划实施的开局之年。区政府在区委领导下，大力实施“两大计划”，全力打好“六大会战”，全面开启共同富裕特色区建设。据初步统计，地区生产总值从2020年的685.8亿元增加到800亿元以上，其中，区属地区生产总值突破600亿元；固定资产投资增长28.9%；一般公共预算收入增长15%；城乡居民人均可支配收入分别增长9%和9.5%。

改革创新坚实有力。“全面创新”计划和数字化改革纵深推进，“浙里惠渔”获评省优秀应用，数字门牌、智慧光伏等列入省首批试点应用。高新技术产业增加值增长20%，技术交易额增长32.1%，茗山智创小镇入选省级特色小镇创建名单。“下一代超高速硅光集成芯片”荣获“创客中国”大赛全国创客组一等奖。17项惠企政策制订实施，“人才银行”揭牌运行，新增市场主体1.1万余家，制造业中长期贷款增长48%，普惠小微企业贷款增长24%，政策性融资担保余额增长30%。

实体经济升级提速。区属规上工业增加值增长12.5%，鲍斯能源获中国驰名商标，秉航科技入选省工业设计中心，罗蒙列入市百亿级企业培育名单。平台园区建设大会战全面打响，新建改建厂房77万平方米，万洋众创城二期、联东U谷和怡诺科创园获评省级小微企业园。发放惠民消费券23万张，社会消费品零售总额增长7%、商品销售总额增长33%，自营货物进出口总额增长20.7%。一产增加值增长3.6%，“奉化曲毫”获评国家农产品地理标志，雪窦山省级现代农业园区通过验收。

重大项目加速建设。100个“五年奉献一个新奉化”大会战项目圆满完成，宁波农副产品物流中心二期、金茂商业综合体、宁波通源医院、“欢乐滨海”综合体等加快实施。沿海旅游专线二期、溪南隧道等建成通车，南山路一期等改造完工，宝化路东延、连山快速路一期等建设加快。亿纬创能、瑞峰智能、君禾泵业等建成投产，瑞凌、锋成研究院主体完工。剡江及支流河道治理工程完工验收，滨海再生水厂主体建成，葛岙水库大坝完成总工程量的90%。

城乡风貌美丽蝶变。“全域美丽”计划深入实施，青创大走廊等精品线路、惠政老街等特色街区新装亮相，名山风景线获评全市首批最美精品线路。城乡危旧房整治大会战取得积极进展，桑园新村一期、南山路中段二期等7个区块拆迁清零，县江两岸、中山路完成立面改造。东门广场、龙潭美丽田园等建成开放，东江入选省美丽河湖。莼湖、西坞荣获省美丽城镇样板，青云、松岙等5个社区列入省未来社区创建名单。滕头入选全国爱国主义教育示范基地，蒋家池头荣膺全国乡村治理示范村。

民生福祉均衡普惠。民生同城化大会战持续打响，市、区两级民生实事项目高质量完成，新增城镇就业19692人，城镇登记失业率控制在2.38%低位。奉化中学、实验小学等获评省首批现代化学校，宁波城市职业技术学院奉化校区一期、锦屏中学迁建主体完工，新增公办幼儿园学位1350个。精密智控、区域协查等常态化疫情防控机制高效运行，"外防输入、内防反弹"防线安全稳固，新冠病毒疫苗接种超126.7万剂次。市公共卫生临床中心落户奉化，区人民医院启动迁建。基层治理大会战扎实推进，平安护航建党100周年、安全生产"遏重大"、全民反诈等行动成效显著。婚俗改革列入省级试点，殡仪馆启动迁建。

支持国防和军队现代化建设，双拥共建扎实推进。支持工商联、工会、共青团、妇联、科协、残联、红十字会、文联、经促会、贸促会等群众团体和社会组织发挥作用。国家安全、海防打私、民族宗教、退役军人事务、保密等工作有序开展，统计、审计、史志、档案、气象、外事、侨务、对台事务、新奉化人服务等工作取得新进展，关心下一代、老龄、慈善等事业实现新进步。

艰难方显勇毅，磨砺始得玉成。"五年奉献一个新奉化"全景呈现，是区委坚强领导、科学决策的结果，是区人大、区政协倾情共建、有效监督的结果，是全区人民团结一心、接续奋斗的结果。特别是在抗击新冠肺炎疫情的人民战争中，全区医务工作者、公安民警、基层干部闻令而动、尽锐出战，社会工作者、志愿者和广大群众勠力同心、并肩战疫，牢牢筑起坚不可破的防疫长城，共同展现大战大考的奉化担当。在此，我代表区政府，向全区人民和外来建设者，向全体人大代表、政协委员，各民主党派、人民团体，各驻奉单位、驻奉部队、武警官兵，向所有参与、关心、支持奉化发展的社会各界人士和海内外朋友，表示衷心的感谢！

各位代表，奋进之路从无坦途，奉化高质量发展面临的风险和挑战依然不少：疫情防控形势严峻复杂，服务行业恢复比较艰难，中小企业经营压力较大；新旧动能转换还不够快，投资结构仍需优化；同城能级差距、城乡设施短板依然存在，群众对高品质教育、医疗、养老、育幼等公共服务需求更加迫切；少数干部的担当精神、履职本领跟不上追赶跨越要求，等等。对此，我们将坚持问题导向、效果导向，做到目光所至看到问题、耳闻之处想到问题、所思所想直面问题，以更有力的举措认真扎实解决。

二、今后五年工作展望

各位代表，区第二次党代会发出"跨越发展、二轮攀高"的铿锵动员令，描绘了现代化滨海大都市健康美丽新城区的宏伟大蓝图。未来五年，是风起云涌的新时代，也是干事创业的好时代，机遇前所未有、竞争前所未有、挑战前所未有。我们唯有快马加鞭、集中攻坚、狠抓落实，用实干全面奏响"竞跑竞绩"最强音，用苦干奋力书写"进位进阶"新篇章。

根据区第二次党代会精神，今后五年政府工作的指导思想是：坚持以习近平新时代中国特色社会主义思想为指导，忠诚拥护"两个确立"、坚决做到"两个维护"，坚持稳中求进总基调，统筹推进"五位一体"总体布局，协调推进"四个全面"战略布局，完整准确全面贯彻新发展理念，加速融入新发展格局，坚决扛起新发展阶段高质量发展的历史使命，聚焦"跨越发展、二轮攀高"，以"竞跑竞绩、进位进阶"为主线，大力推进"五大变革、五大跃迁"，高水平打造共同富裕特色区，奋力展现现代化滨海大都市健康美丽新城区的美好图景。

到2026年，全区国民经济和社会发展的主要预期目标是：地区生产总值突破1300亿元，其中，区属地区生产总值突破1000亿元，综合实力冲刺全省25强。财政总收入超200亿元，一般公共预算收入突破120亿元。累计完成固定资产投资2500亿元。城乡居民人均可支配收入分别达到9.8万元和6.5万元。

各位代表，一张蓝图绘到底，一任接着一任干。未来五年，新一届区政府将在更深层次推动发展能级、形态功能、内生动力全面迭代升级，全力建设现代化滨海大都市健康美丽新城区。

一是建设都市经济蓬勃发展的活力之区。加速产业体系升维，培育形成具有奉化特色优势的现代产业体系。推进现代服务业优先发展，在主城区、宁南新城打造高端城市商圈，在滨海建设国际旅游消费中心，培育一批区域性科研楼、金融楼、文创楼，服务业增加值突破800亿元，现代服务业占比达到60%。深化生命健康领域产、学、研合作发展，延长健康医疗产业链、创新链、人才链，生命健康产业产值突破620亿元。实施“凤凰行动”2.0版和“大优强”培育工程，集中打造八大百亿级产业集群、四大标志性产业链，工业总产值突破2000亿元，净增规上企业300家、新增上市企业10家以上。深入开展数字经济五年倍增行动，新建未来工厂、智能工厂25家，数字经济规上核心制造业产值突破200亿元。推进都市农业特色发展，深化落实“4566”乡村产业振兴行动，打造宁波绿色都市农业新中心。

二是建设青创要素高度集聚的年轻之区。以更加开放包容的城市胸怀，深度融入、借势借力国内国际双循环、长三角一体化、宁波大都市区，推进“科创飞地”协同借智工程，让奉化成为人人向往的创业之所、幸福之地。坚定不移地实施创新强区、人才强区战略，深化“小而美”企业引育、科技型中小企业造林、高新技术企业攻坚，新增“单项冠军”“隐形冠军”“专精特新”“小巨人”企业20家，高新技术企业突破500家，实现全社会研发投入倍增。升级人才“引育留用”全链条政策体系，集聚更多高端人才、青年人才、实用人才，培育一批名家、名师、名匠、名医，基本建成“城市与青年共生共盛”的青年发展友好型城市，新落户高校毕业生5万人以上，人才总量达到30万人，其中青年人才20万人；技能人才15万人；省重点人才50人以上。提高国有资本市场化专业化运作能力，国资证券化率达到30%以上。

三是建设城市气质动感时尚的品质之区。以全域国土空间综合整治为主抓，打造“核心引领、山海联动”的空间格局，塑造“有设计、有质感”的现代化山海名城，常住人口城镇化率达到78%。高站位、深层次融入宁波西综合枢纽规划建设，重塑锦屏、岳林城市形态，联动方桥、江口打造高品质宁南新城，推动教育萧王庙、水乡西坞特色发展，建成宁波都市区的城市转型样板。强化东部滨海片区的联动发展，以滨海旅游休闲区、经济开发区为龙头，带动莼湖、裘村、松岙高质量一体化发展，建成现代化滨海大都市的地标性板块。发挥溪口片区对城市西翼的牵引作用，协同农创尚田、云上大堰，建成全省文旅融合发展新高地。推动片区化大改造、精细化微更新，精心打造城市地标、城市天际线，创成市级以上未来社区10个。谋划对接更多轨道交通项目，加快实施沿海中线拓宽、203省道、四明路东延等重大交通项目。突出镇村空间重塑、资源重构、功能重造，因地制宜推进整镇重整、农村“拆改建”，优化升级普惠共享、城乡一体的农村基础设施服务网络。

四是建设山海风光交相辉映的魅力之区。坚定生态优先、绿色发展之路，把奉化好山好水保护好、利用好。全区域开展生态保护，推进“一湾、两山、三江、三库”系统治理，打造四明山绿色涵养区和滨海蓝色生态海岸带。全方位实施污染防治，坚决打好环保问题歼灭战，集中力量解决群众身边的突出环境问题，$PM_{2.5}$平均浓度低于24微克，区控以上断面Ⅲ类水质比例达到100%。全领域加快绿色转型，创建三星级及以上绿色工厂100家。重塑海洋经济发展模式，积极创建国家级渔港经济区。全链条壮大美丽经济，持续念好“山海经”，加快形成“三区两廊三江三库”旅游发展格局，实现新时代美丽乡村全覆盖，旅游综合收入达到125亿元。

五是建设文化底蕴充分彰显的文明之区。坚定文化自信，以新时代、新思想引领奉化优秀传统文化，让文明素养、文化基因沁入城市肌理。常态化推进文明典范城市创建，升级“我们的家园”“奉邑文明行动”，打造新时代文明实践全国样板，文明好习惯养成实现率达到95%。启动新一轮雪窦名山建设，纵深推进溪口古镇空间腾挪、功能置换，有序推进城里厢、唐诗之路等特色风貌保护与开发，提升更具辨识度的城市文化IP。实施“文化+”行动计划，建成城区10分钟、农村15分钟品质文化生活圈，文化产业增加值突破130亿元。

六是建设群众生活共富优享的幸福之区。坚持人民至上，聚焦共同富裕特色区建设，擦亮“奉有”幸福民生品牌。推动更高水平的就业增收，实施收入十年倍增攻坚行动，千方百计提高低收入群体收入、扩大中等收入群体，家庭可支配收入10万～50万元群体比例达到78%、20万～60万元群体比例达到45%，劳动报酬占GDP比重达到51.5%。提供更加优质的公共服务，争创全国学前教育普及普惠区，公办幼儿园入学覆盖率达到60%以上。投用市第一医院、宁大医学部、区人民医院，打造省级区域医疗中心。健全公共卫生保障体系，抓好常态化疫情防控。构建更加完善的社保体系，落实三孩生育养育配套支持政策，常住人口规模突破65万人。持续深化平安奉化建设，提升综合治理效能。

各位代表，不忘初心，方得始终。未来五年，是奉化“咬定目标加速跑、迎难而上加油干”的关键五年，也是实干制胜、赶超跨越、争当模范的关键五年。新一届区政府将以初心不变的定力、沉着应变的智慧、主动求变的勇气，迅速掀起新一轮真抓实干热潮，冲锋冲刺高水平“二轮攀高”。我们坚信，有区委的坚强领导，有全区人民的团结奋斗，必将书写现代化滨海大都市健康美丽新城区的壮美篇章。

三、2022年主要工作安排

2022年，是新一届政府全面履职的第一年，是深入实施“十四五”规划的关键之年，做好各项工作意义重大、责任重大。根据区第二次党代会精神，建议今年经济社会发展的主要预期目标为：地区生产总值增长7%以上，其中，区属地区生产总值增长8%；研发投入强度达到2.65%；固定资产投资增长10%以上；一般公共预算收入、城乡居民收入与经济增长基本同步，城乡居民收入倍差持续缩小；居民消费价格指数涨幅3%左右，城镇新增就业1.6万人，登记失业率3.5%以内；完成上级下达的能源和环境指标计划目标。

中流击水，勇进者胜。区政府将围绕区委提出的“竞跑竞绩、进位进阶”主线，把“争速争进争一流”作为今年政府工作主基调，“争速”就是区属主要经济指标增速高于全省全市平均，进入第一梯队；“争进”就是经济总量在去年全省排位进三位的基础上，确保再有进位；“争一流”就是谋深做实一批重大改革创新，争创国家、省级示范，争当“重要窗口”模范生。我们将拿出“起跑就是冲刺”的奋发状态，统筹经济社会高质量发展和常态化疫情防控各项工作，结合区委五大行动，奋力推进十大工程。

（一）奋力推进创新引领工程。深化“筑巢引凤”“育苗造林”，继续出台招人才、促创新的实招硬招，高新技术产业增加值增长15%以上。增强创新平台实效。充分发挥3号青创大走廊的引领作用，加快“茗山智谷”创新综合体、中交壹里科创云廊等建设，确保瑞凌、锋成研究院建成运营。强化科创平台成果转化的政策集成和机制创新，推动浙江大学（宁波）气动产业技术研究中心、凤麓新材料加速器等竞考核、提能级，技术交易额增长15%。做大做强创新主体。深入实施新一轮科技企业双倍增计划，新增高新技术企业75家、省市科技型中小企业240家。推进规上工业企业研发活动、研发机构、发明专利“三个全覆盖”，新增省级以上研发机构5家。鼓励行业龙头企业加强重大科技攻关，加快秉航、麦博韦尔等创新型产业综合体建设，实施关键核心技术揭榜挂帅项目10个。打造青创人才高地。强化“人才无忧”服务，构建更加积极、开放的人才服务体系。组建创业创新赋能联盟，继续举办凤麓青创大赛，建成奉化创新中心、人才社区，启动人才大厦建设。推广升级版“人才码”，新增高端创新创业团队40个、高层次人才600名，人才总量达到19万人。

（二）奋力推进改革赋能工程。以数字化改革引领撬动各领域各方面改革，推动经济发展和社会治理全面拥抱数字化，争创省市改革大奖。突出数字化改革成效。建成区智能公共数据平台一期，打造基于“数字孪生”的城市运营管理中心，迭代升级、积极推广“浙里惠渔”、众安码、护校安园等场景应用和数字灯杆，数字门牌争创省最佳应用。打造液气密行业产业大脑，新建数字化园区2个、数字化车间和智能工厂5个，数字经济核心产业增加值增长15%。深化重点领域改革。稳步推进国资证券化、国企市场化，鼓励区属国企做强主业、拥抱市场、走出奉化，区属国企资产总额增长10%。统筹推进“亩均论英雄”、资源要素市场化配置改革，区属规上工业亩均增加值增长10%。提升企业服务温度。按“第一时间+顶格优惠”原则，制定落实降低企业外贸、融资、物流等经营性成本的政策措施，再为企业减负25亿元以上，制造业中长期贷款增长40%、普惠小微企业贷款增长30%。大力弘扬企业家精神，强化协会商会建设，引导本土企业和招引企业、龙头企业和中小微企业融通发展。

（三）奋力推进制造业强基工程。深入开展新一轮制造业“腾笼换鸟、凤凰涅槃”攻坚，规上工业增加值增长8%，规下工业增加值增长10%。推动制造业智能化改造。强化链条式、整机化培育，全力打造关键基础件、智能家电、时尚服装、电子信息等四大标志性产业链，关键基础件产业产值突破150亿元，电子信息产业产值突破110亿元。实施产业智能升级革新计划，推进规上工业企业增资扩产、技术改造，工业投资增长32%，技改投资增长27%。强化企业梯队培育。健全“春苗计划”扶持体系，推动“小升规、规升高”“小而美”苗子企业产值增长30%，新增规上工业企业100家。实施“凤凰”“雏鹰”等行动，新增上市企业2家、国家“专精特新”“小巨人”企业3家、十亿元以上工业企业2家、亿元以上工业企业15家。提升产业平台园区能级。片区化推进中信创新工业综合体、东郊、大埠等老旧工业园区改造，新开工信产云谷、永耀智能电力、滨海新区高端装备制造等产业园，加快建设联东U谷、今日食品、数字渔业等专业园，新建改建厂房60万平方米以上，新增政府自持产业园5万平方米以上。

（四）奋力推进服务业双倍增工程。大力实施服务业优先发展行动，服务业增加值增长20%以上。强化服务业主体培育。持续加大科技服务、金融保险、创意设计、软件信息等生产性服务业企业的招引力度，鼓励知名律师、会计师、税务师事务所在奉设立独立机构，新增规上服务业企业80家。“一楼一业”择优培育特色产业楼宇，力争税收亿元楼宇达到3幢。打造生命健康产业。充分发挥奉化的生态、科研和人才优势，聚力打造生命科学城、滨海旅游休闲区等大健康平台，加快市公共卫生临床中心、宁波通源医院等项目建设，布局医疗检查、医药研发、健康管理、康养休闲等领域新业态新服务，生命健康产业产值实现倍增、突破120亿元。促进消费扩容提质。积极培育“夜间经济”“首店经济”等新消费新热点，社会消费品零售总额增长10%、商品销售总额增长20%。积极引育连锁餐饮、无接触零售等生活性服务业，加快社区商业、农村消费基础设施建设，改造提升农贸市场7家。推进旅游转型升级。做优常态化疫情防控下的“旅游+”文章，争创滨海省级旅游度假区、大堰省AAAAA级旅游景区镇。加快融入省浙东唐诗之路文化产业带，持续提升锦屏记忆街区、西坞水乡古镇、萧王庙联步青云、七彩尚田、云游大堰、山居裘村、红色松岙等旅游特质，旅游综合收入增长8%。

（五）奋力推进开放合作工程。坚持把开放共赢作为高质量发展的关键一招，全面融入区域合作进程，全力抢抓有利机遇、实现更大发展。聚焦招优引强。深化一二三产立体式招商、补缺型招商，新引进亿元以上项目35个、五亿元以上项目5个、十亿元以上项目2个，浙商回归到位资金90亿元、市外境内到位资金110亿元，实际利用外资1.4亿美元。更加注重优化投资结构，适度超前开展道路交通、农田水利、生态环保、公共服务等领域投资，“一项一策”推进在建项目保质保量加快建设，基础设施、公共服务投资均增长15%以上。建强重大平台。推动“雪窦名山、溪口名镇”发展重塑，启动溪口旅游集散中心迁建工程，推动弥勒圣坛、应梦里、杜鹃谷等精彩亮相。提升宁南新城城市功能，靠前对接宁波西综合枢纽规划，确保宁南110千伏输变电工程、金茂酒店等主体完工，新建滨江生态公园二期、宁南邻里中心、商务中心。推动滨海“一城三区”早出形象，加快“欢乐滨海”度假酒店、游客中心、公共船艇码头等建设，确保沿海旅游专线全线贯通。持续提升滨海新区、尚桥科技工业园、循环经济园区的产业承载力，确保竣盛电器、安佳厨卫等产业项目建成投产。深化对外协作。拓展融入长三角、大都市区的新路径、好项目，推动奉新嵊一体合作、互联互融，认真做好与浙江文成山海协作、四川甘洛东西部协作。加快建设“一带一路”、中东欧国家商品展销中心、电商中心，争取开通中欧、中亚班列，自营货物进出口总额增长10%，跨境电商交易额增长23%。

（六）奋力推进品质城乡工程。深入实施全域空间系统重塑行动，启动国土空间综合整治示范片区试点工作，推动城市空间重塑、人口集聚。完善交通路网。加快金甬铁路奉化段、奉化火车站扩建、溪口火车站建设，提升交通综合枢纽功能。建成宝化路东延（金钟路至东环线）、恒兴东路二期，加速推进203省道奉化段二期、西环线北延（甬山隧道段）、四明路东延（东环线至203省道）建设，启动沿海中线改扩建，深化西环线南延（宝化路至东环线）前期工作。实施城区道路畅通工程，新建瑞峰路北延、金峰路北延、前方路（新丰路至金钟路），完成南山路二期、东门路（锦屏南路至南山路）等道路品质提升。全面启用奉化客运中心，提升公交数字化水平，完善共享出行服务。建设现代都市。抓牢宁波全国城市更新试点契机，高品质打造“甬临新韵”“云上连山”等精品线路，高标准建设金钟、明山剡水城乡风貌样板区和滕头、南溪等未来社区。加大城中村、城郊村拆迁整治力度，加快老旧小区改造和背街小巷整治，完成征收拆迁100万平方米，新增城市绿地35公顷、景观绿道40公里。提升治理能力。加快“镇队合一”大综合一体化行政执法改革，推行“综合查一次”制度。实施社区布点规划，统筹建设社区服务综合体和智能安防工程，深化智慧警保联勤联动机制，在广平等5个小区导入物业管理。

（七）奋力推进共同富裕工程。对标建设共同富裕特色区行动方案122项具体任务，全面推进“扩中”“提低”，全力缩小地区差距、城乡差距和收入差距。推动更高质量就业。深化“技能兴奉”提升行动，加快建立覆盖城乡劳动者的终身职业技能培训制度，开展各类培训1.7万人次，新增高技能人才5500人，技能人才占从业人员比重提升到34.2%。促进农村农民增收。深化“百村百业、强村富民”，大力发展林下经济、乡村电商等新业态，年经营性收入30万元以上的行政村占比达到70%，快递进村100%全覆盖。鼓励农民多渠道就业创业，设立涉农政策性融资担保机构，培育更多农创客、家庭农场。持续开展“阳光行动”，加大山区村、偏远村帮扶力度，新增来料加工点50个以上、就业2500人，确保低收入农户收入增长15%。完善社会保障体系。加快全域幸福颐养服务区建设，新增示范型居家养老服务中心2家、老年食堂12家。强化对困难弱势群体的精准救助和关爱帮扶，实现城乡居民基本养老保险缴费水平、待遇水平双增长。坚持“房住不炒”，健全租赁、保障性住房供给体系，新增租赁住房2200套、保障性住房3330套。

（八）奋力推进乡村振兴工程。用硬措施、强执行推动乡村振兴取得新进展、农业农村现代化迈出新步伐，一产增加值增长2%，确保粮食总产量0.65亿公斤以上。推进农业高质量发展。大力实施“科技强农、机械强农”，连片集中打造星光农业“万亩方”和多个“千亩方”基地，调整优化粮功区、新增高标准农田各2.2万亩，粮食播种面积稳定在15.9万亩以上。推动特色农业品种培优、品牌打造和标准化生产，加快建设水蜜桃、茶叶等区域公共品牌和特色产品优势区，让农民分享更多增值收益。实施美丽镇村建设。启动整镇重整改造试点，整治自然村30个，创成省美丽城镇特色镇3个、美丽乡村精品村13个，加快打造大堰镇区及谢界山村、溪口环雪窦山民宿集聚区。实施镇村公路、污水处理等设施提标改造，建成“古亭渔歌”“红领松溪”等乡村振兴示范带，加密提升农村联网公路14.5公里。激发农村改革活力。实施新时代乡村集成改革，稳步探索宅基地“三权分置”、集体经营性建设用地入市、农民“带权进城”，推动农村资源要素盘活流转，有效增加农民财产性收益。

（九）奋力推进家园增美工程。协同打好蓝天、碧水、净土、清废、降碳五大战役，让绿色成为美丽奉化最亮丽的标识、最鲜明的底色，创成省“无废城市”。贯彻绿色发展理念。深入实施碳达峰、碳中和，大力发展松岙、经济开发区综合智慧能源项目，积极探索碳汇交易试点。倡导绿色低碳生产生活方式，加快公共建筑屋顶光伏建设，建成绿色工厂30家。强化生态环境治理。深化象山港岸线综合整治、四明山区生态修复，拓展生态补偿和生态产品价值的市场化、产业化实现路径，打造大堰全国生态环境教育特色镇、省级零碳先行镇。确保倪家碶河整治等全面完工，葛岙水库通过蓄水验收，加快甬江防洪东江、剡江奉化段堤防二期和启门河整治等项目建设，力争柏坑水库扩容项目开工。深入实施海塘安澜工程，提升横山、亭下水库预泄能力，推进病险水库三年清零。巩固污染防治成果。严守“三线一单”，巩固“污水零直排区”成效，持续攻坚噪声扬尘、垃圾回用、土壤污染等问题，完成城区生活垃圾转运站建设和张家岙垃圾填埋场提标改造。整治提升“低散乱高”企业300家，全年空气质量优良天数达到336天以上。

（十）奋力推进民生优享工程。全力实施全民共富优享行动，启动新一轮民生同城化项目。繁荣教育卫生事业。大力发展普惠性托育服务，健全从孕期到义务教育前的全周期服务体系，新增婴幼儿托位100个、公办幼儿园学位1050个，营造育儿友好环境。争创全国义务教育优质均衡发展区，深化义务段“双强工程”和普高“攻坚计划”，提升教育质量，确保锦屏中学迁建、锦溪小学扩建竣工投用，金海小学主体完工，宁波城市职业技术学院奉化校区二期、江口中学迁建等开工建设。更加精准有效落实常态化疫情防控措施，坚决防范疫情发生。实现城乡居民健康“三免三惠”，大力培育特色专科，确保市第一医院、区中医院建成投用，加快区人民医院、西坞卫生院迁建。厚植特色文化优势。坚持用习近平新时代中国特色社会主义思想引领奉化的传统文化、弥勒文化、山海文化，争创省文化传承生态保护区，争取申办世界佛教论坛。持续开展“奉艺润民”“百姓戏台”等文化惠民活动，开工新建档案中心、艺术教育基地，规上文化产业增加值增长8%。维护社会和谐稳定。将安全理念、底线思维贯彻经济社会发展的全领域、全过程，统筹防范食品药品、道路运输、涉海涉渔、消防、危化品、建设施工等领域风险，坚决

“遏重大”“控较大”。开展历史难题拔钉清零行动，加快共享法庭、道德庭建设。常态化开展扫黑除恶专项斗争，严厉打击电信网络诈骗等犯罪行为，提升全域动态平安水平。

各位代表，民心是最大的政治，民生是最大的政绩，区政府将一如既往地落实民生实事项目人大代表票决制。票决确定后，区政府将言必信、行必果，把每一件民生实事都做实、做细、做好。

四、加强政府自身建设

新起点，唯有笃行实干；新目标，须当奋发落实。新一届区政府将坚持政治引领、绝对忠诚，以“整体智治、高效协同”理念，唯实惟先、善作善成，在新的赶考之路上全面展现争先、追赶、超越的政府担当。

（一）坚持政治立身，建设忠诚政府。把讲政治放在政府工作第一位，高举习近平新时代中国特色社会主义思想伟大旗帜，把“两个确立”“两个维护”铸入灵魂、融入血脉，不断提高政治判断力、政治领悟力、政治执行力。全力挖掘好、守护好、传承好习近平总书记在浙江工作期间留下的宝贵财富，认真落实省市、区委工作要求，用担当、奉献的实际行动诠释对党忠诚，用改革、创新的硬核举措筑牢初心使命。

（二）践行人民至上，建设服务政府。把“一线工作法”和“马上就办”“事不过夜”作为政府效能建设的主旋律，用干部的“一线步数”换取群众的“幸福指数”。深化群众参与、专家论证和政府决策相结合的议事机制，真正把人民“盼的事”变成政府“干的事”。自觉接受区人大、区政协和社会监督，高效办理人大建议、政协提案，以依法行政促进良法善治、守护公平正义。

（三）强化数字赋能，建设高效政府。把数字化改革作为政府工作流程再造、系统重构、制度重塑的关键路径，持续优化营商环境。推动政务服务向“浙里办”集成，加快实现“一网通办”全域协同，全面建成掌上办事之区。统筹开展政府各部门各领域核心业务数字化，全面建成掌上办公之区。纵深推动“152”“141”体系有效衔接、贯通落地，全面建成掌上治理之区。

（四）发扬钉子精神，建设务实政府。把抓落实作为政府工作的生命线，加快完善全方位、多层次的统筹调度、赛马激励、容错纠错等工作机制，确保各项工作件件有着落、事事见成效。深刻认识新时代、新特征、新要求，开展政府系统干部队伍正风提能行动，强化生成性学习、专业性培训、实践性赋能，锻造攻坚克难、砥砺奋进的政府铁军。

（五）弘扬清风正气，建设廉洁政府。把严的主基调长期坚持下去，坚决扛起全面从严治党主体责任，一以贯之落实中央八项规定及其实施细则精神，持之以恒纠“四风”、树新风，形成清正在心、清流涌动、清风长在的良好生态。坚持把“紧日子”过成常态、过成习惯，算好财政预算“绩效账”，打好行政开支“铁算盘”，三公经费下降5%。

各位代表，时间属于奋进者，历史属于奋进者！让我们更加紧密地团结在以习近平同志为核心的党中央周围，在区委的坚强领导下，不负时代、不负人民，奋战大变革、奋进大跃迁，全力续写共同富裕特色区的崭新篇章，合力建设现代化滨海大都市健康美丽新城区，以优异成绩向党的二十大献礼！

专　记

党史学习教育

【概况】 2021年，奉化区委根据中央总体部署和省委、市委的统一要求，始终把党史学习教育作为重大政治任务，立足实际、突出重点，以上率下，引领推动全区68家区直属单位、12个镇（街道）、2001个基层党组织、37235名党员统筹开展“六学联动”“四百宣讲”和“三为”主题实践，高标准完成规定动作，高水平创新特色动作，创新“周例会”推进工作法、“标注式学习、体会式笔记”学习法，统筹庆祝中国共产党成立100周年活动和“四史”学习。“共享礼堂”学党史、“六中全会精神上渔船”做法得到中央学教办肯定，录入学习简报；“帮办一键通”获评省“三为”实践最佳案例和宁波典范案例，“五大员”做法列入全省百法百例，参加省、市党史知识竞赛获评全省优秀组织奖和全市一等奖。党史学习教育相关做法被央媒报道145篇次，上级简报刊发信息68篇，宣讲经验和学习方法先后在省市交流会上作典型发言，小喇叭宣讲队获评省优秀宣讲队。擦亮了“周一夜访”“红五星”“五大员”“家系列”“码上办”等一批具有奉化辨识度的“三为”实践金名片，累计为群众办实事21572件，为企业解难题3670件，为基层减负担1579件（项）。

【“六学联动”深学实悟】 领导干部带头学。区委理论学习中心组召开8次专题学习会、5次专题研讨会，系统学习4本指定书目，习近平总书记在党史学习教育动员大会上的讲话、在庆祝中国共产党成立100周年大会上的讲话、在党史学习教育总结会议上的重要指示、在中共中央政治局党史学习教育专题民主生活会上的讲话，以及中共十九届六中全会精神和《习近平在浙江》采访实录、习近平总书记考察浙江重要讲话精神、《习近平科学的思维方法在浙江的探索与实践》等，全体区领导带头交流。收集区级领导发言材料180篇，各地各部门上交“一把手”谈体会文章67篇。对照要求“规范学”。各党委（党组）共计召开专题学习会878场次、专题研讨会465场次，通过专题学习会、理论学习中心组学习会等方式，认真学习“4+2”必学内容，全面推行党员干部“标注式学习，体会式笔记”学习方式，及时学习《习近平在浙江》采访实录43篇、《习近平科学的思维方法在浙江的探索与实践》6篇学习资料，并通过新媒体平台推送学习资料，扩大学习覆盖面。发放4本指定学习用书和《习近平在浙江》3.7万套、22.4万册，三部简史1.8万套、5.4万册，党员覆盖率达100%，学习使用覆盖率达100%。竞赛测试争先学。利用“学习强国”平台和“宁聚奉化号”，自主开发设计2000多道试题，分8期组织全区干部群众开展线上答题竞赛，6月进行线下总决赛，吸引近10万名干部群众参与其中。同时，12个镇（街道）和30多个部门先后组织开展机关干部党史知识竞赛，形成以赛促学、比学赶超的良好氛围。在4月底举行的全市挑战赛上，奉化区代表队获得一等奖，得分居区县（市）第一，并获得省优秀组织奖。红色现场沉浸学。通过红色宣讲、红色之旅、红色电影、红色图书、红色党课、红色广播剧、红色文艺等方式，创新推进体验式、沉浸式学习模式，2000多个基层党组织开展现场教育。其中，区委党校开设“裘古怀初心”现场教学精品线路和红色教育精品线路，创新“理论+现场”“讲授+体验”教学模式，相关案例被中新网、浙江组工等多家媒体报道，先后举办现场教学300多场，受众10万多人次。数字手段云端学。利用“掌上奉化”等App，开设“夜读党史”“我在奉城读党史”、党史“诗词大会”等栏目，各地各部门制作《奉化红色故事》《奉化红色档案》《信仰的力量》等党史学习教育专题视频，依托各微信公众号开展党史知识连载，实现每日推送、每周线上学习，提升参与度，线上覆盖30万余人次。12个镇（街道）和工青妇等20多个部门开展网上学习，比如，大堰镇打造党史学习“云课堂”，岳林街道利用“众创岳林”公众号开辟深“岳”读·百年党史学习教育专栏，尚田街道在“七彩尚田”公众号开设“尚田红”党史学习频道，持续更新，用户数成倍增长。灵活载体融合学。各党委（党组）、基层党支部和党员干部充分利用“周二夜学”等学习载体，开设党史书房、党史学习角，开展党史针对性学习。在机关开设党史书房40多个，在农家书屋开设党史专柜200多个。水蜜桃文化节期间，组织开展“桃园党史飞花令”活动，吸引2万多名游客参与。

3月13日，水蜜桃文化节期间，游客踊跃参与“桃园党史飞花令”答题

【“四百”宣讲全面覆盖】 依托特色宣讲品牌、系列宣讲驿站、名师宣讲工作室、新时代文明实践站（所）等学习教育资源，培养宣讲团队，深入开展系列“四百”宣讲活动。青年宣讲员江丹在浙江省新时代青年理论宣讲研讨会上作典型交流，是3个来自全省基层青年宣讲员发言代表之一。有1人获全省党校系统党史学习教育宣讲比赛一等奖。开展“百优百地”阵地宣讲。统筹全区各级各类先进典型人物和基层宣讲阵地，开展先进典型“走红色之旅，讲党史故事”活动和“四史”专题宣讲，组织最美人物、好人代表、道德模范、革命后代等优秀典型宣讲员200余人，先后走进全区112个爱国主义教育基地、农村文化礼堂和新时代文明实践站开展宣讲700多场次，受众12万余人。开展“百人百场”微型宣讲。全面推动青年理论宣讲大赛和微型党课大赛，覆盖12个镇（街道）和5个系统开展选拔性宣讲，选出170位优秀选手组建17支微型党课宣讲队，奔赴机关、农村（社区）、企业一线开展“百人百场”微型党课、情景党课宣讲，已经开展微型党课宣讲400多场。组织区委宣讲团、区专家宣讲团赴基层开展宣讲200多场。开展“百号千篇”线上宣讲。充分用好“两微一端”，打造“指尖宣讲课堂”，以图文、音频、视频等形

4月23日，2021年奉化区青年理论宣讲大赛暨微型党课大赛收官，图为奉化区"百人百场"微党课"六进"宣讲启动仪式

式推送党史知识、红色故事、理论文章1000多篇，让广大党员干部群众"云探访"红色足迹、"云体验"峥嵘岁月，有效拓展了党史学习教育的覆盖面。开展"百队六进"全面宣讲。对照党史宣讲"六进"要求、"七一"专题宣讲要求和"六讲六做"大宣讲要求，明确区四套班子带头、6部门牵头、12个镇（街道）和各单位参与，组建领导干部宣讲队、夕阳红老战士宣讲队、映山红青年宣讲队、闪闪红星少儿宣讲队、半边天宣讲队、劳模工匠宣讲队等各层级宣讲队伍，推动党史宣讲进企业、进农村、进机关、进校园、进社区、进网络，先后完成各类宣讲2900多场次、受众20万余人，实现党史宣讲全覆盖，《浙江奉化百队万人走村入户讲党史、送服务》在中央电视台播出。

"三学并进"推进学习宣传贯彻党的十九届六中全会精神，迅速形成规模、形成声势。以上率下全面学，当天组织各地各单位观看会议新闻发布会直播，第一时间召开区委常委会会议、全区领导干部会议传达学习全会精神；制定学习宣传贯彻全会精神方案，全面部署学习贯彻党的十九届六中全会精神及"六讲六做"大宣讲活动相关工作；深入开展"学《决议》、聚合力、促共富"主题党日活动，结合"三会一课""周二夜学"等载体，组织广大党员开展集中学习交流。活用资源创新学，利用各镇（街道）网红村的流量优势，用多种方式宣讲党的十九届六中全会精神，将网红村打造为宣传全会精神的一个"窗口"。如裘村镇马头村盲人创客袁木兰为现场20多名青年创客演唱改编歌曲《信仰》，真情诠释全会精神，引起在场创客共鸣。滕头村作为全国共同富裕示范区样板村，将乡村振兴学院作为输出全会精神的重要阵地，为推动乡村振兴实现共同富裕提供滕头样板、浙江经验。基层宣讲深入学，第一时间组建全区大宣讲队伍体系，实施领导讲、专家讲、记者讲、青年讲、党员干部讲系列宣讲行动，组织"四百"宣讲团、小喇叭宣讲团、小草志愿服务队等宣讲队伍，开展全会精神"六进"宣讲、网络微宣讲、文艺微宣讲等特色宣讲活动，推动全会精神"飞入寻常百姓家"。

【"四大载体"营造氛围】 统筹信息简报、媒体资源、社会氛围和庆祝活动四类载体，注重内宣与外宣一体化推进，传统媒体和新媒体同向发力，社会氛围和群

5月30日，岳林街道在奉化区体育馆南广场举办"学党史、颂党恩、跟党走"互动教学

众活动共同营造，充分挖掘各地各部门党史学习教育中的好做法、好经验、好故事、好事迹，全方位提升党史学习教育工作影响力。信息简报层层发力。按照“工作做在前、进度往前赶、亮点早挖掘”的思路，打通报送渠道、加快工作节奏，努力做好党史学习教育简报编发和信息报送工作，全年编发本级简报103期。截至2021年12月底，中央《宣传工作》第22期刊印《浙江奉化探索提升“共享礼堂”用育水平》，中央党史学习教育简报第228期《推动全会精神贴近群众、走进人心》中录用奉化渔民学习宣传贯彻党的十九届六中全会精神特色做法——送学上船头，离岸不离学；省党史学习教育简报录用稿件7篇，含6篇素材、1篇动态稿、1篇综合稿（第88期简报刊印《宁波市奉化区“红五星”行动践行为民服务，以党史学习教育促基层解题破难》，第200期简报刊印综合稿《党员示范引领数字集成赋能——宁波市奉化区持续打造“家系列”为民办实事特色品牌》；周一夜访、“双减”政策等特色做法被省简报录用）；市级简报共录用奉化区稿件37篇（其中，工作动态28篇，综合稿8篇，其他1篇）、录用素材23篇。对外宣传百花齐放。全力做好中央、省、市“奋斗百年路　启航新征程”系列主题报道，奉化滕头打造共同富裕、全国优秀共产党员傅平均、高端制造打破垄断、庆祝建党百年灯光秀以及把党史学习教育送到乡村“末梢”等新闻登上央视，3条登上新闻联播。《浙江日报》头版报道《滕头村二次创业：明星村的精神密码》，整版刊发《奉化：聚力全域美丽走共同富裕之路》特刊。《人民日报》、新华社、央广、中新社等中央级主流媒体高频度刊发《奉化创新载体“活”学党史践初心》《红色课堂搬进社区弄堂农家院，奉化党史宣讲全域覆盖》《奉化：干部夜访进一线讲党史解难题办实事》《奉化桃园春意浓别样党史飞花令受追捧》《瞄准企业发展难点，奉化靠前一步精准为企办实事》等76篇次，省级媒体刊发100篇次。内宣氛围有声有色。2020年2月以来，在区级媒体开设专题专栏，及时转载习近平总书记重要讲话、权威媒体新闻稿件和评论文章667篇。扎实做好《奋斗百年路　启航新征程》大型主题采访报道相关工作，通过蹲点报道，讲好奉化红色故事。挂出党史学习教育主题条幅2000多条，制作宣传网架100多个、打卡点16个，在全区营造党史学习教育的浓厚氛围。“七一”及十九届六中全会前后，制作宣传标语横幅2700多条、公益广告海报1360张，在各镇（街道）、各村（社区）的办公楼、居民小区、主要道路出入口、菜市场、公园礼堂等悬挂张贴，统筹城区12块大电子屏和100多个单位小屏滚动播放宣传标语和视频海报。在城乡21条主要道路沿路布置灯杆旗幔悬挂标语，在各人流聚集处布置庆祝建党百年造景打卡点和绿地造景29处。并利用各地建筑工地围挡、公交站及公交车身、人行道遮雨棚广告等张贴或悬挂公益广告、宣传标语。庆祝活动精彩纷呈。举办“永远跟党走”全区合唱大赛，举办“筑梦百年路　奉起新征程”庆祝中国共产党成立100周年主题文艺演出，先后举

6月22日，区四套班子领导和青年党员在松岙镇裘古怀故居重温入党誓词

办“百年风华”庆祝中国共产党成立100周年主题展和图片巡展，举办“百年华章”摄影书法美术展。全区各地各部门举办各类群众性庆祝活动500多场次。广播剧《裘古怀》《炮兵的眼睛》已在喜马拉雅App、央视网、中央人民广播电台播出。舞蹈《信仰的力量》从全国300个项目中脱颖而出，获荷花奖提名奖，专题片《卓兰芳》、书籍《奉化红色故事》全部完成，《红帮裁缝》全部完成并于2021年1月在《当代》杂志刊载，即将出版。《大国问天》(原名《大国飞天》)在央视黄金档播出。歌曲《我们的誓言》入选全省10首主旋律歌曲并在省文艺会演中演出。上演奉化区建党100周年主题灯光秀，在县江两岸、仁湖公园、溪口武岭门等标志性建筑和场地打造“红色风景”，视频发布12小时点击量超22万次，转发1万次，点赞1.2万次。举办“奉化首届诗词大会决赛”，组织“百年潮涌　红船精神薪火相传”主题宣讲活动，江口街道、岳林街道等举办千企红歌大赛海选、“学党史、颂党恩、跟党走”主题活动，发动区直机关工委、教育系统等各系统积极参与。全区文艺志愿者组成10个社团，下基层辅导培训，掀起红色广场“奉艺润民”系列活动，组织活动12场，6500余人次参与活动。

【“三为”实践亮点突出】 开展“三为”专题实践活动，深入实施“12大行动”，扎实推动66项重点任务，持续推进128项分解任务，其中，自选动作13项。制定“三为”实践方案和“六个一批”办实事活动方案，通过任务分解督查表，制定十大重点事项、群众身边不满意的小事、区领导和各镇（街道）领导班子成员任务等6张清单，按照“时间表”清单式推进，拉单对账、逐一销号，形成闭环，建立健全为民办实事常态长效机制，确保取得实实在在的成效。全面擦亮“红五星”。聚焦美丽、关爱、服务、便民、增收等五个方面民生热点，对标“三服务”2.0版要求，结合“五大员”等工作机制，深化孝膳堂、平安亮万家、点亮红星、青鸟探巢、满天星计划等涉民服务，千方百计帮助群众办好事。至2021年年末，全区已建成为老助餐服务点58个，其中，中心食堂1家，居家养老服务中心内设食堂10家，村(社区)老年食堂47家，服务覆盖133个村（社区)，享受用餐服务的老人3000余人。“平安亮万家”项目为奉化、安图、比如三地3600户老旧房屋解决用电问题，更换楼道灯4000多盏，开展用电安全知识课堂107场。该项目被评为全国最佳志愿服务项目、“全国志愿者扶贫案例50佳”。点亮红星项目实施以来，已累计入户走访914次，为12户改造居住环境，助医“四陪”57人次、建立个人档案389份，帮助销售农产品48万元，帮助21名残疾老兵实现再就业。“青鸟探巢”项目累计提供各类上门服务4760次，就医陪护354人次，心理咨询、应急帮扶381次，采集健康信息数5214份，提供改造、翻新旧屋等服务23次，建立实体化运营的“暖心超市”3家，帮销农产品，销售额54万元。持续打造“家系列”。结合“我们的家园”活动，将每月15日和28日设立为“家园日”，在全区定期开展家园共建行动，发动每个村（社）建立（或联系）至少1支15人至50人的志愿服务队，全年参与“家园日”的志愿服务队超过294个，志愿服务超过10416人次。创新推出“家门口”社区服务平台，整合300多项形态新颖多样、内容优质且服务精准的内容，集“社区点单”“便民服务”“同城论坛”等30多个跨场景应用，积极打通社区服务最后一公里目标。至2021年年末，完成便民服务2000余单，为社区、志愿团队发布资讯600余条，接受社区点单400余场，开展助农助销团购50余次，暑期公益托管培训学生4000余人次。为进一步健全基层治理体系，推动矛盾纠纷化解在前端，创新推行“家园理事”制度，依托“访、调、议、办、解”“五步理事法”，压实联村干部、村书记、联户党员的矛盾排查化解责任，全覆盖配备专职社会治理干部284名、专职网格员303名，确保“小事不出村、大事不出镇”。制度实施以来，村级矛盾调处成功率达99.8%，四级走访预警率提升60%以上，相关做法在《光明日报》《组织人事报》等媒体报道。深入推进“码上办”。以数字化改革为引领，围绕智慧化场景应用，着力建设智慧平台，实现实事快办，区金融发展服务中心全力打造“周周融”企服平台，持续开展各种政银企融资对接活动。2021年，该平台已帮助550余家企业融资80亿元。“8718”平台升级为“最多跑一地”数字化综合服务平台，将全区万余家企业纳入服务范围，累计服务企业1.2万次，受理咨询问题3200多个。实施“浙里甬惠渔”一站式渔业数字服务改革，围绕政府侧监管、渔民侧服务等多元需要，提供气象、运输、生产、金融、冷链等全方位服务，为渔业安全、渔民致富提供支撑，该应用场景入围全省数字化改革例会交流演示应用，成为省数字政府系统县市区领跑榜项目。区市场监管局创新推出“食安码”，实现“码上查”“码上管”“码上帮”“码上改”，已在锦屏街道、岳林街道、溪口镇等接入3800余家餐饮单位，安装电子终端设备21个，第三方协管共出动检查3259人次，累计对2687家餐饮单位检查评分16296家次，打造餐饮食品业“诚信一码通”。积极倡导“我来办”。注重发挥党员个体内生力量，完善党员志愿“服务月”“服务日”制度，深化“点亮微心愿”机制，每名党员全年开展志愿服务20小时以上，至少认领1个“微心愿”，全方位打响“奉邑有我”党员志愿服务活动品牌，形成“万名党员办实事”热潮，至年末，累计认领“微心愿”7088个，志愿服务153186小时。

奉化撤市设区五周年工作回顾

【概况】 2016年11月17日，奉化撤市设区，成为宁波市地域最大、最年轻的城区。五年来，在省委、市委的坚强领导下，区委团结带领全区广大党员干部群众，抢抓撤市设区历史机遇，积极应对复杂多变的宏观形势和新冠肺炎疫情的严重冲击，用心做好加速南融合、念好“山海经”、做强增长极、建设新城区“四篇文章”，地区生产总值预计突破800亿元，一般公共预算收入实现翻番，固定资产投资增速连续19个季度位居全市前三，经济社会发展各项事业取得显著进步，顺利实现“一年一个样、三年大变样、五年奉献一个新奉化”目标。

【党建统领】 坚持“第一议题”抓理论学习，高标准推进“两学一做”学习教育、“不忘初心、牢记使命”主题教育、党史学习教育，创新实施“周自学、月集中、季交流”等学习机制，推动党的创新理论武装不断走深走实。坚持第一时间抓贯彻落实，对表习近平总书记重要讲话精神，部署推进“8个对标对表、8方面具体行动”等系列落实举措，高质量抓好中央生态环境保护督察、省委巡视、“七张问题清单”等反馈问题整改，圆满完成对口帮扶安图、珲春脱贫攻坚任务，推动上级部署在奉化落地见效。坚持发挥区委统揽全局、协调各方的作用，支持人大、政府、政协各司其职、分工协作，大统战工作格局进一步巩固完

2016年12月26日，中国共产党宁波市奉化区第一次代表大会在奉化剧院召开

善，工会、共青团、妇联等群团组织能动性有效激发，法治奉化建设迈出坚实步伐，国防动员和后备力量建设持续加强，团结拼搏、共赴事功的奋进格局得到进一步巩固。

【经济发展】 聚力推进平台突破攻坚战，雪窦山作为佛教五大名山的地位基本确立，宁南新城展现雏形，滨海旅游休闲区列入省级大花园示范平台。持续打响招商引资“一号工程”攻坚战，成功招引中交城投、金茂以及瑞凌、锋成等一批高端项目，累计引进亿元以上项目145个。加快推进产业转型，现代农业蓬勃发展，成功创建全国平安渔业示范区、全国平安农机示范区；工业经济换挡提能，改造老工业园区36个，建成专业园4个，新（改）建标准厂房超100万平方米，新增国家级“专精特新”“小巨人”企业14家；现代服务业持续壮大，建成首家省AAAA级跨境电商产业园，新增国家级外贸产业示范区（基地）3家，本外币存贷款余额实现翻番，服务业贡献率升至54%。集中资源打造3号青创大走廊，“一轴五城多点”的创新格局基本成形。引育“小而美”苗子企业52家，高新技术产业增加值增速连续5年位居全市前列，实现国家科技进步奖、国家级众创空间零的突破。深化实施“凤麓英才”计划，新增人才6.6万人，博士总量是设区前的4倍。

宁波瑞凌新能源科技大厦

长汀路

【城乡面貌】 城市框架持续拉大，莼湖、尚田撤镇设街道，新设方桥街道，建成区扩大三分之一。区域交通更加通畅，新改建城市干支路73条、农村联网公路近200公里，打通中山路、长汀路等断头路11条，轨道交通3号线、机场南路“复合走廊”建成通车，金甬铁路奉化段建设快速推进。城市品质显著提升，征迁面积570万平方米，超过设区前十年总和，城市文化中心、龙潭美丽田园等一批公共空间建成开放，惠政老街、万达广场等一批特色街区建成投用，创成省AAAA级景区城。农村面貌焕然一新，“千万工程”深入实施，农房改造纵深推进，累计拆旧3425亩、建新226万平方米，建成省级新时代美丽乡村达标村

245个、AAA级景区村38个，获评全省新时代美丽城镇建设优秀单位。生态环境持续改善，被评为中国天然氧吧、省级全域旅游示范区，三年两捧大禹鼎银鼎，“生态环境议事厅”入选“美丽中国”十佳公众参与案例，全国首个生态环境教育特色小镇落户大堰。

浙江医科职业大学

【体制机制】 以数字化改革撬动各领域改革，制定实施以“10+N”便利化改革为核心的政策体系，民生事项实现100%“一证通办”，惠企人才政策兑现实现“最多点一次”，“镇街一件事、帮办一键通”入围省“三为”最佳实践案例，“浙里惠渔”获评全市首批“最佳应用”。国企改革深化实施，“7+2”格局基本形成。顺利完成新一轮机构改革。区域治理现代化纵深推进，扫黑除恶专项斗争成效显著，区、镇、村三级矛盾调解中心实体化运作，社会治理干部、网格员专职化全面推行，“道德庭”建设实现全覆盖，累计破解区、镇两级历史遗留问题分别为193件、218件，获评全国信访工作“三无”区，荣膺省平安金鼎，社区矫正“奉化模式”在全国推广。

【同城指数】 116个民生同城化项目基本完成，累计民生支出近300亿元。社保标准逐年提高，基本医疗保险和基本养老保险参保率均超过99%，成为首批“浙江无欠薪”示范区。教育事业均衡发展，奉化中学、实验小学完成迁建，浙江药科职业大学、上海师范大学附属实验学校建成投用，公办幼儿园入园率大幅提高，教育现代化发展水平升至全省第22位。卫生服务体系更加完善，市第一医院、区中医医院等项目主体完工，连续三年获评健康浙江考核优秀等次。疫情防控坚决有力，人民群众身体健康和生命安全得到有效保障。夏季奥运会金牌实现零的突破，获评全国群众体育工作先进单位。城市文明不断提高，“我们的家园”活动深入推进，新时代文明实践中心全国试点持续深化，滕头获评全国爱国主义教育示范基地。

2018年9月27日，“民生大问政——探索共建共治共享 提高城市治理能力”节目现场

【干部队伍】 专门组建区委作风办，一年一个主题，压茬推进“五不”问题整治，创新推出“周一夜访”“五大员”“红黑榜”等机制，有力提振干部精气神。探索实施领导干部“担当指数”考评办法，深入开展“破除中梗阻、提升软环境”专项行动，大力推行“大联评、大轮岗、大选聘”，干事担当氛围更加浓厚。基层基础持续夯实，全省首创村社书记“上压一级”，全国“党建引领

2018年12月4日，全国“党建引领乡村振兴·滕头宣言”活动现场

乡村振兴”论坛成功举办，滕头乡村振兴学院辐射全国，“区域党建联合体”入选“浙江乡村振兴十大模式”，导师帮带、村社书记例会、区委党校办学模式等经验在全国、全省推广。清廉奉化建设扎实推进，全市率先实现基层站所巡察全覆盖，累计立案查处违纪违法人员1101人，“五小一跑”工作法获评全国“新时代清廉乡村建设与乡村治理现代化”优秀案例。

（高　强）

大事记

1月

3日 奉籍游泳运动员汪顺在“体彩杯”2021年中国游泳争霸赛（石家庄站）中夺得男子400米个人混合泳决赛冠军。

同日 奉化首支综合执法女子分队，锦屏综合行政执法中队女子分队正式上岗。

10日 浙江省民宿等级评定管理委员会公布2020年度白金宿、金宿和银宿名单，大堰镇民宿张家大院·云水间上榜白金宿。

11日 区第一次归侨侨眷代表大会举行。

同日 由中宣部、教育部、中央广播电视总台联合主办的《闪亮的名字——2020最美高校辅导员/最美大学生发布仪式》在央视科教频道（CCTV—10）播出，“挡刀女孩”崔译文获评2020年“最美大学生”。

12日 国务院扶贫开发领导小组办公室社会扶贫司公布2020年志愿者扶贫案例50佳，区供电公司“小草”电力志愿服务队《“小草”共建平安万家贴心帮扶精准脱贫》案例入选。

同日 司法部对一批先进集体和先进个人进行表彰，溪口镇人民调解委员会人民调解员何华海荣获“全国模范人民调解员”称号。

同日 奉化区西坞街道与江口街道的水稻病虫害绿色防控示范区上榜2020年省级农作物病虫害绿色防控示范区名单；区癌症康复协会溪口分会获省十佳乡镇癌症康复分会荣誉称号。

15日 尚田街道冷西村宋小赞作为带动群众致富的返乡创业人员优秀代表，获“全国优秀农民工”荣誉称号。

16日 上午，《人民日报》、新华社、《光明日报》《经济日报》等中央级媒体以及《浙江日报》《浙江共产党员》杂志等省级媒体到滕头村，专题采访“导师帮带”工作；下午，宁波市对口协作培训中心在滕头乡村振兴学院成立。

18日 工信部公布第五批制造业单项冠军企业（产品）名单，宁波鲍斯能源装备股份有限公司生产的螺杆主机获单项冠军产品。

19日 住房和城乡建设部通报表彰全国住建系统抗击新冠肺炎疫情先进集体和个人，区综合行政执法大队锦屏中队中队长孙建豪被评为先进个人。

20—22日 中国人民政治协商会议第一届宁波市奉化区委员会第五次会议召开。

21—22日 宁波市奉化区第一届人民代表大会第五次会议召开。

21日 2020年度“最美浙江人·浙江骄傲”人物评选活动云发布仪式在杭州举行，奉化籍抗美援朝老兵冯刚获得“浙江骄傲”2020年度十大人物称号。

23日 区人民医院医共体总院方舱发热门诊对外开诊，为奉化区首个独立式方舱发热门诊。

24日 由奉化捐资700万元建成的安图县人民医院卒中中

心项目——1.5T磁共振机投入使用。

25日　奉化区与安图县产业合作的重要项目之一，东北最大的杏鲍菇生产基地——安图县杏鲍菇生产基地投产。

26日　宁波士林工艺品有限公司上榜2020年度浙江省文化产业示范基地名单。

27日　东门区块一期（东门路）房屋征收项目及桑园新村一期房屋征收项目两个区块开始签约，签约期从1月27日起至4月3日。

同日　省司法厅公布首批浙江省“枫桥式”司法所名单，溪口司法所、岳林司法所上榜。

29日　大成路、中山路两侧品质提升工程全线竣工。

2月

1日　宁波市德馨园生态农业科技有限公司、宁波隆丰农业科技有限公司、宁波市奉化翔鹤生态养殖园和宁波星隆农业发展有限公司4家单位被省农业农村厅认定为省级高品质绿色科技示范基地，成为省内先进农业科技成果转化、农业绿色发展展示的重要平台之一；区生态环境分局申报的“‘环评集市’，阳光下的竞争促进降费提速优服务”项目，成功入选“美丽浙江生态环境治理十佳优秀案例”。

2日　区纪委监委以“五小一跑”为主要内容的基层权力监督工作的经验和成效，被《人民日报》以《浙江宁波市奉化区——厘清“小”清单管好公权力》为题报道。

3日　团区委开展的“十心实意，栖奉过大年”活动登上央视新闻频道。

8日　《松岙镇志》出版。

18日　莼湖街道桐照、栖凤渔村码头近800艘外海渔船陆续出海复渔。

21日　区凤麓新材料孵化器入选2020年度宁波市科技企业孵化器名单，实现奉化区在市级专业化科技企业孵化器方面零的突破。同日，由区城投集团承建的南山路综合改造工程开工。

24日　“赵志刚越剧基地”文化项目签约仪式举行。

3月

1日　由中国赛艇协会、中国皮划艇协会主办的全国竞赛暨全运会皮划艇激流回旋比赛竞赛招标研讨会和首届“红船竞渡——京杭大运河划船拉力赛”赛事筹备研讨会在奉化区举行。

同日　由中国计量大学标准化学院与区市场监管局联合成立的宁波市奉化区佰荣标准化研究院揭牌。

5日　汪顺在2021年度中国游泳争霸赛（肇庆站）中，以1分57秒41毫秒的成绩获男子200米个人混合泳决赛冠军。

11日　2021年奉化区“争当现代化滨海大都市建设主力军”重点工程立功竞赛启动仪式在奉化体育馆南门广场举行。

11—15日　第十四届全国运动会女子成年组篮球预赛（奉化赛区）在奉化体育馆举行。

13日　位于尚桥工业科技园新岭西路的通源炒货市场开门迎客。

同日　“2021奉化水蜜桃文化节”的系列活动之一——“最美桃花源·桃源赶集”活动，在萧王庙街道游客中心拉开帷幕。

15日　全区党史学习教育动员部署会召开。

16日　浙江省“百名公益大使宣传社区矫正法”系列活动宁波站启动仪式在奉化区举行。

17日　中华全国妇女联合会发布《全国妇联关于表彰全国城乡妇女岗位建功先进集体、先进个人的决定》，区税务局溪口税务所“零窗”智慧办税厅荣获“全国巾帼文明岗”称号。

同日　在宁波霍科电器有限公司之后，又一家省级博士后科研工作站成立，全区博士后科研工作站增至13家。

18日　位于岳林街道圆峰路与长汀东路交叉口的茗山科创中心项目，开始桩基施工。

同日　奉化区与中国皮划艇协会、宁波市体育局签署合作框架协议，就中国皮划艇协会总部基地和国家皮划艇、赛艇运动训练中心在宁波湾落户建设达成一致。

22日　奉化区新冠病毒疫苗全民接种工作全面启动，接种人群由重点人群向一般人群过渡，接种年龄为18周岁以上。

同日　尚田街道旧城区改

造项目正式启动签约；西坞街道成为第二批浙江省AAA级景区街道。

30日　以“同心迎百年·风华助乡村”为主题的“知心向党·致敬百年”系列活动启动仪式在奉化烈士陵园举行。

31日　“家门口”社区服务平台在掌上奉化App上线，为宁波市首个全新的县级数字化社区服务综合平台。

4月

1日　由市委宣传部、团市委主办，区委宣传部、团区委、松岙镇政府承办的“我们来看您了”裘古怀烈士清明祭扫活动在松岙镇裘古怀烈士陈列馆举行。

2日　“壹里云开见未来——中交未来城城市会客厅开放仪式暨中交·壹里科创云廊产业合作”揭牌仪式在中交未来城举行。

同日　葛岙水库移民安置房扩建工程开工建设。

3日　奉化海峡两岸桃花马拉松在溪口景区拉开帷幕。

7日　奉化区青年企业家协会成立大会暨第一届会员大会召开；区青年联合会第一届委员会第一次全体会议召开。

13日　奉化区启动百队万人“送服务、话党史”活动，把党史学习教育送到最偏远的“末梢”村庄和特殊群体。

15日　奉化区扩大有效投资重大项目集中开工活动在宁波生命科学城酒店商业综合体项目现场举行，此次集中开工的重大项目共18项，总投资109.6亿元，着重体现“三个聚焦”，即聚焦产业创新发展、聚焦城市品质提升、聚焦民生实事保障。

16日　“2021江南百英里雪窦山越野赛”在溪口镇雪窦山游人中心广场开赛。

18日　第二届“桃花杯”华夏气排球超级精英赛在奉化体育馆完赛，来自全国的18支代表队参赛。

19日　奉化非遗产业推广协会成立大会在城市文化中心图书馆报告厅举行。

20日　区知识产权全链条保护工作室授牌暨知识产权宣传周启动仪式举行。该工作室由区市场监管局和区法院联合成立，首家工作站设在溪口镇。

21日　奉化区获评“省农村饮用水达标提标行动成绩突出集体”；莼湖街道鲒埼村获浙江省“千年历史古村”荣誉称号；溪口景区入选“2020浙江十大数智景区”。

22日　“AI闪耀工业智能化”——深兰工业智能创新研究院（宁波）有限公司成立仪式暨新一代人工智能5G+AI边缘计算产品发布仪式举行。发布会上，深兰科技与中国联通宁波分公司、中国电信宁波分公司、华为宁波办事处等签署合作协议。

同日　“荣安集团”区第一届运动会（成年部）登山比赛在锦屏街道外应村中心广场举行，来自区属各大系统、镇（街道）的20支队伍200余名运动员参加比赛。

23日　《中国古典文学名著——西游记（四）》——小雷音遭厄原地纪念封首发仪式在奉举行。这是继2018年描绘雪窦山风貌的丰子恺画作《仰之弥高》特种邮票之后，又一奉化元素——布袋弥勒形象登上“国家名片”。

同日　中国工程院公布2021年院士增选577名有效候选人名单，奉籍乡贤浙江大学医学院教授方向明和中国石油大学（华东）地球科学与技术学院教授印兴耀榜上有名。

24日　CCTV大型纪录片《中国宗教建筑》开机仪式在浙江佛学院举行，首集《东方的微笑——雪窦山》开拍。

25日　区第一届运动会“实验小学杯”儿童部中国象棋、国际象棋、围棋比赛在实验小学收盘。

27日　由市委宣传部、市委党史研究室主办的“百年潮涌·浙江印记”宁波市党史知识大赛举行，奉化区代表队获一等奖。

28日　由农业农村部科技教育司司长周云龙带队的调研组到奉化区调研河湖长制、美丽乡村建设情况。

29日　浙江省海港集团宁波北仑第三集装箱码头有限公司桥吊班大班长、奉化籍全国劳模竺士杰受邀参加中宣部举行的中外记者见面会，围绕“弘扬劳模精神、劳动精神、工匠精神”，讲述精彩的奋斗故事并答记者问。

同日 区政府与腾讯公司签订合作协议，双方将共建浙江省首个腾讯云启产业基地（宁波），在人才集聚、产业赋能、资源导入和创新孵化等方面开展全方位合作。

5月

1日 惠政老街开市；位于区政府东侧的东门广场试开放；宁波首个桥体（光德桥）音乐喷泉灯光秀亮相江口。

1—3日 由区文广旅体局和区文旅集团主办的“五一”乐活节在城市文化中心上演。“五一”期间，第三届滨海旅游节在松岙镇举行。

6日 2021年全国游泳冠军赛暨东京奥运会选拔赛上，奉化游泳运动员汪顺以1分56秒78毫秒的佳绩，夺得男子200米个人混合泳决赛冠军，收获个人此届赛事的第三枚金牌。

同日 《生就是奋斗——胡华百年诞辰生平与书信展》在中国人民大学博物馆开展，上百封书信以及照片、教材、书籍等珍贵史料真实展现了胡华奋斗的一生。

同日 晚上8时，CCTV—4《国家记忆》栏目推出的纪录片《大国粮仓》之《水上良田》聚焦“中国第一渔村”桐照村的现代渔业发展历程，时长2分钟左右。

13日 奉化球员王钰栋入选新一期中国U16国家男子足球队集训名单，这是宁波球员首次入选11人制U16国家队集训名单。

15日 以“健走环山绿道 你我共迎亚运”为主题的2021年宁波市全民徒步大会（商量岗站）活动举行。

同日 以“应梦雪窦奉茶曲毫”为主题的2021年奉化雪窦山茶文化生活节在奉化城市文化中心拉开帷幕。

17日 奉化区首例民营企业职工造血干细胞捐献者王武德在宁波市第一医院成功捐献253毫升造血干细胞悬液。

18日 奉化区“五水共治”工作获得2020年度“大禹鼎”银鼎。

20日 区公安分局方桥派出所正式挂牌成立。

22日 “合奉戏语”奉化戏曲文化节开幕式暨奉化赵志刚越剧基地落成典礼在凤山体育公园举行。

23日 奉化区首票跨境电商B2B出口成功申报。宁波沃腾玛尔洁具有限公司以海关跨境海外仓监管代码“9810”模式成功申报出口浴缸63个，价值14782.95美元。

24日 省农业农村厅厅长王通林一行到奉化区调研渔业生产发展情况。

26日 由生态环境部宣传教育中心与区人民政府联合主办的首届乡村生态文明建设高端研讨会在奉化区举行。全国首个生态环境教育特色小镇规划方案正式发布。

28日 “青春心向党 奉献新时代”2021年浙江省青年志愿服务项目大赛在杭州圆满落幕，团区委选送的“青鸟探巢·失独家庭幸福晚年”志愿服务项目获金奖，“大红烙铁走千山——山村家电医生”项目获铜奖；“百年潮涌·浙江印记”浙江省党史知识大赛决赛举行，奉化区荣获优秀组织奖。

29日 中宣部宣教局局长常勃一行到达滕头村，调研乡村振兴、全国爱国主义教育示范基地创建等工作。

30日 “学党史 颂党恩 跟党走”庆祝中国共产党成立100周年唱响红歌主题活动在体育馆南门广场举行。

6月

1日 区总工会在城市困难职工解困脱困工作中被评为全国先进集体。

4日 全区首个村级生态环境议事厅在大堰镇后畈村成立。

6日 宁波知名植物专家林海伦在溪口镇敏坑村考察时，意外发现一种罕见的昆虫——中华盾鞭蝎。

7日 大堰镇作为全国首个生态环境教育特色小镇试点项目，入选生态环境部2021年“美丽中国，我是行动者”全国十佳公众参与案例。

9日 溪口镇综合行政执法队揭牌仪式举行，标志着溪口镇综合执法体制改革试点工作正式落地。

同日 奉化中式服装制作技艺（奉化红帮裁缝技艺）入选第五批国家级非物质文化遗产代表性项目名录及其扩展项目名录。

同日 松岙镇副镇长徐亚军被水利部授予“全国优秀河（湖）长”称号。

同日 奉化绿苑果蔬专业合作社通过创新模式种植的“8424”西瓜获得省级金奖。

10日 区劳动模范协会第一次代表大会召开。

13日 奉化区首届诗词大会决赛在城市文化中心音乐厅举行。

20日 首批30名甘洛县务工人员启程赴奉。

22日 奉化区扩大有效投资重大项目集中开工活动在华侨城欢乐滨海酒店及商业综合体项目现场举行。

同日 庆祝中国共产党成立100周年“永远跟党走”合唱大赛（决赛）在奉化剧院举行。

24日 由共青团中央主办的全国新兴领域青年助力新经济大展在山东泰山国际会展中心落幕，奉化区张家大院民宿项目获评“青年挑山”组特色项目。

25日 奉化区举行庆祝中国共产党成立100周年主题文艺演出。

27日 2021奉化水蜜桃——“欢喜奉桃”上市发布会举行，揭开2021年水蜜桃文化节蜜桃季活动的序幕。

29日 萧王庙街道滕头村党委书记、村委会主任傅平均被授予“全国优秀共产党员”称号。

7月

1日 全区各地各部门组织党员干部群众收听、收看庆祝中国共产党成立100周年大会直播盛况；举行全区“两优一先”（区优秀共产党员代表、区优秀党务工作者代表、区先进基层党组织代表）表彰仪式，为老党员代表颁发“光荣在党50年”纪念章。

同日 全区完成新冠病毒疫苗阶段性接种任务，累计接种新冠病毒疫苗46万余剂次。

4日 《道德庭的故事》专题片在央视社会与法频道（CCTV-12）首播，并于5日6时36分和9时56分同频道重播。

6日 省气候中心在奉举行区农商集团“奉化水蜜桃”气候品质评估报告专家评审会，综合评定奉化区2021年认证时段生产的水蜜桃气候品质等级为“特优”。

9日 奉E网络文化家园获评浙江省“文润同心”网络文化家园示范基地。

10日 大堰镇，宁海县西店镇、深甽镇，台州市天台县石梁镇和绍兴市新昌县小将镇在大堰举行三市五地“全域锋领”党建联盟成立签约暨“浙东红脉”图谱指引发布仪式，全面启动党建引领乡村振兴的动力引擎。

7—11日 “龙舞桃乡”省第八届龙狮锦标赛在奉化体育馆举行。

12日 位于区政府东侧的东门广场正式启用，区四套班子领导和区直机关单位代表参加广场启用升国旗仪式。

14日 宁波松科磁材有限公司与中科院宁波材料所举行签约仪式，就高剩磁高矫顽力烧结钕铁硼关键技术研发合作项目签署合作协议。

同日 奉化博物馆“山海交响——奉化历史文明展”，在省文物局组织的第十五届（2020年度）全省博物馆陈列展览精品项目中获精品奖。

19日 “工信部2021年产业技术基础公共服务平台——建设关键零部件领域创新成果产业化的公共服务平台项目”中标候选人公示结束，奉化区摩米创新工场作为主体运营单位，联合星宇电子（宁波）有限公司、国家气动产品质量监督检验中心、宁波佳尔灵气动机械有限公司，以全国第一成绩竞标成功。

同日 奉化区体育管理中心与宁波众翔体育运动有限公司进行体育战略合作签约，全市首家民营资本建设运营的区全民健身中心正式投入使用。

21日 “奔跑吧，少年”浙江省少年儿童田径冠军赛在奉化中学田径场开赛。

同日 2021年首届浙江小村农业花卉苗木暨奉化水蜜桃品鉴交流会在莼湖街道王夹岙村举行。

25日 受台风“烟花”影响，上午6时起，奉化公交停开

30条线路，绕道缩线2条线路。

28日 农工党宁波市奉化区支部委员会成立大会召开。

29日 APAR亚太青少年科技创新大会在奉化区举行。

30日 10时22分，在东京奥运会男子200米个人混合泳决赛中，奉化区游泳运动员汪顺以1分55秒00毫秒破亚洲纪录的成绩夺冠。

同日 奉化区举行2021年度“最美退役军人”“最美退役军人工作者（团队）”发布仪式。

8月

4日 浙江省电力无人机巡检职工职业技能竞赛决赛在奉化举行。

5日 省农科院“果园数字管家”产品落地发布仪式在溪口镇新建村举行。

6日 奉化区文物局挂牌仪式举行。

11日 浙江省地下建筑设计研究院、中国人民财产保险股份有限公司宁波分公司、奉化区旅游集散中心（印象奉化）三方在区人防大厦举行人防工程综合保险签约仪式，全国首单人防工程综合保险在奉化区正式落地。

同日 滕头乡村振兴学院举行“振兴超市”揭牌仪式，并与宁波日报报业服务有限公司签订战略合作协议。

16日 大堰镇万竹村被确定为全省“多规合一”实用性村庄规划第一批省级试点。

23日 上海师范大学附属宁波实验学校移交仪式举行。

29日 第十四届全国运动会群众展演广场舞项目——网络线上比赛线下评审落幕，奉化3支舞龙队分获各自组别二等奖，获得银牌。

30日 新落成投用的上海师范大学附属宁波实验学校开学迎新，一年级和七年级400余名新生报到入学。

9月

5日 区教育局组建10个检查组，就“双减”政策落地情况对全区近100家校外培训机构进行专项检查。

6日 西坞街道蒋家池头村入选农业农村部第二批全国乡村治理示范村。

12—14日 甘洛县党政代表团到奉化考察。

15日 以“共叙亲情 共盼团圆”为主题的2021海峡两岸（奉化）中秋晚会在武岭中学大礼堂上演。

18日 区应急管理行政执法队揭牌仪式举行。

19日 “奔野”商标转让签约仪式在宁波举行，这一商标被美国迪尔公司收购使用14年后，又重新回到中国企业手中。

24—25日 代表浙江参加第十四届全运会的奉化运动员捷报频传，奥运冠军汪顺实现男子200米个人混合泳三连冠；有段义华获得马术场地障碍个人赛银牌；曾莹莹夺得霹雳舞铜牌。

26日 “红船从‘浙’里起航——中国共产党在浙江（1921—1949）”浙江省庆祝中国共产党成立100周年大型巡展奉化站活动在溪口王康乐艺术馆开幕。

28日 宁波·国泰智能制造产业创新中心揭牌仪式举行。

30日 奉化中学举行120周年校庆典礼。

同日 区公安分局赵均放获评全国公安机关信访工作成绩突出个人。

10月

10日 在海宁举行的2021浙江省第十届运动休闲旅游节上，奉化商量岗滑雪场获评2021年度浙江省运动休闲旅游优秀项目。

16日 2017—2020年度全国群众体育先进和全国体育系统先进名单揭晓，区文广旅体局获评“全国群众体育先进单位”，奉化籍运动员汪顺获“全国体育系统先进个人”称号。

同日 参加全国第十一届残运会的奉化运动员周佳敏和孙斌郝完成所有比赛项目返奉，分别夺得射箭一枚金牌一枚银牌和射箭两枚金牌。

同日 奉化博物馆“儿童团与红小鬼”项目荣获2021年“全省博物馆十佳青少年教育项目”。

16—17日 2021中国家庭帆船赛（宁波湾站）在宁波湾天妃湖举行。普林塞斯队和红昊队分别夺得Hobie Getaway和Hobie T2冠军。

17日　经各镇（街道）推荐、专家评审、网络投票等环节综合评定，2021年“十佳桃农”名单出炉，分别为尚田街道陈春发、松岙镇任豪达、萧王庙街道袁义刚、尚田街道陈常伦、萧王庙街道骆国培、岳林街道童建军、锦屏街道杨武斌、锦屏街道应士锋、大堰镇王剑勇和江口街道杨金宝。

18日　裘村镇宁波滨海旅游休闲区入选首批40个“浙江省气候康养乡村”。

19日　中国少年先锋队宁波市奉化区第二次代表大会举行。

20日　萧王庙街道、溪口镇上榜浙江省农村文化礼堂建设示范县（市、区）、示范乡镇（街道）名单。

23日　以“共同富裕智创未来”为主题的“2021雪窦山全球智库论坛”在滕头乡村振兴学院举行。

26日　在“领读浙江　寻路初心”建党百年主题阅读活动暨全民阅读月颁奖典礼上，《胡华生平展》获评优秀建党百年红色主题展览项目，奉化“凤麓之声”朗诵团获评建党百年主题阅读活动优秀领读人。

27日　奉化邮政管理局成立大会暨揭牌仪式举行。

同日　“2021浙江省铸造产业发展论坛”在奉化华侨豪生大酒店举行，并授牌成立奉化铸造产业创新驿站，以此促进专家团队科研成果转化与产业化。

30日　宁波奉化宝龙广场开业。

29—31日　第六届中国大学生赛艇锦标赛暨第31届世界大学生夏季运动会赛艇项目选拔赛在宁波湾天妃湖举行。

11月

10月31日—11月1日　第六届“创客中国”中小企业创新创业大赛全国总决赛在重庆举行，奉化区参赛的“下一代超高速硅光集成芯片项目”获创客组一等奖。

2日　人民银行奉化支行举行奉化区首批首贷户服务点授牌仪式，为奉化农商银行溪口牌门丰收驿站、大桥西圃村丰收驿站、西坞庙后周村丰收驿站和莼湖楼隘村丰收驿站授牌。

3日　新启用的奉化人才市场举行试运行期间的首次招聘会。

5日　“挡刀女孩”崔译文被授予全国道德模范荣誉称号。

10日　宁波奉天海供氧净化成套设备有限公司获批医用空气集中供应系统产品注册证，系浙江省首个获批企业。

12日　中共宁波市奉化区委社会建设委员会揭牌仪式举行。

同日　“浙里好人德润之江——第七届浙江省道德模范表彰晚会”在杭州举行，奉化姑娘崔译文当选见义勇为类道德模范。

14日　奉化首家网红直播基地“亲爱的玛丽”揭牌仪式在奉化城市文化中心举行。

同日　省碳达峰、碳中和工作领导小组办公室公布浙江省首批低（零）碳乡镇（街道）、村（社区）及减污降碳协同试点创建单位名单，大堰镇入选低（零）碳乡镇创建试点；箭岭村、张家村入选低（零）碳村创建试点。

19日　大堰镇谢界山村党支部书记陆宝法获评浙江省“担当作为好支书”，箭岭村党支部书记王建国获评宁波市“担当作为好支书”。

25日　省委决定，胡永光任中共宁波市奉化区委书记，高浩孟不再担任中共宁波市奉化区委书记、常委、委员职务。

28日　在广州保利世贸博览馆举行的2021年中国体育旅游博览会上，徐凫岩步云谷房车旅游度假区被国家体育总局体育文化发展中心授予“2021中国体育旅游十佳精品景区”称号。

同日　奉化区工会参与社会治理纪实专题片《款清理明双维护》在CCTV-12《小区大事》栏目播出。

30日　奉化区和温州市文成县两地教育局新一轮山海协作对口帮扶签约仪式在奉化区教育局举行。

12月

2日　雪窦山省级现代农业园区创建工作通过验收；宁波麦博韦尔移动电话有限公司的移动终端共性部件（PCBA）智能制

造项目通过省级标准化试点项目验收。

5日 由区农业农村局推送的“浙里甬惠渔”入选全省农业农村数字化改革第一批21个“优秀应用”。

同日 华侨豪生代表队代表奉化参加2021年浙江省旅游饭店服务技能大赛，获团体二等奖。

6日 松岙红色旅游基地被浙江省文化和旅游厅评为第五批浙江省红色旅游教育基地。

8日 奉化区首个野生动物收容救护中心——宁波市奉化区森迪野生动物收容救护中心成立并开始运营。

11日 宁波市奉化区奥纪农业科技有限公司、浙江省农业科学院、宁波市农机畜牧中心、宁波市奉化区农机畜牧发展中心联合发现并培育的奉化水鸭经农业农村部认定，由国家畜禽遗传资源委员会颁发证书。

12日 奉化入选全国14个文化和旅游市场信用经济发展试点地区名单。

21日 省城乡环境整治工作领导小组公布2021年度全省新时代美丽城镇建设工作考核结果，西坞街道、莼湖街道获评美丽城镇建设省级样板，大堰镇入选新时代美丽城镇建设基本达标名单。

25日 溪口乡贤、上海航天技术研究院科技委常务副主任陈杰当选为国际宇航科学院IAA工程科学学部通讯院士。

26日 区档案局、档案馆在国家档案局2021年全国经济科技档案资源开发利用案例征集活动中，以《村级合同专项档案管理的探索与实践》一文获评二类案例；奉化滤镜广告设计工作室设计制作的短视频公益广告《@谨防消费陷阱》，在国家市场监督管理总局第四届“3·15”消费者权益保护公益广告大赛上获金奖。

28日 奉化农商银行、宁波银行奉化支行新大楼开工奠基仪式在岳林街道万达以南FH23—03—5d—1项目地块举行。

30日 2021年全国职业院校技能大赛教学能力比赛落下帷幕，奉化职教中心财会专业教师何莲、周小乐与宁波经贸学校财会专业教师章俊慧、董怡呈联合组队呈现的作品《小微企业的所得税业务处理》获全国一等奖。

同日 溪口镇入选2021年浙江省文化强镇名单。

29—31日 中国共产党宁波市奉化区第二次代表大会召开。

奉化概况

地 理

【名称来历】 奉化县名由来有多种说法。最早见于北宋建隆（960—963年）中，鄞县县令金翊《纂异记》载:“至开元中改鄞为明，郡名奉化。”北宋《元丰九域志》载:“是时（指738年）州曰明，郡曰奉化，以郡名名县。”南宋乡人陈著《题奉化图志揭首》载:“奉化为邑，以民皆乐于奉承王化得名。”明代曹学佺《舆地名胜志》载:“以其民淳，易于遵奉王化，故名。”明代嘉靖《奉化县图志》载:“县东南五里，有山特起曰奉化，唐开元二十六年（738年）析鄮县地置奉化县于此，因以名焉。”

【地理位置】 奉化区位于北纬29°24′30″～29°47′22″，东经121°03′12″～121°46′32″。地处浙江省中东部，宁波市南面。东濒象山港与象山县隔港相望，南连宁海县，西与绍兴市新昌县、嵊州市接壤，北与余姚市、鄞州区交界。

【地形地貌】 奉化区地处天台山脉与四明山脉交接地带，西南多高山峻岭，东北部地势平坦，河网纵横，属宁奉平原。东南部靠象山港，海岸线曲折，沿海狭长地带形成港湾平原。海岸线总长63千米，岛屿24个。境内最高点黄泥浆岗位于溪口镇北部，海拔976米。最低点为沿海滩涂，位于莼湖裘村松岙沿海，海拔1米。

【气候特征】 奉化属北亚热带季风气候区，气候温和湿润，四季分明，雨量充沛，雨热同步，无霜期长。冬夏长，春秋短。冬季干燥寒冷；夏季晴热高温，时有台风影响；春秋季多连阴雨。

2021年，奉化区气候复杂多变，多项指标破纪录，总体呈“气温显著偏高，雨量异常偏多，台风影响严重，对流天气频繁，日照时数偏少”的气候特征。年平均气温18.4℃，较常年偏高1.5℃，为有气象记录以来最高；高温日（日最高气温≥35℃）11天，最高气温37.4℃（出现在7月8日）；低温日18天，最低气温-7.3℃（出现在1月1日）。年累计降水量2152.6毫米，较常年偏多676.9毫米，成为仅次于2015年的历史第二多年份；降水时段较为集中，汛期降水量占全年降水量的78.9%；年雨日175天，全年暴雨日数为9天，与2015年并列历史暴雨日数第一位。年日照总时数为1491.0小时，较常年偏少296.3小时。

遭受台风、强对流、干旱、寒潮、低温冰冻、连阴雨等灾害性天气影响，全年气候具有突发性、极端性、持续性特点，多个气象要素突破历史极值，特别是7月台风“烟花”和8月中旬罕见的连续性强降水过程，给全区防汛防台工作带来巨大考验。

【水文水系】 境内河道主要有两大水系：奉化江水系和莼湖水系。奉化江水系由剡江和县江、东江组成，汇于方桥三江口，流域面积802平方千米，占91.7%。莼湖水系由诸多小河组成，流域面积72.5平方千米，占8.3%。宁波市级河有剡江、县江、东江、甬新河（奉化段）4条，总长194.63千米；县级河有莼湖溪、西晦溪、泉溪、县溪、亭下总渠、外婆溪、周家河等23条，总长321.55千米；河网密度2.03千米/平方千米，径流总量11.6亿立方米。境内最大河流为剡江，从剡界岭流经境内溪口镇、萧王庙和江口街道，长75.5千米，萧王庙以上流域面积454平方千米，年均流量10.6米^3/秒，主要支流有剡源、东岙溪、筠溪、岩头溪和泉溪等。

沿海潮流，每日早、晚两个潮次，潮位冬低夏高，落潮流速大于涨潮流速。历年平均高潮位5.50米，平均涨潮历时7时4分；平均低潮位2.25米，平均落潮历时5时25分。平均潮差3.25米。

【面积】 辖区东西最大距离70.5千米，南北最大距离42千米，总面积1268平方千米，其中，陆地1189.4平方千米，占93.8%；水域78.6平方千米，占6.2%。海域面积96平方千米。

【自然资源】 境内地下矿藏有铅、锌、花岗岩、砂、紫砂土等8种金属矿和7种非金属矿。可开发内河水力资源2.8万千瓦、潮汐资源14万千瓦。有大、小型水库92座，可供水产养殖及旅游；象山港港宽、水深，适宜造船业和近海养殖。拥有林地126万亩，其中，竹林31万亩，用材林19万亩；有野生植物180科、1500余种，其中，凹叶厚朴、青檀为国家三级保护植物；有野生动物1600余种，其中，海洋鱼类120种。

历　史

【历史沿革】 春秋战国时期，奉化地属越国、楚国。秦王政二十五年（前222年）属会稽郡鄞县。隋开皇九年（589年）属句章县。唐武德四年（621年）析句章县为鄞、姚两州，奉化属鄞州。武德八年（625年），废鄞州设鄮县。唐开元二十六年（738年），析鄮县，置鄮、慈溪、奉化、翁山四县，奉化治设今锦屏街道，隶属明州。两宋，奉化为望县。元元贞元年（1295年）升为州。明洪武二年（1369年）复为县，属明州府。明洪武十四年（1381年），明洲府改宁波府。清沿明制，属宁波府。1913年属浙江省第四行政区。1914年属会稽道。1928年属鄞县区。1936年属浙江省第六行政督察区。1948年属浙江省第二行政督察区。1949年5月属宁波专区。6月，成立大桥、西坞、江口、溪口4个区。10月，增设莼湖、方门2个区，辖28个乡镇。1950年10月，分设6个区、2个县属镇、71个乡镇。1956年，撤区并乡，设5个镇、27个乡。1958年，成立11个人民公社，33个管理区。1961年，恢复区建制，管理区升为公社。1983年，实施政、社分设，恢复乡镇建制。1985年，设5个区、9个镇、22个乡。1988年10月，撤县设市（为县级市）。1990年年末，设5个区、10个镇、21个乡。1992年5月，撤区扩镇并乡，改设11个镇、8个乡。2001年，设9个镇、2个街道。2003年年末，设6个镇、5个街道。2016年11月，经国务院批准，撤销奉化市设立宁波市奉化区，行政区域维持不变。2018年年末，设6个镇、6个街道。2019年年末，设4个镇、8个街道。

【行政区划】 2021年年末，辖溪口、裘村、大堰、松岙4个镇，锦屏、岳林、江口、西坞、萧王庙、方桥、尚田、莼湖8个街道；社区39个，居委会10个，行政村283个。

人　口

【人口】 年末全区户籍人口477862人，比上年减少1535人，其中，城镇人口222172人。全年出生人口2190人，出生率4.58‰；死亡人口4085人，死亡率8.55‰；人口自然增长率–3.97‰。

2021年区领导班子、区直属各部门、各镇（街道）和民主党派、人民团体主要负责人

中国共产党宁波市奉化区委员会

书　　记：高浩孟（2021年11月免）
胡永光（2021年11月任）
副 书 记：胡永光（2021年11月免）
魏建根
徐震宇（2021年12月任）
常　　委：周世君（2021年11月免）
邵方毅（2021年11月免）
杜中权（2021年12月免）
唐军华
黄　峻
徐海伟
傅岳炳（2021年11月免）
刘春萍（女，2021年9月任）
李春泉（2021年11月任）
张义廉（2021年11月任）
屠雪松（2021年11月任）
邬培栋（2021年12月任）
区委党史研究室（区志编纂办公室）主任：
陈黎明
区委组织部部长：唐军华
区委宣传部部长：邵方毅（2021年11月免）
屠雪松（2021年12月任）
区委统战部部长：黄　峻
区委政法委员会书记：魏建根
区委全面深化改革委员会主任：魏建根
区委机构编制委员会办公室主任：董志松
区委台湾工作办公室主任：俞　磊
区委巡察工作领导小组办公室主任：
卓伟波（2021年8月免）
罗　杰（2021年8月任）
区委区政府信访局局长、党组书记：王仕军
区委老干部局局长：沃红波（女）
区委党校校长：唐军华
区委党校党委书记：
邬志坚（2021年9月免，机构撤销）
区档案馆馆长、党组书记：竺月飞（女）

宁波市奉化区人民代表大会常务委员会

主　　任：周　涛
党组书记：周　涛（2021年12月免）
顾卫卫（女，2021年12月任）
副 主 任：何剑波
陈鹏忠
王汉存
蒋国宝
竺剑虹
党组副书记：何剑波
党组成员：陈鹏忠
王汉存
蒋国宝
竺剑虹
刘德英
顾垒松

办公室主任、机关党组书记：顾垒松
代表工作委员会主任：潘峰
财政经济工作委员会主任：
胡显浪（2021年8月免）
胡志春（女，2021年8月任）
监察和司法工作委员会主任：汪平义
城乡建设环境保护工作委员会主任：庄国平
农业和农村工作委员会主任：张雪峰
教育科技文化卫生工作委员会主任：张燕萍（女）
社会建设工作委员会主任：叶国辉

宁波市奉化区人民政府

区　　长：胡永光（2021年11月免）
魏建根（2021年11月任副区长、代区长）
党组书记：胡永光（2021年12月免）
魏建根（2021年12月任）
副 区 长：傅岳炳（2021年12月免）
陈彩凤（女，2021年12月免）
马亚伟（2021年12月免）
陈锦杰（2021年12月免）
张　巍
潘　多（女，挂职，2021年12月免）
章　程（2021年5月免）
邬培栋（2021年5月任）
李春泉（2021年12月任）
毛世汇（2021年12月任）
吴盈盈（女，2021年12月任）
党组副书记：傅岳炳（2021年12月免）
李春泉（2021年12月任）
党组成员：杜中权
马亚伟（2021年12月免）
陈锦杰（2021年12月免）
张　巍
章　程（2021年5月免）
吴盈盈（女，2021年12月任）
办公室主任：谢宏辉

区行政执法中心主任：张义波
区发展和改革局局长、党委书记：
毛洁红（女，2021年12月免）
冯晓虹（女，2021年12月任）
区经济和信息化局、党委书记：毛志达
区教育局局长、党委书记：周永龙
区科学技术局党组书记：王志明
区科学技术局局长：路　波
宁波市公安局奉化分局局长、党委书记：
马亚伟（2021年12月免）
毛世汇（2021年12月任）
区民政局局长、党委书记：周开波（2021年8月免）
戴志锋（2021年8月任）
区司法局局长、党组书记：王国成
区财政局局长、党委书记：周武军（2021年12月免）
江洪平（2021年12月任）
区人力资源和社会保障局局长、党委书记：曹岳勇
区住房和城乡建设局局长、党委书记：吴　波
区交通运输局局长、党委书记：康常军
区水利局局长、党委书记：杨伟军
区农业农村局局长、党委书记：
杜志维（2021年8月免）
周开波（2021年8月任）
区商务局局长、党委书记：孙海港
区文化和广电旅游体育局局长、党委书记：
胡玉珍（女）
区卫生健康局局长、党委书记：
童云龙（2021年6月免）
卓仲强（2021年8月任）
区退役军人事务局局长、党组书记：单旭升
区应急管理局局长、党组书记：余林海
区审计局局长、党组书记：张乐意（女）
区市场监督管理局局长、党委书记：陈晨磊
区统计局局长、党组书记：邬锋伦
区医疗保障局局长、党组书记：张　良
区综合行政执法局局长、党委书记：张义波
经济开发区党委书记：
江雪明（2021年8月免，机构撤销）

经济开发区党工委书记：
江雪明（2021年8月任，机构设立）
经济开发区管委会主任：
汪一恒（2021年8月免，机构撤销）
经济开发区管委会主任：
汪一恒（2021年8月任，机构设立）
区政务服务办公室党组书记：
傅岳炳（2021年12月免）
李春泉（2021年12月任）
区政务服务办公室主任：
冯晓虹（女，2021年12月免）
区国有资产管理中心主任、党工委书记：庄旭东
区机关事务局局长、党组书记：王东海
区投资促进局局长、党组书记：
毛岳明（2021年8月免）
康来通（2021年8月任）
区融媒体中心主任、党委书记：
徐海刚（2021年8月免）
周女芬（2021年8月任）
区融媒体中心总编辑：周龙泉
区政府投资项目评审中心主任：江洪平
宁波市住房公积金管理中心奉化分中心主任、党组书记：袁满君（2021年8月免）
卓伟波（2021年8月任）
区综合创建办公室（区大型活动办公室）主任、党组书记：毛水东
区房屋征收办公室（区房屋拆迁管理办公室）主任、党组书记：陈定峰
区供销合作社联合社主任、党委书记：朱正天
宁波宁南贸易物流区党工委书记：
刘海华（2021年8月免，机构撤销）
宁波宁南新城开发建设管理中心党工委书记：
刘海华（2021年8月任，机构设立）
宁波宁南贸易物流区管委会主任：
刘海华（2021年8月免，机构撤销）
宁波宁南新城开发建设管理中心主任：
李世杰（2021年8月任，机构设立）
区金融发展服务中心主任、党组书记：邬永本

宁波滨海旅游休闲区党工委书记：
胡　荣（2021年8月免，机构撤销）
宁波滨海旅游休闲区开发建设管理中心党工委书记：胡　荣（2021年8月任，机构设立）
宁波滨海旅游休闲区管委会主任：
夏　勇（2021年8月免，机构撤销）
宁波滨海旅游休闲区开发建设管理中心主任：
夏　勇（2021年8月任，机构设立）
区大数据发展服务中心主任：汪建潮
区社会矛盾纠纷调处化解中心党组书记：魏建根
区社会矛盾纠纷调处化解中心主任：宋良杰
区体育管理中心主任：王建明
区住房管理和保障中心主任：李光辉
区农机畜牧发展中心主任：梁　宏
区农技总站站长：竺尧方
区亭下水库管理站站长：汪明峰
区横山水库管理站站长：蒋备松
区公路与运输管理中心主任：吴尔波
区港航管理中心主任：骆维涌（2021年8月免）
张伟通（2021年8月任）
人民医院医共体党委书记：王盛强
区土地储备中心主任：吴　京

中国人民政治协商会议宁波市奉化区委员会

主　席、党组书记：陈红伟
副 主 席：方国波
周海飞（女）
胡　荣
庄孟勇
吴亚芬（女）
邬旭光
党组副书记：方国波
黄　峻
党组成员：胡荣
庄孟勇

朱海高

周　峰

秘 书 长：朱海高

办公室主任：周　峰

社会法制和政协港澳台侨委员会主任：李海涌

教文卫体和文史资料委员会主任：

王校美（女，2021年9月免）

曹培珍（女，2021年9月任）

经济和城建资源环境委员会主任：张传仙

委员工作委员会主任：胡昌宣（2021年8月免）

俞武定（2021年8月任）

政协提案委员会主任：舒华朝

政协农业和农村委员会主任：王冬宁

宁波市奉化区人民法院

区人民法院院长：赵江涛（2021年月9免）

翟寅生（2021年9月任区人民法院副院长、代院长）

区人民法院党组书记：赵江涛（2021年9月免）

翟寅生（2021年9月任）

宁波市奉化区人民检察院

区人民检察院检察长：叶林达

区人民检察院党组书记：叶林达

中国共产党宁波市奉化区纪律检查委员会（监察委员会）

书记、主任：

徐震宇（2021年12月免纪委书记，2022年1月免监委主任）

黄　峻（2021年12月任纪委书记，2022年1月任监委主任）

副 书 记：康建方（2021年12月免）

何　彪（2021年12月免）

陈横栩（2021年12月任）

毛水东（2021年12月任）

副 主 任：康建方

何　彪

民主党派和群众团体

区总工会主席：王汉存

区总工会党组书记、副主席：王艳儿（女）

共青团宁波市奉化区委员会书记：李　丽（女）

共青团宁波市奉化区委员会党组书记：

吴　哲（女，2020年12月免，党组撤销）

区妇女联合会主席、党组书记：邬伦素

区工商业联合会执行委员会主席、党组书记：

汪仁芳（2021年8月免）

区工商业联合会执行委员会主席：

兰万福（2021年8月任）

区工商业联合会执行委员会党组书记：

章华君（2021年8月任）

区科学技术协会党组书记：孙明锵（2021年8月免）

马　雄（2021年8月任）

区科学技术协会主席：王亦建

区残疾人联合会理事长、党组书记：张礼传

民革宁波市奉化区委会主委：张　雄

区红十字会会长：陈彩凤（2021年11月免）

区红十字会党组书记、专职副会长：李永正

区文学艺术界联合会主席、党组书记：汪尧平

中国国际贸易促进委员会奉化区委员会：孙　耀

区归国华侨联合会主席：何　山

区台胞台属联谊会会长：陈平儿

区属国有企业

区溪口旅游集团有限公司董事长、总经理、党委书记：周　盛

区城市投资发展集团有限公司董事长、总经理、党委书记：孙红光
区交通投资发展集团有限公司董事长、总经理、党委书记：周霄峰
区工业投资集团有限公司董事长、党委书记：
林志锵
区工业投资集团有限公司总经理：
林志锵（2021年8月免）
赵新丰（2021年8月任）（参照区管副处级管理）
区环境水业投资集团有限公司董事长、党委书记：
朱正杰
区环境水业投资集团有限公司总经理、党委副书记：
陈士军（参照区管副处级管理）
区农商发展投资集团有限公司董事长、党委书记：
何　义（参照区管副处级管理）
区农商发展投资集团有限公司总经理、党委副书记：
王旭东（参照区管副处级管理）
区文化旅游集团有限公司董事长、党委书记：
陆　川
区文化旅游集团有限公司总经理：
陆　川（2021年9月免）
李鑫江（2021年9月任）（参照区管副处级管理）
区投资集团有限公司董事长、党委书记：王荣辉
宁波甬山投资有限公司董事长、总经理、党委书记：林志锵（2021年8月任，机构设立）
区保安服务有限公司董事长、总经理：胡朝安

市属驻奉行政、事业单位

区人武部部长：徐海伟
区人武部政委：付　欣（2021年10月免）
梁洪振（2021年10月任）
国家税务总局宁波市奉化区税务局局长、党委书记：娄逢堂（2021年6月免）
奉化海关关长：沈　骊（女，2021年9月免）
毛可辰（2021年9月任）
宁波市自然资源和规划局奉化分局局长、党组书记：陈光辉（2021年7月免）
施军瑶（2021年8月任）
宁波市生态环境局奉化分局局长、党组书记：
徐　军（2021年8月免）
裘尧辉（2021年8月任）
区安全工作站站长：宋希宇
区烟草专卖局局长、书记，宁波市烟草公司奉化分公司经理：袁　静
区气象局局长、党组书记：廉　亮（2021年8月免）
乐益龙（2021年8月任）
人民银行奉化支行行长、党组书记、外汇局局长：
傅华明

市属企业驻奉机构

国网奉化区供电公司执行董事：龚向阳
国网奉化区供电公司总经理、党委副书记：
卢志明（2021年3月任）
区电信局（中国电信股份有限公司奉化分公司）局长、总经理、党委书记：陈　伟
区邮政局总经理、党委书记：田　华
奉化农村商业银行党委书记、董事长：孙继峰
中国移动奉化分公司总经理：邵先供
中国联通奉化分公司总经理：陈琦琼

镇、街道

锦屏街道党工委书记：施军瑶（2021年8月免）
毛岳明（2021年8月任）
锦屏街道办事处主任：章维超
岳林街道党工委书记：范申松（女）
岳林街道办事处主任：孙时松
莼湖街道党工委书记：滕晓君

莼湖街道办事处主任：吴　哲（女）
西坞街道党工委书记：戴志锋（2021年8月免）
　　徐　军（2021年8月任）
西坞街道办事处主任：王　刚
尚田街道党工委书记：张维斌
尚田街道办事处主任：李　琳
萧王庙街道党工委书记：陈横栩
萧王庙街道办事处主任：陆剑波（2021年8月免）
　　陈万里（2021年8月任）
江口街道党工委书记：卓仲强（2021年8月免）
　　周　平（2021年8月任）
江口街道办事处主任：周　原（2021年9月免）
　　司徒琳敏（2021年9月任）
方桥街道党工委书记：褚明生
方桥街道办事处主任：毛海涛
溪口镇党委书记：江定康（2021年9月免）
　　刘春萍（女，2021年9月任）
溪口镇镇长：张安乐
大堰镇党委书记：宋炳林（2021年5月免）
　　王　盛（2021年5月任）
大堰镇镇长：王　盛（2021年5月免）
　　周　唯（女，2021年5月任）
裘村镇党委书记：裘尧辉（2021年8月免）
　　周　原（2021年9月任）
裘村镇镇长：陈　璟
松岙镇党委书记：童华斌
松岙镇镇长：周　平（2021年8月免）
　　王天宇（2021年8月任）

宁波溪口雪窦山名山建设管理委员会

主　　任：胡永光（2021年12月免）
　　魏建根（2021年12月任）
副 主 任：周世君（2021年12月免）
　　江定康
　　毛洁红（女，2021年12月任）
　　孙寅杰（2021年12月任）
办公室主任：竺　丰（2021年9月免，机构撤销）
投资促进局局长：
　　庄科裕（2021年9月免，机构撤销）
旅游开发局局长：
　　庄科裕（2021年9月任，机构设立）
名山发展局局长：
　　曹培珍（女，2021年9月免，机构撤销）
开发建设局局长：
　　沈　孟（2021年9月免，机构撤销）
名山建设局局长：
　　沈　孟（2021年9月任，机构设立）
财政局局长：
　　胡志春（女，2021年8月免，机构撤销）

中国共产党宁波市奉化区委员会

综　述

2021年，奉化区委坚决扛起忠实践行“八八战略”、奋力打造“重要窗口”的政治担当，面对新发展阶段的新使命新任务新挑战，区委常委会聚焦聚力“跨越发展、二轮攀高”，攻坚克难、开拓奋进，实现了“五年奉献一个新奉化”目标，为“十四五”发展良好开局打下坚实的基础。地区生产总值迈上800亿元台阶、冲进全省30强，固定资产投资增长28.9%、增速位居全市第一名，一般公共预算收入增长15%、增速位居全市第三名，再获省“大禹鼎银鼎”“无信访积案区”称号。

一年来，区委常委会围绕统筹推进“五位一体”总体布局和协调推进“四个全面”战略布局，坚持把党的政治建设放在首要位置，全力确保全区各项事业发展保持正确方向，实现理论武装更加自觉、部署落地更加坚定、统揽全局更加高效，政治引领得到进一步强化；坚持发展为先、效益为重，推动县域经济向城市经济加快转型，实现工业稳步增长、服务业逐渐复苏、农业特色发展，经济实力得到进一步提升；坚持创新驱动、改革带动，积极打造更加强劲的发展新动能，实现创新主体快速壮大、创新环境加快优化、数字化改革迭代升级，发展活力得到进一步激发；坚持重点突破、整体联动，推动城市形象快速蝶变，实现城乡形态持续重塑、生态底色持续擦亮、文明风尚持续培育，美丽特质得到进一步凸显；坚持凝心聚力惠民生，持续提升城乡居民的获得感、幸福感和安全感，实现社会事业全面进步、社会保障全面提升、社会大局和谐稳定，生活品质得到进一步改善；坚持全面从严抓党建，切实加强管党治党力度，实现基层基础更加巩固、干部队伍不断优化、清廉建设持续深化，政治生态得到进一步优化。

重要会议

【区委一届九次全体（扩大）会议暨区委经济工作会议】 1月7日，中共宁波市奉化区委一届九次全体（扩大）会议暨区委经济工作会议举行。区委常委会主持会议。区委书记高浩孟代表区委常委会作工作报告，并在全会结束时讲话。区委副书记胡永光、魏建根出席。全会高举习近平新时代中国特色社会主义思想伟大旗帜，全面贯彻党的十九届五中全会和中央经济工作会议精神，深刻领会习近平总书记考察浙江、宁波重要讲话精神，按照省委十四届八次全会、市委十三届九次全会和省委经济工作会议部署要求，听取区委常委会工作报告，审议《中共宁波市奉化区委关于制定宁波市奉化区国民经济和社会发展第十四个五年规划和二〇三五年远景目标的建议》，动员全区党员干部群众忠实践行“八八战略”，坚决扛起“重要窗口”模范生的使命担当，勠力同心、接续奋斗、砥砺奋进，奋力谱写现代化健康美丽新城区的崭新篇章。

【区委一届十次全体（扩大）会议】 7月9日，中共宁波市奉化区委一届十次全体（扩大）会议举行。区委常委会主持会议。区委书记高浩孟代表区委常委会作工作报告，并在全会结束时讲话。区委副书记胡永光、魏建根出席。全会以习近平新时代中国特色社会主义思想为指导，认真学习习近平总书记在庆祝中国共产党成立100周年大会上的重要讲话精神，深入贯彻党的十九届五中全会、省委十四届九次全会、市委十三届十次全会精神，总结上半年工作，安排下半年任务，研究部署共同富裕特色区建设，审议并原则通过《中共宁波市奉化区委一届十次全会关于保持定力　扬长补短　聚焦重点　攻坚突破　扎实推进高质量发展建设共同富裕特色区的决议》和《奉化推进高质量发展建设共同富裕特色区行动方案（2021—2025年）》，动员全区上下凝心聚力、勇担使命，奋发有为、奋勇争先，打造具有奉化辨识度的共同富裕美好图景。

【区委一届十一次全体会议】 12月22日，中共宁波市奉化区委一届十一次全体会议举行，听取并审议2021年区委工作报告。区委常委会主持会议，区委书记胡永光代表区委常委会作报告。会议还审议并通过了其他事项。区委委员、候补委员等参加会议。

【中国共产党宁波市奉化区第二次代表大会】 12月29日至12月31日中国共产党宁波市奉化区第二次代表大会召开，大会代表310名、列席人员42名。大会高举中国特色社会主义思想伟大旗帜，以习近平新时代中国特色社会主义思想为指导，深入贯彻党的十九大和十九届二中、三中、四中、五中、六中全会精神，实事求是地总结区第一次党代会以来的工作，进一步动员全区党员干部群众忠实践行“八八战略”，坚决扛起“重要窗口”模范生的使命担当，勠力同心、接续奋斗、砥砺奋进，为高水平打造共同富裕特色区、加快建设现代化滨海大都市健康美丽新城区而努力奋斗。大会会期 3 天，其间，主要安排 4 次全体会议、4 次代表团活动和 5 次主席团会议，主要议程共 5 项：一是听取和审查中国共产党宁波市奉化区第一届委员会的工作报告；二是审查中国共产党宁波市奉化区第一届纪律检查委员会的工作报告；三是选举中国共产党宁波市奉化区第二届委员会；四是选举中国共产党宁波市奉化区第二届纪律检查委员会；五是选举宁波市奉化区出席中国共产党宁波市第十四次代表大会代表。大会认真总结了过去五年的工作，深刻分析了当前和今后一个时期奉化发展面临的新形势，对今后五年经济社会发展和党的建设作出了全面部署。

办公室工作

【概况】 2021年，区委办公室以党史学习教育为引领，认真履行党办工作职能，出好主意、搞好服务、抓好落实、树好形象，全面打响干部作风整治大会战，全力推动上级各项部署落地落实。办公室被评为模范机关创建示范单位，机关党支部被评为市级五星基层党组织，党政机关整体智治工作位列全市第一名；督查工作、党内法规工作、保密工作获全市第一等次，其中督查工作实现优秀三连冠；机要条线获评2021年度全省党政系统机要密码工作先进单位，实现先进三连冠；省级档案工作服务农村基层社会治理试点顺利验收，《村级合同专项档案管理的探索与实践》获评全国经济科技档案资源开发利用二类案例。

【以文辅政】 区委办公室紧跟上级要求和区委领导指示，聚焦“十四五”规划落实落地、区委“两大计划”“六大会战”部署、共同富裕特色区建设、“精特亮”创建，及时组织相关部门研究制定实施方案，细化明确任务清单、项目清单、责任清单，切实将区委部署转化为操作举措，确保如期把“规划图景”变为“美好实景”。认真筹备重要会议，统筹做好文稿起草、会务安排、协调联络等工作，起草综合文稿300余篇、常委会纪要60期，高质量完成党代会系列材料的起草，保障区第二次党代会顺利召开，区委换届圆满完成。着力抓好信息质量，全市信息考核排名实现进位，超额完成宁波信息指标分。国安工作扎实推进，1篇获中央领导批示，3篇获评中央国安办核心条目。

【督查工作】 区委办公室严督实查抓落实，结合“七张问题清单”，形成工作闭合环，下发提醒函4个，编印《督查与落实》39期，力促江口幼儿园等滞后项目加快推进，省市委“七张问题清单”问题整改完成率80.3%。高质高效落实市委书记彭佳学指示精神，推动出台象山港沿海岸线整治提升举措13条，擦亮奉化海洋生态底色。重构考评体系，提升工作执行力。

【史志工作】 区结合党史学习教育，充分发挥史志工作“存史、资政、育人”的职能作用。开展党史学习教育和建党100周年庆祝活动，组建党史宣讲团，开展讲座20余场，受众2200余人；与相关部门、单位联合举办党史知识竞赛“飞花令”活动、区党史知识竞赛、胡华教授生平展、“百年风华——宁波市奉化区庆祝中国共产党成立100周年”图片巡展、“传承红色记忆共庆百年华诞”摄影展览、“百年风华——庆祝建党一百周年主题展”等，受到群众欢迎。先后到老年大学、民间文艺家协会、溪口壶潭村等开展党史书籍“六进”活动，赠送图书800册。开展“庆祝建党一百周年”征文活动，编辑刊印“庆祝中国共产党成立100周年”《奉化史志》刊物专辑。《中国共产党奉化历史(第三卷)》《历史长河里的星火——奉化红色故事》正式出版；《松岙镇志》《裘村镇志》《尚田街道冷西村志》《溪口镇畸山下村志》等先后印行；《奉化区地名志》《溪口名镇志》《徐马站村志》交付印行；《奉化县补义志点校本》《奉化民国漫志点校本》内部印行。完成全区“宁波党史学习教育基地”信息完善和更新，审核上报全区第二次红色文物名单；裘古怀故居（烈士纪念馆）列入第六批宁波党史学习教育基地。《奉化年鉴（2020）》获评“2021年度浙江省精品年鉴”，《发掘利用宗谱文化助推清廉奉化建设》获评全省市县地方志成果转化应用优秀案例。

【队伍建设】 开展理论学习中心组12次，党史“六进”活动宣讲11场次。打造党史学习教育“多维课堂”和“忠诚枢纽、出彩党办”品牌，举行“迎七一”学党史悟思想微型党课比赛，组织赴松岙镇裘古怀故居，开展“红色之旅”党史现场学习教育，赓续红色基因。深入开展“三为”实践活动，协助区委领导开展好庆祝“建党百年”系列活动及“周一夜访”、信访调解、稳企纾困等工作，帮助解决民生实事10件。加大形式主义专项整治力度，持续开展精文减会，会议、文件实现“双下降”。组织发动全办干部开展志愿服务、困难帮扶慰问、“慈善一日捐”和认领“微心愿”等活动，用实际行动践行初心和使命。认真落实《党委（党组）落实全面从严治党主体责任规定》，切实履行“一岗双责”，从严执行民主集中制和新形势下党内政治生活若干准则，推动全面从严治党向纵深发展，形成责任层层传递、压力层层传导、任务层层落实的工作格局。全年办公会议两次专题研究机关党建和党风廉政建设工作。大力加强党组织建设，严格落实组织生活制度，顺利完成各级党代表、人大代表的选举工作，全年开展各类党日活动20次、“周二夜学”48次。加强干部队伍建设，围绕事业发展需要选人用人，多途径选配优秀干部，干部队伍进一步优化、年轻干部比例进一步提高。不折不扣整改落实区委巡察反馈各项问题，31个问题已完成整改28个，整改完成率90.3%。严格党员干部监督管理，认真开展党员领导干部违规兼职、违规取酬、违规借贷和领导干部个人重大事项报告专项整治，对有苗头性问题的，及时提醒、督促纠正。坚持严管与厚爱相结合，开展丰富多彩的文体活动，不断提高机关“含氧量”，办公室上下干事创业精气神进一步提振，凝聚力、向心力、战斗力不断增强。

（卢沐华）

组织工作

【概况】 2021年，全区组织系统深入践行新时代党的建设总要求和党的组织路线，全面实施“红色根脉强基工程”，以“砥砺奋进·点亮风景”五年组工行动计划为抓手，全面夯实干部、人才、党建三个“基本盘”，推动组织工作迭代升级、创新赋能，以“组工风景”为“重要窗口”增光添彩。

【干部队伍建设】 高标高质推进乡镇换届工作，第一时间成立工作专班，全省率先开发“乡镇换届综合应用平台”，全市率先完成乡镇换届干部调配，超额完成乡镇班子配备各项指标要求，全程做到平静安静。换届中，全区提拔使用“85后”干部17名，4个镇配备35岁以下班子成员16名，35岁以下党政正职4名，30岁左右及以下班子成员5名，其中镇党委书记1名、“五类人员”5名。创新实施“担当指数”考评办法，聚焦干部考核量化难、定性难等问题，制定出台《领导班子和领导干部“担当指数”考评办法》，梳理政治素质、履职能力、作风表现、争先意识4个维度、7项指标，通过“定性+定量”“分层+分类”“赋分+竞比”等方式，分10类量化考评领导班子和领导干部“担当指数”，将干部实绩转化为具体分值和排名次序，倒逼干部实干担当、争先进位。同时，基于“浙政钉”开发“担当指数”智慧考评系统，实现“码上扫”“云端统”，最大限度方便群众参与，让群众的“好差评”成为干部的“正衣镜”。相关做法被市委办公厅《宁波信息（领导专报）》刊发，相关调研成果获全省三等奖、全市一等奖。“上压一级”优化中层干部队伍，压紧压实各级党委（党组）责任，通过倒排区管干部队伍年龄、学历、专业等配备需要，创新实施“中层干部选聘预审机制”，对各单位意向人选资格开展前置审核，要求每批次中层干部调整都有一定比例的“90后”干部、专业型干部，着力强化对“30周岁及以下”“全日制大学及以上”两个关键比例的提升，努力建起一个专业结构优、储备数量足、梯次衔接好的区管领导干部“蓄水池”。2019—2021年，全区新提任中层干部590名，其中，研究生81名、占13.73%，“90后”57名、占9.66%。

【公务员管理】 奉化区聚焦基层个别单位专业化干部配比不足、公务员年龄结构老化等问题，探索建立“结构预警机制”，优化公务员队伍整体结构。2021年，全区共招考公务员88名，相较往年专业匹配度明显提升，男生占比在65%以上。同时，持续开展“名校优生”百人计划，深化实施选调生公务员“墩苗”工程，订制蹲苗历练“三张清单”，定期编印选调生成长手册，切实推动年轻干部在基层经风雨、见世面、长才干、壮筋骨。

【干部教育培训】 以“四大课堂”为主要载体，全年累计开办主体班次49期，培训干部7000余人次，配合选调市管干部39人次、区管干部130人次参加上级组织部门主办的各类脱产培训。深化提升滕头乡村振兴学院，聚焦共同富裕和乡村振兴战略，持续推动阵地建设、师资提升、项目帮扶等工作，不断提高办学质量和辐射能级，建成滕头乡村振兴学院新院区，提升裘古怀烈士纪念馆等现场教学点20余个，承办“2021雪窦山全球智库论坛”，累计承接来自全国19个省份的231个培训班，线上线下培训学员5万余名，帮扶项目21个，相关做法得到《人民日报》《光明日报》等中央主流媒体聚焦，学院被写入2021年宁波市政府工作报告，获评宁波市组工“锋领红榜”十大先锋团队。

【人才工作】 对照市委对奉化“二轮攀高”要求，制定更具引领性、系统性的人才新政3.0版，着力打造“青年创业之城”。全年全区新增人才1.65万人，其中，博士41人、硕士377人。新申报推荐国家级引才计划19人，同比翻了一番；省级引才计划27人，同比翻了一番；入选“甬江引才工程”11个，同比翻了两番多，各项指标均创历年新高。持续擦亮“人才之家”服务品牌，牢固树立“有你·才好”的人才工作理念，在人才之家打造“一廊”“两室”“四角”，成立“奉麓青研院”，形成“月月有主题、周周有活动、日日能咨询”的良好局面，全年举办各类人才活动140余场，联系服务各类人才2万余人次。同时，全面推广“人才码”和惠企、人才政策兑现“一键通”，累计上线人才政策53条，服务人才2300余人次，办结人才奖补事项1186件，奖补金额8000余万元。

【基层组织建设】 围绕抓好村社换届后半篇文章，突出“区委统管”，聚焦往届村社干部存在的“党性不纯、用权不正、规矩不严、担当不力”4个方面13类突出问题，深入开展“党性党风教育年”活动，推进“四讲四有”专项教育，开展“四不问题”大讨论、办公场所“五清”、应收款“清零”等45项重点工作，强势推动村社干部强党性、正党风、抓履职。全年共梳理村级重点任务1986项，顺利推进达98.2%，24人入选省市“担当作为好支书”“兴村（治社）”名师，受党政纪处分的村社干部同比下降61%。同时，连续三年召开区委村社书记工作交流例会，相关机制被写入全省基层党建工作会议报告和省委“红色根脉强基工程”文件。揭榜挂帅“党内组织生活”应用场景，以党员分类管理全国试点为契机，主动对标省委组织部“浙里红色根脉强基系统”，六赴省组对接，连续蹲点25天，历时2个月成功揭榜挂帅“党内组织生活”应用场景。重点围绕组织生活痛点、难点，搭建党内组织生活全流程数字化平台，实现组织生活100项基础数据发布记录和维护、1200项模块信息“一屏掌控”，做到组织生活质量实时评估、预警亮灯、一键反馈。持续深化“驻企专员”“村社指导”“项目经理”“街巷跑长”“镇街帮办”等“五大员”制度，以数字化赋能推动机制性重塑，努力提升干部服务企业、服务群众、服务基层的工作质效。创新开发“镇街一件事、帮办一键通”数字化平台，通过资源力量整合、多跨场景构建，全面推动机关干部下沉一线，合力解决疑难杂症。上线4个多月已受理基层难题287件，办结率达98%。相关做法入选浙江省“三服务”好典型和省“三为”专题实践活动最佳实践案例，并被省委办公厅《浙江信息》称为“贯彻全省数字化改革推进会的典型做法”。

【机关自身建设】 高标准加强自身建设，努力锻造“模范部门、过硬队伍”。统筹推进“争做新时代浙江组工人”主题实践活动和党史学习教育，高标准落实党史学习教育“4个专题13个一”、主题实践活动“五抓五比五个一”部署安排。制定实施“砥砺奋进·点亮风景”五年组工行动计划，建立组织工作“亮晒比拼”机制，谋划形成7个方面风景、30项重要标识性成果、12个高质量翻番。聚焦选人用人、上压一级、经费使用等重点关键领域，梳理形成区委组织部权力事项目录，囊括选拔任用、人才招引、党员审批、公务接待等7个方面25项重点业务，明确事项流程、政策依据，有效规范权力运行。常委部长与部会成员、部机关副处级以上干部、镇（街道）组织委员签订廉政责任书，全体部机关同志签订廉政责任状，形成层层抓责任落实的全覆盖网。聚焦组织工作标准化、规范化建设，建立“负面工作清单”，实施重点科室、重点岗位“任前警示谈话”制度，制定《组工干部言行守则》《部机关内部管理规程》《组织工作制度汇编》，全流程织密党风廉政风险防范网。

（董骥芰）

宣传工作

【概况】 2021年，全区宣传思想战线深入贯彻落实中央和省、市、区委决策部署，围绕庆祝中国共产党成立100周年、党史学习教育主线，对标宁波争创全国文明城市典范城市要求，巩固发展健康向上态势，有力服务区委、区政府工作大局。滕头村获评全国爱国主义教育示范基地，并入选浙江省习近平新时代中国特色社会主义思想研究中心调研基地；“共享礼堂”、文明实践“五大员”和党的十九届六中全会精神“送学上船头”的经验做法分别在中宣部、中央文明办和中央党史学习教育信息简报上刊登，并获时任市委常委、宣传部部长李军批示肯定；崔译文获评全国道德模范和浙江省道德模范，周洪富获评中国好人，傅启平、裘古怀入选“百年潮涌·之江楷模”；小草志愿服务队入选“全国志愿者扶贫案例50佳”，青鸟探巢项目获省青年志愿服务项目大赛金奖；奉化区先后获得全市党史知识竞赛一等奖和全省党史知识大赛优秀组织奖，1个案例获评浙江省党史学习教育“三为”专题实践活动最佳实践案例，1个案例入选省党史学习教育“百法百例”，青年理论宣讲和党史学习教育有关做法在省市经验交流会上作交流发言。

【理论学习】 坚持把学习宣传贯彻习近平新时代中国特色社会主义思想作为首要政治任务。深化区委理论学习中心组“周自学、月集中、季交流”，全年组织集中学习33次、专题学习交流5次，累计编印“周自学”材料63期。推动各党委（党组）理论学习中心组规范深入学习。提升打造“奉邑学堂走乡间”特色品牌，“小喇叭”宣讲团获评省基层理论宣讲成绩突出集体，4人在省市宣讲比赛中获奖，在“学习强国”中央和省级平台的发稿量连续10个月全市第一。推进理论研论阐释，全年在上级报纸杂志刊发文章114篇，其中1篇入选省建党100周年优秀论文集。

【党史学习教育】 持续推进党史学习教育高质高效开展。全区紧扣“学党史、悟思想、办实事、开新局”总体要求，提升打造“周一夜访”“红五星”“五大员”“家系列”“码上办”等一批具有奉化辨识度的“三为”实践金名片。开设专题学习大课堂，深入推进“六学联动”，确保党史知识入脑入心、真学真信。依托特色宣讲品牌、系列宣讲驿站、名师宣讲工作室、新时代文明实践站所等学习教育资源，开展“四百”宣讲活动。挖掘好做法、好经验，在中央和省级媒体刊登报道338篇次，在中央级重点网络媒体上刊发报道200余篇，被中央和省级党史学习教育网录用特色做法13篇，在市级以上简报刊发信息69篇。开展“三为”专题实践活动，实施“十二大行动”，扎实推动66项重点任务，累计为群众办实事21572件，为企业解难题3670件，为基层减负担1579件。

【宣传报道】 区委宣传部门围绕建党百年、党史学习教育、共同富裕等系列重大主题，“五年奉献一个新奉化”“我们的家园”“精特亮”等系列中心工作，唱响主旋律，打好主动仗，为全区经济社会发展提供精神动力和舆论支持。全年在中央级主流媒体发稿376篇，在省级及国家级媒体和海外华文媒体上发表900多篇，实现“人民报系媒体半月谈、央视所属频道周周见、其他央媒省媒常常报”的既定目标。创建滕头国家级爱国主义教育基地，填补全市近30年来空白，相关做法获评宁波创新奖。坚持移动优先战略，“掌上奉化”App4.0版迭代升级，“一端四微多平台”用户总量超过47万个。新开《奉化观察》新闻舆论监督栏目。打造全市首个县级数字化社区综合服务平台“家门口”。

【文明创建】 奉化区对标全国文明城市典范城市创建标准，持续完善长效机制，高水平推进新时代文明实践，进一步弘扬社会文明风尚。以建设全国文明城市典范城市为目标，开展“四个一批”行动，高质量通过全国文明城市测评，省测评居全市第一名，社区专项测评居全市第二名。统筹各类阵地，建成新时代文明实践示范线1条，新时代文明实践示范所（站）14个；深入实施“六色”行动，打造“文明润万家”特色品牌，开展各类活动300多场次。以社会主义核心价值观为引领，深化常态化梯队选拔培育、媒体宣传包装策划等机制，持续抓好基层文明创建和典型培树工作。全年获志愿服务相关全国级荣誉4项、省级荣誉2项、市级荣誉3项，获评全国道德模范1人、中国好人1人、浙江好人2人、宁波好人15人。

【文化发展】 加强基层公共文化服务体系建设，提升文艺精品创作精度，巩固文化产业发展良好态势。持续推进各镇（街道）开展文化走亲、文化结对，打造“越剧赵派基地”，引导各类文艺团体、民间艺人送文化到农村、社区。深化全民阅读行动，打造精品乡村书吧、“凤麓讲堂”等阅读阵地，举办首届晒书日等各类阅读活动150余场次。创新“共享礼堂”做法，提升礼堂用育水平。文艺精品创作多点开花。电视剧《问天》、电影《青苔花开》、广播剧《普通一兵》、舞蹈《信仰的力量》等一批主旋律文艺精品上映刊播，具备冲击省、市“五个一工程”奖实力。文化产业发展稳中有进。强化政策引导、招商引资、企业服务、园区打造，出台《奉化区文化产业扶持办法（试行）》，制订文化产业发展三年行动计划，巩固文化产业发展良好态势。据初步统计，全年规（限）上文创产业增加值增速为17.17%。3家公司入选省成长型文化企业，1个街区获省文化创意街区称号。

（薛丛川）

统一战线工作

【概况】 2021年，奉化区统一战线工作紧扣区委“全面创新、全域美丽”发展策略，围绕“两大计划”“六大会战”，重点推进统一战线“十大行动”。区民宗局获评全国“七五”普法先进单位；区工商联获评全国“五好”县级工商联和全国民营企业调查工作先进单位；区台办获评中央台办“两刊”对台宣传先进单位。承办省级活动2次，创建省级活动场所1个、市级实践创新基地3个，各民主党派、统战团体获全国、省市级集体荣誉10项。中央主流媒体正面宣传报道奉化统战工作19条次。

【多党合作】 出台《中共宁波市奉化区委2021年度民主协商（会议协商）计划》，组织开展政协委员及党外人士征求意见座谈会等民主协商7次，拓宽党外人士知情明政渠道。深化“周一随访”“建言献策月月谈”“政商面对面”等载体平台，开通“同心直通车”建言献策平台，出台《奉化区统一战线决战决胜“五年奉献一个新奉化”专项民主监督工作实施方案》，引导民主党派、无党派人士积极开展“奉化高质量发展助推共同富裕特色区”专项民主监督活动6次，引导支持各民主党派、工商联和无党派人士完成区委委托课题和重点课题调研16个。《老旧小区改造过程中的民生细节问题值得重视》等3篇调研文章获区委书记批示。

【党外人士思想引领】 把握大团结大联合主题，不断画好画大同心圆。开展党史学习教育及庆祝中国共产党成立100周年系列活动，第一时间举行全区统一战线党史学习教育报告会。举办“砥砺奉进·与党同行”大型风采展示活动，组织引导统一战线各领域开展“同心迎百年·风华助乡村”“奉商永远跟党走”“永葆侨心向党”等系列活动近30场，累计参与对象3500余人次。举办“党外代表人士培训班”“无党派人士培训班”“青蓝接力培训班”等统一战线主体培训班次3期，全区统一战线思想政治根基进一步夯实。

【民族宗教工作】 研究出台《佛教场所负责人任职管理办法》《佛教场所规范化管理指导标准》等四项配套制度，推动宗教场所管理规范化。制订佛教场所骨干人士三年轮训计划，建立“线上自学+常态化轮训+在职培训”的三位一体的人才培养体系。衔接奉化区国土空间总体规划完成全区宗教场所专项规划编制，不断推进场所布局科学化。《宗教场所“拆改扩”中涉地问题研究——以奉化为例》获评全省统战理论政策研究优秀成果奖。以民族工作“六进”“四微”等为基础，深入开展民族团结进步宣传教育活动，不断夯实民族工作基层基础。结合中国共产党成立100周年，成功举办“民族一家亲，同心颂党恩”文艺会演，相关报道被中央媒体刊登。加大对口联系地区少数民族帮扶力度，对接温州文成“双百村”结对项目。

【民营经济】 新成立方桥街道商会，实现基层商会全覆盖。架设“政商面对面”交流平台，举办恳谈会4期，收集企业问题建议65条并全部流转有关部门进行解决回应；印发《关于加强新时代奉化民营经济统战工作的实施办法》，加强党对民营经济统战工作的领导；联合区委组织部印发《关于选派商（协）会工作指导员的试行办法》，选派干部至全区33个商（协）会担任工作指导员，切实打通民营经济统战工作“最后一公里”；《示范引领以点带面纵深推进清廉民企建设》获评省工商联服务“两个健康”最佳实践案例。

【交流联谊】 成立加拿大海联驿站、东南亚宁波奉化华侨联合会。依托国字号“海峡两岸交流基地”资源，积极开展两岸交流。成功举办“两岸共跑212”、海峡两岸桃花马拉松等活动，创新推出台胞“云代扫”服务；成立“1+7”公益联盟，启动“同心·同爱”志愿行动，助力推动两岸融合发展。《人民日报》、央视等权威媒体及台湾主流媒体累计刊播奉化两岸交流工作相关报道50余篇（次）。

【名山建设】 名山建设硬件建设稳步推进，永平寺、资福寺、水涧岩精舍相继投入使用，佛教名山功能布局进一步完善。浙江佛学院建设情况受到时任中央统战部常务副部长张裔炯的肯定。中国社会科学院、中佛协“三大研究基地”落户雪窦山。CCTV纪录片《中国宗教建筑》在雪窦山开机。第六届世界佛教论坛申办工作继续推进，雪窦名山影响力进一步提升。

【助力共同富裕】 建立新乡贤工作联席会议制度，协同推进乡贤助力“两进两回”行动，新增乡村振兴合伙人项目12个，涉及金额4400余万元。开展农村“老年食堂”助力行动，引导全区统一战线结对帮扶“老年食堂”建设，结对帮扶“老年食堂”27家，捐赠资金（物资）460余万元，惠及2000余名群众。成功举办“新侨企业创新创业成果分享交流活动”，现场签约8个双创项目及6个共富结对项目，总投资近2亿元。推荐申报至臻生物等人才项目5个，引导海外侨胞公益慈善捐赠1500余万元。开展“统一战线助推乡村振兴再出发行动”，全区5个民主党派和8个区级统战团体与13个行政村结对共建，建立民情观测点21个，构建“1+X”结对帮扶体系，开展结对帮扶、健康义诊等活动50余次，帮助结对村销售农产品20余吨。

（王　栋）

人才工作

【概况】 2021年，奉化人才工作紧紧围绕“全面创新、全域美丽”发展策略，对照“五年奉献一个新奉化”总体目标，以全面数字化改革为统领，加快实现人才工作数字赋能、整体智治。2021年全区新增各类人才1.85万人，其中博士48名、硕士497名；新增大学生10489人，增幅为全市第二位；新增高技能人才10982人，增量、增幅均位列全市第一位。新引进顶尖特优人才32人，入选国家、省级引才计划各3人，入选省级人才培养工程人才1人，入选市“甬江引才工程”11个。

【政策体系升级】 系统谋划“1+3+X”人才政策体系，加快人才政策迭代升级，制定更具引领性、系统性的人才新政3.0版；精准聚焦高端人才、青年人才、实用人才等三大集聚工程，创新推出打造“青年创业之城”的青年集聚政策，升级人才住房保障实施办法，推出落户奖励政策，出台企业引进高层次人才薪资奖励政策，调整完善企业“三领人才”评审办法，“引育留用”全方位措施让人才引得进、留得住、用得好。全面升级优化“凤麓英才”计划，在科技创新领域基础上增加城市经济领域板块；新增人才举荐制、认定制等遴选模式，打通“引才入奉”的绿色快车道；设置青年创新人才专项，鼓励青年人才先申报后入职，放宽学历条件等申报要求，不唯学历唯能力。

【完善人才队伍结构】 奉化区抓高端人才招引，持续实施“凤麓英才”计划，新评选2021“凤麓英才”项目及个人37个，通过直接认定等简易程序招引国家级、省级人才领衔项目11个。抓实用人才培育，积极实施高技能人才培养工程，大力实施“技能兴奉”提升行动，分批分类开展各类职业技能培训3.94万人次。举办区级以上职业技能竞赛16场，参赛人员1.2万人。大力实施“乡土人才”百人计划，选树传统文化艺术类、生产生活技能类、经营管理服务类等人才40人。赴东北、陕西、江西、湖南、重庆等5省9市的15所高校开展“全国选才、才兴奉化”校园招聘活动27场。

【服务平台建设】 坚持“外延”与“内拓”双向发力。配强建强驻外引才工作联络站，新设成都、武汉、西安3站，深化“双飞地”引才模式，国泰创新中心、经佳科创中心、沪甬双创基地3个共计19000平方米的“飞入地”已投入使用，移盟科创基地、中科创星科创中心等“飞入地”即将落地建成，为下一步人才、技术、项目互融互通和共建共享打下基础。全力打造创新创业高地，“茗山智谷”创新综合体建设稳步推进，创新推出“奉化区电子信息产业链协同创新服务平台”运作模式，实施“小而美”平台建设，全年新增“小而美”苗子企业22家，新增省级小微企业园6家、省级博士后工作站5家。

【创业创新环境优化】 以数字化改革为牵引，全市率先升级奉化“人才码”，覆盖线下服务机构近20家，服务人次达5万人，搭建人才企业无感监管服务平台，深度挖掘80余家人才企业大数据，打造奉化“人才数智大脑”。成立“奉化人才银行”，推出“英才贷”金融产品，对全区人才企业和个人整体授信2亿元，全年重点人才企业累计获得人才贷款近1亿元。创新设立“奉麓青研院”，线上线下同步开班授课。升级完善购租补“三位一体”人才住房保障体系，让人才安身、安业、安心。总投资4亿元，在3号线黄金地段建设东部人才社区，预计2022年9月完成精装交付，实现人才拎包入住。

（董骥芠）

信访工作

【概况】 2021年，区信访工作以抓好“平安护航建党100周年”信访保障工作为主线，扎实推进重访治理、积案化解、源头预防等工作，全面提升服务群众工作水平，构建完善“党建+信访”体系，初步形成更高水平信访生态。全年信访总量（不含来电）为3152件（人）次［含上级转办件1358件（人）次］，其中，来信672件（含上级转办546件）、网上信访5061件（含上级转办1757件），全区四级走访共179批720人次；政务服务热线平台受理群众来电、网上投诉共113591件。奉化区连续4年实现省“无信访积案县（市、区）”目标，2021年度被市信访工作领导小组评为优秀单位。

【体制机制建设】 3月2日召开全区政法信访工作会议，将工作任务目标逐级分解细化，切实扛起第一责任。坚持把信访工作与区委中心工作同研究、同部署、同落实，2021年，区委常委会会议、区政府常务会议专题听取并研究信访工作20余次，区信访联席办召开重大或疑难复杂信访事项协调会议50余次。每周二、四、五及“两会”等重要时期，每日安排至少一名区级领导接待来访群众，截至12月31日，区党政领导接待群众74批461人次。

【强化源头治理】 结合信访调解工作实际，梳理全区存在的信访问题。责任单位逐一落实工作责任，逐一做好问题化解之策。完善党政议访清单、“主官领办”账本，持续开展“周一夜访”，形成领导干部自觉履行接访下访、批办来信、包化积案的政治责任氛围。配强专职化社会治理干部和网格员，全区配备专职社会治理干部284名、网格员303名，推动矛盾纠纷化解在前端。按照“区镇（街道）一体、条抓块统”原则，会同区纪委、区委组织部等扎实抓好“无信访积案区”达标、重点镇街管理和信访“四无村”创建等工作，力争“小事不出村、大事不出镇、难事不出区、问题不遗留”。

【信访积案化解】扎实推进集中治理重复信访、化解信访积案专项工作，落实领导干部包案责任制，坚持“新官理旧账”，通过区、镇（街道）领导包案，搭建工作专班等方式，实行“周排名、月会商、季督查”制度，推动各镇（街道）和部门挂图作战、倒排进度、限期交账，确保化解进度与质量。截至12月31日，第一批国家级重复信访交办件139件、省级重复信访交办件55件、市级重复信访交办件41件，已全部动态清零。区信访局会同组织部、政法委、督查考核室、矛盾调解中心先后2次对全区12个镇（街道）信访事项的处置情况开展“回头看”和“再督查”，对发现的问题当场指出并落实整改。将解决好群众合理诉求作为信访工作的出发点和落脚点，广泛动员信访志愿者、律师、人民团体等基层第三方力量参与信访疑难问题调处，构建多元化解闭环，增强纠纷调处合力。

【开展“周一夜访”】奉化区持续落实《关于区级党政领导干部“周一夜访村（社）”制度的实施办法》，自2020年3月16日创新实施区级领导干部“周一夜访村（社）”制度以来，已开展73周，区级领导参与897人次，共走访村（社区）339个（包括撤并前），接待群众876批1836人次，化解和办结各类信访事项153件，已帮助解决（调研）民生实事556件。

（崔　岩）

党校工作

【概况】2021年，区委党校以习近平新时代中国特色社会主义思想为指导，深入学习贯彻《中国共产党党校（行政学院）工作条例》，落细落实习近平总书记关于党校办学治校系列重要指示精神，以党史学习教育为引擎，锚定目标不松懈，倾力打造“一校两院”、滕头乡村振兴学院、镇（街道）党校，初步形成横向到边、纵向到底的区域党员干部教育培训格局雏形，着力打造管理规范、运行高效、特色明显的县级党校奉化样本。

【党史学习教育】区委党校充分发挥干部培训、思想引领、理论建设等作用，推动学习教育具体化、精准化。一是开发精品课程，讲活历史故事。突出“走进红色学府学党史”主题，优化四史专题，开发“铭记先烈顺应时代做自己的英雄——革命烈士裘古怀”“铭记党的历史不忘初心使命”“永葆中国共产党不断前进的澎湃动力”等党史精品课程，组建党校党史宣讲团，开展党课进机关、进农村、进社区、进企业、进学校、进军营等“六进”宣讲活动，累计完成理论宣讲103场次，受众11217人次。二是发掘党史基地，用活红色资源。向省委组织部、省委党校、市委党校报送党史开发课程2门，党史红色教育基地2个、党史红色考察线路1条。重点发掘“裘古怀初心”现场教学精品线路和红色教育精品线路，2021年开展“裘古怀初心”现场教学30余场次，受众3200余人次。裘古怀宣讲案例被中新网、浙江组工等多家媒体报道。三是创新教学模式，搞活教育形式。在主体班次教育中，创新教学模式，运用原汁原味学、现场沉浸学、专家辅导学、宣讲引导学、主题研讨学、典型示范学等灵活、多样、务实、有效的方式开展教育，受教育党员干部2251人次。

【干部培训】区委党校始终将“党校姓党”这一根本原则贯穿到党校各项工作中，在突出主业主课中积极作为。合理设置培训班、专题研讨班；依托“领导干部大讲堂”“星期六课堂”“局长汇智讲坛”“乡邑学堂”等“四大课堂”，分层分类开展干部培训。2021年，共承办区管干部推动共同富裕主题轮训班、新任区管干部和中层干部培训班等主体班次24期，培训2818人次；按照政策理论、党性教育、重大现实问题探讨、执政能力建设四大板块设置培训内容，把强化理论教育和党性教育放在第一位，在培训时间上增加党性理论教育比重，严守理论教育和党性教育课时比重的“双底线”要求，各类主体班次中理论教育和党性教育课程的比重达71.6%，党性教育课程的比重占总课时的32.3%。

【理论宣讲】 2021年，区委党校承接区党史学习教育宣讲集体备课暨宣讲员培训班、区政府系统干部政法法治轮训班和国家电网职工安全教育班等各类培训班次100期，培训13800余人次，干部教育培训“主阵地”作用有效发挥。5位教师参与宁波现场教学优秀课程评选活动，全力打造一批具有奉化辨识度的现场教学品牌。完善新课开发流程，重点培育在区内外有一定影响力的党校特色精品课程。“铭记先烈顺应时代做自己的英雄——革命烈士裘古怀”“压力管理团体心理辅导”2门奉化党校特色课程在全省范围内推荐宣讲，并被纳入宁波党校、省委党校主体班次课程；微型党课获全区比赛一等奖和三等奖各1项、宁波市三等奖1项、全省党校系统一等奖1项；党校教师《跨越时空给裘古怀烈士的回信》代表宁波市参加省第二届红色故事讲解大赛，《挑起振兴金扁担绘出乡村幸福美》被中央农办秘书局推荐采纳为优秀宣讲作品。

【特色教育】 重点建好“两阵地、一中心”。一是建好滕头乡村振兴学院。学院以“提升滕头乡村振兴学院品牌”被写入2021年宁波市政府工作报告为契机，聚焦乡村振兴和共同富裕，坚持“立足滕头、覆盖全域，博采众长、不设围墙”的办学理念，从开放式办学、终身制帮学和无边界研学三个维度，提升学院品牌含金量和办学质效。2021年承接培训班次88个、线下培训学员2848人，相关做法得到中央电视台、《人民日报》《浙江共产党员》等媒体（期刊）聚焦报道。10月23日，学院承办“雪窦山全球智库论坛”，国务院发展研究中心党组书记马建堂等专家作主旨演讲，滕头样板、奉化模式、宁波实践和浙江经验多次得到专家学者的肯定并在全球范围内深度传播。二是建好镇（街道）基层党校。2020年12月，宁波市启动镇（乡、街道）党校规范化建设工作，奉化区应势而动。2021年，全区12个镇（街道）已全部完成建校，切实做到机构全覆盖、运行实体化、培训常态化，累计开展教育培训355场次，26000余名基层党员干部党性得到淬炼。三是建好区干部心理健康提升中心。将干部心理健康教育培训列入干部教育培训年度计划，邀请省心理健康促进会、宁波市委党校等优秀师资，在各类主体班次中授课。保持党校心理课程自身特点，注重多学科融合，开发系列心理课程。2021年，党校教师在宁波、嘉兴、绍兴、台州等省内各级党校系统主体班次授课55场次，受众5900余人次，相关课程多次在“掌上奉化”、宁波直播中心视频直播，实时互动，现场点击收看11000余人次。

【课题研究】 2021年，区委党校共有“宁波两新组织党组织发挥先锋模范作用的实践与经验研究”等13项课题结题。

2021年奉化区委党校结题课题一览表

表1

序号	姓名	课题名称	级别			验收单位
			省级	市级	区级	
1	邬志坚	宁波两新组织党组织发挥先锋模范作用的实践与经验研究	√			宁波市社科联
2	邬志坚	基层党建引领农合联推动乡村振兴研究		√		宁波市委党校
3	邬旭光	推进奉化乡村德治建设的路径探讨			√	奉化区政协
4	陶杰	司法体制改革背景下员额检察官廉政风险防控刍议			√	奉化区纪委
5	陶杰	村干部“一肩挑”背景下有效开展村务监督的实践与思考			√	奉化区纪委
6	陶杰	新时代宗教院校的使命担当：探索发挥宗教院校在宗教中国化进程中的作用			√	奉化区委统战部
7	裘是	裘古怀遗书引发的党史学习思考			√	奉化区委宣传部
8	张烜华	“党建＋三治融合”提质乡村治理的路径研究——基于奉化区的实践与探索		√		宁波市委党校
9	张广州	基层党建信息化研究	√			宁波市社科联
10	江长军	打造基层农合联党建奉化样板			√	奉化区委组织部
11	江长军	党建引领基层农合联助推乡村振兴研究			√	奉化区委组织部
12	裘曙洁	中国共产党艰苦卓绝的革命史研究			√	区级横向课题
13	裘曙洁	运用特色资源打造特色品牌			√	区级横向课题

【学术交流】 2021年，区委党校共有14篇论文发表于《宁波市情研究》《大国策》各类报纸杂志，《深耕弥勒文化品牌形象的几点建议》等资政报告获区领导肯定性批示。

2021年奉化区委党校在区级部门以上刊物发表论文及获奖情况表

表2

序号	作者	论文名称	发表报刊
1	邬志坚	乡村振兴中实现产业兴旺的路径研究	《宁波市情研究》2021 年 6 月刊发
2	邬志坚	促进产业、市场、经济社会循环的思考	《奉化日报（理论版）》2021 年 10 月 13 日发表

续表2

序号	作者	论文名称	发表报刊
3	傅娜	由滕头推动共同富裕实践得到的经验启示	《奉化日报（理论版）》2021 年 11 月 10 日发表
4	江长军	浅谈打造农合联惠农平台的心得	《奉化日报（理论版）》2020 年 12 月 16 日发表
5	裘曙洁	“支部建在连上”给企业组织能力建设的启示	《奉化日报（理论版）》2021 年 9 月 15 日发表
6	陶杰	新时期加强人民调解工作的思考	《大国策》7 月刊
7	张烜华	党建引领提质基层乡村治理效能	《峰会》2021 年 5 月
8	张烜华	推进农村基层党建融合发展的路径思考	《奉化日报》7 月 7 日
9	吉瑞娜	党建引领“两新”组织健康发展的思考	《奉化日报》9 月 15 日
10	邬丹瑜	青年干部应在伟大复兴进程中常修常练	《奉化日报》2021 年 11 月 10 日
11	黄峻	宗教场所“拆改扩”中涉地问题的研究——以奉化为例	宁波市委统战部课题 2020 年 6 月立项，2021 年 3 月结题，成果获省委统战部二等奖
12	陶杰	基层商会党组织建设的地方实践——以奉化为例	宁波市委党校理论研讨会三等奖

（邬佩红）

老干部工作

【概况】 2021年，区委老干部工作认真贯彻落实有关政策要求和全国“双先”表彰大会、省、市老干部工作会议精神，围绕和服务区委、区政府中心工作，以庆祝建党百年、党史学习教育为契机，以争先进位为目标，持续做好“银辉”党建、增添正能量、服务管理、队伍建设四篇文章。年末，全区共有离休干部31人。其中，抗日战争时期入伍的4人；曾担任副区级以上领导职务的离退休干部34人（其中离休干部1人）。另有代管离休干部1人。

【离退休干部思想政治建设】 奉化区紧扣习近平新时代中国特色社会主义思想、党的十九届六中全会精神等，通过举办全区老干部理论培训班，组织离退休干部党支部“红色基因永相传”主题党日活动，推进“云党建”模式等，强化政治思想引领。依托区“双中心”优质平台资源，创新打造升级版银领驿站；老干部活动中心老党员驿站丰富党日活动“七个一”服务菜单，举办“重温红色历史　铭记初心使命”奉化党史展、开展“喜迎建党百年传承红色基因”老党员同宣誓活动等，有近20个退休干部党支部和公益社团到中心开展活动；老年大学党员活动中心开设微信公众号“党史学习”专题版块，组织“学党史·铸初心”探访奉化籍革命人士事迹系列活动等，营造党史学习教育浓厚氛围。

【庆祝建党100周年系列活动】 区老干部工作深入挖掘身边红色资源，牵头举办“共忆党史　共话初心”老战士、老干部、老先进、老专家座谈会，区委书记高浩孟出席并讲话。组织开展“颂百年党史·话百年成就”主题作

6月4日，“共忆党史　共话初心”老战士、老干部、老先进、老专家座谈会在奉化举行

品征集和“寻找红色记忆·传承红色基因”老物件征集展，收集50余件老物件参与区级展览。老年大学积极推进红色校园建设，开展“奋斗百年路　启航新征程”建党百年书画摄影征文展、举办革命歌曲演唱会展演等，在校园中掀起一股红色热潮。

【“银辉”党建工作】 2021年8月12—13日，全市老干部局长读书会暨离退休干部党建融入城市基层党建工作推进会在奉化举行，区委老干部局与组织部等联合印发《关于推进离退休干部党建融入城市基层党建工作的通知》《推进“银辉”党建融入基层党建的工作指引》，并组织召开全区“银辉”党建融入基层党建工作推进会，市委组织部副部长、老干部局局长俞小勋，区委常委、组织部部长唐军华出席会议并讲话；全面启动退休干部到社区（居委会）报到工作，推进“银辉”党组织向全区12个镇（街道）、43个社区（居委会）覆盖延伸。截至2021年年底，已有1081名退休干部完成报到工作，各“银辉”党支部已开展各类主题活动40余场次。

【“银辉耀奉城”行动】 充实奉城“银辉”红色讲师团力量，打造精品课程“菜单”，推进“听老党员讲党课”，组织老党员开展“进机关、进阵地、进社区、进云端”宣讲120余场次。开展“奉城银辉志愿行”——走进锦屏街道主题系列活动，持续推进“三服务三助力”活动，23个社区“银辉”志愿服务大队带动影响身边居民群众参与文明城市创建、垃圾分类等社区工作，开展各类便民服务活动100余次，其中“智享幸福生活助力老年人跨越数字鸿沟”等2个志愿服务项目获市级“银辉”志愿服务项目大赛铜奖。主动挖掘选树身边正能量先进典型，最美“银辉”志愿者刘安芬参与“百年回眸　百个故事”云接力短视频录制，并在全区老干部理论培训班开展正能量宣讲，范雪伦、沈翼鸣、张举直等老同志获省、市、区级荣誉。

【提升“为老服务”水平】 区老干部局开展离休干部生活待遇落实情况专项检查，明确“三次”全覆盖及常态化联系走访制度，开展“走百家门、访百家情、问百家计、解百家难”老干部大走访活动，走访慰问老干部300余人次，及时协调解决相关问题。老干部活动中心、老年大学分别创设乐活智享服务点，提供数字化服务项目，同时老年大学开设“数字化生活”教学课程，探索“网课+远教”相结合的线上教育模式，常态化开展以老助老、携手跨越“数字鸿沟”志愿服务活动，相关信息被“学习强国”平台等媒体专题报道。老年大学以“四个校园”为目标，不断优化办学质量，启用智慧校园管理系统，继续推进“家门口老年大学”建设，被评为2021年全省老干部工作先进集体；老干部活动中心坚持开放共享原则，不断深挖内涵、丰富活动，开设手工培训班、老年禅舞班，开展公益理发活动，参与人员170余人次。

（谢晓宇）

档案工作

【概况】 2021年，区档案工作围绕区委、区政府中心任务和发展战略，履行全区档案事业行政管理和区级档案保管、利用职能，以开展"争先进位"行动为抓手，加强档案治理、资源、利用、安全四大体系建设，以数字化改革牵引"五档共建"迭代升级，不断提升档案管理和服务水平，推动奉化档案事业更高质量、更高水平发展。

【档案资源建设】 区档案局、档案馆强化民生、名人、脱贫攻坚、疫情防控、土地确权档案和重大活动、重点项目档案的接收征集。通过电话、微信、上门指导等方式，完成区级各部门、镇（街道）、企事业单位、社区等单位档案材料收集与整理。2021年，累计接收农村土地确权档案90510卷、疫情防控实体档案4841件、电子档案8474件、弥勒文化节及水蜜桃节210件档案进馆。征集档案照片201张、档案资料204件、电子档案11.64GB，以及各单位内部编印资料20册、其他资料50件。多次走访对接王利华、竺庆有、孙信德三位奉化籍书画艺术家，达成547幅书画作品捐赠意向。

【馆藏档案管理】 细化梳理档案馆业务建设，完善《档案库房管理制度》《档案收集工作制度》《档案保管制度》《档案整理编目制度》《档案利用制度》《档案鉴定制度》等制度，落实各项工作程序和流程，促进馆库管理科学化、规范化、制度化。对二氧化碳灭火系统进行全面检测，气瓶按期更换，确保实体档案的绝对安全。先后接待现场查档群众4000余人次，累计调阅档案6064卷（件），办理跨馆查档服务120例，其中，"长三角"跨馆服务2例。深入实施"机关查档直通车"，全面开通"浙政钉"线上查档平台，实现档案服务"零距离"。在国家档案局2021年全国经济科技档案资源开发利用案例征集活动中，奉化区报送的《村级合同专项档案管理的探索与实践》一文获评二类案例。

【档案行政管理】 区档案馆继续加大网上年检的力度和广度，对全区人社、建设系统下属10家单位开展档案年检工作，对教育系统下属学校进行实地检查。对目标管理上等级单位区机关事务管理局、区中医院等单位开展业务指导和验收工作，推进奉化基础档案业务水平的整体提升。全年共有5家机关单位上等级。其中，认证复查2家，上省级3家，通过省示范数字档案室2家，1家单位创建完成规范化数字档案室。定期对民营企业进行实地指导，重点做好上市企业金茂公司和君禾泵业股份有限公司的档案业务指导，规范民营企业做好档案收集、整理、归档、保管等工作。出台《关于做好党史学习教育文件材料收集归档工作》，明确党史学习教育文件材料的归档要求和任务。对接区农业农村局、区发改局、区疫情防控指挥部等单位，指导做好全区脱贫攻坚和疫情防控档案的形成、收集、保管和利用工作，确保档案工作与业务工作同步开展。疫情防控档案和脱贫攻坚档案分别归集12135条和1365条。做好宁波生命科学城、轨道交通建设工程、中交城市转型区等重大建设项目的档案指导工作。5月，发放重大建设项目档案工作提醒函17份。对南山路综合改造、鱼山与大欧泵站项目进行检查指导，督促做好工程资料的收集归档工作。完成对重点建设工程方欣路工程的档案专项验收。为危旧房改造、农村土地确权等工作提供档案业务指导，保证专项工作档案的齐全完整。各镇、街道已完成土地确权档案整理并进馆。5月举办2021年全区机关企事业单位档案管理人员上岗培训班，6月举办社区档案人员培训，共110人次参加培训。此外，还专门为各镇（街道）、行政村举办一期档案业务培训。开展重大行政决策档案、保密工作联合执法检查。对区发改局、区卫生健康局、区生态环境分局、区自然资源和规划分局及部分镇（街道）开展重大行政决策档案、保密工作联合执法检查，针对检查过程中发现的问题，提出整改意见。推广行政执法监管平台应用。3—11月进行双随机检查9次、即时检查4次，落实跨部门执法检查3次，覆盖4项双随机检查事项和31项监管事项子项。开展电子公文单套制归档与管理试点。主动介入大数据中心电子政务系统建设的各个环节中，确保电子公文归档管理工作作为必需的要素列入电子政务系统建设中，2021年推进2家机关单位电子公文单套制归档试点，实现电子公文全流程记录。建立档案数据备份制度，督促各单位做好档案数字化加工数据的备份。继续接收民生领域电子业务数据及各全宗数字化成果，并按规定完成重要数据的异地备份。

【“最多跑一次”改革】 区档案局、档案馆根据省、市、县关于“最多跑一次”改革的通知和要求，对接区政务办、区大数据中心和区委编办，重新梳理权力事项库事项清单，做好新增办事事项的比对梳理入库及办事指南信息的补充完善工作。根据政府数字化转型相关指标要求，对掌上办、网上办、跑零次、容缺办理、告知承诺等指标全面梳理，各项指标均达到100%。做好机关内部“最多跑一次”事项办理工作，档案登记44件，机关文件材料归档范围和文书档案保管期限表审核2件。提高“最多跑一次”事项电子化归档质量。电子文件应归尽归，浙江政务服务网行政权力运行系统平台（奉化区）归档办件170493件，宁波预归档平台（奉化区）归档办件110109件，奉化数字档案管理平台（室藏系统）归档办件110082件，各单位电子化归档质量有较大提高，统建系统单位办件按照要求进馆。区档案馆列入2021年省级共享数据资源汇集试点，明确试点任务为非涉密已开放文书档案、土地承包档案、出生医学证明档案目录汇集。馆藏文书、婚姻等民生档案条目规范和汇集工作已按计划完成。

【村级档案规范化建设】 区档案局、档案馆根据档案工作服务农村基层社会治理试点工作的要求，创新村级合同档案管理机制，出台《奉化区村级档案专项管理办法（试行）》，以村级合同备案镇（街道）为重点，采取召开座谈会、完善工作方案、以点带面等方式方法深入推进村级合同管理、农村“三资”管理、基层纠纷化解等工作。强化村级档案管理业务指导，到试点镇（街道）开展行政村档案业务培训，以现场操作讲解等形式提高档案管理人员的业务素质和操作技能，提高村级档案管理人员业务水平。针对村级档案类型增多、载体扩大趋势，探索建立村级档案服务外包机制，确保档案收集欠缺得到发现和解决，促进了村级档案整理规范化。2021年度江口街道、莼湖街道、萧王庙街道、大堰镇先后完成市级“档案工作服务农村基层社会治理”试点。奉化区通过省级档案工作服务农村基层社会治理试点验收。持续推进“查档下乡”服务，开展全面试运行。健全服务机制，梳理档案开放目录，完善镇村档案查询服务受理点与查档下乡软件系统，优化系统结构，扩大“一网查档、异地出证”惠民服务覆盖面，获评区最佳改革案例并被宁波《改革先锋》专题介绍。

【档案宣传】 区档案局、档案馆举办“档案话百年”“6·9”国际档案日系列宣传活动。会同区农商集团等单位，以漫画展板、现场宣讲、有奖竞答等方式，开展党史、《中华人民共和国档案法》宣传活动。开展“送政策进企业”活动，在区委党校举办新修订《中华人民共和国档案法》解读宣讲活动，在《奉化日报》开设国际档案日宣传专栏，在万达广场、岳林文化广场、仁湖公园、大润发超市等公共区域的电子屏幕滚动播放，宣传《中华人民共和国档案法》。7月1日前夕，与区委组织部、宣传部、党史研究室等单位共同举行“百年风华——庆祝中国共产党成立100周年图片巡展”，观展人数累计约6万人次。其中，进企业奥迪斯丹巡展作为省巡视组党建工作检查点之一得到好评。首推《红色印记——档案里的奉化故事》《馆长说档案》短视频节目。梳理馆藏的60多位名人的4100余卷档案和130位烈士的143卷档案，对接河北、上海、延安等7家省内外档案部门，征集复印相关档案资料18件、照片5张，讲好“奉化第一位共产党员——卓恺泽”“中共浙江省委第四任书记——卓兰芳”等档案背后的故事，推出“红色印记——档案里的奉化故事”共3期12集。在“学习强国”中推出相关话题内容，浏览量累计9000余人次，点赞量约300人次。全年被录用档案工作信息55篇次。《宁波市奉化区三家企业通过档案工作目标管理省级良好认定》一文被《中国档案报》刊出，《打出档案宣传“组合拳”奉化国际档案日系列活动全面启动》一文被“浙江在线”录用，《奉化以档案工作助推治理升级共建共享服务乡村振兴》一文被《宁波信息》录用，《奉化区构建“查档下乡”特色应用场景，提升基层档案公共服务效率》一文被市“三服务”活动简报录用。

【档案文化与编研出版】 区档案局、档案馆完成《2021年度奉化区大事记》的编纂、印刷工作，并在区人大、政协召开大会时，及时发送到每个人大代表、政协委员和列席的各级领导手中。按月整理、编写并在档案馆网上发布《奉化2021年度大事记》，区委书记、区长重要活动记事。区档案局、档案馆与区农商集团、区委党史研究室分别合作出版《留风存韵》《历史长河里的星火》(2021年6月第一刊)，《张泰荣日记》成功入选省各级综合档案馆馆藏档案精品介绍(第四辑)出版。配合省档案馆和浙江电视台新闻频道，选取松岙、大堰两地，成功拍摄文化品牌栏目《跟着档案去旅行——奉化红色档案故事》，并于4月23日在浙江电视台首播，打造档案文化展示窗口“秒读奉化”。完成对档案馆一楼展厅的改造提升，筛选一批代表性、特色性馆藏档案，以小而精的形式展示奉化城市面貌、红色人物、历史大事、民俗风物，将原本较为封闭的空间打造成为宣传红色文化、开展党员干部教育、供查档群众阅读资料的共享空间。

（王衡山）

宁波市奉化区人民代表大会

综　述

2021年，区人民代表大会在中共奉化区委的坚强领导下，高举习近平新时代中国特色社会主义思想伟大旗帜，认真贯彻党的十九届六中全会精神以及习近平总书记重要讲话精神，按照中央人大工作会议要求，始终坚持人民至上、真抓实干、精准监督，严格履行宪法和法律赋予的职权，紧紧依靠全体代表和全区人民，较好地发挥了地方国家权力机关的作用，为全区经济社会平稳健康发展做出积极的贡献。

2021年，奉化区举行区人民代表大会1次，召开常委会会议12次、主任会议9次，听取和审议“一府一委两院”工作报告43个，作出决议、决定16项，任免地方国家机关工作人员66人次，完成区一届人大五次会议确定的各项目标任务。

重要会议

【区一届人大五次会议】 1月21—22日，奉化区第一届人民代表大会第五次会议举行。大会听取和审查区长胡永光所作的区人民政府工作报告、区人大常委会主任周涛所作的区人大常委会工作报告、区人民法院院长赵江涛所作的区人民法院工作报告以及区人民检察院检察长叶林达所作的区人民检察院工作报告，审查批准《奉化区国民经济和社会发展第十四个五年规划和2035年远景目标纲要》《关于奉化区2020年国民经济和社会发展计划执行情况及2021年国民经济和社会发展计划草案的报告》《关于奉化区2020年预算执行情况及2021年预算草案的报告》，审议奉化区2020年民生实事项目实施情况并进行满意度测评，对奉化区2021年民生实事项目进行投票表决。大会共收到代表建议168件，其中城建环保类48件、农业农村类38件、社会事业类29件、工业交通类21件、财政商贸类15件、综合类12件、政治法律类5件。会后，这些建议依法交区人民政府及有关部门办理并负责答复代表。

【常委会会议】 2021年，奉化区共举行区人大常委会会议12次。1月15日，区一届人大常委会召开第三十六次会议。会议听取和审查区政府关于区2020年预算执行情况及2021年预算草案初步方案的报告，通过区人大常委会关于区2020年预算执行情况及2021年预算草案初步方案的初步审查意见；听取和审查区政府关于“十四五”规划和2035年远景目标纲要编制工作情况汇报、关于区2020年国民经济和社会发展计划执行情况及2021年国民经济和社会发展计划草案初步方案的报告、关于2020年区政府民生实事项目实施情况和2021年候选项目形成情况报告；听取区一届人大五次会议筹备工作情况汇报；讨论通过《区一届人大五次会议日程实施意见（草案）》《区2020年民生实事项目实施情况满意度测评办法（草案）》《区2021年民生实事项目票决办法（草案）》；讨论区人大常委会工作报告和区政府工作报告；讨论通过区一届人大五次会议主席团和秘书长、各代表团团长等名单草案和列席人员建议名单；讨论通过区一届人大代表变动和补选代表资格审查报告。会议还表决通过有关代表、委员辞职和人事任免事项。

1月19日，区一届人大常委会召开第三十七次会议。会议讨论通过有关事项的决定。

1月22日，区一届人大常委会召开第三十八次会议。会议补选宁波市第十五届人民代表大会代表1名。

3月25日，区一届人大常委会召开第三十九次会议。会议审议通过区人大常委会2021年工作要点，听取和审议区人大常委会各街道工委工作报告。会议还表决通过有关人事任免事项。

5月7日，区一届人大常委会召开第四十次会议。会议听取和审议区政府关于法治政府建设情况的报告、关于奉化区“十三五”期间节能降耗工作开展情况的报告、关于奉化区低收入农户帮扶工作情况的报告、关于奉化区推进落实“十四五”规划科技创新发展部署情况的报告。

5月20日，区一届人大常委会召开第四十一次会议。会议审议和表决区政府有关人事任免议案、区人民检察院有关人事任免议案。随后人大常委会主任周涛主持开展党史学习教育。

7月14日，区一届人大常委会召开第四十二次会议。会议听取和审议区政府关于国有资产整合提效专项行动工作情况的报告、关于奉化区2020年度城乡规划实施情况的报告、关于全域旅游发展情况的报告、关于老年助餐服务工作情况的报告，听取和审议区人民检察院关于未成年人检察工作情况的报告。

9月17日，区一届人大常委会召开第四十三次会议。会议听取区政府关于奉化区数字政府改革推进情况的报告，听取和审议关于奉化区2021年上半年国民经济和社会发展计划执行情况的报告、2020年区本级决算草案的报告、2021年上半年区预算执行情况的报告、2020年区本级财政预算执行和其他财政收支情况的审计工作报告、2020年度奉化区环境状况和环境保护目标完成情况的报告。会议批准2020年区本级决算，表决通过区人大常委会科教文卫工作委员会更名的决定，审议决定了换届选举有关事项。会议表决通过有关代表、委员辞职及人事任免事项。

11月4日，区一届人大常委会召开第四十四次会议。会议听取区政府关于区一届人大五次会议代表建议办理情况的报告，关于2021年奉化区债务限额和新增地方政府债券分配方案的报告、2021年预算调整方案的报告、2020年国有资产管理情况的综合报告、2020年国有自然资源管理情况的专项报告；听取和审议区人民法院关于民商事审判工作的报告，听取区普法办关于开展第八个五年法治宣传教育的决议（草案）的说明；听取和审议区政府关于小流域治理和屋顶水库、山塘整治情况的报告，关于奉化区退役军人就业创业情况和学前教育“两条例”执法检查审议意见整改落实情况的报告。会议批准2021年区政府债务限额和新增地方政府债券分配方案以及2021年区本级预算调整方案，作出关于开展第八个五年法治宣传教育的决议。表决通过有关代表辞职事项。

11月26日，区一届人大常委会召开第四十五次会议。会议表决通过人事任免议案，决定任命魏建根为区人民政府副区长并代理区长职务，决定同意接受胡永光辞去区长职务的请求。任免事项表决后，魏建根接受任命书并作表态发言。

12月10日，区一届人大常委会召开第四十六次会议。会议审议并作出关于召开区第二届人民代表大会第一次会议的决定，表决通过区政府有关人事任免议案及其他事项。任免事项表决后，新任命的副区长接受任命书并作表态发言。

12月24日，区一届人大常委会召开第四十七次会议。会议审议通过区第二届人民代表大会代表资格审查报告，听取区政府、区人民检察院关于常委会部分审议意见落实情况的报告，听取和审议了区财政局关于2021年区政府债务限额和第三批新增地方政府债券分配方案的报告，并作出批准2021年区政府债务限额和第三批新增地方政府债券分配方案的决议。会议表决通过人事任免事项。

【重要情况通报会】 8月24日，区人大常委会举行年中重要情况通报会。区长胡永光代表区政府，向全体区人大代表通报上半年全区经济社会发展、民生实事项目推进、人民代表大会建议办理情况以及下半年政府重点工作安排。

【全区人大换届选举工作动员会】 10月14日，全区人大换届选举工作动员会召开，研究部署区、镇两级人大换届选举工作。区选举委员会、各镇（街道）选举委员会（选举办事处）全体组成人员及相关工作人员参加会议。

监督工作

【概况】 2021年，区人大紧扣全区改革发展稳定大局和法治建设，强化责任担当，坚持议大事、抓重点、促落实，充分发挥地方国家权力机关的职能作用，全力推动奉化经济社会高质量发展。

【改革创新情况监督】 围绕“数字化”改革，坚持小切口、大服务，先后对智慧国资、智慧消防、智慧气象建设工作进行专题监督，推动政府工作依托数字赋能实现提档升级；围绕现代化健康美丽新城区建设，以融入宁波同城发展为导向，听取和审议年度城乡规划实施情况、环境状况和环境保护目标完成情况，提出注重城市转型发展、优化总体规划编制、统筹污染防治等建议，助力奉化区成功创建第三批省级生态文明建设示范县（市、区）；围绕“全面创新、全域美丽”发展策略，推进落实“十四五”规划科技创新发展部署专项监督活动，对全域旅游发展、城乡危旧房治理改造、绿色都市农业发展等工作开展专题审议。

【经济发展监督】 听取、审议国民经济和社会发展计划及执行情况，就推动数字经济发展等开展主题调研和专题监督。贯彻落实《中华人民共和国预算法》《中华人民共和国预算法实施条例》，全面抓好“四本预算”全口径监督，委托第三方对街道预算执行中的财政项目实施绩效评价，切实守护好人民的“钱袋子”。根据经济发展形势，听取和审议财政收支审计等经济类工作报告，提出针对性建议，有力保障奉化区经济高效平稳发展。

【安全生产监督】 聚焦安全生产保卫战，上下联动对奉化区安全生产重点区域、重点行业、重点环节开展专项执法检查，对食品安全、粮食安全等议题进行重点审议监督，切实巩固全区安全大环境。聚焦打赢疫情防控阻击战，第一时间发出倡议，号召全区各级人大代表做防疫工作的宣传者、示范者、参与者，常委会班子成员靠前指挥，各级人大代表和人大干部深入一线开展卡点值勤、隔离管控、捐钱捐物、帮助企业复工复产等。

【法治建设监督】 贯彻实施依法治国方略，促进“一府一委两院”依法行政、公正司法。推动普法宣传教育，专题听取和审议研究“八五”普法工作，作出《关于开展第八个五年法治宣传教育的决议》。各镇（街道）人大积极参与法治宣传。加强对常委会任命干部的任后监督，采取听取审议工作报告、专题询问、满意度测评相结合的“三联法”监督模式，对法官检察官进行履职评议。致力推进公正司法，先后听取法院刑事审判工作报告、检察院公益诉讼工作报告等。同时，认真做好规范性文件的备案审查和信访工作，主动审查政府规范性文件11件，妥善处理群众来信来访18件。

【社会民生事业发展监督】 紧扣教育、文化、卫生事业发展，连续三年聚焦学前教育“两条例”实施情况进行跟踪监督，有效缓解入园难、入园贵现象；开展公共文化服务保障专项监督，有力促进全区公共文化服务体系建设；开展医共体建设专项审议，专题视察中医院迁建工程，有效推动奉化公共卫生事业发展。紧扣社会事业发展，对全区老年助餐服务情况进行调研和监督，对低收入农户帮扶工作和退役军人就业创业工作开展检查。围绕文明典范城市创建，开展农贸市场改造提升专项视察和“代表督事”等活动，组织机关干部轮流上路开展志愿服务活动。

代表工作

【概况】 2021年，区人大常委会深入贯彻实施《中华人民共和国全国人民代表大会和地方各级人民代表大会代表法》，充分尊重代表主体地位，努力做好代表履职服务，积极搭建代表履职平台，切实激发代表履职活力。

【履职服务保障】 区人大常委会分批分层组织区、镇人大代表和基层人大干部培训学习，全面系统提升代表履职能力。拓宽代表知情知政渠道，举行政府重要情况通报会，邀请代表列席参加常委会会议、重大活动，为代表履职创造良好条件。根据代表工作性质和专业特长，组建10个代表专业小组，开展相关专业领域的监督课题，提出针对性意见。做好全国、省、市人大代表履职活动的服务保障工作，围绕事关奉化长远发展的重大问题，通过省、市人大代表向上级部门提建议、求帮助，为推动奉化经济社会和民生事业发展发挥积极的作用。强化代表建议和办理工作，实施建议、办理“双考核”制度，坚持重点督办建议常委会领导和区政府领导“双员”负责制，确保重点督办建议办理有力、其他建议办理有效。

【推行代表履职新模式】 探索闭会期间代表履职新模式，推行代表活动“五个日”制度，通过“议政日”“蹲点日”“走访日”“接待日”“述职日”有机结合，有效激发代表履职动力和活力。深化代表联络站规范化、标准化建设，打造“零距离、零时差、零等待”的“三零”特色化代表联络站（点），有效拓宽代表联系群众的广度、深度和力度，奉化“三零”特色化代表联络站（点）建设工作荣获第二届宁波市人大工作创新大奖。各镇（街道）人大以“五个日”活动和“三零”代表联络站建设为抓手，开展各具特色的代表活动。全区共建成“三零”特色化代表联络站（点）16个。

【区、镇两级人大代表换届选举】 2021年下半年，根据《中华人民共和国宪法》《中华人民共和国地方各级人民代表大会和地方各级人民委员会组织法》《中华人民共和国选举法》的规定和省、市、区委关于做好人大换届选举工作有关意见精神，扎实开展区、镇两级人大代表换届选举工作。常委会领导分组调研，努力克服突发疫情的影响，制定工作方案，健全工作机构，加强工作指导，着力把好代表“入口关”，完善代表资格审查机制，加强对选举全过程的有效监督，保证了换届选举工作高质量圆满完成。全区共依法选举产生区第二届人大代表242名、新一届镇人大代表286名，代表结构得到进一步优化，综合素质得到进一步提高。从12月中下旬开始，区、镇两级人大组织新当选代表开展培训工作，重点围绕提好高质量代表建议开展辅导指导，进一步提升新一届人大代表主动思考、积极建言的能力。

自身建设

【概况】 2021年，区人大常委会主动适应新时代、新征程、新使命，坚持强制度、转作风、提素质，全面加强自身建设，有力提高全区人大工作的整体水平。

【完善体制机制】 区人大常委会把各项工作纳入制度化轨道，修订完善工作制度、议事规则和内部管理制度，不断提高常委会依法议事工作水平。根据形势发展和工作需要，重新修订《关于任免地方国家机关工作人员的规定》，进一步促进常委会工作制度化、规范化。改进会议审议方式，常委会会议启用无纸化办公阅文系统，建立常委会会议主发言人、主发言内容预审、审议意见向社会公布等制度，不断提高常委会审议质量和实际效果。

【作风建设】 区人大常委会及机关两级党组切实履行党风廉政建设主体责任，严守中央八项规定精神和廉洁自律各项要求，全力支持派驻纪检监察组开展工作，营造风清气正、干净干事的良好环境。深入开展警示教育活动，以身边事教育身边人，进一步提升党风廉政教育的针对性和有效性。大兴调查研究之风，广泛开展“三服务”“四联四跑”“六讲六做”等活动，上报省市人大各类优秀论文10多篇，其中，1篇论文获市级以上表彰。

【基层基础建设】 区人大常委会贯彻落实省委、市委关于加强和规范镇（街道）人大工作有关文件精神，强化基层人大力量配备，12个镇（街道）全部挂牌设立人大常委会办公室。坚持每季度召开镇(街道）人大工作例会，及时分析研究镇（街道）人大在工作实践中碰到的困难，帮助指导解决具体问题、推动具体工作。开展镇（街道）人大工作专题调研，指导12个镇（街道）人大完善规章制度，依法召开镇人民代表大会、街道居民议事会。

（陆　逊）

宁波市奉化区人民政府

综　述

区政府坚持以习近平新时代中国特色社会主义思想为指导，在区委坚强领导下，全方位统筹发展与安全，大力实施“两大计划”，全力打好“六大会战”，常态化疫情防控取得阶段性成果，经济社会呈现稳中向好态势，“五年奉献一个新奉化”美丽图景高质量呈现，共同富裕特色区建设实现良好开局。地区生产总值从2020年的685.8亿元增加到848.4亿元，全省排位前进五位；财政总收入达到120亿元、增长19.9%，其中一般公共预算收入增长15%；固定资产投资增长28.9%；城镇居民人均可支配收入、农村居民人均可支配收入分别增长9.3%和10%。

政治建设实现新提升。坚持筑牢忠诚“第一底色”，在学懂弄通做实习近平新时代中国特色社会主义思想上下功夫，把讲党性、讲忠诚、讲政治的要求贯穿政府工作全过程、各方面，切实抓好政府系统党史学习教育，专题研讨、深入贯彻习近平总书记在庆祝中国共产党成立100周年大会上的讲话等重要精神，下沉镇村宣讲党史学习教育、十九届六中全会精神，争做“两个确立”忠诚拥护者、“两个维护”示范引领者。以区政府党组会议、区政府常务会议、理论学习中心组学习为载体，集体学习党史学习教育指定书目和中央、省、市重要会议及文件精神，始终用党的最新理论成果武装头脑、指导实践、推动工作，全年累计安排各类集体学习议题82项。

跨越发展彰显新作为。先进制造业集群成链，实现工业总产值889.4亿元，区属规上工业增加值增长12.5%，关键基础件（气动）、电子信息产业产值晋升百亿级。都市经济量质并举，商品销售额增长32.5%，自营货物进出口总额增长21.2%，金融机构人民币存款余额、贷款余额分别增长15%和19.6%。现代农业提质增效，第一产业增加值增长3.5%，“奉化曲毫”获评国家农产品地理标志。全面创新活力迸发，新增高新技术企业47家、国家科技型中小企业210家，全社会研发投入增长22%，高新技术产业增加值增长20%，新增高层次人才545人、高技能人才超1万人，35个亿元以上招商项目签约落地。全域美丽精彩呈现，青创大走廊等精品线路、惠政老街等特色街区、城市文化中心等亮点工程新装亮相，名山风景线获评全市首批最美精品线路，环境空气优良率达97.2%。“五年奉献一个新奉化”100个项目圆满收官，城乡危旧房整治稳步推进，平台园区建设成势见效，民生同城化步伐加速。

整体智治迈上新台阶。坚持以数字化改革引领政府效能建设，政府系统作风整治大会战取得实效，政府治理体系和治理能力持续提升。高标准打造数字政府，“浙里惠渔”获评全市首批

“最佳应用”，数字门牌、智慧光伏等列入省首批试点应用。“大综合一体化”行政执法改革加快推进，首创“镇队合一”执法体制，平安护航建党100周年、全民反诈等行动取得实效，发案总量全市最少。问题及时发现有效解决闭环机制、首问负责即问即办制度有效运行，政府系统发现、上报区级综合库问题331个、销号216个，“浙里访”平台办理各类事项2742件，责任单位满意率保持在96%以上。

重要会议

【区政府常务会议】 区政府常务会议由区政府领导班子组成，由区长或受区长委托主持工作的副区长召集和主持。区政府办公室主任，相关副主任，区发改局、区财政局、区司法局、区审计局等相关单位主要负责人列席，其他人员根据会议议题需要列席，邀请区人大、区政协、区监察委员会、区人武部领导参加。2021年，共召开区政府常务会议27次。

1月5日，区长胡永光主持召开区政府第82次常务会议。会议原则同意《关于做好奉化区民营企业在职在岗外省籍员工留奉过新年的若干意见》，要求根据会议审议意见作进一步修改完善后印发实施。会议原则同意《2021年全区重大项目（重点工程、重大前期）计划安排》《2021年度全区民生实事项目计划安排》《2020年度政府工作报告》等文件，要求根据会议审议意见作进一步修改完善后，提交区委常委会会议审议。

1月13日，区长胡永光主持召开区政府第83次常务会议。会议原则同意《关于推动滕头村继续走在前列建设实施方案》《宁波市奉化区国民经济和社会发展第十四个五年规划和2035年远景目标纲要草案》等文件，要求根据会议审议意见作进一步修改后，提交区委常委会会议审议。会议原则同意《关于学前教育深化改革规范发展的实施意见》《宁波市奉化区城镇住宅小区配套幼儿园“五同步”实施细则》等文件，要求根据会议审议意见作进一步修改完善后印发实施。

1月28日，区长胡永光主持召开区政府第84次常务会议。会议原则同意《奉化区农村乱占耕地建房问题专项整治三年行动方案（2020—2022年）》《2021年度绿色发展指数评价工作实施方案》等文件，要求根据会议审议意见作进一步修改完善后印发实施。会议传达学习1月14日全国新冠肺炎疫情防控工作电视电话会议精神及省新冠肺炎疫情防控工作电视电话会议精神，并原则同意下一步工作方案，要求根据讨论意见作进一步修改完善后认真组织实施。会议传达学习1月23日全国安全生产电视电话会议精神，并原则同意下一步工作方案，要求根据讨论意见作进一步修改完善后认真组织实施。

2月5日，区长胡永光主持召开区政府第85次常务会议。会议原则同意《关于禁止销售燃放烟花爆竹工作通知》，要求根据会议审议意见作进一步修改完善后，依法依规组织实施，并落实好后续工作。会议原则同意《奉化区人民政府森林禁火令》，要求根据会议审议意见作进一步修改完善后，依法依规组织实施。会议传达学习浙江省两会精神。

3月3日，区长胡永光主持召开区政府第86次常务会议。会议原则同意《宁波市奉化区长江经济带生态环境问题“举一反三”大排查大整改工作方案》及相关子方案，要求根据会议审议意见作进一步修改完善后，依法依规组织实施。会议原则同意《奉化经济开发区打造特色载体推动中小企业创新创业升级实施意见（大中小企业通融型）》，要求根据会议审议意见作进一步修改完善后印发实施。会议原则同意《2021年政府工作报告目标任务责任分解》，要求根据会议审议意见作进一步修改完善后印发实施。

3月8日，区长胡永光主持召开区政府第87次常务会议。会议原则同意《奉化区地质灾害“整体智治”三年行动方案（2020—2022年）》《宁波市奉化区开展来料加工助农增收阳光行动实施意见（试行）》等文件，要求根据会议审议意见作进一步修改完善后印发实施。会议原则同意《奉化区关于坚决打赢遏制重大生产安全事故攻坚战的实施意见》《关于高质量实施乡村振兴战略奋力推进农业农村现代化的实施意见》《奉化区深化实施“凤麓英才”计划加快引进集聚高层次人才和高端团队的意见》等文件，要求根据会议审议意见作进一步修改完善后，提交区委常委会会议审议。

3月23日，区长胡永光主持召开区政府第88次常务会议。会议原则同意《宁波市奉化区推进“全域美丽”计划实施方案》《坚决打赢“五年奉献一个新奉化”项目大会战实施方案》《坚决打赢民生同城化大会战实施方案》《坚决打赢平台园区建设大会战实施方案》《坚决打赢城乡危旧房整治大会战实施方案》，要求根据会议审议意见作进一步修改完善后，提交区委常委会会议审议。

4月2日，区长胡永光主持召开区政府第89次常务会议。会议原则同意《宁波市奉化区城市基础设施工程移交管理实施方案（试行）》，要求根据会议审议意见作进一步修改完善后印发实施。

4月9日，区长胡永光主持召开区政府第90次常务会议。会议传达学习习近平总书记关于统计工作重要指示精神、国家统计督查迎检工作汇报及统计相关重要文件精神，并原则同意下一步工作方案，要求根据会议审议意见作进一步修改完善后，依法依规组织实施。会议原则同意《加快推进全域旅游发展的实施意见（修订稿）》，要求根据会议审议意见作进一步修改完善后印发实施。会议原则同意《奉化区人民政府关于奉化城区“禁货”区域调整的通告》，要求根据会议审议意见作进一步修改完善后予以通告。

4月25日，区长胡永光主持召开区政府第91次常务会议。会议原则同意《关于加快推进为老助餐服务高质量发展的实施意见》《关于加快推进制造业全域产业治理的实施意见》等文件，要求根据会议审议意见作进一步修改完善后印发实施。会议原则同意《奉化区人民政府关于划定高排放非道路移动机械禁止使用区的通告》，要求根据会议审议意见作进一步修改完善后予以公告。会议原则同意《奉化区实施优化营商环境补短板行动方案》，要求根据会议审议意见作进一步修改后，提交区委常委会会议审议。

5月20日，区长胡永光主持召开区政府第92次常务会议。会议传达学习全市防汛工作紧急视频会议精神，听取对奉化区近期防汛形势和下一步贯彻落实有关情况的汇报，并原则同意下一步工作方案，要求根据会议审议意见作进一步修改完善后，抓紧组织实施。会议原则同意《宁波市奉化区推进制造业高质量发展的若干意见》《宁波市奉化区制造业创新发展的若干意见》，要求根据会议审议意见作进一步修改完善后，提交区委常委会会议审议。

5月28日，区长胡永光主持召开区政府第93次常务会议。会议原则同意《宁波市奉化区松岙镇正业兴农一期项目投资协议》，要求根据会议审议意见作进一步修改完善后，抓紧签约并落实好后续工作。会议原则同意《区数字化相关公司组建方案》，要求根据会议审议意见作进一步修改完善后，依法依规组织实施。

6月18日，区长胡永光主持召开区政府第94次常务会议。会议原则同意奉化区中医医院发热门诊建设方案，要求根据会议审议意见作进一步修改完善后，依法依规组织实施。会议原则同意《关于禁止销售和燃放烟花爆竹的公告》，要求根据会议审议意见作进一步修改完善后予以公告。

7月28日，区长胡永光主持召开区政府第95次常务会议。会议原则同意《宁波市奉化区溪口镇“镇队合一”行政执法体制改革试点实施方案》，要求根据会议审议意见作进一步修改完善后，提交区委常委会会议审议。会议原则同意《奉化区实施双倍增计划推动服务业高质量发展行动方案》、奉化区“促消费、稳增长”系列活动总方案等，要求根据会议审议意见作进一步修改完善后印发实施。

8月6日，区长胡永光主持召开区政府第96次常务会议。会议原则同意《宁波市奉化区国有土地上房屋征收补偿补助奖励规定》《宁波市奉化区征收集体所有土地房屋拆迁实施办法》，要求根据会议审议意见作进一步修改完善后印发实施。会议原则同意《宁波市奉化区商品房预售资金监管实施方案》，要求根据会议审议意见作进一步修改完善并经法治委员会审查后印发实施。

8月12日，区长胡永光主持召开区政府第97次常务会议。会议原则同意《宁波市奉化区新增百万亩国土绿化行动规划（2021—2024）》，要求根据会议审议意见作进一步修改完善后，依法依规组织实施。会议原则同意《奉化区耕地草坪“非粮化”专项整治工作实施方案》《关于鼓励就业创业和技能培训的若干意见》等文件，要求根据会议审议意见作进一步修改完善后印发实施。

8月30日，区长胡永光主持召开区政府第98次常务会议。会议听取中央和省、市关于“双减”工作的部署要求，原则同意下一步工作方案。会议原则同意《奉化区人才住房保障实施办法》《奉化区人才落户奖励实施办法》，要求根据会议审议意见作进一步修改完善后，提交区委常委会会议审议。

9月22日，区长胡永光主持召开区政府第99次常务会议。会议传达全省中央生态环境保护督察整改暨生态环境问题发现机制落地推进视频会议精神及省、市关于做好生态环境问题整改工作相关部署要求，原则同意下一步工作方案。会议原则同意《宁波市奉化区创新型产业综合体激励考核办法》，要求根据会议审议意见作进一步修改完善后印发实施。

9月30日，区长胡永光主持召开区政府第100次常务会议。会议原则同意《2021弥勒文化节活动方案》，要求根据会议审议意见作进一步修改完善后，依法依规组织实施。

10月13日，区长胡永光主持召开区政府第101次常务会议。会议原则同意《宁波市奉化区重大建设项目“十四五”规划》，要求根据会议审议意见作进一步修改完善后，依法依规组织实施。会议原则同意给予“五水共治”突出贡献集体和个人行政奖励，要求根据会议审议意见作进一步修改完善后印发。

10月22日，区长胡永光主持召开区政府第102次常务会议。会议原则同意《关于促进宁波市奉化区与凉山州甘洛县产业合作、劳务协作和消费帮扶实施办法》，要求根据会议审议意见作进一步修改完善后印发实施。

10月26日，区长胡永光主持召开区政府第103次常务会议。会议原则同意《宁波市奉化区科技企业“双倍增”暨企业技术创新能力提升工程行动计划（2021—2025年）》《关于开展“科技强农、机械强农”行动促进粮食生产高质量发展的实施意见》《深化农村公路管理养护体制改革的实施意见》等文件，要求根据会议审议意见作进一步修改完善后印发实施。

11月12日，区长胡永光主持召开区政府第104次常务会议。会议原则同意《宁波市奉化区柏坑水库扩容工程建设征地移民安置规划大纲》《浙江省海塘安澜千亿工程奉化区建设规划（2020—2035）》，要求根据会议审议意见作进一步修改完善后，依法依规组织实施。会议原则同意2021年宁波市奉化区人民政府质量奖获奖企业名单，要求根据会议审议意见作进一步修改完善后予以公布。

11月19日，区长胡永光主持召开区政府第105次常务会议。会议原则同意《奉化区2021年“凤麓英才”计划（第一批）入选项目名单》《2021年奉化区杰出人才、优秀创新型人才、优秀高技能人才、服务人才先进单位、服务人才先进个人获奖名单》，要求根据会议审议意见作进一步修改完善后依规公示。

12月1日，代区长魏建根主持召开区政府第106次常务会议。会议原则同意老旧小区改造项目扩面增量方案，要求根据会议审议意见作进一步修改完善后，依法依规组织实施。

12月16日，代区长魏建根主持召开区政府第107次常务会议。会议原则同意《宁波市奉化区婚俗改革工作实施方案》《关于进一步深化殡葬改革工作的实施方案》《关于奉化区党员、干部操办婚丧事宜的若干规定》，要求根据会议审议意见作进一步修改完善后，提交区委常委会会议审议。会议原则同意《奉化区支持金融业高质量发展的若干政策》，要求根据会议审议意见作进一步修改完善后印发实施。会议原则同意《2022年政府工作报告》，要求根据会议审议意见作进一步修改完善后，向各地各部门征求意见，并提交区委常委会会议、区人大常委会会议和区政协常委会会议审议。

12月27日，代区长魏建根主持召开区政府第108次常务会议。会议原则同意2022年度重要指标安排等文件，要求根据会议审议意见作进一步修改后，提交区委常委会和区人大常委会审议，报区人民代表大会批准。会议原则同意2022年度区民生实事候选项目，要求根据会议审议意见作进一步修改后提交区委常委会和区人大常委会审议，报区人民代表大会票决。会议原则同意《关于鼓励市外务工人员留奉过春节的若干意见》，要求根据会议审议意见作进一步修改完善后印发实施。

【区政府党组会议】 区政府党组会议由党组书记或书记委托副书记召集并主持，党组成员参加。党组会议须有半数以上党组成员参加方可召开，讨论决定干部任免事项必须有三分之二以上党组成员到会；根据工作需要，会议召集人可以根据议题指定有关人员列席会议。2021年，共召开区政府党组会议13次。

【区政府全体（扩大）会议】 4月1日，区长胡永光主持召开区政府全体（扩大）会议暨政府系统党史学习教育动员会，作题为《起步即全速开局争全胜高质量实现“五年目标”高水平推进“二轮攀高”》的讲话。会议指出，要落实习近平总书记进一步感悟思想伟力、把握历史发展规律和大势、深化对党的性质宗旨认识、总结党的历史经验、发扬革命精神的重要要求，自觉从习近平新时代中国特色社会主义思想中找方向、找遵循、找方法。要增强工作的系统性、预见性和创造性，在为人民服务的实践中增进与人民群众的感情，提高应对风险挑战的本领，激发推动振兴发展的精气神，把党史学习教育贯穿政府工作全过程，以知促行、知行合一，用高分报表、优秀答卷展现学习成效。要提高“争先进位”的政治意识，为宁波“锻造硬核力量、唱好‘双城记’、建成示范区、当好模范生，加快建设现代化滨海大都市”的历史使命做出奉化贡献。要突出“扭住不放”的工作重点，在坚持系统全面的同时，善于抓住重点突破口，进一步增强紧迫感和使命感，把主要精力集中到推进重点工作推进和促进经济社会发展上来，紧盯重大项目、重大平台建设，紧抓重点攻坚任务和重点民生保障，确保全年各项目标任务圆满完成。要强化“求真务实”的工作作风，在讲政治上作表率、在强担当上走前列、在抓落实上下苦功，提高政治意识、大局意识，履职尽责、真抓实干，打好主动仗、跑出加速度，全面展现新气象、新担当、新作为，以“起步即全速、开局争全胜”的工作状态，做出不负时代、不负使命的积极贡献。

8月6日，区长胡永光主持召开区政府全体（扩大）会议，作题为《深入贯彻落实区委一届十次全会精神全面启动建设共同富裕特色区的重大突破性、标志性成果》的讲话。会议指出，区委一届十次全会擘画了奉化区推进高质量发展建设共同富裕特色区的路线图、任务书，是建设特色区的“四梁八柱”和推动“争先进位、二轮攀高”的重大举措。要迅速把思想和行动统一到区委部署要求上来，增强紧迫感和责任感，把抓紧抓实新动能培育、城乡深度融合、缩小收入差距、公共服务优质共享、全域美丽大花园建设、新时代文明新风尚、政府治理现代化等重点工作作为建设共同富裕特色区的“起手式”，全力推动建设共同富裕特色区的各项工作落地落细。在推进共同富裕特色区建设中，要把更多时间和精力凝聚到抓落实上来，坚持项目化、清单化、闭环化，全力构建抓落实工作体制机制，让抓落实成为政府系统最鲜明的特质，不断增强抓落实的领悟力、执行力和创造力，确保区委每一项部署要求落到实处、落地有声。

（汪黎明）

办公室工作

【概况】2021年，在区委、区政府的正确领导下，区府办领导班子带领全办人员，深入贯彻习近平新时代中国特色社会主义思想，落实习近平总书记在庆祝中国共产党成立100周年大会上的重要讲话，紧紧围绕中心工作大局，统筹推进常态化疫情防控和经济社会高质量发展，实施“两大计划”“六大会战”，发挥综合协调、参谋助手、督查督办和服务保障等职能，主动担当、守正创新、务求实效，保障区政府各项工作高效有序运转。

【以文辅政】调查研究走深走实，围绕区委、区政府中心工作及区领导关注的重点工作，区府办深入基层一线开展调研，广泛收集各项政策落实中存在的问题，社会各个层面动态反映，群众关心的热点、难点等，及时总结提炼全区各项工作的好经验、好做法及取得的成效，为区政府决策提供参考。综合文稿量、质双优，着力在精、准、深、实上下功夫，高标准、高质量完成政府工作报告、区政府全体会议讲话等重要文稿，累计起草区政府主要领导讲话、汇报等各类综合文稿近500篇。信息报送及时高效，累计向上级报送约稿200余篇、领导专报22篇、要情500余篇。其中,《“星上”监管“掌上”政务“海上”商务“岸上”服务——宁波市奉化区首创现代渔业数字化治理多跨应用场景》获三位省领导批示,《奉化区全力打造“五美”城镇按下美丽城镇建设“快进键”》等获市领导批示。办文水平持续提升，进一步优化公文流转程序、公文起草质量，推动公文处理电子化、规范化、高效化，累计办理各类文电4300余件，制发公文750余件。政务公开力度加大，政府网站全年公开信息27136条，“奉化发布”政务微博、微信分别公开信息4745条和1720条，其他方式（“掌上奉化”App）公开信息10950条，解读文件264件，处理依申请公开答复137件。全面做好合法性审查工作，累计审核制发规范性文件12件、合同协议29件、重大执法决定13件，提出合法性审查意见150条。

【督查工作】区府办坚持以督查促落实、以考核促执行，不断深化严督实考机制，有力推动区委、区政府重大部署落地见效。2021年，累计办理、上报省委、省政府领导批示件2件，市委、市政府领导批示件529件，交办、办结区委、区政府领导批示件1296件；办理媒体曝光答复督办12次，交办、督办人大建议164件，政协提案153件，编发《督查与落实》38期。积极推进“七张问题清单”整改工作，梳理建立重点问题库，初步完成区级机关、镇(街道）全覆盖贯通工作。稳步健全问题闭环机制，率先出台实施办法、上线工作平台，建立问题入库“一周一梳理”、进度跟踪“两周一更新”、办结销号“每月回头看”三项日常管理机制。深化“马上办”制度，打造简易事项1个工作日反馈，一般事项3个工作日反馈和重大、复杂事项1个月内反馈的“131”督查事项反馈制度，进一步压缩时间、加强跟踪催办。紧扣标准推进基层减负，指导各单位做好形式主义整治和基层减负工作，排查清理政务移动互联网应用程序、镇（街道）领导小组等。

【队伍建设】区府办始终坚持把旗帜鲜明讲政治作为第一要求，深入学习贯彻习近平新时代中国特色社会主义思想，认真开展党史学习教育，充分运用组织生活、“周二夜学”“学习强国”等载体，切实抓好理论武装，不断提高政治判断力、政治领悟力、政治执行力，争做“两个确立”忠诚拥护者、“两个维护”示范引领者。广泛开展谈心谈话，牢牢压实廉政责任，全年没有发生党员干部违法违纪行为情况，基层党支部发展预备党员2名、入党积极分子2名。在常态化疫情防控中，积极参与疫情防控专班，全员在线在岗，冲锋在前、实干在先，为疫情防控提供坚强保障。进一步强化干部梯队建设，加大干部培养选拔力度，推荐2名干部到经济薄弱村担任第一书记，3名干部到省、市、区相关部门学习锻炼，1名干部到区国企挂职。

（汪黎明）

流动人口服务管理

【概况】 2021年，奉化区流动人口服务管理工作坚持以数字化改革为牵引，以推进流动人口市民化、实现基本公共服务常住人口全覆盖为主线，充分发挥量化积分机制调节功能，着力稳定和扩大流动人口就业创业，不断提升服务水平。年末，全区登记在册流动人口为24.4万人，比上年增长17.1%，其中居住6个月以上的流动人口17.3万人，在册出租房屋9.2万间。

【落实量化积分系统建设】 奉化区充分发挥量化积分调节功能，持续完善相关政策，不断拓展量化积分应用范围。深入开展积分应用专题调研，对接了解需求，加大特色资源挖掘力度。组织召开系统操作培训会，推进新系统的测试完善和应用，为量化积分系统应用推广做好前期准备工作。先后发布《2021年宁波市奉化区流动人口随迁子女义务教育段积分入学办法公告》《2021年宁波市奉化区外来务工人员积分免费体检办法公告》《2021年奉化区外来务工人员公共租赁住房租赁补贴申请公告》《2021年奉化区流动人口量化积分落户公告》，共受理申评1800余人次。

【流动人口服务】 奉化区围绕流动人口服务事项，梳理各部门流动人口服务管理政策规定，编制《新奉化人“一件事”服务清单》，推动清单宣传上墙、服务落地。推进量化积分入学工作，全区义务教育段公办学校共接纳流动人口学生1.6万人，随迁子女公办学校就读率高于85%。扩大住房保障覆盖面，出台鼓励集中新改建规模化租赁社区政策，大力推进保障性租赁住房和“蓝领公寓”建设，全年累计发放租赁补贴51万元。推广出租房“旅馆式”管理，利用大数据、云计算等技术，以网格为单位建立流动人口信息库，开发启用出租房智能化管理平台，依托“流管通”为全区居住出租房屋定制专属二维码，及时掌握流动人口和出租房屋的动态变化情况。推进流动人口均等享受基本公共卫生服务，做好重点特殊群体服务管理工作。比如，流动孕产妇保健覆盖率和心理健康筛查率均超99%，持续九年为到奉化的流动人口免费提供意外伤害保险。出台《关于加强流动人口志愿服务队伍建设的指导意见》，成立新奉化人志愿者联盟，引导流动人口积极参与社会治理活动。深入关爱随迁儿童，通过“小候鸟夜宿博物馆”“公益小书屋”等活动，惠及3000余名流动人口随迁子女。

【流动人口合法权益保障】 奉化区以“安薪奉化”为目标，紧盯建设领域，狠抓源头预防、日常监管、联合惩戒，重点梳理欠薪纠纷易发区的劳资情况，重点监管欠薪人数多、金额多、投诉多的项目，累计接收涉及流动人口欠薪的投诉举报受理案件175件，为4391名外来劳动者追讨劳动报酬6677万元。在“360”劳动争议多元化解模式基础上，通过流程优化、制度升级，打造“一屏总览、一号通办、一机掌控、一库智汇、两端口贯通”的“360”劳动争议多元化解数字应用。至年末，调解流动人口劳动争议案件136起，涉及外来劳动者经济权益510.5万元。

【流动人口就业】 奉化区依托“十省百市千县”协作体系，与云南、贵州等8个省份进行劳务对接，邀请四川、黑龙江等四地人社部门及双方企业院校，开展“聚才汇智·乐业奉化”东西部（乡村振兴）劳务协作座谈会，并组织赴缙云对接山海协作项目，共签订劳务合作协议33份。持续推进流动人口就业技能提升，启动新时代奉化工匠培育工程，新增高技能人才7026人，开展各类职业技能培训68391人次，实现高中学历提升338人次，举办市、区两级职业技能竞赛16场，5956人通过以赛代评获得高级工以上技能等级证书。同时大力拓展招聘渠道，赴长春、重庆等地开展校企合作引才活动13

场，签订校企合作协议23份。推进人才市场迭代升级，线上举办“金秋招聘月”“留奉过春节”等在线招聘会，线下投用集数字化、智能化、人性化、专业化于一体的新人才市场，助力新奉化人求职精准化、便捷化。

（袁雅雅）

行政审批服务

【概况】 2021年，行政审批服务工作始终坚持围绕中心、服务大局，始终坚持群众需求导向，积极打造数字化、标准化、便利化、专业化政务服务“优质窗口”。行政审批中心进驻政务服务事项2098项，日均办件3000件左右，依申请事项已实现100%全进驻，均可实现网上办、掌上办，其中即办件占事项总数的91.6%，事项办理承诺期限压缩比为96.3%，个人企业全生命周期“一件事”123项，所有（251项）民生服务事项实现“一证通办”。

【行政审批服务改革】 奉化区按照“进一扇门、办所有事”要求，全面整合审批部门，除负面清单外，实现全区政务服务事项100%进驻行政审批中心。政务服务2.0平台全面嵌入窗口、自助、“浙里办”等端口，加速线上线下融合，通过设立部门服务专席、推行“肩并肩”办理、引导部门走出窗口陪跑，推进政务服务实现好办易办。建立大厅办事“智慧大脑”，中心大屏幕实时动态展示人流、排队、办事、评价等信息，构建一体化政务服务“好差评”闭环管理体系，好评率达99.99%，为窗口开设、人员限流、服务优化等大厅管理适时提供科学决策依据。

围绕“放管服”、数字化改革等要求，创新推出“双减”办理、租房补贴申领、上市企业合法合规证明、水电气联合报装等新的“一件事”。针对数字政府建设多元化需求，主动融入全区数字化改革大局，积极参与“浙里甬惠渔”、人才“一码通”、数字社区综合服务等重点改革任务，在全省率先实现涉渔政务服务集成办、居民办事“一址一码”、专属式人才服务、数字政务走进社区等政务服务数字化成效。

以打造“15分钟办事圈”为目标，积极推进政务服务2.0建设向基层延伸，加大政银合作，就近办、自助办力度，实现政务服务2.0在镇、村（社）应用全覆盖，全市首推不动产、企业开办、社保医保等在银行网点可办。不动产登记“六区通办”等全市通办事项全部落地，全市率先推行全区通办。

【便民利企服务】 企业开办“一日办结”实现常态化，推进公章刻制市场买单、政府买单，实现企服中心进驻，企业服务“最多跑一地”。推动重点项目审批“一体化”，会同发改局等部门扎实推进企业投资项目审批，审批时间最多80天，低风险小型项目最多20天，联合区发改局、区自然资源和规划分局等创新推出政府投资项目最多100天、竣工验收“一路通”等高效审批做法，深化统办服务机制，组建绿叶帮跑团，一体化报装水电气网，助力项目建设早开工、早投产。

继全省首创不动产联动办理“一路通”改革后，试点不动产交房即办证、社保无差别受理、医保流动服务车等民生实事举措。针对退休人员待遇衔接、失地农民集中缴费、房产集中交付等情况，在中心实行延时服务、错峰服务、专窗服务，解决群众突出办事需求。通过俗语化审批专业名词、编制办事咨询“一本通”“全区通”，进一步健全咨询服务体系，办事准确度和咨询效率提升40%。

发挥窗口优势，以“办一件小事解一类难事”为目标，会聚议事长、相关部门、第三方等多方力量，汇聚群众办事难点、堵点，会商攻坚解决方案固化机制，惠及群众办事需求。已解决历史遗留、互为前置、流程优化等难题18类，涉及小事53件，作为党建与业务融合的典型案例，被《浙江党建》予以报道。

【服务平台建设】 中心建立覆盖从入门检测、群众引导、窗口服务到后勤保障全环节的严密工作机制，制定轮班值守机制、突发事件处置预案，增配防疫设施，定时消杀，人员必须戴口罩、测温、扫码后方可进入，做到严格执行防疫规定。同时突出重点服务，开设“复工复产”专窗，开辟绿色通道，累计为相关企业提供服务1905次。以上升国标为契机，在中心现场加大OSM标准化管理，推进人员管理制度化、窗口服务标准化、物品摆放点位化、文明整洁包干化，每季度实行绩效考核在《奉化日报》头版公示；创新推出中心主任巡查制，每周班子领导带班巡查；实施领导窗口坐堂制，部门领导进窗口、解难题、提服务已推进二轮；窗口人员实行考级制、积分管理，做到逢进必考、临窗必优、缺位必扣；高标准参与文明城市创建，实施文明服务“六步法”，组建志愿者队伍，文明创建做到有方案、有队伍、有举措、零扣分。

（沈　磊）

大数据工作

【概况】 2021年，区大数据中心贯彻落实省、市数字化改革工作会议精神，围绕数字化改革工作目标，积极推进一体化智能化公共数据平台建设，协同推进数字政府系统建设，全面支撑数字化改革五大领域综合应用集成，助力“掌上办事”“掌上办公”“掌上治理”之区建设。2021年，区一体化智能化公共数据平台考核列宁波市各区（县、市）第4名、全省第48名，党政机关整体智治系统考核列宁波市各区（县、市）第1名，数字政府系统考核列宁波市各区（县、市）第3名。奉化区被评为省、市数字化改革优秀区（县、市）。

【智能公共数据平台建设】 区大数据中心制定智能公共数据平台建设方案，组建工作专班，紧盯工作目标，倒排时间节点，统筹推进工作。出台《区公共数据管理办法》《区数据回流安全保障制度》《区数据开发环境安全保障管理制度》《区信息化项目审批管理实施细则》等制度，进一步规范数据安全保障和政务信息化项目建设管理。成立区大数据投资发展有限公司，系区城投集团全资子公司，由区城投集团负责新建数字化项目的资金保障，负责项目招投标和建设监督管理工作，推动区大数据中心长效持续发展。

【整体智治加快推进】 区大数据中心促进“浙里办”提升，加强“浙里办”宣传推广力度，组织全区89个部门和12个镇（街道）开展“浙里办”宣传推广任务分解和统一运营平台操作培训，联合区委改革办、区政务办积极开展“政”入社区教您“掌上办事”服务活动，“浙里办”实名注册个人用户超过33万人，村级云监督、检察阳光码、预约取号、奉化自来水、奉化数字电视、“浙里甬惠渔”、奉化天气等8个App上架“浙里办”并完成适老化改造，政务服务“一网通办”率提升至90.8%。

促进“浙政钉”提升，组织完成“浙政钉”2.0用户开通、激活和应用迁移等工作，推进“浙政钉”奉化工作台应用，建设、迁移、整合“帮办一键通”“智巡云察”“OA协同办公”“全域美丽”、执行“E键联办”“危房监管”等14个掌上办公政务应用。“浙政钉”2.0注册用户超过1.5万人。

推进“一网统管”，探索谋划数字孪生场景，加快推进数字门牌、排水管网一张图、奉化城市建设综合管理系统等建设工作。协同抓好“互联网+监管”工作，会同区司法局、区市场监管局、区综合执法局全面推进省统一行政执法监管平台和省统一行政处罚办案系统应用，全区掌上执法率达99.95%，简易案件掌上办案率达93.11%，统一行政处罚办案系统应用率达68.46%。

上线数字化改革总门户，实现五大综合门户集成，省、市、区三级贯通。持续推进重大任务梳理、动态更新、治理端页面建设等工作，共完成重大任务拆解1418项、核心业务梳理399项，集成“惠企人才一键通”“浙里甬惠渔”、执行“E键联办”“360劳动争议化解”“帮办一键通”“全域美丽”“气动产业赋能系统”等7个优秀应用，其中，“浙里甬惠渔”和“气动产业赋能系统”接入市级门户，并都被评为市优秀门户。

【加强资源整合】 区大数据中心遵循市级统建模式，以“互联互通、以用促建、经济适用、共建共享”为原则，构建宁波市“智能公共数据平台·奉化分平台”，初步完成数据仓建设，回流省市246张表，融合本地数据，建设数字乡村、气动产业、残疾人等5个专题库支撑本区特色应用；开通数据高铁4条，部署实时计算，并对离线数据进行批量归集，对数据进行挖掘分析。

推进IRS（省一体化资源体系）应用，依托IRS厘清奉化区信息系统“一本账”，完成全区79个系统建档，实现应用和目录应编尽编，应关联尽关联，并充分利用IRS做好应用审查，对主要功能与存量重复的10个项目不予立项，对部分功能重复的16个项目进行预算核减，省组件平台上架口罩识别、烟火检测、安全帽识别3个组件，促进共建共享。

推进数字资源高质量管理，开展数据共享开放“百日攻坚”行动，推进信息系统普查和数据目录编制，累计编制公共数据目录1245条，归集数据1.6亿条，调用数据量1.2亿次，其中从省市回流企业营业执照7万多本，支撑沿街店铺“众安码”“数字乡村”“360劳动争议化解”等应用；积极组织参加省、市数据开放创新应用大赛，海上鲜的“海上智慧加油”获省二等奖（宁波唯一获奖），宁波工程学院奉化研究院的“向往的生活”之深度农家乐获市最佳组织奖。

【推进试点应用建设】 区大数据中心会同区委改革办和相关部门谋划重大应用全区“一本账”，持续挖掘特色争创亮点，全力做好支撑和保障，20个项目列入国家省市级试点。其中，“旅游信用经济”应用获得文化和旅游部试点；“浙里甬惠渔”入选省数字政府10个区（县、市）领跑榜之一和省农业农村厅、市数字化改革“最佳应用”；数字门牌、数字乡村、智慧光伏、执行“E键联办”“一支队伍管执法”、党内组织生活、液气密行业大脑、智慧步道等8个项目获省级试点；承接“未来社区教育场景”“滕头未来社区”“共享法庭”3个省级应用建设；“帮办一键通”获评省“三为”最佳实践案例；“360劳动争议多元化解系统”“社区智慧矫正”等“奉化模式”全省领先；市“通治码”在奉化区试点。

【网络信息安全】 区大数据中心建立网络安全责任体系，成立网络安全领导小组，设立首席网络安全官，推进网络安全各项工作落实；建立网络安全风险报告机制，及时发现处置各地各部门政务网络安全事件和隐患，全年未发生重大安全事故。加强日常安全运维，做好全区政务云、政务网络、中心机房、门户网站、协同办公系统、电子政务视联网等基础软硬件的支撑保障工作。区政务云平台可靠性达99.9%，平台28个系统已完成定级，IRS上等保率达100%。全区政务外网骨干网带宽达到20GB，政务外网安全加固及IPv6改造项目进入日常运行阶段。

（竺怡宁）

外事工作

【概况】 2021年，奉化区外事工作坚持以习近平新时代中国特色社会主义思想和习近平外交思想为指导，认真贯彻落实习近平总书记在庆祝中国共产党成立100周年大会上的重要讲话和十九届六中全会精神，紧紧围绕区委、区政府中心工作，按照“外防输入、内防反弹”要求，抓紧、抓实、抓细防范境外疫情输入工作。

【防范境外疫情输入】 区外办从严落实常态化疫情防控要求，统筹做好境外疫情输入防控，在入境人员预申报、集中隔离医学观察、居家健康观察与日常健康监测、点对点转运等工作环节各司其职、措施到位。全年境外返奉累计1394人次。承接宁波下发境外赴甬人员集中隔离8航次，累计487人次。利用“快捷通道”政策，协调做好从事科研、技术和经贸合作的外籍人士到奉化工作，共办结24批37人次，统筹安排重要经贸人员“点对点”转运接回奉化6人次。

【国际友城"云交流"】 区外办积极创新对外交往途径，变线下为线上，克服疫情之下人员无法跨境往来的不利因素，书信传情、微信交流，积极互动、增进友谊，加强后疫情时代对话。全年，通过电子邮件、微信等线上交流近30次，从多个层面拓展交流，比如，线上开展"美食、美景、美人"交流活动；日本入间市将汪顺参加东京奥运会并夺冠以纪实形式载入《国际交流新闻》，并向奉化发送贺信。

【外事管理服务】 探索常态化疫情防控新形势下的外向型经济发展，以数字化改革为牵引，以"三服务"为载体，为企业"走出去"提供更加便捷、更加全面的外事服务，为奉化区发展开放型经济提供有力支撑。秉持为企业"谋福利、提效率"的理念，进一步做好APEC商务旅行卡推介工作，并提供"代跑"服务，累计办理APEC有效卡55张，给予每家申办企业一次性补贴1000元。严格落实"浙外防"体系，为境外企业项目提供防疫支撑，靠前指导全区外经企业做好疫情防控工作，累计发布各类防疫信息27条，18家外经企业注册境外码，活鱼出口量超过1500吨。

（李　益）

侨务工作

【概况】 2021年，奉化区侨务工作在区委、区政府的正确领导下，牢固树立"融入中心、服务大局"意识，按照"党政所需、侨胞所盼、侨联所能"的工作要求，凝侨心、发侨声、聚侨智、出侨力，各项工作均有长足的进展。

【凝聚思想共识】 2021年是中国共产党成立100周年，侨务工作部门把党史学习教育作为一项重大政治任务，组织广大侨界群众深入学习习近平总书记"七一"重要讲话精神和十九届六中全会精神，引导他们争做"两个确立"忠诚拥护者、"两个维护"示范引领者。深入基层侨联、涉侨团体和侨资企业，开展好学习教育上党课、游学调研感党史、宣讲报告颂党恩等活动，共组织各类学习交流和理论宣讲8次。同时，利用微信、公众号、网络等形式，大力宣传党的百年伟大奋斗历程和党的创新理论，切实让广大侨界群众和海外侨胞感受到祖国的发展强大和未来的发展前景，不断增强他们民族自豪感和认同感。举办"永葆侨心向党　同庆百年辉煌"建党100周年新侨驿站侨梦苑主题党日活动；举办全区侨界骨干人士培训班，围绕"党建促侨建，侨务工作如何把握'治事'之道"主题，深化党史学习教育，加强参训人员对新时期侨务工作的理解认识，不断提高为侨服务的能力和水平；指导区留创会开展"'红'动上海——游学践行红色初心"活动；指导基层侨联开展岳林侨联"踏上红色之旅·学习百年党史"、尚田侨联"共读党史·学史明理"、西坞侨联"读党史·聚合力"等各类党史学习教育，鼓励基层侨务组织主动学习、激发活力。

【助力经济社会发展】 奉化区依托"宁波侨界招商引才服务联盟"，联合区人才办、招商局等

10月29日，"'智享侨梦苑·创业在宁波'2021奉化新侨企业创新创业成果分享交流会"在奉化区人才之家举行

部门，加强与海内外企业的联络对接，整合各方优势，构建招商引才工作网络，做好侨界招商引资、引资引智等工作。2021年，引入“甬江引才”项目2个、“凤麓英才”项目2个、“3315”项目2个。举办“‘智享侨梦苑 创业在宁波’2021奉化新侨企业创新创业成果分享交流会”，通过双创项目签约、宁波侨商会捐赠“共同富裕发展基金”（20万元）、侨助共同富裕结对仪式、侨界企业家创业分享、新侨企业创新创业成果宣传推介、产品展示等环节，进一步提升“侨梦苑”品牌效应，激发新侨创新创业热情。指导区留创会组织“未来青年会”青年创业系列讲座和上海高新企业参观学习活动。以柬埔寨经贸联络处为依托，组建东南亚宁波奉化华侨联合会，为侨务组织拓展延伸、人才招引搭建有效平台。通过智资回归、宣传推介、公益奉献等措施，鼓励奉化籍侨团、侨企、侨胞主动融入乡村振兴。指导侨资企业——超竣电器有限公司结对大堰镇常照村和岔坑村，开展侨助乡村振兴活动。

【拓展组织基础建设】 区侨联加大对基层侨联示范创建指导，加大软硬件投入力度，着力向“五好”创建。方桥、江口、锦屏3家基层侨联被评为示范单位，松岙基层侨联被评为达标单位，实现示范创建全覆盖。做好基层侨联申请统一机构代码证的赋码工作，实现全区全覆盖，并指导其进行银行开户、刻章等后续工作。加强对基层侨联组织班子建设的指导，打通党委政府与基层侨联组织沟通交流的通道，打破基层侨联组织活力不足的不良局面。按照统一标识、制度上墙、队伍建设、活动计划、远教设备、侨联指导员标准，因地制宜、借势借力，指导全区基层侨联创建挂牌13个“一地一品”、特色鲜明的“侨胞之家”。溪口镇侨联依托新侨委员企业创建以“创业创新”为主题的“侨胞之家”；岳林街道侨联深化山丘汇双创基地内涵，突出“侨·爱心”志愿者联盟和侨文化社区两个品牌，打造宾至如归的“侨胞之家”；锦屏街道侨联立足何仁善弥勒文化工作室，以中华传统文化研究探讨传播为主线，助力佛教名山创建；莼湖、尚田、大堰等基层侨联围绕各自区域特点，借力借势，添彩增色，在各自的党群活动中心和文明实践基地建立“侨胞之家”阵地。在2020年创新成立3家“新侨驿站”的基础上，在新侨人才较集中的怡诺凤麓科创园、宁波瑞凌新能源有限公司和人才之家设立“新侨驿站”，着力构建侨务工作新格局。奉化博物馆成功申报为2021年度宁波市华侨文化交流基地，成为奉化区继雪窦山华侨文化交流基地、图书馆巴人陈列室和奉化国际灾童教养院之后的第四个宁波市华侨文化交流基地。

【文体交流活动】 区侨联组织参加第二十一届“茶花杯”国际华裔学生书法比赛，上报作品17件；组织参加首届“复兴杯”世界华侨华人书画大赛，上报作品95件。邀请宁波工程学院非洲留学生走进奉化，了解学习出口企业管理模式，体验传统民俗文化，让他们深度感受和了解中国的变化，并通过向他们展示、宣传奉化，提升奉化知名度。组织海创青年参加各类海外人才项目招引活动，大力推介奉化区良好创业氛围和政策环境。以海联驿站和海外侨务工作点为依托，在加拿大、德国、柬埔寨等国家的华人学校和华人协会播放《中国佛教五大名山雪窦山》和《老家奉化》宣传片，不断提升奉化在全球的影响力和知名度。

【完善服务体系】 区侨联贯彻《浙江省华侨权益保护条例》，与区信访局、区司法局、浙江颂阳律师事务所等部门单位成立“法助联盟”，在锦屏街道侨联、岳林街道侨联和超竣电器有限公司成立“法助联盟联络点”，为侨界群众在提供法律援助、化解矛盾纠纷中搭建更便捷、更高效的服务平台。至2021年年底，共为归侨侨眷、侨资企业办理各项专利注册12件、税务及不动产登记43项，为24位华侨侨眷办理低保手续，落实12位华侨子女高考、中考事项。增加“侨助联盟”会员单位5家、办理“为侨服务直通卡”群众增加50人、助力宁波“为侨服务直通卡”整合社会资源，服务侨界群众。持续关注境外疫情发展情况，主动关心和帮助海外侨胞在驻在国的抗疫需求，畅通回国有关信息渠道，帮助华人华侨在奉化接种新冠病毒疫苗。经常性开展侨务领导干部走进侨界企业、走进基层侨联组织、走进侨界群众，服务企业、服务基层、服务群众的“三进三服务”活动。帮助侨资企业亿洋食品落实公司新厂房选址方案。多渠道筹措爱心资金，宽领域惠及困难侨群，整合“侨爱帮困金”及上级侨务下拨基金等资源，组织基层侨联深入开展“归侨侨眷关爱工程”和“侨界暖巢行动”，慰问贫困归侨侨眷和留学人员家庭100余户次，发放慰问资金15万元。协助锦屏街道侨联成立“侨公益”志愿者服务队，做大做强“留创·爱”慈善基金和“侨·爱心”志愿者服务队，指导他们积极开展扶贫协作、帮难解困、健康义诊等暖心活动近20场。

（吴　桁）

港澳台地区事务

【概况】 2021年，奉化区进一步加强与港澳台地区联系合作，在交流交往、服务活动、经济合作、政策宣传等方面取得新的进展与成效。“‘超竣电器杯’最美桃花源2021中国·宁波奉化港澳台排球精英赛”在奉化体育馆举行；奉化区台办获评中央台办“两刊”宣传工作先进单位；奉化区台联获评宁波市群团工作作出突出成绩集体；调研课题“奉化对台特色资源整合与作用发挥的思考与探索”获得宁波市2021年度调研课题三等奖。

【交流交往】 2021年，交流工作受疫情影响较大。区台办充分发挥雪窦山海峡两岸交流基地作用，举办一系列两岸重大交流活动。策划“2021海峡两岸体育系列赛”活动，举办“两岸共跑212”、海峡两岸桃花马拉松、“2021中国·宁波奉化港澳台排球精英赛”等活动，其中“两岸共跑212”、海峡两岸桃花马拉松赛都以“线上+线下”的形式开展，线上参与人数近20万人，台北、台南、台中、高雄、新竹、南投等多地跑友参与现场连线，互送祝福。“2021中国·宁波奉化港澳台排球精英赛”于7月17日、18日举行，共有澳门大学排球队、NSK香港联队、台湾TAA校友会排球队、宁波奉化排球队等6支代表队70余名运动员参赛。通过贯穿全年的系列运动赛活动，进一步拓宽两岸交流渠道，扩大两岸交流的规模。举办“共话两岸融合发展”奉化区台胞台属座谈联谊会。邀请奉化区台胞企业负责人、在奉台属20人参访雪窦山海峡两岸交流基地、“两岸交流”委员会客厅，并就如何进一步深化奉台两地经济发展、推进两地基层交流活动等内容进行交流。

【服务工作】 区台办联合奉化7家专业的社会公益组织，在5月28日成立“1+7”公益联盟，为在奉台胞台属提供专业的医疗、电力、法律、居家养老等服务。“1+7”公益联盟先后到溪口葛竹村、台资企业等开展志愿服务活动3次，为农村台属提供义

7月18日，“‘超竣电器杯’最美桃花源2021中国·宁波奉化港澳台排球精英赛”在奉化体育馆举行

务理发、修理电器等服务，为台企提供“解惑式”涉台法规答疑、“交互式”惠台政策宣传等服务。7月28日，“1+7”公益联盟组织台资协会台商、台联会代表到葛竹村开展台风“烟花”灾后慰问工作，共送去大米、方便面等价值8500元的物资。在春节期间，为鼓励在奉台商台胞就地过年，区台办积极指导台企动员外地员工留在奉化过年，通过用“心”“薪”“馨”三项举措留人留心，开展“迎新春·送祝福”慰问活动、小型联欢会、游园会等慰问活动。80%台胞留在奉化过春节。清明期间，针对不少台湾同胞受新冠肺炎疫情影响无法回大陆返乡祭扫的情况，区台办组织各基层台联推出“云代扫”服务，帮助远在他乡的台胞完成祭扫，并通过直播连线等方式反馈信息，纾解台胞祭祖思乡之念。中秋节期间，在溪口武岭中学举办“共叙亲情　共盼团圆”为主题的“2021海峡两岸（奉化）中秋晚会”，来自甬、台两地的80多名台胞台属，通过歌舞联唱、越剧表演、情景朗诵、书法创作、品鉴月饼等多种形式，共迎中秋，共话团圆。积极对接奉化区著名画家王利华，取景溪口风景创作《武岭头初晴》，赠送给台湾经国图书馆。

【政策宣传】 积极开展调研工作，调研课题“奉化对台特色资源整合与作用发挥的思考与探索”获得宁波市2021年度涉台调研课题三等奖。加大对外宣传力度，以重大涉台交流活动为契机，广泛邀请各级新闻媒体到奉化实地采访报道，《人民日报》、新华社、中央电视台、中新社、光明网以及台湾主流媒体等累计刊播相关报道50多篇（次）。其中，对“云代扫”活动的报道首次被中国政府网录用，海峡两岸桃花马拉松活动被中央广播电视总台《神州之声》录用，并用闽南语向岛内进行宣传。加强理论宣讲教育活动。庆祝中国共产党成立100周年大会在北京天安门广场隆重举行。区台联组织部分台胞台属集中收看实况直播，共享建党百年喜悦心情，学习聆听习近平总书记重要讲话。以台属俞跃琪为主的党员代表还在区体育馆举办“同心向党　歌唱祖国”庆祝活动。

（周蔚娜）

机关事务

【概况】 2021年，奉化区机关事务管理局围绕保障服务全区中心工作，持稳中求进的工作总基调，以高质量发展为总目标，以机关事务管理体制机制改革创新为总抓手，不断提升保障水平、服务品质和管理效能，获2021年度宁波市机关事务管理综合优秀奖。

【办公用房管理】 区机关事务管理局加强机关事业单位办公用房管理调配，形成区级机关集中办公区域“1+N”整体规划布局理念，创新办公用房集中统一管理体制机制，探索建立“四张清单”全区办公用房管理模式，累计完成77宗、22.27万平方米房产权属过户。按照“一房产一协议一凭证”要求，抓好权属调整房产的签约发证等后续管理工作，完成10家、33处房产签约工作，发放使用凭证24本。完成北大院搬迁工作，助推南山路改造工程，实施农技总站、疫情防控等维修保障类项目19个。开展办公用房检查2个批次，对3个镇（街道）、20个区直部门下发整改通知书28份。

【公车管理】 区机关事务管理局深化公务出行“一张网”建设，严格抓好公车平台管理工作，实行网上申请用车，并加强平台监管、日常抽检，通过车辆管理平台实时监控车辆动态，对平台上车辆开展不定期抽查1164车次，联合区纪委在重大节假日期间抽检违规用车3次。全年行驶里程495250千米，圆满完成区重要活动、会议以及宁波中东欧博览会、省委组织部考察、疫情防控运输等各项车辆保障任务1883车次，未发生重特大交通安全事故。

【公共机构节能管理】 区机关事务管理局推动全区公共机构节能培训和宣传，组织全区100多家党政机关事业单位召开《浙江省生活垃圾管理条例》培训会，在奉化区行政服务中心光伏停车场举办“新能源汽车进机关推广展示活动”。2021年，全市公共机构节能管理暨能源资源消费统计数据培训会议在奉化召开。推进节约型机关等示范单位创建，组织开展节约型机关创建单位、节水型创建单位和生活垃圾分类示范创建单位培训会，2021年共创建节约型机关18家、节水型单位17家、市级节水型机关9家、市级垃圾分类示范单位120家。推进公共机构新能源、新技术应用，在区行政服务中心太阳能光伏车棚下安装雨水收集系统、建设新能源公共充电站，共设置12个快充充电车位和2个慢充充电车位。对区行政服务中心进行二期改造，把原先地下车库照明使用的普通LED灯具改换成微波双光源感应照明灯具，改造成果节能率达到53.1%。推进公共机构垃圾分类工作，完成58家公共机构智能垃圾分类回收设备安装。在奉化区第二届垃圾分类达人挑战赛中，区机关事务管理局被区垃圾分类办评为“优秀管理团队”。

【接待服务保障】 区机关事务管理局推进区域化管理、标准化建设。开展“平安护航建党百年”安全隐患大排查、大整治专项行动，推进宁波市五星级治安安全单位创建工作，坚守常态化疫情防控防线，机关事务“安防”实时监控与动态管理平台，连续第四年被评为宁波市先进保卫组织。推进后勤服务社会化改革，整合多元服务力量，以“360度优质服务”为目标，形成标准化建设、模块化管理的工作机制框架，全年接待大小会议1999场次，保障与会人员55460人次。深挖奉化特色食材、传统菜肴，参与“奉化十碗”制作质量标准培训，推出20多种特色菜肴，钉钉订餐系统迁移升级到“浙政钉”的“寻味奉化机关食堂管理系统”，开设“机关暖心超市”，全年保障用餐615884人次。机关食堂团队获区“工人先锋号”先进集体称号。整合全局资源，着力构建大接待工作体系，完成“2021雪窦山全球智库论坛”、区新时代美丽乡村现场会、区第二次党代会等重要保障任务。

（应超超）

政协宁波市奉化区委员会

综　述

2021年是奉化区政协换届年。撤市设区以来的五年，是奉化坚定朝着“一三五”目标倍道兼程、倍速前进的五年，也是奉化奋力实现“后来居上、最美最好”总愿景的五年。五年来，区政协常委会始终高举习近平新时代中国特色社会主义思想伟大旗帜，深入贯彻党的十九大及十九届二中、三中、四中、五中、六中全会精神和习近平总书记重要讲话精神，紧紧围绕中心，倾力服务大局，坚持双向发力，履职尽责、努力作为，共同为全区高水平全面建成小康社会和“五年奉献一个新奉化”做出积极的贡献。至2021年年底，二届政协委员有243人。

重要会议

【一届五次会议】 1月20—22日，区政协第一届第五次会议召开。出席委员有210名。大会听取和审议政协第一届宁波市奉化区委员会常务委员会工作报告；听取和审议政协第一届宁波市奉化区委员会常务委员会提案工作情况的报告；列席奉化区第一届人民代表大会第五次会议（视频会议），听取并讨论《政府工作报告》，讨论人民法院工作报告和人民检察院工作报告，讨论“十四五”规划和2035年远景目标纲要；审议通过政协第一届宁波市奉化区委员会第五次会议决议；听取中共宁波市奉化区委书记讲话。一届五次会议期间，共收到委员提案198件，经审查立案171件，其中《关于构建干部作风建设常态化长效机制的建议》等7件提案被列为年度重点提案。

【常委会会议】 2021年，区政协第一届常务委员会共举行2次会议。

1月15日，区政协一届十七次常委（扩大）会议举行。会议审议通过《关于城市智慧化治理中软硬件整合的调研与思考》调研报告；审议通过《关于加快奉化中医药事业发展的思考》调研报告；审议通过《关于全区行政村规模优化调整后村级组织运行情况的调研与建议》调研报告；审议通过《政协宁波市奉化区委员会关于委员履行职责的若干规定》；协商讨论区政府工作报告；审议通过区一届政协常务委员会工作报告；审议通过区一届政协常务委员会提案工作情况报告；审议通过区一届政协常务委员会工作报告报告人名单、区一届政协常务委员会提案工作情况报告报告人名单；审议通过区政协一届五次会议议程（草案）和日程安排；审议通过2020年度区政协工作各项先进；审议通过有关人事事项。

1月20日，区政协一届十八次常委（扩大）会议举行。会议听取各工作委“两个报告”讨论情况汇报；听取各工作委关于2021年度主要工作安排讨论情况的汇报。

1月21日，区政协一届十九次常委（扩大）会议举行。会议审议通过区政协一届五次会议决议（草案）；审议通过区政协一届五次会议提案审查报告。

政治协商

【全体会议整体协商】 1月20日至1月22日，在区政协一届五次会议期间，通过分组、联组讨论等形式，全体委员就“一府两院”工作报告、“十四五”规划和2035年远景目标纲要及区委、区政府重大决策以及群众反映强烈的社会热点、难点问题进行大会协商讨论。委员们共提出提案198件，经审查立案171件，会后报送区委、区政府供决策参考。

【政情通报会】 8月26日，区政协召开政情通报会，听取区政府上半年全区经济社会发展情况、政协提案办理情况及下半年政府重点工作安排。区委副书记、区长胡永光出席并通报相关情况。与会委员当场进行讨论并发表意见。区政协主席陈红伟代表区政协常委会对区政府上半年工作表示肯定。

【主席议政会】 8月27日，区政协开展“提升农村环境风貌，构建美丽乡村示范带”主席议政协商活动，赴莼湖街道缪家村和西坞街道金峨村调研美丽乡村现场会筹备情况。区农业和农村局负责人介绍相关情况，莼湖街道和西坞街道负责人作补充发言，与会政协委员发表意见和建议。

【主席询政会】 9月27日，区政协聚焦数字化改革工作召开询政会，专题协商数字化改革过程中的重点、难点问题。区委改革办汇报“数字化改革”推进情况，有关部门演示“数字政府”门户、“浙里甬惠渔”等应用场景，政协委员围绕议题开展询政交流，相关部门作出回复。

【专题民主协商】 4月9日，区政协围绕“加快产教融合，推进职业教育高质量发展”召开专题民主协商会。区教育局汇报职业教育发展情况。政协委员与相关部门负责人协商交流，紧紧围绕职业教育提质培优议题，坚持目标、问题、质量三个导向，共同谋划推进职业教育高质量发展。

4月23日，区政协召开专题民主协商会，找准农村老年食堂建设的脉络和路径，持续推动农村老年食堂建设。区发改局、民政局、财政局、市场监管局等部门汇报区老年助餐项目开展情况、老年食堂收费工作情况等，并提出“加大运营补贴力度”“强化分层分类保障”“推进标准化建设”等建议。与会政协委员围绕议题积极献计献策。

11月18日，区政协围绕“加快推进数字渔港经济区建设”召开专题民主协商会。宁波湾区智慧文旅开发建设指挥部负责人介绍数字渔港经济区建设情况；区发改局、区财政局等参会单位作补充交流；政协委员代表提出意见、建议。

【政协论坛】 10月23日，以“共同富裕，智创未来”为主题的“2021雪窦山全球智库论坛”在宁波奉化滕头举行。国务院发展研究中心党组书记马建堂出席论坛并发表主旨演讲，宁波市委副书记、市长裘东耀致辞。国务院参事室特约研究员、原农业部常务副部长尹成杰，国务院侨办原副主任、外交部原副部长何亚非出席，香港中文大学（深圳）人文社科学院代行院长、全球与当代中国高等研究院院长郑永年视频参会。何亚非、郑永年分别作主题演讲。同济大学国家现代化研究院执行院长、国务院参事室特约研究员、公共政策研究中心副理事长吴亮就《奉化“共同富裕工作法”调研报告》的主题，发布“县域共同富裕研究成果”，国务院参事室特约研究员、原农业部常务副部长尹成杰对该成果进行点评。

民主监督

【概况】 2021年，区政协确定7件重点提案，由政协主席、副主席领衔督办。通过召开专题督办会、现场视察活动等形式，集思广益，协商解决重点提案办理中遇到的问题。配合区政协组织的“跨年度提案回头看”活动，促进了相关重点工作的顺利开展。专项民主监督方面，区政协始终紧盯难点工作，集思广益，重点推进，着力推动各项工作落到实处。

【重点提案重点督办】 5月12日，区政协就一届四次会议提案《关于加强外卖食品安全管理的建议》办理落实情况，召开“回头看”协商座谈会。会议提出建议，要出台相关规范，为外卖餐饮食品执法提供依据；要强化各方主体责任，有效形成监管合力；要加快提档升级，逐步实现集聚化、规模化经营；要规范外卖餐饮管理，杜绝送餐环节引发的污染；要用互联网手段管理外卖餐饮，提高监管能力水平。副区长陈锦杰在会上作表态发言。

6月10日，区政协举行“构建干部作风建设常态化长效机制”重点提案督办座谈会，政协委员听取区作风办关于撤市设区以来干部作风建设情况的介绍，开展热烈讨论，积极建言献策。区委副书记魏建根指出，2021年是奉化区开展干部作风大整治行动的第五年，各部门要高度重视，要强化督查，以“一竿子插到底”的实劲聚力攻坚克难，坚决打赢干部作风整治大会战。

7月14日，区政协组织召开“关于城市智慧化治理中有效推进软硬件整合的建议”重点提案督办会。现场观摩消防大队消防生命通道数字化监管平台操作实况，听取区大数据中心有关提案办理情况及下一步数字化改革工作举措的汇报。委员们围绕议题，着重就结合数字化改革推进城市智慧化治理的问题提出三个方面的建议。

8月27日，区政协开展“加快奉化区汽配产业创新和转型升级”重点提案督办活动。与会人员参观宁波铝宏汽车零部件有限公司生产车间及智能化生产线，区经信局负责人汇报提案办理及相关工作推进情况，区委人才办、区发改局、区科技局等部门负责人作补充汇报，与会政协委员提出意见、建议。区委常委、区政府党组成员杜中权作表态发言。

8月27日，区政协开展“关于加大奉化特色街区建设”重点提案督办协商活动。实地视察惠政老街和金钟广场，区商务局等部门负责人介绍提案办理及奉化特色街区建设工作等情况，区委宣传部等部门负责人补充介绍特色街区建设相关工作，提案人及与会政协委员提出推进特色街区建设的意见、建议。副区长陈锦杰作表态发言。

10月14日，区政协举行“深化农村土地制度改革，全面提振乡村内生发展动力”重点提案督办会。会议听取农业农村局、金融发展服务中心、人民银行奉化支行等部门关于开展农村宅基地抵押融资、赋予农民住房抵押金融功能、金融支持农村土地改革等情况的介绍，委员们重点围绕强化政策扶持、加大政策宣传力度等方面建言献策。副区长张巍作表态发言。

10月21日，在“扶持中医药事业创新发展”重点提案督办会上，区卫生健康局从强化政策保障、健全服务体系、促进中医药传承创新三个方面汇报扶持和发展区中医药事业的举措。政协委员及专家座谈交流，并提出意见、建议。

【专项民主监督】 5月8日，区政协就城中村改造问题召开专项民主监督协商会，邀请智库专家、政协委员、民主党派建言献策，共同破解城中村改造难题，推进城市有机更新。区委常委、常务副区长傅岳炳作表态发言。

10月21日，区政协副主席吴亚芬带领部分政协委员及区生态环境分局、区经信局、区农业农村局、区综合执法局等部门负责人对无废城市建设开展专题民主监督。区生态环境分局负责人介绍“推进无废城市建设，提升城市生态文明水平”推进情况，其他部门做简要补充。政协委员针对存在的问题和不足协商建言。吴亚芬提出四个方面的建议，区委常委、区政府党组成员杜中权作表态发言。

10月27日，区政协召开“加快推进民生待遇同城化补短板工作”专项民主监督协商会，区政协领导、部分政协委员、区府办、区发改局等相关单位负责人参加会议。会议听取区发改局关于奉化区推进民生待遇同城化补短板工作情况汇报和相关部门的补充发言，与会政协委员围绕议题提出意见、建议。

11月25日，区政协就推进气动产业园区建设开展专项民主监督活动。区经信局做气动产业园区建设情况汇报，区科技局、区发改局、区财政局和溪口镇、江口街道等作补充发言，部分政协委员围绕气动园区建设提出意见、建议。区委常委、区政府党组成员杜中权作表态发言。

重点课题调研

【**概况**】 2021年，区政协对群众关心的热点、难点问题，组织开展5个重点课题调查研究，调研报告以政协常委会建议案形式报送党委、政府，为其科学决策提供参考。

【**关于奉化撤市设区财政政策体制对策研究的建议案**】 年初，区政协专门成立由区政协副主席吴亚芬带队，区政协经济委员会同区发改局、区财政局、鄞州“撤县建区”模式实证研究宁波大学课题组等单位组成调研组，对奉化过渡期后财政政策体制调整及其影响进行专题调研，形成题为《关于奉化撤市设区财政政策体制对策研究》调研报告，并经区政协一届三十八次主席会议审议通过，建议区委、区政府积极争取宁波的支持，力争奉化财政体制过渡期限再延长5年，或者逐项分类调整过渡期后的财政政策。区政协以建议案形式向区委、区政府提出三项建议：调整一般公共预算的基数年份，以政策实际实施的上一年度为基数年；重点区域和重点平台继续沿用原有过渡期政策；加大重点项目的市级财政支持力度。

【**关于奉化区纺织服装产业发展的建议案**】 年初，区政协专门成立由区政协副主席方国波带队，区政协提案委员会同区经信局、浙江纺织服装职业技术学院等单位组成的课题调研组，对奉化纺织服装产业进行专项调研，形成题为《奉化区纺织服装产业调研及发展建议》的调研报告。该报告经区政协一届二十次常委（扩大）会议协商通过。区政协常委会以建议案的形式向区委、区政府提出三项建议：加快推进纺织服装产业平台建设；加速建设纺织服装产业数字平台；加强政策扶持，为纺织服装产业发展提供保障。

【**关于雪窦名山民宿集聚区发展的建议案**】 年初，区政协成立由区政协副主席周海飞为组长，区政协教文卫体和文史资料委员会、农业农村委、区文广旅体局、文旅集团、溪口镇、宁波东方旅游规划研究院等单位为成员的专题调研组开展调研，形成《雪窦名山民宿集聚区发展调研报告》。该报告经区政协一届二十次常委会会议审议通过，并以建议案形式向区委、区政府提出四项建议。

【**关于奉化乡村振兴的路径和办法的建议案**】 为推动奉化区实现更高水平乡村振兴，2021年，区政协主席陈红伟带队，以区政协农业农村委和区政协办公室为牵头部门，专门组成课题组，在前期大量走访调研的基础上，多次召开专题研讨会，考察义乌、诸暨等地的先进做法，学习借鉴德国、日本等国乡村振兴的成功经验，形成题为《奉化乡村振兴的路径和办法》的调研报告，经区政协一届二十一次常委会会议审议通过，并以建议案形式向区委、区政府提出五项建议。

【**关于加快方桥区块农村整体改造，努力创建共同富裕样板区对策研究的建议案**】 为加快方桥区块农村改造，提升发展竞争力，推动其高质量发展，2021年，区政协副主席吴亚芬带队，成立专门调研组，以区政协经济委为牵头部门，会同区发改局、区农业农村局、宁南新城管理中心、方桥街道、区自然资源和规划分局开展“加快方桥区块农村整体改造”课题研究，形成调研报告，经区政协一届二十一次常委会会议审议通过。区政协常委会向区委、区政府提出四项建议及七个方面注意事项。

【**组织视察活动**】 2021年，区政协和各工委针对群众关心的热点、难点问题和中心工作，组织开展形式多样的视察活动近20次。先后对未成年人违法犯罪现象、交通项目、重大水利设施日常管理、城市基础设施重点项目、特色文化产业进行重点视察，并将视察情况反馈有关部门并提出建议。

经常性工作

【团结联谊工作】 2021年，区政协坚持团结、民主两大主题，发挥开放包容的独特优势，凸显联络联谊的统战功能，广泛凝聚改革发展的社会正能量，用心、用力寻求最大公约数，画出最大同心圆。密切与各民主党派、工商联、无党派人士的合作关系，经常邀请他们参加民主监督、专题协商、议政询政等“请你来协商”活动，确保其履行职责有舞台、参政议政有渠道、发表意见有机会。切实加强同党外知识分子、非公有制经济人士、新的社会阶层人士的交往联系，着力构建和谐的民族、宗教、阶层和海内外同胞等各种关系，不断巩固发展最广泛的爱国统一战线，积极引导各方力量共同致力于奉化区经济社会高质量发展。发挥政协之友联谊会平台作用，通过书画创作、项目考察等方式，促进老领导、老同志、老委员联络联谊，建言献策，发挥余热。健全政协领导联系农村社区、重点企业、重大项目和困难群众制度，班子成员开展“三服务”活动，力所能及地帮助解决一些实际问题。利用政协委员资源优势，鼓励委员通过外出考察、项目合作、招商引资等途径大力宣传推介奉化。

【文化宣传工作】 发挥政协文史资料“存史、资政、团结、育人”的作用，编撰《弥勒道场》，持续夯实名山文化底蕴，有效提升五大名山知名度，更好发挥名山效应。精心选送优秀作品参加全市政协系统书画作品巡回展，充分展示奉化区书画爱好人士的艺术才能。编印《奉化政协》杂志，交流工作经验，传递动态信息，展示委员风采。编发《参政议政》26期，提出各种意见、建议300余条，有力推动相关工作。按季编报《社情民意专刊》，传递反映民意呼声，社情民意信息工作在全市区（县、市）政协系统名列前茅，并应邀作经验交流。通过运用网络、微信等载体，加大政协工作宣传力度，让各界群众更好地了解政协组织、支持政协工作。

【委员平台建设】 指导各委员工作室，进一步完善工作室工作制度，积极组织开展各项工作和活动。根据省政协统一部署，在各委员工作室挂牌“民生议事堂”。指导溪口地区工作委深化委员会客厅创建工作，创建省政协三星级委员会客厅。指导农村经济工作委“振兴乡村”委员工作室开展创市级委员工作室工作，创建工作实效明显。深化委员服务管理，建设管理好委员履职管理系统，组织人员专题培训，加强委员履职考评，进一步增强委员履职的主体意识和责任意识。

【提案工作】 区政协一届五次会议召开以来，广大政协委员和政协各参加单位坚持习近平新时代中国特色社会主义思想，全面贯彻落实区委、区政府决策部署，紧扣奉化经济社会发展及人民群众普遍关心的突出问题，积极履职建言，共提交提案198件，经审查，立案171件，其中集体提案41件、委员提案130件，合并处理后为153件，交由39家单位办理。区委、区政府高度重视，承办单位认真落实，所有提案已全部办复。所提问题已经解决或基本解决的98件，占64.1%；正在解决或列入计划解决的52件，占34.0%；因条件限制留待以后解决的3件，占1.96%。总体来看，提案内容丰富，调研深入，针对性强，反映了党政重视的重点、难点和群众关心的热点、焦点问题，提出了许多具有前瞻性、科学性、可行性的意见建议，为建设现代化滨海大都市、健康美丽新城区贡献出政协力量。

2021年度政协奉化区委重点提案一览表

表3

序号	提案人	案　由
1	九三学社奉化支社	《关于构建干部作风建设常态化长效机制的建议》
2	宗教民族工委	《关于申办第六届世界佛教论坛，助推雪窦名山建设的建议》
3	农村经济工委	《关于以深化农村土地制度改革为切入点，全面提振乡村内生发展动力的建议》
4	溪口地区工委	《关于扶持奉化中医药产业创新发展的建议》
5	岳林地区工委	《关于加快我区特色街区建设的建议》
6	工商联等	《关于加快我区传统产业（汽配等）创新和转型升级的建议》
7	民盟奉化区总支部	《关于城市智慧化治理中有效推进软硬件整合的建议》

（王　淑）

纪检　监察

综　述

2021年，全区纪检监察工作坚持以习近平新时代中国特色社会主义思想为指导，深入学习贯彻党的十九大和十九届二中、三中、四中、五中、六中全会精神，全面贯彻落实十九届中央纪委五次全会、省纪委十四届六次全会、市纪委十三届六次全会和区委一届九次全会部署，围绕中心，服务大局，持续突出政治导向，深化“三不”一体推进，营造优良政治生态，构建监督工作闭环，提升基层治理成效，锻造过硬干部队伍，忠诚履职、担当尽责，充分发挥监督保障执行、促进完善发展作用，纪检监察工作呈现高质量发展的良好态势。

重要会议

【区纪委一届七次全会第一次大会暨“坚决打赢‘干部作风整治大会战’”会议】 2月19日，区纪委一届七次全会第一次大会暨“坚决打赢‘干部作风整治大会战’”会议召开，区委书记高浩孟强调，各地各部门要坚持“严”的主基调，做到“五个坚定不移、五个持续发力”，推动全面从严治党向纵深发展，推动政治生态持续向上向好，为高质量实现“五年目标”、高水平推进“二轮攀高”提供坚强保障。区委副书记、区长胡永光主持，周涛、陈红伟、周世君、邵方毅、杜中权、徐震宇、唐军华、黄峻、傅岳炳在主席台就座。下午，区纪委一届七次全会第二次大会召开。区委常委、区纪委书记、区监委主任徐震宇作工作报告。会议书面传达学习十九届中央纪委五次全会、省纪委十四届六次全会、市纪委十三届六次全会精神，审议通过《中国共产党宁波市奉化区第一届纪律检查委员会第七次全体会议工作报告》和全会决议。

【全区纪检监察系统领导干部会议】 4月1日下午，区纪委区监委召开全区纪检监察系统领导干部会议，部署党史学习教育，中央巡视、省委巡视反馈问题整改和“清廉奉化”基层权力监督指引工作，并对2021年纪检监察重点工作提出要求。区委常委、区纪委书记、区监委主任徐震宇出席会议并讲话。

【区纪委区监委片区协作工作推进会】 9月28日下午，区纪委区监委片区协作工作推进会召开。区委常委、区纪委书记、区监委主任徐震宇出席会议并讲话。会上，六个片区的片区长、副片区长及牵头室主任进行了交流发言。

【中共宁波市奉化区第二届纪律检查委员会召开第一次全体会议】 12月31日下午，中共宁波市奉化区第二届纪律检查委员会第一次全体会议召开。黄峻主持会议并讲话。会议选举产生由黄峻、陈横栩、毛水东、罗杰、陈益民、李晨旭、魏娜7人组成的新一届纪律检查委员会常务委员会。从7名区纪委常委中，等额选举产生区纪委书记和副书记，黄峻当选书记，陈横栩、毛水东当选副书记。

重要调研

【市委常委、市纪委书记、市监委主任傅祖民到奉化调研】 5月13日，市委常委、市纪委书记、市监委主任傅祖民到奉化调研。市纪委副书记、市监委副主任杨晔，市纪委常委、秘书长王寅星等参加调研。区委书记高浩孟，区委常委、区纪委书记、区监委主任徐震宇等陪同调研。傅祖民一行先后到宁波海威汽车零件股份有限公司和宁波亚德客自动化工业有限公司，深入车间，了解企业生产经营、技术创新等情况。在江口街道王溆浦村，傅祖民详细了解村级“云监督”平台建设情况。

【市纪委常务副书记魏祖民到奉化调研】 8月24日，市纪委常务副书记魏祖民到奉化调研。市纪委常委陈增青、市纪委市监委组织部部长俞亚佩、市纪委市监委第二监督检查室主任张重光等参加调研。区委常委、区纪委书记、区监委主任徐震宇等陪同调研。11月2日，宁波市纪委常务副书记、市监委副主任魏祖民到奉化区调研，实地考察溪口镇畸南村清廉村居建设情况，并听取奉化区纪检监察工作汇报。市纪委市监委宣传部部长贺曙光、第二监督检查室主任张重光、研究（法规）室副主任毛石楚等参加调研。区委常委、区纪委书记、区监委主任徐震宇等陪同调研。

党风政风监督

【政治监督】 强化对贯彻落实上级精神的监督，重点加大对贯彻落实各级全会精神、习近平总书记重要讲话精神及重要指示批示情况的监督检查，在自觉践行“两个维护”上持续发力。强化中央、省委巡视反馈意见和省、市、区委“七张问题清单”整改落实情况的监督，累计开展监督检查34次，发现纠正问题22个，提出建议25条，推动制定完善制度11个。强化换届风气监督，及时跟进巡回督查，确保换届工作风清气正。

【中心工作监督】 紧扣干部作风整治大会战、党性党风教育年、服务民营经济发展等中心工作，跟进监督、精准监督、做实监督，开展“党性党风教育年”专项督查15次，问责推动工作不力者39人。围绕工程建设、国企改革等8个领域40个项目进行重点监督，排查廉政风险点27个，督促建立风险防控机制或措施24项。

【同级监督】 协助区委制定出台区委贯彻落实二十一项制度，以更高标准强化同级监督。推动出台《关于落实全面从严治党“五张责任清单”的若干措施》《落实全面从严治党主体责任追究实施办法（试行）》，制发《落实全面从严治党主体责任参考手册》，促进主体责任和监督责任互相贯通、形成合力。落实区纪委全会听取下级党委述责述廉机制，3家单位“一把手”在纪委全会上进行述责述廉。开展年度党风廉政建设责任制检查，并有重点地延伸检查6个村（社）、站（所）。推动“三交底”廉政谈话常态化全覆盖，累计开展“三交底”廉政谈话321人次。

【作风建设】 制定出台党政部门涉企事项“六不准”和公职人员涉企行为“八严禁”，通报曝光违反中央八项规定精神典型案例2起2人。常态化开展正风肃纪专项行动890次，发现问题611个，处理353人。查处形式主义、官僚主义问题15个，处理17人，党纪政务处分13人。累计收集基层问题8个，督办落实问题8个。查处享乐主义、奢靡之风问题15个，处理17人，党纪政务处分16人。分类精准专项治理。紧盯企业食堂“没人查、不好查”问题，累计检查企业食堂21个，约谈企业负责人7人，发现食堂卫生及食品安全问题3个，下发整改通知书3份。开展制止餐饮浪费问题专项监督317次，发现并解决问题117个，下发通报8起，建立完善制度机制39个。

【专项治理】聚焦群众“急难愁盼”，查处群众身边腐败和作风问题32起48人，其中，党纪政务处分35人。开展漠视侵害群众利益专项治理，持续纠治在教育医疗、养老社保、生态环保、村级集体“三资”管理、土地住房、拆迁安置等领域存在的腐败和作风问题，查找问题28个，查处党员干部21人，以“小切口”深入整治民生领域的“微腐败”。常态化开展扫黑除恶“打伞破网”工作，累计查处群众身边涉黑涉恶腐败和保护伞34人。

【基层权力监督指引】迭代升级“五小一跑”工作机制，编制“3+7+N”工作文件（七大领域基层权力监督指引通用版本、3本基层权力监督工作指导手册、N个一事一指引），全覆盖823个基层单位，对226项基层权力逐一制定操作流程图，按照标准化推行思路形成套餐式监督模式，全景式构建纪检监察融入基层治理新格局。

【基层公权力数字化监督】创新打造村级“云监督”平台，通过对涉村事务实行“一码亮单、一窗晒单、一键下单”，提升群众对农村事务的参与权和监督权。推动“基层监督数字化运行平台”“监督一点通”与村级“云监督”平台的深度融合，实现农村工程项目、劳务用工、资源资产、村级采购等事项后端全流程审批、前端全方位公开，通过大数据比对分析、实时碰撞，推动公权力形式向整体智治转变。平台已“上线”亮相382个村居（社）干部2700余名，审批、公开“三务”事项5.86万条，处置预警信息78条、群众监督信息105条。

宣传教育

【扩大宣传】2021年，对奉化清廉单元建设经验进行全面提炼总结，用增刊方式刊登25篇经验类报道。基层权力监督指引工作在《人民日报》刊发、“云监督”平台建设经验被《新华社高管信息内刊》录用。

【推进清廉奉化建设】全年举办“清廉宁波·你我同行”第四站走进奉化——基层站所、“庆祝建党100周年·清奉润万家暨清廉家庭建设”等活动，形成以“清奉入万家、清奉润万家、清奉惠万家”为主要内容的“清奉万家”品牌。在此基础上，建成一批“清廉单元”建设示范样板，有力提升各领域监督治理效能，并融入清廉文化建设，深度培育奉化清廉文化“谱系”，建成沿山、沿海2条清廉风景线，“以点带面”带动形成全域推进、全线共进的工作格局。

干部工作

【机关党组织规范化建设】建强班子和支部战斗堡垒，抓好“先锋引领清廉护航”党建品牌，持续推进“留置办案组临时党支部”特色项目创建工作，推动党建与业务深度融合，确保纪检监察工作开展到哪里，党建工作跟进到哪里。持续开展“双专”素能提升行动，依托“周二纪法课堂”“小专题业务研讨班”，案卷评查、案件评比等载体，激发比学赶超、勇争一流的争先意识，深化青年纪检监察干部“1+X”多岗培养机制，抽调50余人次开展跟班学习、专案抽调、参与巡察，在日常工作中以案代训、以干代学，以实战淬炼监督执纪问责和监督调查处置能力。

【深化机构改革】创新“室组地”联动模式，进一步优化调整片区协作分工安排，增配副片区长，配强工作力量，推动各片区通过区内协作、组间交叉、上下协同等方式开展联动协作，进一步增强监督质效。

信访工作

【概况】2021年，区纪委、区监委共受理信访举报208件，比上年同期（258件）下降19.38%。其中来信115件、来访32件、来电举报2件、网络举报59件；中纪委转办9件，省纪委转办35件，市纪委转交办99件，自收65件；检举控告类为147件，较上年同期204件下降27.94%（其中，初信初访件为67件，占检举控告类的45.58%；重复信访件为80件，占检举控告类的54.42%），业务范围外为34件。在检举控告类信访件中，涉及农村（社区）干部的信访件为88件，占比59.86%［比上年同期（149件）下降40.94%］。

【涉纪信访处理】 2021年，着重化解一批重点疑难复杂信访件，优化审查模式，成立由分管委领导及信访室、纪检监察室、案审室组成的联合会审小组，对报结的信访件进行审核，对调查报告不规范、问题查处不完整、证据材料不齐全的，及时要求补充修改，确保办信质量。坚持严管与厚爱结合，严格按照“三个区分开来”要求，全年为10名受到不实举报的党员干部澄清正名，为敢于担当者担当。

纪律审查

【概况】 2021年，全区纪检监察机关共处置问题线索590件，比上年下降14.1%；立案查处各类违纪违法人员238人，比上年下降4.8%，其中区管领导干部8人（1人为指定管辖）；结案248件，比上年下降4.6%，处分234人，比上年下降6.4%；采用监察留置措施2人（1人为指定管辖）；移送检察机关17人，比上年增长30.8%；运用监督执纪“四种形态”处理819人次，下降17.5%。

【反腐败工作】 充分发挥区委反腐败协调小组职能作用，加强问题线索的移送处置工作。区委反腐败协调小组多次召开工作例会，听取有关单位反腐败工作情况、重要案件查办和重要专项行动情况，分析研判查办的重大腐败案件处置情况，协调解决各成员单位在查办案件中遇到的困难和出现的分歧，有效提升在正风反腐、追逃防逃等工作中的协作配合能力。

【党风廉政审核】 完善区管领导干部廉政档案，健全自身纪律审查信息管理系统和登记档案，提高资格审查的质量和效率。全年，受理各部门党风廉政意见征询共计95批4490人次，单位224家次。其中，表彰奖励、干部任免等反馈个人4396人次、单位224家次；经济责任审计意见74人次；入党政审20人次。

巡察工作

【概况】 2021年完成巡察19个单位党组织的常规巡察，组织开展供销社巡察“回头看”和农村污水治理工程专项巡察，组织开展4个基层站(所)“点穴式”巡察。累计发现问题272个，督促被巡察单位落实整改措施1664条，完善制度174项，问责165人次，移交问题线索22条，防止和挽回经济损失1739万元，有效发挥巡察监督利剑作用。一届区委已开展9轮常规巡察，累计巡察66个部门、11个镇(街道)、基层站(所)219个、行政村（社区）393个，覆盖率均实现100%，累计发现问题5817条，移交问题线索141条，制发巡察建议30件。

【规范巡察工作】 制定《巡察机构监督指引》，形成一套完整的工作体系和工作标准，新增出台《巡察工作回避制度》《巡察报告底稿制度》《中期会商制度》《巡察工作信访件办理暂行办法》等6项规范性制度文件，为实现巡察工作规范化打下坚实的基础。以数字化改革为契机，创新推行“智巡云察”平台，通过数字化改革有力推动巡察工作再上新台阶，相关工作经验的做法在市委办公厅、“清廉浙江”、省委办公厅录用。

派驻工作

【概况】 坚决落实省、市纪委要求，稳妥推进名山建设纪检监察工委机构改革工作，规范机构设置、理顺工作关系、提升监督质效。持续激发派驻机构效能，健全派驻机构积分考核，完善考核办法，督促派驻机构提升主动发现问题的能力。深化区属企业纪检监察体制改革，配齐配强区属企业纪委书记，细化完善医共体纪委书记双重管理机制。

【派驻机构一体化】 探索和搭建干部“双向”交流平台，打通区纪委机关和派驻机构流通渠道，统筹选配各类干部，促进学历专业、经历能力与岗位需求匹配融合，注重提拔选用专业水平高、素质能力强的优秀干部，持续优化干部队伍。

（杨　晶）

民主党派

中国国民党革命委员会宁波市奉化区委员会

【概况】2021年，中国国民党革命委员会宁波市奉化区委员会（以下简称民革奉化区委会）严格对标“四新”“三好”要求（四新：多党合作要有“新气象”，思想共识要有“新提高”，履职尽责要有“新作为”，参政党要有“新面貌”。三好：各民主党派和无党派人士要做中国共产党的“好参谋、好帮手、好同事”），旗帜鲜明地讲政治，坚定不移地重团结，兢兢业业地干实事，各项工作取得新的成绩。“奉化民革党员之家”被评为全国优秀民革党员之家；民革奉化区委会被评为民革全省组织工作先进集体；民革奉化区委会医卫服务团被评为民革全省社会服务工作先进集体。4个基层组织、17名党员和机关干部被评为“先进集体”“先进个人”。年末，区委会下辖4个总支、13个支部，共有党员176人。党员平均年龄49.6岁；本科以上学历121人，其中研究生14人；38人有高级职称，68人具有党派结构特色。党员中有宁波市级人大代表3人、政协委员2人，奉化区级人大代表6人、政协委员21人。

【参政议政】2021年“两会”期间，民革奉化区委会共提交《关于加强奉化区村级治理能力现代化的建设》《关于着眼长远补齐短板，持续推进农村“三大革命”的建议》等4件集体提案，《关于加大国企改革力度，加快专业化市场化步伐的建议》被评为区政协优秀提案。各级人大代表、政协委员共提交建议、提案32件，张磊《关于新冠肺炎疫情下政府进一步加大对中小企业帮扶力度的建议》和《关于发展“小而美”企业的建议》分别被市人大、区政协评为优秀建议、提案；赵芳燕《关于进一步发挥奉化区公共文化设施作用的建议》被区人大评为代表好建议；单亚敏等7人获得表彰。全年共上报社情民意信息30余篇，民革省委会采用1篇，市政协采用1篇，民革市委会采用5篇，奉化信息采用1篇，1条建议获区委书记批示。直属支部被民革市委会评为参政议政先进集体，张磊被民革市委会评为参政议政先进个人。

【对台工作】民革奉化区委会举办纪念辛亥革命110周年暨孙中山先生诞辰155周年纪念活动。加强与区台办和溪口台联会的沟通联系，联合建立祖统联谊“同心基地”。清明期间，为70余户因疫情无法赴奉扫墓祭祖的蒋氏后人及其他台胞代为祭扫，受到一致好评，并被中国中央电视台《海峡两岸》栏目等多家新闻媒体报道。在2021年奉化海峡两岸桃花马拉松中，民革奉化区委会与在奉台企台胞共同组建跑团，串联起两岸情谊。充分发挥民革党员中的台属作用，利用亲缘优势，做好涉台政策“宣传员”。

【民主监督】参加区政协组织的专题协商会，先后就优化营商环境、干部作风整治等议题在协商会上进行发言，一些意见建议被有关部门采纳。参加区委统战部组织的“党外人士建言献策月月谈”活动，就“双减”政策、推进农创产业发展等工作发表意见、建议。组织参与“保障交通顺畅，助推共同富裕”“推动旅游业高质量发展”“推进高新企业发展”等专项民主监督活动。

【社会服务】以“同心博爱”品牌统领全区民革社会服务工作，发挥民革特色优势，推动活动品牌化、常态化，医卫服务团、法律服务团、教育服务团、综合服务团和锦溪书画院以及卫健总支、溪口总支、岳林二支部等基层组织累计开展义诊送教、捐资助学、贫困救助、春联下乡等各类社会服务活动20余次，“同心博爱”社会服务品牌已成为奉化民革社会服务工作的一张亮丽名片。

【助力乡村振兴】认真贯彻落实全区统一战线助推“乡村振兴再出发行动”工作部署，多次赴大堰竹林村、锦屏街道城西岙村、溪口岩坑村等开展义诊、志愿服务、村庄环境改善等帮扶行动。先后通过捐赠专项帮扶资金、组织专家实地调研等形式，持续开展同心共建马头村行动，2021年该行动入选市委统战部“甬江同心·民主党派助推共同富裕基地”优秀案例。

【组织建设】严格落实组织发展程序，通过推行入党星级制、提交社情民意等办法，锻炼培养发展对象，使新党员在入党之际，就已在学习宣传、参政议政等方面具备一定素养，全年发展新党员7人。2021年，在全区民主党派、无党派人士风采展示中，区委会获“同心风华”示范组织奖，2名党员分别获最高奖“同心风华”奖和风采展示潜力奖。教育支部被评为省级示范支部、锦屏一支部和岳林二支部被评为市级示范支部。

【信息宣传】全年区委会及各基层组织共撰写提交宣传报道110篇，被省、市级民革刊物、网站、公众号刊发稿件60多篇，被“奉化统战”《奉化日报》“掌上奉化”等媒体、公众号刊发推送70余篇。充分发挥“奉化民革党员之家”的阵地作用，努力打造党员教育培训活动的主阵地和奉化民革对外展示、宣传、交流的新窗口，累计开展活动30余次，“奉化民革党员之家”被民革中央评为全国优秀民革党员之家。新建成溪口总支和锦屏二支部2个民革党员之家，教育支部党员之家被评为省“五好”民革党员之家，锦屏三支部、岳林一支部、岳林二支部3个支部的党员之家被评为省“五有”民革党员之家。

【制度和机关建设】制定出台民革奉化区第二届委员会工作制度汇编，进一步健全完善议事规则和决策程序，提高内部监督工作水平，把民革领导班子建设成为团结向上、务实奋进的坚强领导集体。开展机关工作“零差错”活动，全面查找办文、办会、办事过程中容易出错的环节，进一步改进文风、会风、学风，提高机关工作效能，高质量地完成区委会换届保障工作和党派机关日常工作。1名机关工作人员被评为民革全国机关工作先进个人。

5月14日，由民革奉化区委会主办，民革医卫服务团、溪口总支部、祖统委以及溪口镇台联会共同承办的奉化民革“同心向党·致敬百年”送医下乡活动到溪口岩坑村

8月10日，中国国民党革命委员会宁波市奉化区第二次全体党员大会召开

【中国国民党革命委员会宁波市奉化区第二次全体党员大会召开】 2021年是民革中央作风建设年，也是民革奉化区委会组织换届年，区委会将换届工作作为夯实思想政治基础、全面推进作风建设、突出民革工作质效的重点来抓，顺利高效地完成换届任务。8月10日，中国国民党革命委员会宁波市奉化区第二次全体党员大会召开。选举产生了新一届委员会，表决通过中国国民党革命委员会奉化区第二次全体党员大会决议，为奉化民革区委会加强自身建设、更好地履行参政党职能提供重要的组织保证。

（吕林焕）

中国民主同盟奉化区总支部委员会

【概况】 2021年，中国民主同盟奉化区总支部委员会（以下简称民盟奉化区总支部）在民盟宁波市委会和中共奉化区委的领导下，在区委统战部的指导帮助下，始终高举习近平新时代中国特色社会主义思想伟大旗帜，深入贯彻学习中共十九大和十九届五中、六中全会精神，不断加强自身建设，凝心聚力，团结带领广大盟员，建睿智之言，献务实之策。民盟奉化区总支部获民盟浙江省委员会“五星级”盟员之家、民盟浙江省委社会服务工作先进集体、区统一战线“同心风华”优秀组织等荣誉称号。

【思想建设】 民盟奉化区总支部以建设学习型参政党为目标，深入学习贯彻习近平新时代中国特色社会主义思想，坚持班子成员带头学、全体盟员深入学，深刻领会习近平总书记关于多党合作的重要论述及对浙江工作的重要指示精神，在学习中汲取做共产党好参谋、好帮手、好同事的经验智慧，提升全体盟员凝聚力，为加快建设现代化滨海大都市健康美丽新城区贡献智慧和力量。学习党史盟史，共庆中国共产党成立100周年、中国民主同盟成立80周年。3月，庆祝中国民主同盟成立80周年座谈会召开，与会人员回忆入盟初心、讲述入盟成长经历、畅谈未来规划。4月，民盟奉化区总支部与民盟宁波科技总支联合开展“学党史、学盟史、悟初心”主题教育，参观滕头爱国主义教育基地，深入学习习近平总书记在党史学习教育动员大会上的讲话精神，聆听盟市委专职副主委郭强的盟史讲座。6月，组织盟员赴裘古怀、童第周故居，开展“走基地、悟初心”现场教育活动。

【组织建设】 民盟奉化区总支部始终坚持“人才强盟”战略，着力营造重才、引才、用才的良好氛围。2021年新增盟员3人，截至年底，共有盟员41人，其中，研究生16人（博士1人、硕士15人），占比为39.0%。盟员中有正高级职称2人、副高级职称12人，有区政协委员8人。以“盟员之家”建设为抓手，助力盟员成长进步，提升盟员归属感，增强组织凝聚力。实施“盟员活动日”制度，开展每月一次的盟员活动，推动支部活动制度化、常态化。

【参政议政】 民盟奉化区总支部建立导师带徒制度，聘请民盟市委会参政议政指导委员会委员、宁波大学教授胡建勇和宁波工程学院教授杨仁法为导师，以结对形式帮助指导结对盟员，进一步提升支部的参政议政水平。4月，召开参政议政能力建设工作会议，邀请民盟市委会调研部副主任顾淑怡作参政议政培训讲座。11月，举办参政议政能力建设专题培训会，邀请结对导师胡建勇作参政议政培训讲座。参加区委、区政府及区委统战部组织的各类协商，围绕中共奉化区委全会《决议》《政府工作报告》、重大实事工程等进行协商建言。发挥盟内人大代表、政协委员的带头表率作用，做好区政协会议集体提案工作，向政协一届五次会议提交集体提案3件，其中《关于城市智慧化治理中有效推进软硬件整合的建议》获评区政协2021年度优秀提案。总支部与浙江药科职业大学支部联合开展中医药文化传承调研，完成“关于宁波中医药文化传播路径的探析”的年度招标课题。关于“实施居民集聚区河道亮灯工程助力全域美丽建设”的建议得到区委书记的批示。响应实施区领导“周一夜访村（社）”活动，走深走实“三服务”，共计参与6人次，与群众共商共议，直面矛盾纠纷，纾解民忧民困。牵头承办奉化区党外人士“建言献策月月谈”活动，就“双减”政策背景下，如何促进教育高质量发展献计献策。围绕职业教育的发展，促进产教融合开展民主监督活动。

【社会服务和相关活动】 民盟奉化区委会重视对口联系工作，落实专人负责，年初确定部门、主题和计划，“多方位”融入对口联系，通过座谈会、实地考察、课题调研等活动载体，依照部门特点开展联系活动，使对口联系工作与参政议政、民主监督和社会服务结合起来，不断丰富对口联系工作内涵、提升工作成效。2021年，民盟奉化区委会与区文广旅体局开展联系活动，了解奉化区文化、旅游、体育等方面工作情况，为盟员更好地参政履职提供服务。多次赴结对村萧王庙街道岭丰村开展走访调研，帮助梳理该村发展中的思路，解决发展中遇到的实际困难，立足村情助力乡村振兴服务，推动共同富裕。10月29日，联合区委老干部局、区人民医院医共体、区卒中防治中心、脑血管病防治临床指导中心开展“警惕卒中症状，尽早识别救治”暨第16个世界卒中活动日大型义诊宣传活动。联合区妇联、宁波三味书店有限公司发起“书送希望润泽心灵”爱心书籍捐赠活动，在区看守所共建“让阅读点亮心灯”图书角，捐赠各类爱心书籍500余册。在世界读书日之际，在奉化成龙学校等4所学校为外来务工人员子女开展“传承红色经典　书香浸润童心”图书漂流公益活动。联合区计生协开展“小棉袄圆梦微心愿”活动，征集全区困难失独家庭和困难留守儿童“微心愿”，开展“微心愿”认领活动，共计认领37个“微心愿”。年底，组织盟员带着微心愿物资，走访慰问这些困难家庭，实现他们的新年微心愿。

（林碧丰）

10月29日，民盟奉化支部社会服务活动展开，成员在奉化区老干部活动中心开展世界卒中日健康公益活动

中国民主建国会奉化区基层委员会

【概况】 2021年，中国民主建国会奉化区基层委员会（以下简称民建奉化区基层委员会）获评区统一战线“同心风华”优秀组织，二支部被民建宁波市委员会评为2021年度社会服务先进集体，一支部获评2021年度区统一战线“同心风华”优秀支部。周吉、陈勤被民建宁波市委员会评为“社会服务先进个人”；毛小伟获评宁波民建年度人物（年度企业家）；韩础被民建宁波市委员会评为“信息宣传先进个人”。

【自身建设】 民建奉化区基层委员会深入学习理解习近平新时代中国特色社会主义思想，开展“不忘合作初心，继续携手前进”主题教育，使多党合作的政治共识薪火相传。开展党史学习教育，组织参加上级民建庆祝中国共产党成立100周年征文活动，开展“一起来读史”重温经典党史活动，录制读史视频，进一步激发会员“爱党、爱国、爱会、爱学”的热情和自觉。加深与主流媒体的交流合作，利用《浙江民建》《宁波民建》等刊物和微信公众号等平台，宣传奉化民建的良好形象，扩大奉化民建的影响力。坚持以“注重质量、注意数量、优化结构、保持特色”的原则发展新会员，党派特色进一步凸显，会员结构进一步优化。至年末，共有4个支部，会员69名（新发展会员2名），其中经济界人士51名，占比74%，会员结构党派界别特色鲜明、分布均衡、年龄合理。各支部组织开展各类活动，并积极参加区委统战部组织的“砥砺奋进、与党同行”风采展示活动。

【参政议政】 换届以来，民建奉化区基层委员会有区人大代表6名、政协委员12名。“两会”期间，向政协提交集体提案2件、个人提案和建议20余件。积极参加区委、区人大、区政府、区政协、区委统战部等部门组织召开的议政座谈会、专题协商会、情况通报会，就重大决策和重点工作提出意见、建议。参与视察调研和“周一夜访”活动，参加区统一战线“决战决胜‘五年奉献一个新奉化’”专项民主监督活动，主办“加强应急管理，护航高质量发展”民主监督活动，为高质量发展建设共同富裕特色区发挥积极作用。撰写《乡村振兴战略背景下奉化区山区农村现状调研及发展建议》调研报告提交区委统战部。

【社会服务】 民建奉化区基层委员会立足奉化区情，在爱心助学、特殊群体帮扶、基层社会治理、乡村振兴和共同富裕等领域探索新的结合点和参与点。积极营造扶危助困氛围，鼓励广大会员量力而行献爱心、行善举，传播社会正能量，助推和谐文明社会建设。6月，民建奉化区基层委与溪口镇上白村建立结对，在溪口镇任宋村建立“民情观测点”。7月，赴大堰学校开展第三季“同心·青联”优秀毕业生助学活动；为抗击台风“烟花”，连夜紧急采购防汛物资送到结对的溪口镇上白村。12月，赴溪口镇任宋村开展慰问帮扶活动，助力乡村振兴、共同富裕。

（王文巧）

7月3日，民建奉化区基层委员会成员到大堰学校开展第三季“同心·青联”优秀毕业生助学活动

中国农工民主党宁波市奉化区支部委员会

7月28日，农工党奉化支部委员会成立大会成功举行

【概况】 2021年，中国农工民主党宁波市奉化区支部委员会（以下简称农工党奉化区支部）在中共奉化区委和农工党宁波市委员会的领导下，在中共奉化区委统战部的指导下，不断加强政治理论和党史学习教育，充分发挥专业领域优势服务社会，积极履行民主党派参政议政职能，大力推进全区统一战线“助推乡村振兴再出发”结对行动，为奉化区奋力争做“重要窗口”十个领域模范和扎实推进高质量发展建设共同富裕特色区做出应有贡献。年末，有党员13人。其中，主体界别医卫成员有7人，机关事业单位中层以上领导职务有4人，企业负责人有2人。

【农工党宁波市奉化区支部委员会成立大会】 7月28日，农工党宁波市奉化区支部委员会成立大会召开。市政协副主席、农工党宁波市委员会主委陈为能，中共宁波市委统战部副部长娄黛敏，中共宁波区委常委、统战部部长黄峻出席。会议宣读农工党宁波市奉化区支部委员会成立决定并授印。农工党奉化支部主委兰万福作表态发言。

【参政议政】 农工党奉化区支部立足界别特色，充分发挥党派优势，积极履行参政议政职能，为推动经济社会健康发展履职尽责。参政议政提质增效，在区政协一届五次会议上，提交3件提案，并做好提案办理后续监督工作。组织党员参加民主党派参政议政专题辅导课程，提升党员参政议政能力。组织党员参加区环保局开展的“全区空气质量提质进位专项议事”活动，并提出相关建议。11月19日，牵头开展区各民主党派、无党派人士“推进旅游业高质量发展”专项民主监督，以实地考察和座谈交流相结合的方式，组织宁波溪口雪窦山名山建设管理委员会、区文广旅体局、区旅游集团、各民主党派等共20余人参加，为全区旅游业高质量发展主题建言献策，活动取得良好成效，完成民主监督报告。

【社会服务】 农工党奉化区支部推进统一战线“助推乡村振兴再出发”结对行动，主动与方桥上三村结对，争取7万元帮扶资金，为该村制作一批宣传牌和路标指示牌，改善村庄文化精神面貌，帮助上三村顺利完成省AAA级旅游村庄创建。

【自身建设】 农工党奉化区支部组织全体党员深入学习习近平总书记重要讲话精神，强化政治思想意识，自觉用科学理论武装头脑、凝聚共识、指导实践、推动工作。开展中共党史学习教育，组织党员参加各类专题讲座10余次。组织党员赴商量岗开展环保教育实践活动。中国共产党十九届六中全会召开后，农工党奉化区支部迅速组织传达学习全会精神，并结合党派工作抓好贯彻落实。

（吴华帅）

九三学社宁波市奉化区支社委员会

【概况】 2021年，九三学社宁波市奉化区支社委员会（以下简称九三学社奉化支社）共有社员18人（2021年新增社员3人），发展5名入社积极分子。社员中有硕士研究生学历9人、博士学位2人；高级职称8人、教授级高级工程师1人、副教授1人、高级工程师2人。社员中有科技工作者8人、医卫界人士5人、教育界人士1人、机关单位工作人员3人、律师1人，合计18人。2021年，奉化支社获评九三学社宁波市委员会2021年度先进基层组织、九三学社中央“五史”知识竞赛优秀组织、2021年度宁波市奉化区统一战线“同心风华”优秀支部，设在服务中心的“九三之家”被九三学社宁波市委员会作为第一批基层组织“九三之家”予以公布。3名社员获评九三学社浙江省委2021年社会服务先进个人，1名社员获评九三学社宁波市委员会2021年度宣传工作先进个人。

【思想政治建设】 九三学社奉化支社开展“学习党史励初心　汲取力量担使命”主题活动，以专题会议学、兄弟党派联谊互学、四明山红色之旅现场学、社情民意信息交流学的形式，结合参观刑事犯罪警示教育基地、“奉化检察”“360”全景线上虚拟展厅等活动，组织社员开展党史、习近平总书记“七一”重要讲话精神、中共十九届六中全会精神、社史社章等专题学习活动7次。进一步传承九三学社爱国、民主、科学的优良传统，确保全区社员思想上统一、政治上团结、行动上一致。4月28日，社员陈晓燕在九三学社宁波市委员会庆祝中国共产党成立100周年暨“九三新青年五四鉴初心”主题演讲活动中获最佳风采奖。6月23日，社员李楠和陈晓燕在奉化区委统战部庆祝中国共产党成立100周年“砥砺奉进·与党同行”活动中分别获风采奖和潜力奖。

【开展社会服务】 5月14日，奉化支社与浙江医药高专支社一起走进奉化居敬小学开展“科技惠普民生，献礼建党百年，百名专家入学校”科普活动，俞波博士和汤海清博士做了专题讲座。6月11日，奉化区支社组织医护人员走进溪口气动企业，区中医医院马彦俏社员带队开展中医药健康文化进企业活动，组织开展健康养生、夏季常见病防治等方面的知识讲座。8月4日，九三学社奉化支社开展“送法进军营”活动，陈晓燕社员为部队官兵送去法律常识。8月7日，奉化区支社赴结对村奉化区松岙镇后山村开展结对活动，并对村内的3户困难户进行慰问。10余名支社医卫界社员和人民医院医护人员在松岙镇横街村开展义诊活动，为老年人进行体检和骨质疏松筛查。10月23日，奉化支社与宁波市高新区基层委在奉化人才之家共同主办以“数字科技赋能、促进企业升级”为主题的学术沙龙，来自宁波的智能制造领域专家、奉化区科技型企业代表和九三社员共计40人参会。11月13日，组织奉化区人民医院和爱伊美医院10余名医务人员赴莼湖街道舍辋村、南岙村等开展义诊活动。7月9日，社员盛李莉成功捐献116毫升造血干细胞悬液，用于挽救一位儿童的生命，成为宁波市第

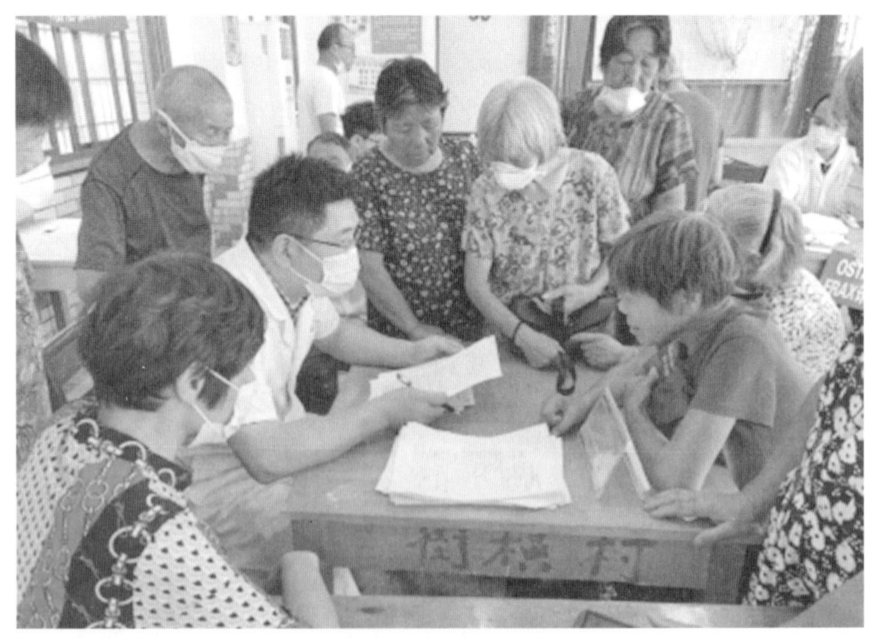

8月7日，九三学社奉化支社组织医护人员在松岙镇横街村为老年人开展免费体检及骨质疏松筛查

120例、奉化区第13例造血干细胞捐献者。

【参政议政履职】 撰写政协集体提案3件，其中，《关于建构干部作风建设常态化长效机制的建议》被评为2021年度优秀提案。撰写社情民意4条。其中，《企业“拉闸限电”不应“一刀切”》被社中央、社省委、社市委采用；《垃圾分类“撤桶并点”需要关注新“痛点”》在《奉化信息》上刊登。8月9日，支社牵头组织奉化区党外人士“建言献策月月谈”活动，紧扣区委中心工作，围绕“推进奉化高质量发展　助力共同富裕特色区建设”主题建言献策。11月2日，支社牵头召开奉化区统一战线“推进高新企业发展”专项民主监督活动，就奉化区高新技术企业发展开展监督调研并完成民主监督报告。针对奉化区水蜜桃产业展开调研活动，形成专项调研报告后报宁波统战部评选。社情民意信息《基层反映惠政大桥附近占道经营情况突出　建议加强规范整改》得到区委书记批示。

（陈晓燕）

群众团体

奉化区总工会

【概况】2021年，全区各级工会全面贯彻党的十九大和十九届第六次全会精神，深入学习贯彻习近平关于工人阶级和工会工作的重要论述，以新时代产业工人队伍建设改革为牵引，以工会数字化改革为抓手，全力推进职工思想引领、建功立业、维权维稳、关爱帮扶、自身建设五方面工作，“360”劳动争议多元化解模式、“匠心·蓝”奉化工匠成才计划、“链式帮带”基层工会蓝青结对共建工程等各项品牌工作均取得显著成效，为团结动员广大职工群众积极投身“五年奉献一个新奉化”的火热实践，高质量建设共同富裕特色区展现工会的担当和作为。

【组织建设】年末，全区有基层工会1563家，其中单建工会1400家、联合工会147家、灵活就业工会16家、联建覆盖企业4358家，会员16.3万人。加大“八大群体”建会、入会力度，成立快递员、网约送餐员等“八大员”工会组织6家，吸纳灵活就业职工2700余人。持续深入开展“活力基层工会”星级创建工作，新增示范工会1家、五星级基层工会8家。深入实施“链式帮带”基层工会蓝青结对共建工程，促成江口、萧王庙、岳林等9条两级帮带结对链，开展帮带活动70余次，促成传帮带示范典型100对。

【劳动竞赛】区总工会围绕“五年奉献一个新奉化”目标，深入开展“三重一新”立功竞赛、劳动竞赛、技能比武、职业技能竞赛等近30场，内容涵盖劳动关系调解员、育婴员、叉车、装载车等近20个项目，参与1万余人次。松岙溪口职工技能竞赛项目入围全省百场最受好评的乡镇（街道、园区、产业集聚区）特色职工职业技能竞赛。依托全国、省、市、区“四级工匠库”，采用“揭榜挂帅”模式入企开展技术指导、难题攻关、技能培训等服务近10次。

【创业创新】区总工会组建产改工作专班，多次召开协调会、推进会，推进产改“五个百分百”向基层延伸，溪口镇构建“一轴两区四功能”的“15分钟产改服务圈”，打造具有奉化识别度的省级乡镇产改试点。实施“百千万”素质提升工程，按照“基层点单、工会下单、导师送单”模式，邀请各级工匠、技术能手入企开展送教服务，开展培训68期，参与职工2720人。落实“匠心·蓝”奉化工匠成才计划五大行动，联合27个区级部门推出生活住行、普惠福利、健康安全、子女就学等举措，构建购租补“三位一体”的人才住房保障体系；推出“链式助学”政策，通过扩班级、扩学位等方式，让4000余名产业工人随迁子女有学上、上好学、择近校；全区工伤定点医院增至15家，提供住院费用直接结报服务。

【劳模先进】 区总工会深入实施劳模先进选树培育工程，通过严格审核考察，联合区委组织部、区纪委、区发改局等12个部门综合评定，评选区级劳模15名、先进生产（工作）者14名、模范集体10个。依托媒体发起“礼赞劳动美、奋进新征程”学习典范热潮，进一步宣扬劳模先进事迹，大力弘扬劳模精神、劳动精神、工匠精神。6月10日，召开全区劳动模范协会第一次代表大会，选举产生第一届理事会。通过岗位技能提升、技能大赛选拔等途径，选树浙江工匠6名、港城工匠1名、凤麓工匠31名，培育镇（街道）、行业级工匠55名、企业级工匠225名。

【职工维权】 通过流程再造、制度重塑，打造“一屏总览、一号通办、一机掌控、一库智汇、两端口贯通”的“360”劳动争议多元化解数字应用。2020年9月以来，全区运用该应用成功调解劳动争议案件221起，涉及劳动者经济权益1353万元。其中，人民法院、仲裁委派的案件73件，调解成功率达76%。法院受理劳动争议案件占比同比下降7.2%。该应用被选树为“全省样板”，吸引全省各级工会、人力资源和社会保障部门、人民法院到奉化考察调研，在全省工会构建和谐劳动关系参与劳动争议多元化解现场推进会上作推广交流，并被拍成专题片在中央电视台12套《小区大事》栏目播出。深入开展“安康杯”竞赛，组织开展网上安康课堂知识竞赛、安全生产月、劳动保护知识专题培训等活动，参与职工2万余人次。印发宣传手册1万份，提升企业职工的平安知晓率。通过微信公众号“奉化蒲工英”对全区和谐企业创建评选工作和“平安三率”提升工作进行宣传，评选第七批区级和谐企业27家。开展“查身边事故隐患”活动，推送参与全市职工安全隐患随手拍合理化建议活动提出的建议29条。深入开展专兼职集体协商指导员培训、集体协商模拟赛，参与人数近200人。江口、方桥、溪口选送优秀选手参加宁波市集体协商比赛，荣获第一名；4家企业（行业）获评2020年度宁波市集体协商精细化示范企业（行业）。

【扶贫帮困】 区总工会围绕高质量发展建设共同富裕特色区目标，深入开展工会“四季送”活动，投入资金97万元，走访慰问困难职工、户外劳动者1600余人。扎实推进医疗互助保障工作，职工参保达66000余人次，理赔金额达255.9万元。积极响应党委、政府“非必要不返乡”和“就地过年”号召，开展“百企响应、千礼进家、万人受益”行动。组织全区各企业留工约4.1万人，同比增加近2万人；全区各级工会发放慰问金220余万元、慰问品价值300余万元。创新实施“萤火虫”困难职工夜访计划，结合“周一夜访”活动，利用晚上走访全区工会建档困难职工，回访部分已解困脱困的职工，帮助全区建档困难职工脱困60名、解困121名。截至12月底，为407家小微企业核定返还工会经费565.69万元，切实减轻小微企业负担。区总工会在城市困难职工解困脱困工作总结表彰会上被中华全国总工会通报表扬，获“城市困难职工解困脱困工作作出重要贡献的集体”荣誉。

【文化建设】 围绕庆祝建党100周年主题，高标准谋划“匠心·红”党史学习教育十个项目百场活动。开展“奉化蒲工英”劳模工匠党史宣讲4场、“我心向党”工会干部讲党史50场、“我心向党·匠心永挚”职工红色读书沙龙5场、“党旗飘·职工情”职工艺术团慰问演出8场、“121”职工红色健步走4场、“奉工接力”职工红色体育6场。编印“遇见·新奉化”“五年奉献一个新奉化”职工摄影图册700册。组织承办“我心向党”全省工会读书成果展示活动。大堰王鲲烈士纪念馆、松岙卓兰芳烈士纪念馆获评宁波市思想政治引领基地；建设国家级职工书屋5家、省级职工书屋45家、市级职工书屋59家；组织参加宁波市职工文体联赛获金奖7次。用好“奉化蒲工英”线上宣传服务平台，全年累计推送职工服务、福利派送、政策转发、时政热议类文章380余篇；推出48场线上普惠活动，总投入16.6万元，12.5万名职工参与活动。

【志愿服务】 区总工会制定下发《关于深入开展“奉工同心”工会志愿服务活动的实施意见》，进一步完善全区工会志愿服务组织架构。全区工会志愿服务组织举办或参加业务培训17次，培训We系统管理员超过70人次，全年累计开展服务活动343场，参与志愿者8905人次，活动总时长43018.2小时，在甬工惠平台成功发布志愿活动宣传报道29篇，在区级平台成功发布宣传报道3篇。开展“当一周工人”、工会志愿服务等工会干部服务活动338场，参与1000余人次以上，志愿服务项目获区级新时代文明实践志愿服务项目大赛优胜奖。

【奉化区总工会“360”劳动争议多元化解数字应用亮相全省推进会】 10月19—20日，在全省工会构建和谐劳动关系参与劳动争议多元化解现场推进会上，区总工会作为全省唯一一家县级单位作经验交流，全新打造的“360”劳动争议多元化解应用吸引了全国总工会，得到全省各级工会、人力资源和社会保障部门、人民法院的参观调研，获得广泛关注。

（应彩芬）

10月19日，全国总工会，全省各级工会、人力资源和社会保障部门、人民法院代表参观调研奉化区“360”劳动争议多元化解应用

（奉化区总工会　供图）

共青团奉化区委员会

【概况】 2021年，共青团宁波市奉化区委员会（以下简称团区委）在中共奉化区委和团市委领导下，带领广大青年砥砺奋进、实干担当，为奉化高质量发展建设共同富裕特色区贡献青春力量。至2021年12月7日，全区共有基层团委52个、团工委10个、团总支23个、团支部1348个；团员13121人，其中学生团员5387人、机关事业单位团员1250人、非公有制企业团员1913人、农村社区团员4472人。

【青年思想建设】 团区委围绕党史学习教育和“六讲六做”有关要求，发动优秀青年、团干部、少先队员担任党史宣讲员、红色故事讲解员、红色经典分享员，开展线上线下宣讲活动超过500场，覆盖全区青少年近2万人次；积极发挥先进模范带头作用，聘全国道德模范崔译文担任源泉青年讲师，录制微团课《青春的担当》和短视频《党的十九届六中全会精神宣讲》，向全区青少年输出正能量。以知识竞赛、重走初心路、快闪活动、经典诵读、红色征文、团队课比赛等系列活动为载体，提升团员党史学习的主动性和积极性；以学习家乡英雄为主题，发布红色研学路线，组织“跨越时空的回信”“我们来看您了”“石门双英”等主题团队课，获得多家省、市级媒体报道；结合“片羽行动”，邀请浙大宁波理工学院国旗护卫队把班公湖战斗故事带进中小学课堂。召开青年圆桌会，23名各行各业青年与滕头村党委书记傅平均共聊“乡村振兴与共同富裕”；组织青年读书会，团员团干部结合自身岗位和经历，交流对共同富裕的美好期望和努力方向；开设共同富裕青年说专栏，邀请各领域团员青年围绕促进共同富裕的基本精神谈学习感悟、思考体会，至年底已推出9期；推动乡村青少年资源共享建设，入选区级共同富裕特色区试点项目，开展公益活动进校园14场；发动中国青年企业家协会开展“‘青’力助农直播”活动，召开中国青年企业家协会助推共同富裕座谈会。

【青年建功服务】 团区委开展青农创客培训、项目孵化、渠道拓展，创建省、市、区级青创农场16家，举办凤麓青年农业创业创新大赛，15个优秀项目进入决赛；对接高校结对乡村实施项目，开展文艺演出5场、助农直播32场，设计文旅线路12条，拍摄乡村宣传片3部。青春参与社会治理。组建新奉化人志愿者联盟，构建“1+12+12”青年志愿服务体系，获省市志愿服务大赛两金、两银、一铜的佳绩；组织动员志愿者1700余名协助疫情防控工作，设立104个志愿服务岗，累计服务时长8507小时。青春共话共同富裕。开展共同富裕奉化青年说系列活动，推出共富专栏，召开青年读书会、圆桌会，被《中国青年报》等媒体报道；开展乡村青少年资源共享建设，入选区级共同富裕特色区试点项目，开展公益活动进校园14场。

【青年成长成才】 成立区青年企业家协会，定期举办商务培训、文体活动，促进成员交流互动；依托“58科创·青年农创园”开展专业培训、项目孵化、渠道拓展，2021年引入企业6家，常驻青年8人；联合多部门开展凤麓青年农业创业创新大赛，41个项目经筛选后进入初赛，12月初进入决赛；深化“凤来栖奉”引才育才体系，先后赴上海、杭州等地举办政策宣讲和创业交流活动3场，吸引青年到奉化发展。

持续拓宽“满天星计划”覆盖范围，将心理行为偏差青少年和语言障碍青少年纳入帮扶范围，新增帮扶对象34名；联合诺丁汉大学、苏宁易购等高校企业丰富重点青少年课余生活和就业能力；结合“甬爱E家”“青年之家”“青竿公馆”打造快递外卖小哥休憩、服务驿站15个，组织慰问送温暖活动3场；指导四通易达团支部开展“青”字号创建，4名快递外卖工作人员成为新一届区青联委员，搭建更高的发展交流平台；组织留奉员工及子女开展“十心实意，栖奉过大年”系列活动。

围绕省中长期发展规划培育试点要求，先后两次召开区青年工作联席会议，讨论奉化区青年中长期发展规划及实施方案，分解落实各部门责任分工，并在区“十四五”规划中设立青年发展专节；出台青年创业就业、住房保障等人才政策4个，优惠政策力度排在全市前列。

【基层组织建设】 村（社区）团组织换届工作高质量完成，以“三张清单”引导新班子快速进入状态，制定324个“项目清单”助力村社发展、青年服务；完善村社团组织兼职副书记制度，首批19名大学生兼职副书记进行任期述职；发挥校地共建作用，浙大宁波理工学院凭借“艺术点亮乡村”进入全国大学生百强社会实践团队候选名单。组织“学党史、强信念、跟党走”基层团干部专题培训班，强化党性修养和团务水平；建立“争先进位”目标清单，保持团干部创新创优的干劲；持续走进青年、倾听需求，80项“我为青年做件事”实事清单基本完成；进一步落实“三会两制一课”，并在“智慧团建”系统做好录入，全年专题学习会完成率为100%，组织生活会完成率为100%。实行分批入队，建立校内、校外红领巾奖章争章体系，结合游园会、主题周、公益课等开启“争章时刻”；探索完善积分入团管理办法，在微信小程序的基础上，重新搭建团员发展全过程管理综合平台，成为省级试点，该平台在3所学校试行；联合区委组织部规范推优入党流程。

【宁波市奉化区青年联合会第一届委员会第一次全体会议】 2021年4月7日，宁波市奉化区青年联合会第一届委员会第一次全体会议在奉化华侨豪生大酒店召开。中共宁波市奉化区委副书记、政法委书记魏建根，共青团宁波市委副书记、宁波市青联副主席吴生莲，奉化区人大常委会副主任陈鹏忠，奉化区政协副主

4月7日，宁波市奉化区青年联合会第一届委员会第一次全体会议在奉化华侨豪生大酒店召开

席邬旭光出席大会开幕式并讲话。团区委书记李丽、副书记陈丽，以及区各群团组织负责人出席开幕式。青联委员共167人参加开幕式。会上，团区委书记李丽代表奉化区第一届青联常委会作工作报告，回顾总结奉化青联的奋斗和收获，明确了今后三年的奋斗目标。在大会开幕式上，区工商联代表群众团体向大会致贺词。

【中国少年先锋队宁波市奉化区第二次代表大会召开】 10月19日，中国少年先锋队宁波市奉化区第二次代表大会在奉化华侨豪生大酒店召开。中共宁波市奉化区委书记高浩孟，共青团宁波市委副书记、宁波市少工委主任俞欢欢出席开幕式并讲话。区委副书记、区长胡永光、区人大常委会主任周涛、区政协主席陈红伟，区委副书记、政法委书记魏建根等出席开幕式。各部门、各单位的领导和代表，各中小学少工委主任、少先队辅导员代表共210人参加开幕式。会上，李丽代表少先队宁波市奉化区第一届工作委员会作题为《传承红色基因 争做时代新人 为奉化高质量发展建设共同富裕特色区时刻准备着》的工作报告，实事求是地回顾和总结奉化区第一次少先队宁波市奉化区第一次代表大会以来少先队工作的基本情况。

（庄　泳）

10月19日，中国少年先锋队宁波市奉化区第二次代表大会在奉化华侨豪生大酒店召开

奉化区妇女联合会

【概况】 2021年，奉化区妇女联合会（以下简称区妇联）以习近平新时代中国特色社会主义思想、党的十九大及十九届六次全会精神为指导，立足“党政所需、妇女所急、妇联所能”，努力做到服务大局有作为、建功立业走前列，着力推进妇联改革纵深发展，各项工作开展扎实有效。2021年，区妇联入选《中国妇女》宣传舆论阵地建设奋进榜；“执委直通车”四必访、“家事门诊”妇女维权等工作经验多次被《中国妇女报》和“学习强国”平台刊发；“庆祝建党100周年·清奉润万家”活动被中央电

视台4套《海峡两岸》栏目报道；“七彩巧妇”创业行动被宁波电视台《第一聚焦》栏目专题报道。至年末，区妇联下辖12个镇（街道）妇联、40个机关妇委会、4个区级妇联团体会员、40个社区妇联、319个村妇联。

【妇女思想引领】 区妇联坚持“巾帼心向党”总基调，在统一思想引领中凝聚妇女力量，不断增强对党的感情。以主旋律凝聚妇女思想，在全区广大妇女中开展“学党史·办实事·创新业”主题实践活动，切实承担起引领广大妇女听党话、跟党走的政治责任，把妇女群众紧紧凝聚在党的周围。“奉化女性”微信公众号平台每周四、周五分别推出“巾帼学党史 红色基因永流传”和“她学习”栏目，定期推送“四史”相关知识和十九届六中全会金句。开展“四明女儿窗口担当”宣讲活动46场，“百年芳华”甬籍女共产党员群像图片展13场，高标准高质量做好党史学习教育和十九届六中全会精神“六讲六做”大宣讲活动，做到线上传播“有声音”，线下送讲“有温度”，为广大妇女群众提供丰盛的精神食粮。以多载体传播党的声音，引导广大妇女干部和群众传承红色基因、牢记初心使命，举办“学党史·办实事·创新业”奉化区村（社）妇联主席培训班，220余名基层妇联主席学党史、听党课、唱革命歌曲，分享党史学习心得体会。区巾帼创业创新联谊会开展“最美的颂歌献给党”主题朗诵大赛。在全区257家区级以上巾帼文明岗中开展“百岗百场党史宣讲”活动，奉化区税务局第一税务所荣获宁波市“巾帼文明岗学党史、办实事主题展演”活动一等奖。

【妇女创业就业】 区妇联深入实施“七彩巧妇”创业行动，多渠道、多领域、多形式为广大妇女搭建就业创业广阔舞台，为奉化高质量发展建设共同富裕特色区贡献巾帼力量。依托“七彩巧妇”创业联盟平台，激活“巾帼民宿+”经济活力，举办“筑梦乡村·她创未来”巾帼民宿发展座谈交流会，制定《“筑梦乡村”奉化区巾帼民宿发展计划》，加强巾帼民宿互联合作、抱团发展。联合四川省凉山州甘洛县妇联发出姐妹携手共致富倡议，汇集“七彩巧妇”31家“妇字号”农旅基地和75名创业女能手，以项目化形式开展两地姐妹互访互学、巾帼农创惠贷、奉甘姐妹好物推荐等活动，助力两地妇女创业创新共致富。2021年，通过“七彩巧妇”超市为甘洛地区销售农特产品50余万元。启动“巾帼云创未来”行动，成立“亲爱的玛丽”奉化区巾帼网红直播基地，开通七彩巧妇直播间，开展直播零基础人员培训370人次，聘任11位巾帼直播达人为首批七彩巧妇云带货主播，让更多人搭上“数字经济”和直播“快车”。以“七彩巧妇”联盟成员创业点为核心，融合全区各地美村、美景、美物、美宿、美食等内容绘制推出七彩巧妇“五美”地图宣传册，大力推介巧妇能手创业项目，积极营造创业奋斗良好氛围。承办宁波市“妈妈的味道”美食巧女技能提升活动，联动“七彩巧妇”联盟成员与各县、市、区美食巧女开展交流合作。由联盟发起开展慰问消防救援人员、美食美物品鉴、巧妇“惠”直播等公益活动12场，进一步提升“七彩巧妇”品牌影响力。联合区人社局举办第十九届奉化区女性专场招聘会，172家企业提供1308个岗位，达成就业意向296人。

【妇儿维权保障】 区妇联畅通妇女诉求表达、利益协调、权益保障通道，建立健全“在源头、进基层、到身边”的维权服务长效机制，努力夯实参与基层治理“软实力”。建立健全基层维权服务机制，构筑并完善婚姻家庭指导服务体系，在全区推广“家事门诊”妇女维权调解服务，组建成立“奉帮和事嫂”婚姻调解志愿者队伍，入驻区、镇（街道）社会矛盾纠纷化解中心，采取“驻点服务+专家轮值+线上咨询”的方式，为奉城广大妇女和家庭提供婚姻家庭矛盾纠纷调解“一站式”服务。创新“女法官工作室”维权模式，开展女法官、女律师巡回下访活动，提供“巡回下访+面对面接访”维权服务，将法律公益服务力量送到基层一线，为群众提供"零距离"法律咨询和政策解答，全年累计提供个案咨询52件次，调解家事矛盾35起，真正把妇女维权工作做到源头、做到群众身边。进一步加强"12338"妇女维权热线作用发挥，规范落实每月15日主席接访日制度，规范热线值班制度，跟踪后续维权实效，形成维权闭环管理体系，确保妇女诉求件件有着落、事事有回访，全年累计接听接访各类案件305件（次）。与区人民检察院、民政局、关心下一代工作委员会等多部门联合，深入开展"护苗行动"公益项目，共建共享区人民检察院未成年人法治教育阵地，组建成立"护苗使者"社会志愿服务队，为广大少年儿童身心健康成长保驾护航。开展"巾帼学法大讲堂进基层"普法宣传活动，共计开展各类普法活动15场次，参与群众达3000余人。开设平安家庭"云"课堂，在线推出"女律师在线说法""女童防性侵"宣传漫画展等，传播妇女儿童维权法律知识，提升"平安家庭"创建成果。

【家庭文明建设】 注重家庭家教家风建设。区妇联以家庭文明典范引领社会文明新风，创评"最美家庭""绿色家庭"等各类各级家庭典范72户。以红色家风传承共庆建党100周年，举办"相伴童行·情系家国共成长"红色之旅、"传承红色经典书香浸润童心"图书漂流等活动。以清廉家风建设推进清廉奉化建设，联合区纪委出台《关于开展"清奉润万家"清廉家庭建设的实施意见》，举办"庆祝建党100周年·清奉润万家"暨"清廉家庭"建设工作启动活动，筹建"清奉润万家"清廉家庭教育馆，让清廉文化深入家庭、浸润人心。以科学家教指导共促育儿新风，围绕"双减""三胎"工作要求，提供家庭教育"云课堂""兰馨亲子阅读"等公益家教服务，开展"兰馨"线下亲子阅读推广活动144期，受益家庭3000余户，开通"雨说·亲子共读"线上微课直播，受众家庭1500余户。提升家园共建良好氛围，积极助力"我们的家园"建设，召开"我为家园做什么"村社党组织女书记交流座谈会，组织村社党组织书记"美丽庭院"建设专题培训班，将"美丽庭院"创建标准纳入村社目标管理考核细则，2021年共计创建省级最美庭院2户，市级最美庭院10户、美丽庭院示范村2个、美丽庭院特色带2条，区级美丽庭院2000户、示范美丽庭院200户、美丽庭院特色精品村11个。启动"汇她力量·一起打扫"万名巾帼美家园行动，建立巾帼志愿清扫服务队420余支，结合区委"家园日"确定每月28日为"一起打扫·美化家园"巾帼志愿服务日，带动妇女参与巾帼志愿服务近3万人次，集中整治卫生死角6000余处，开展困难户结对整治3000余户。推广打造"青青菜园"，全区共建"青青菜园"28个，并同步开展"青青菜园"结对老年食堂执委领办项目，发动广大妇联执委为全区24个老年食堂免费开展爱心蔬菜种植和供货服务。常态化开展"庭院小课堂"基层巡回宣讲，编印《美哉我家——奉化区美丽庭院集锦册》，拍摄美丽庭院民宿篇、农家篇、名师篇小视频参加"美丽奉化我的家"主题抖音大赛，以"美丽庭院"创建推进"全域美丽"建设。

【基层组织建设】 区妇联构建纵横交织的网格化组织体系，抓党建、强基层、增能力、改作风，用履职效能换群众满意。全面完成新一届村（社区）妇联换届工作，选举产生新一届基层妇联执委2620名，村妇联主席100%进村"两委"，基层妇联干部队伍结构进一步优化，党员比例不断增加，年轻化、知识化程度显著提高。大力开展妇女微家建设，建立网格型、功能型"姐妹驿站"妇女微家，零距离服务妇女群众，累计创建50个特色姐妹驿站。注重"四新"领域妇联组织建设，成立七彩巧妇联盟妇联，为创业女性提供组织保障，召开区巾帼创业创新联谊会换届大会暨紫薇公益关爱团成立仪式，筹集善款52.2万元，启动"7+1"公益项目，惠及更多家庭。持续加强妇联执委队伍建设，制定印发《关于加强奉化区妇联执委工作室建设的实施意见》，创新开展"执委直通车"平台建设，依托执委工作室设立区、镇（街道）、村（社区）三级"执委直通车”联络站55个，通过设立“手拉手志愿站、心连心帮困站、肩并肩助创站、面对面维权站”四大服务版块，定期组织广大执委和巾帼志愿者组团开展下基层送服务、访民情解民忧等形式多样、切实有效的活动，逐步实现意见建议直通、政策解读直通、关爱服务直通的“三直通”工作目标。一年来，2800余名执委结对联系家庭近3万户，实施各类为民服务项目160余个，服务群众10万余人次。

11月25日，首批10名获得聘书的七彩巧妇云带货主播受聘仪式现场
（区妇联　供图）

【庆祝建党100周年“清奉润万家·清廉家庭”建设活动】 5月14日，奉化区纪委区监委、奉化区委宣传部（文明办）、奉化区妇女联合会共同举办的庆祝建党100周年“清奉润万家·清廉家庭”建设活动在奉化区城市文化中心音乐厅举行。宁波市妇联党组书记、主席顾卫卫，市委党史学习教育第六巡回指导组组长张力鸣，市纪委常委陈增青，奉化区委书记高浩孟，区委常委、纪委书记、监委主任徐震宇出席。区直属有关单位负责人，各镇（街道）党委（党工委）副书记、纪委（纪工委）书记，各镇（街道）妇联主席、专职副主席，各机关妇委会主任，区管领导干部家属代表，“文明家庭”“最美家庭”代表等180余人参加。活动由“颂·红色家书”“述·清廉家风”“访·清廉家庭”“诺·清廉家约”四个环节组成，顾卫卫、张力鸣、陈增青、高浩孟、徐震宇等领导向家庭代表赠送《习近平关于注重家庭家教家风建设论述摘编》等资料。区委书记高浩孟作重要讲话。

5月14日，庆祝中国共产党成立100周年“清奉润万家·清廉家庭”建设活动启动仪式现场（区妇联　供图）

【“亲爱的玛丽”奉化区巾帼网红直播基地揭牌暨七彩巧妇云带货直播间开通仪式】 11月25日，奉化区妇联巾帼云创未来“亲爱的玛丽”奉化区巾帼网红直播基地揭牌暨七彩巧妇云带货直播间开通仪式在区城市文化中心举行。宁波市妇联党组成员、副主席张月，奉化区妇联党组书记、主席邬伦素，宁波市妇联基层部部长魏萍，奉化区巾帼创业创新联谊会会长、“亲爱的玛丽”网红直播基地负责人邱翌等相关领导及嘉宾出席。各镇（街道）妇联主席、机关妇委会主任、巾帼创业创新联谊会代表、七彩巧妇联盟女能手、基层妇女代表等80余人参加。活动中，宁波市妇联副主席张月致辞，区妇联主席邬

伦素与区巾帼创业创新联谊会会长、“亲爱的玛丽”基地负责人邱翌共同揭牌。宁波市妇联基层部部长魏萍为10名首批七彩巧妇云带货主播颁发聘书。七彩巧妇联盟与“亲爱的玛丽”网红直播基地签订友好合作协议，就商品入驻销售、开设七彩巧妇云带货直播间、开展巾帼网红直播达人培育等内容达成合作意向。

（沈武娜）

奉化区科学技术协会

【概况】 2021年，奉化区科学技术协会（以下简称区科协）有区级协会20个，其中农村专业技术协会7个，全区12个镇、街道都建有科协组织，企业科协19家，村、社区科协组织全覆盖。全区有9家院士工作站和5家学会服务站（其中2家国家级学会服务站）。

【应急科普工作】 区科协结合应急科普，做好科普重点工作。在“掌上奉化”《奉化日报》“奉化科协”微信平台、科协工作微信群、科协工作钉钉群等媒体上推送新冠肺炎相关文章与科普视频，在“掌上奉化”《科普在身边》专栏上放映疫苗接种宣传片，总阅读量（点击量）有近10.2万次。

【科普宣传】 5月，建党100周年之际，开展“百年回望科技改变生活”系列活动，组织区科普联席会议成员单位开展宣传服务，5月26日在尚田街道举行活动启动仪式。9月在青少年宫举行2021年全国科普日主场活动。以“百年再出发，迈向高水平科技自立自强”为主题，吸引奉化众多中小学生参加。在奉化区2021年全国科普日活动中，与融媒体小记者工作室联合举办“百年回望科技改变生活”科普征文活动，与区教育局联合主办“美丽城市　科学探究　文明健康　珍爱生命”首届奉化区科普漫画比赛。

【科普惠农】 区科协根据市科协的统一部署，分解落实智能手机操作技能培训8000人次的任务，与移动、民生、奉化融媒体平台“家门口”等单位平台合作开展。12月底已培训12061人次，城区培训3507人次、农村培训8551人

2021年5月，奉化区科学技术协会在尚田街道开展奉化区2021年科普（科技）周活动

2021年9月，区科协在宁波市奉化区青少年宫举行2021年全国科普日主场活动

次；培训课次城区为113次、农村为185次，送教进村、进社区达110个。2021年度科普“五进”25场指标数，全年完成科普“五进”活动85场次。奉化区累计有农民技术人员3725名，其中农民高级技师5名、农民技师178名、农民助理技师411名、农民技术员2862名、农民助理技术员269名。2021年共评选出农民技术人员28名，其中农民助理技师2名、农民技术员26名。结合开展党史学习教育“我为群众办实事”专题实践活动。

【科普进基层】 区科协积极推动高端智力志愿服务，成立区博联博士讲师团，推出“博士大讲堂”活动，活动首先在全区各学校开展，每个月1期，启发学生们对科学的热情。开展奉化区第二期科技新苗培养计划活动，在13家企事业单位招募18名科技导师与18所中小学开展为期1年结对培养，9月召开中期交流会，12月结题。

招募不同单位科技志愿者进区双中心（区新时代文明实践中心、区党群服务中心），已有8家单位科技志愿者加入，开设“大气的基础知识”“关注食品安全”等13门课程，为进中心的学生开展不同领域的科技知识普及讲授。打造社区“科技摇篮”，支持举办“金钥匙科技创新营”，“金钥匙”志愿服务团队分别在春季、暑假、秋季、寒假开展“金钥匙”科技创新营启蒙班、中级班课程，每期12节课，从2017年开始实施，至年底共服务超过400位孩子，累计服务课时336节。切实开展科普特色服务，开展“金牛献瑞祥·奉化是家乡”“奉艺润民振兴乡村行动”科普与文化结合系列活动12场，用一系列“有温度、接地气、叫得响”的文艺演出活动，弘扬奉化文化，传播科学思想，歌颂时代精神。

【学会协会工作】 区科协积极开展产业研讨、院士专家企业行活动，邀请白勇院士对奉化相关企业进行考察，在宁波源海博创科技有限公司建立院士工作站。6月，举行以“竹（笋）产品创新与乡村产业兴旺”为主题的宁波市竹产业高质量发展高峰论坛，邀请中国林学会主任曾祥谓等众多竹产业专家、知名学者和一线骨干科技人员齐聚奉化，走进宁波竹韵家居用品有限公司等企业，将企业难题与专家科技成果进行双向对接交流，共同探讨竹产业的现状和未来，为奉化竹（笋）产业发展建言献策。10月举行“2021浙江省铸造产业发展论坛”，中国铸造协会执行副会长兼秘书长张志勇，西安理工大学教授、博导徐锦锋，浙江省机电职业技术学院科研处处长、教授陈云祥，中国兵科院宁波分院研究员谭锁奎分别做论坛报告。参加论坛活动的专家走进宁波奉化如熠铸造有限公司，进行考察指导。会上授牌成立奉化铸造产业创新驿站，促进专家团队科研成果的转化与产业化。

【学会服务站和院士工作站】 加快推进“两站”建设。邀请白勇院士对奉化相关企业进行考察，10月在宁波源海博创科技有限公司建立院士工作站。5月邀请省茶叶学会理事长等专家来奉参加茶叶擂台赛及茶健康文化讲座，新建奉化茶文化促进会（由奉化茶业协会与茶文化促进会合办）省级学会服务站。5月15日，举办雪窦山茶文化活动节。

【联系慰问科技工作者】 区科协在“奉化优秀科技人”评选基础上推荐宁波市优秀科技追梦人，区人民医院医共体总院病理科主任李绍刚获“最美科技追梦人”提名。宁波韦尔德斯凯勒智能科技有限公司技术开发部部长王宝磊获2021年浙江省企业“创新达人”称号。奉化区委常委、区政府党组成员杜中权带领区委人才办、区科技局、区科协等单位负责人走访慰问4名优秀科技工作者代表，为他们送去鲜花和节日的问候与祝福，勉励他们更好地服务于奉化经济社会的发展。区科协领导分组慰问15名奉化区优秀科技工作者代表。

【奉化区博联“走百村　助共富”】 11月5—6日，由奉化区委组织部（人才办）、奉化区科协主办，奉化区博联承办的“走百村助共富”系列活动启动，首站走进奉化区大堰镇。博士们调研走访谢界山村、箭岭村、后畈村等地，召开“生态路共富行”研讨会，围绕乡村振兴、农业现代化发展等内容进行交流探讨。会上，奉化区博联与区农商集团、大堰镇共同签订合作框架协议。

（邬宏萍）

奉化区工商业联合会

【概况】 2021年，奉化区工商业联合会（以下简称区工商联）围绕区高质量实现“五年目标”、高水平推进“二轮攀高”，充分发挥党和政府联系民营经济的桥梁纽带作用，积极履行工商联职责，团结带领广大民营经济人士和各基层商(协）会，携手共进、锐意进取，不断促进“两个健康”发展，推动商（协）会工作再上新台阶。获得2021年全国“五好”县级工商联、全国工商联民营企业调查工作先进单位和宁波市2021年度市级优秀等荣誉，其中，“示范引领、以点带面推进清廉民企建设向纵深发展”获评省工商联服务“两个健康”最佳实践案例。至年底，全区共有乡镇（街道）商会12家、行业协会16家、直属商会6家、异地商会2家，会员3014人。

【理想信念教育】 区工商联以习近平新时代中国特色社会主义思想为指引，全面贯彻党的十九大及历次全会精神，积极开展党史学习教育。在全区民营企业中营造“学党史、悟思想、办实事、开新局”的浓厚氛围，成立机关和企业家党史学习教育宣讲团，赴各商（协）会和企业共开展33次党史宣讲活动。5月30日，联合岳林街道举办“学党史、颂党恩、跟党走”庆祝中国共产党成立100周年千人唱革命歌曲主题活动。6月27日，组织发动各商（协）会收看省工商联主办的“民营企业永远跟党走”主题宣讲会；指导基层商（协）会开展丰富多彩党史学习实践活动，直属商会、新生代联谊会、岳林商会组织会员赴嘉兴南湖、西安、深圳等地开展“坚定理想信念、牢记初心使命”“奉商永远跟党走”等红色之旅，接受红色洗礼。全年在《奉化日报》开设10期《奉商永远跟党走》宣传专栏，发扬奉商精神，讲好奉商故事。

【助推民企发展】 区工商联不断完善联企制度，进一步完善四套班子领导干部联系民营经济人士、民营企业和基层商（协）会常态化机制。深入推进“联企跑企”行动，落实好“驻企专员”制度，开展复工助企、政策惠企、法律援企、生态立企、人才暖企系列行动，依托企服信息、企业融资、资源供需三大平台，实施传统产业改造提升、企业家素质提升、“小而美”企业培育三大工程。4月开展走访“问千家、进百企”调研活动，累计走访商会会员企业127家，累计走访500余人次。完成全国工商联民营企业网上调查及“万家民企评营商环境”5次，撰写民营经济领域调研报告4篇。联合税务部门开展“春雨润苗”行动，组织开展企业会计人员税务政策宣讲3场，共有60人次参加，并走访企业一线提供税务政策咨询服务。4月15日，联合法院在工商联设立民营企业司法服务联络站，联合方桥、莼湖街道法庭成立商会分站，联合司法局给24个商（协）会配备结对律师法律顾问，提供免费法律咨询服务。

【“亲清直通车政商面对面”品牌建设】 畅通政企沟通渠道，持续打造“亲清直通车政商面对面”品牌建设。聚焦区委、区政府中心工作大事、民营企业发展要事、经济和社会治理难事，注重选择切口小、关联广、与“两个健康”密切相关的议题，联合税务、科技、人民法院等部门举办“亲清直通车　政商面对面”恳谈会4期，参加的民营企业家有50余人，收集企业问题、建议65条，问题全部流转到有关部门进行解决回应。

【清廉民企建设】 区工商联制定《清廉民营企业指数评价标准》，组织编印《清廉民企建设资料汇编》、组织架构图、企业相关制度样本等，通过走访指导企业把制度送入企业内部，完善企业的民企清廉制度建设。指导商会建立以党支部和监事会为主体、会

4月23日，宁波市奉化区税务局与宁波市奉化区工商联共同召开“便民办税春风行动”政企恳谈会

员代表共同参与的“清廉商会”建设组织架构，全面推行执行会长制，民主管理商会事务，健全商会财务管理制度，规范费用报销流程。向116家区工商联会员企业送清廉知识、送清廉制度、送清廉经验。4月21日，组织基层商（协）会骨干赴深圳参观先进商会、示范清廉企业建设典型，学习有关清廉民企建设好的做法。确定士林工艺、佳尔灵气动2家企业为第二批区级清廉民企示范单位，萧王庙商会、直属商会确定为首批市级清廉商会示范建设单位。全年完成30家清廉民营企业创建、“奉化区清廉民企创建示范单位”铜牌和制度牌上墙。

【“青蓝接力”工程】 区工商联注重新生代企业家培育，开展“青蓝接力”工程，全方位培育新生代。5月14日，组织奉化区新生代企业家联谊会、留创会、青年企业家联谊会赴西安开展“坚定理想信念　共谋企业发展”红色主题教育，先后参观考察两家科技文化公司；7月8日区新生代、青企协、留创会开展“三会融合”交流会，“三会”活动实现统分结合，打造各自有辨识度的品牌栏目；9月29日，举办青年企业家素质能力提升培训班，共有50余名青年企业家参加学习，通过向创业者提供“高端、创新、实战型”的创业培训，帮助企业家拓宽视野、转换思路，适应经济发展新常态，将学习成果转化为促进企业发展的动力，进一步助力奉化区民营经济高质量发展。

【商（协）会改革】 区工商联依据《关于加强新时代奉化民营经济统战工作的实施办法》，落实选派“商（协）会工作指导员”制度。7月22日召开商（协）会指导员会议，向36个经济类商（协）会共选派33名指导员，实现工商联所属商（协）会选派指导员全覆盖。完善主席会长“轮值制”，在总商会、直属商会、岳林商会等探索“执行会长制”的基础上，落实各基层商（协）会全面推行“执行会长制”，充分发挥副会长在商会管理中的主体、主导作用。

【助力共同富裕】 区工商联开展民营经济人士理想信念教育，引导民营经济人士助力“老年食堂”、参与东西部结对帮扶等社会公益事业，积极争做建设共同富裕特色区的新时代先锋。7月13日，区总商会向四川凉山州甘洛县捐赠价值210多万元的衣物，与甘洛县西西呷村“一对一”结对帮扶支援建设经费10万元；8月26日，萧王庙商会开展为期四年的“助学甘洛爱心送暖”公益行动，向品学兼优但生活较为困难的20名学生每人每年资助5000元；9月29日，岳林商会捐赠30万元助力老年食堂建设；10月18日，岳林商会赴甘洛考察，并结对帮扶助学甘洛县4名学生，共资助6万元。

【组织建设】 区工商联强化党建示范引领，督促指导方桥商会、徽商商会、直属商会等成立党支部。以选派商（协）会工作指导员为契机，强化商（协）会党建引领，选优配强指导员队伍，不断壮大会员队伍，配强工作人员，促进商（协）会建设水平整体提升。优化民营经济代表人士队伍结构，吸纳一批思想政治素质高、经营管理能力强、社会责任感强的优秀民营经济代表人士加入常执委队伍。5月28日指导方桥商会成立，实现全区12个镇、街道商会全覆盖。6月16日指导印刷协会完成换届，8月6日指导尚田商会完成换届。

（胡坤鹏）

奉化区文学艺术界联合会

【概况】2021年，奉化区文学艺术界联合会（以下简称区文联）在服务发展大局、创作文艺精品、培育文艺奉军和加强自身建设上取得新成效，全年共发表小说、诗歌、散文等文学作品300余篇，文艺作品在国家级比赛中获奖或入展23件，在省级获奖或入展43件，在地市级获奖或入展134件。

【文艺创作】高鹏程的长诗《蔚蓝》获《诗刊》社“百年路·新征程”诗歌创作工程特别奖，组诗《回声》获储吉旺文学大奖，林杰荣的儿童组诗《蓝色童年》获冰心儿童文学新作奖，柳添乐的行草《凝心聚力，持续深化保密宣传教育工作（摘选）》获全国保密宣传教育作品书法二等奖，曾谙安的组诗《剡曲九章》获首届“浙东唐诗之路”全国诗画征文大赛三等奖，王海平的《事事如意之清秋》获浙江省第十六届水彩粉画展学术提名奖，张义仁的《流失的记忆》获第四届浙江省综合艺术大展学术提名奖，单陆咪的原创歌曲《踏水而歌》获浙江省第二十届群众音乐大赛银奖，“奉化布龙”入围中国民协“山花奖”·鼓舞类，群舞《在希望的田野上》获宁波市基层文艺社团风采大展示健康广场舞展演“红杜鹃”奖。诗集《细雨海岸》、散文集《小岛如故》入选省委宣传部文化基金扶持项目，诗集《山河册页》获得省作协定点生活文艺项目扶持，《山河册页》《小镇旧影》《表达方式》3件作品被列入宁波市文联文艺创作重点项目。

【文艺人才】2021年，奉化区新增国家级会员4名、省级会员24名、宁波市级会员50名，区级会员数达到1478名。高鹏程参加全国第十次作家协会代表大会，邱积钏入选宁波市宣传思想文化系统“六个一批”人才，吕科入选省文联造型艺术（书法）青年人才培养“新峰计划”，张龙杰入选第四届宁波市青年文艺之星，“圆梦艺术团辅导提升项目”被列入宁波市文联“春竹计划”，吴壮贵入选宁波市青年文艺人才“春蕾计划”，何禾、袁建成、白玫等9人被评为2021年度奉化区乡土人才“百人计划”传统文化艺术类人才。

【庆祝建党100周年主题文艺活动】区文联组织举办“梨园春”全区戏剧大奖赛、“艺心向党”奉化区美术书法摄影作品联展、“红色记忆”征文等活动。各文艺家协会组织开展“百年征程”奉化区美术作品展、“红色·华章”书法精品展、纪念裘古怀烈士诗词书画展览等活动。各镇、街道文联组织开展“民族一家亲，同心颂党恩”联欢晚会、“唱支山歌给党听”红歌分享会、“百年华诞·盛世辉煌”主题晚会等活动，以文艺的形式向建党100周年献礼。

【“奉艺润民”系列活动】4月30日至10月14日，区文联广泛组织发动文艺志愿者，以“送欢乐下基层”的形式先后走进全区12个镇、街道的12个农村文化礼堂进行文艺演出，参与文艺志愿者200余人次，现场观众6000余名。10月中旬至12月上旬，区文联对14个基层文艺社团300余名文艺爱好者进行每周1次的文艺专业辅导培训，共培训8次，进一步满足老百姓的精神文化生活需求。

【配合开展专项创作活动】3月22日，区文联组织100名书法家在林家村开展第十八届桃花笔会及“清廉宁波”百米书法长卷现场创作活动。3月20日至5月28日，配合区纪委做好“奉化交投杯·清奉书廉”书法比赛征稿启事的拟定、发布，书法作品收稿、登记及评审等各项具体工作，得到宁波市纪委及区委主要领导的充分肯定。

【组织建设】7月2日，区文联成

立奉化区文艺家协会党委，设书记1名、副书记1名、委员5名，负责指导全区文艺家协会党的建设工作。下设10个文艺家协会功能型党支部，认真落实“三会一课”、主题党日、组织生活会等制度，组织开展党员志愿服务活动，做好党员教育管理服务等工作，党组织覆盖面进一步扩大。

（周　杨）

奉化区残疾人联合会

【**概况**】 2021年，奉化区残疾人联合会（简称奉化区残联）被宁波市委、市政府评为全市社会和谐发展工作突出贡献集体，被省人民政府残工委评为“十三五”期间浙江省残疾人工作成绩突出集体。至2021年12月底，奉化区持第二代残疾人证的残疾人14755人，其中视力残疾1409人、听力残疾2380人、言语残疾123人、肢体残疾6404人、智力残疾1515人、精神残疾2337人、多重残疾587人。

【**省政府民生实事项目**】 区残联在裘村、萧王庙、松岙创建运行3家“残疾人之家”，安置残疾人61名，提前实现庇护性就业机构在人口1万人以上乡镇全覆盖；宁波诚欣环保“残疾人之家”通过四星升五星的第三方验收评估，待省残联复评认定。落实机构安全整改事项18项，提供机构责任保险420余份。

【**“最多跑一次”改革和数字残联建设**】 区残联开展残疾人证跨省通办和省内通办15人，异地委托评定10人；多次对接，积极争取，打通数字残联2.0系统和奉化自建系统的数据“断头路”，缩减残疾人证网办流程，2021年组织残疾评定149次，残疾人证首次申领609人，变更换证122人，遗失补证88人，证件迁移29人，注销428人，上门办证23人，网办率和办结率均达到100%。《中国改革报》刊登奉化区“惠残事项审批‘一路通享’”做法，被推荐参加宁波市数字化改革“最佳应用”评选，并参加全省残联数字化改革“揭榜挂帅”“数场赛马”应用汇报路演。落实残疾人证数据每月两次定期核对和动态核对制度，复核8人，对死亡人员、注销人员及时完成数据清理。做好一年一度持证残疾人基本状况调查、收入状况监测等工作。

【**残疾儿童教育康复**】 成立首家孤独症儿童教育康复机构“宁波市奉化区小星星儿童发展中心”。支持完成办公服务用房的消防整改、教育培训机构审批、民办非企单位注册登记，截至2021年12月底，已有40名特殊儿童接受培训，极大方便了残疾儿童的家庭。

【**残疾人生活保障**】 区残联强化常态化核查和动态调整，全年发放残疾人护理补贴6904人1830.51万元，发放困难残疾人生活补贴5140人1688.4万元。按要求做好“两项补贴”工作职能转隶交接准备。落实残疾人意外伤害综合保险全覆盖，2021年共理赔276人次63.63万元。慰问、救助困难残疾人349人27.8万元。分两轮对8家扶贫基地开展规范化检查和指导，带动241名残疾人实现增产增收。

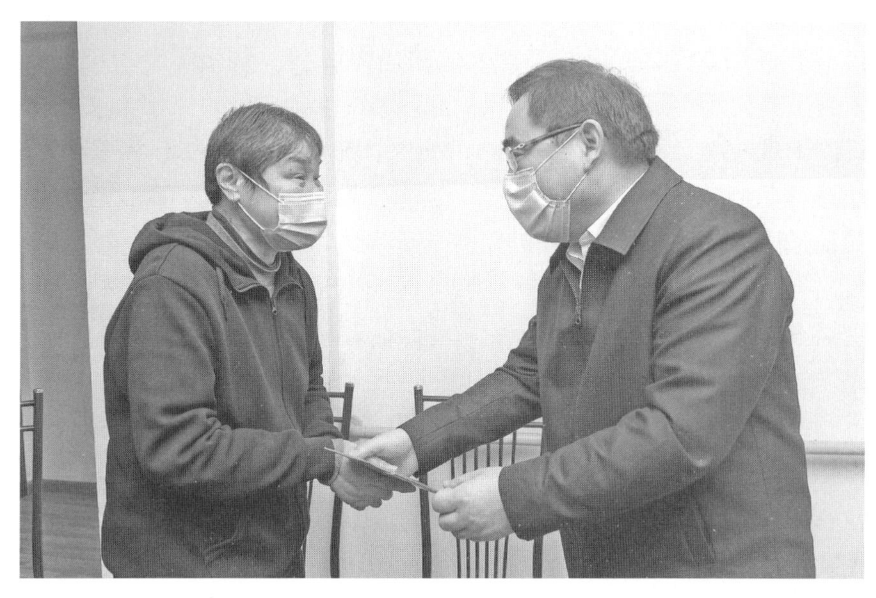

2月8日，区委书记高浩孟（右）到岳林街道金明家园慰问困难残疾人

【残疾人康复服务】 区残联推进健康奉化——残疾预防和康复专项行动。制订三年行动计划，开展残疾人精准康复服务和补助9709人次496.31万元，有需求残疾人康复服务率100%。其中，残疾儿童少年康复补助90人，精神残疾人免费服药“一站式”即时结报1852人，辅助器具服务3515人，任务完成率均超过120%。发放城乡居民基本医疗保险参保补助5261人。持续优化残疾人康复服务体系，社区康复协调员配备比例在90%以上。创新精神残疾人康复服务，在5个镇（街道）开展精神残疾人“同伴支持”活动，100余人参与。打造社区康复新阵地，在12家“残疾人之家”、4个村（社）养老服务站设置康复场所，开展康复“工疗”、辅具租赁、功能训练和指导等服务。12285名持证残疾人签约家庭医生，签约率达83.99%。拓展辅具租赁服务，争取社会支持，得到助行类辅具捐赠47件、价值2.9万元，针对未到辅具使用年限无法申请新辅具的困难残疾人、有特殊困难的非持证功能障碍者，酌情开展辅具租借服务25人26件，破解残疾人出行难题。积极开展残疾人心理咨询服务。制定“残疾人之家”心理团辅活动三年行动方案，2021年对溪口博尔电器、裘村铭和苑服饰、江口诚欣环保科技有限公司开展心理团辅活动3场，服务中轻度精神智力残疾人83人。扎实开展截瘫伤友专项服务。对8名60周岁以下脊髓损伤重度肢残人开展入户访视、功能评估、摆渡服务和适应性训练等服务，任务完成率160%。

【残疾人就业创业】 分散就业和集中就业并重，举办残疾人就业专场招聘会2场，新增残疾人就业135人。全区370家企业按比例安置残疾人就业1306人，12家“残疾人之家”集中安置残疾人就业420余人，提供庇护和辅助性就业服务。为265名残疾人提供职业技术培训。

【残疾人文体教育】 培育优秀市级残疾人文化、体育示范(训练)基地各1家，开展文化助残“五个一”工程和特殊文艺“六进”活动12场，惠及残疾人1000余人。开展“无障碍观影”活动40场，受惠残疾人1022人。组织开展第38届盲人节活动，播放宁波市首部盲人纪录片《看见》。开展康复体育进家庭服务75户。参加全国第十一届残运会，获三金一银。参加宁波市残疾人文艺会演，获一等奖1个、三等奖2个、优秀奖1项、组织奖1项，参加省残疾人文艺会演获三等奖2个，优秀奖1个。组建残疾人轮椅舞蹈队和旱地冰壶队。

【基层基础工作】 对300多名残疾人专职委员开展在线学习和考试，组织残疾人专职委员参加省、全国《中华人民共和国残疾人保障法》颁布30周年知识竞赛，2人获省个人优胜奖。加强残疾人事业宣传，刊登《奉化日报》“残联之窗”专题栏目12期，展出区政府宣传窗宣传版面1期、残疾人事业公益广告2幅。做好残疾人法律援助、法律救助和信访处置工作。共办理来电来访38人次、浙江政务网信访件7件，办结率100%，残疾人满意度高。加强无障碍环境建设，指导锦屏街道仁湖社区做好第四批省级无障碍社区创建工作。参与无障碍环境建设项目规划论证会、竣工验收会65次，被有关部门吸收采纳建议和意见78条。实施“困难残疾人家庭无障碍改造”62户、贫困重度残疾人家庭“净居亮居”工程34户。开展“争先进位”行动、“三为服务”专题实践活动，落实问题及时发现有效解决闭环机制，深入“五大阵地”开展讲党史解难题办实事活动，常态化开展“周一夜访”“辅具适配与随访”“特需人员上门评残”“最多跑一次四帮代办（帮申请、帮预约、帮跑腿、帮联系）”、截瘫残疾人“入户访视”等上门服务。

（周雅婷）

奉化区红十字会

【概况】 2021年，奉化区红十字会以“保护生命，维护人的尊严”为工作主线，以打造“群众身边的红十字会”为工作目标，聚焦主责主业，夯实基层基础，助力中心工作，深入开展党史学习教育，广泛开展人道传播宣传，扎实做好“三救三献”核心业务，各项工作成效显著，成为党和政府改善民生、促进和谐的一支重要力量和得力助手。2021年新建红十字会博爱家园5家，累计10家；村（社区）红十字会累计321个，建会率100%。至年底，有成人会员5411人、志愿者1457人，理事、工作人员入会率达到100%。

【党史学习教育】 区红十字会坚持以满足人民日益增长的美好生活需要为目标，强化红十字会品牌建设，把学习教育与改进工作作风、破解难题、提高人道服务能力相结合，扎实开展“我为群众办实事”“百、十、千”服务活动（即“百对渔船、百个家庭、百家文化礼堂、百个企事业单位”应急救护技能大提升；“爱与你我同在”10个红十字公益项目关爱困难群体；助力新时代文明实践千场为民便民志愿服务活动），深入推进学习教育走深走实，不断提高人民群众的获得感、幸福感和安全感。

【“三救三献”】 区红十字会人道救助筹资实力持续增强，2021年接收捐赠款物总价值912万元，支出捐赠款物总价值856万余元。其中，溪口六诏村历史文化名村建设捐赠500万元，西部扶贫协作捐物价值200多万元，“博爱万人行”“兰馨关爱基金”“母婴平安”“每月一助”等红十字公益救助项目常态化开展。救护培训工作持续推进，2021年新增三级救护师资30人，深入开展应急救护培训进“百个家庭”“百艘渔船”“百家文化礼堂”“百家机关企事业单位”活动，全年举办培训班100期，培训红十字救护员3306人，普及培训37637人。救援体系不断完善，注册成立具有红十字标识的红十字红海应急救援队，并入驻阳光海湾水上训练基地进行经常性训练，不断提升救援保障能力。新配置AED共21台，分别安装在中小学校、幼儿园、大型企业、农贸市场、警察学校、博爱家园、政府机关单位等地。生命关爱工作持续发展，2021年，新增造血干细胞捐献者165人，累计入库1549人，新增造血干细胞捐献者2人，累计捐献13人；新增器官捐献志愿者登记320人，累计登记504人，新增器官捐献者5人，累计15人；新增遗体(角膜）捐献志愿者登记455人，累计登记581人，新增遗体捐献者1人，累计12人，角膜捐献者6人，累计14人。

【人道传播】 树立“大宣传”理念，利用区青少年宫、奉化滕头学生社会实践基地、新时代文明实践中心等阵地，向市民宣传红十字运动知识和应急救护知识，向社会传递正能量。利用“5·8”世界红十字日契机，携手《奉化日报》小记者工作室组织开展“红十字心向党——坚守人道初心 弘扬奉献精神”系列活动。组织“红心向党·追寻红色印记”主题征文活动，1000余名小记者参与投稿，《奉化日报》和“掌上奉化”同步发布投稿信息。组织开展“红色传承·健康素养提升”专题救护培训，300个小记者家庭参加救护培训，起到“教育一个学生，带动一个家庭，辐射整个社会”的良好效果。积极参与“5·12”防灾减灾日广场宣传活动和“6·14”世界献血日徒步活动，宣传红十字会相关知识，进一步弘扬“人道、博爱、奉献”的红十字精神。充分利用传统媒体和新媒体的合力作用，及时宣传区红十字会工作动态(在奉化区级媒体发表86篇次，省、市、级媒体发表23篇次，在微信公众号发表76篇次），不断扩大红十字组织的影响力。

【志愿服务】 奉化区红十字会志愿服务工作紧密结合核心业务，助力中心工作，开展“三救三献”、文明城市创建、疫情防控及“爱与你我同在”博爱公益项目送温暖等系列志愿服务活动，活动1114次，参与志愿者6741人次，服务26421小时。红海应急救护队代表区红十字会参加宁波市救护技能大赛，取得4个个人三等奖和团体第三名的历史最好成绩。红十字博爱志愿服务协会围绕红十字的核心职能，举办“倾情服务暖人心，志愿服务心向党”庆祝中国共产党成立100周年主题活动。通过应急救护技能演练、小品、演讲、歌曲、舞蹈、宣誓等形式宣传传播“人道、博爱、奉献”的红十字精神，歌颂祖国，歌颂党，歌颂新时代，宣传奉化区红十字志愿者的公益之路和成果，取得很好的宣传效果。志愿者缪亚春被中国红十字会评为“优秀红十字志愿者”和“会员之星”。

（赵阿能）

5月17日、7月9日，王武德（左）、盛李莉（右）先后成功捐献造血干细胞，分别成为奉化区第12例、第13例造血干细胞捐献者

军 事

综 述

2021年，奉化区人民武装部（以下简称人武部）在军分区党委正确领导和奉化区委、区政府的大力支持下，坚持以习近平新时代中国特色社会主义思想为指导，坚定举旗铸魂守初心，聚焦强军目标、推进改革转型、积极担当作为，站上政治高位抓落实，各项工作呈现全面发展、整体提升、持续推进的良好态势。

【理论学习教育】 2021年，人武部党委深入学习贯彻习近平新时代中国特色社会主义思想和习近平强军思想，系统学习习近平"七一"重要讲话精神和十九届六中全会精神，开展党史学习教育，积极提升学习教育质效，与区委同步组织"周二夜学"，先后11次组织集中理论读书，安排6次党课辅导、5次党小组讨论交流和3次理论测试。

【国防宣传教育】 2021年，人武部党委强化国防教育制度落实，协调召开区委武装工作暨区国防动员委员会、区国防教育委员会全体会议；明确国防教育要点，在《奉化日报》刊发国防专刊，宣讲国防政策、宣传优秀专武干部典型；围绕"迈向强国新征程，军民共筑强军梦"主题，广泛开展全民国防教育日宣传活动，在辖区人员密集场所放置国防宣传广告牌，在主流媒体开设"八一"光荣榜，增强全民国防意识。持续开办《奉化日报》国防专刊。完成基层武装部"评星挂牌"3年达标创建，全区镇（街道）武装部和行政村（社区）民兵连100%完成规范化建设，民兵基层基础得到巩固拓展。

【国动（教）委会议】 5月27日，党管武装工作暨国动（教）委全体会议召开。全区各级党委、政府和武装工作系统站在战略和全局的高度，继承发扬党的优良传统，切实增强"政治三力"，不断推动区党管武装工作和国防动员工作迈上新台阶、开创新局面。会上公布"党管武装好书记"名单，下达各镇（街道）武装部政治教导员任职命令，表彰一批武装工作先进单位和个人。

【专武干部队伍建设】 2021年，区人武部参照上级文件指示精神，多次与区委组织部分析专武干部队伍建设现状，探讨专武干部人员编配、选任程序、职级待遇、能力培养相关问题，积极谋划新路径，促进专武干部队伍建实建强，努力增强队伍活力。5月，组织6名专武干部参加全市专武干部集训，锦屏街道武装部干部获得个人综合第一名，受到军分区通报表扬。

民兵 兵役

【概况】 2021年，人武部组织开展民兵整组点验，突出练兵备战中心工作，严密组织训练，提升民兵应急应战能力；高标准完成上级赋予的兵员征集任务，确保兵员质量。

【民兵整组点验】 2021年，区民兵工作立足辖区实际，坚持早筹划早部署，科学制定民兵编组方案，召开民兵整组工作任务部署会，确保基干民兵整组任务的完成。7月，接受省军区考核验收，位列全省县（市、区）人武部第6名。

【民兵训练】 1月4日，人武部举行开训动员大会，组织搭设指挥帐篷和徒步行军拉练。4月12—18日，组织民兵连长和民兵教练员在区民兵训练基地进行培训。5月7—25日，分批次在区民兵训练基地组织共同基础科目训练。6月，组织防汛抗洪排参加宁波市防汛防台应急综合演练。7月，承训全省海上情报专业民兵骨干跨区联训；7月15日，参加军分区应急连“逐连过”比武，取得抗洪抢险单项第一名，总排名第四名的成绩。9月，组织辖区5家民营企业基干民兵在岗训练。

【征兵工作】 2021年，以“五率”考核为牵引，突出征集高素质兵员这个核心，狠抓征兵工作质效提升。部署开展征兵宣传进高校、进高中、进村社活动，在1所大学、7所高中同步开展政策宣传，选派专武干部、民兵连长走街串巷精准发动，发放征兵宣传手册5500余份，悬挂征兵宣传横幅380余条。做细做实体格检查、政治考核、役前训练等各个环节工作。3月15日、9月15日分别举行春季、秋季新兵欢送大会，为军队输送优质合格兵员。

军地共建

【概况】 2021年，人武部常态化开展军地共建，积极参与创建文明城市、应急救援以及拥军优属工作，获得人民群众好评。

【区委议军会】 12月15日，人武部协调区委召开议军会，持续完善党政军部门合力抓的常态工作机制，研究解决辖区部队发展建设难题，审议通过有关工作意见。

【拥军优属】 2021年，人武部持续加大拥军优属力度，切实解决好军人关心关注的“后路、后院、后代”问题，积极协调教育局解决军人子女入学入园问题。

【民兵参建共建】 2021年，人武部组织广大民兵积极投身地方参建共建活动。为维护社会安全稳定，配合派出所民警，共同参与社会治安巡逻；在防抗“灿都”“烟花”台风中冲锋在前，多次出动参与急难险重任务，连续奋战排除险情，转移群众，全区民兵累计出动1200余人次，帮助转移群众2600余人。

（徐　晶）

人民防空

【概况】 2021年，奉化区人民防空工作积极探索人防工程维护管理新模式，试点开展人防工程维护管理综合保险。强化联合执法，会同区综合执法局开展竣工人防工程大检查。提升实战能力，结合指挥部常态化运行机制，开展“5·12人员疏散掩蔽”

12月1日，宁波市奉化区人防工程综合保险试点工作推进会暨项目集中签约仪式在奉化华信酒店华信厅召开

和浙江金盾—21（宁波·奉化）人民防空实战演习。开展专业队整组工作，组建抢险抢修、医疗救护、消防、防化、治安、通信、运输、心理防护等人民防空专业队。借助各种载体开展人防宣传，增强群众国防安全观念，提高防空防灾技能。

【试点开展人防工程维护管理综合保险】 2021年建立“保险+服务”机制，在人防工程维护管理体系中引入综合试点保险机制，协助督促人防工程建设单位、权责承接单位等落实日常维护管理主体责任，确保人防工程处于良好的使用状态，更好地发挥人防工程平战结合、服务民生、保障安全的作用。

（周益扬）

法 治

综合治理

【概况】 2021年，全区各地各部门以夺取星级“平安金鼎”为抓手，全面完善风险闭环管控大平安机制建设，完成各级“两会”、庆祝建党100周年等重要时段的维稳安保工作，开展社会治理创新、系列平安项目创建等重点工作，为高水平全面建成小康社会和“五年奉献一个新奉化”营造安全稳定的社会环境，群众获得感、幸福感、安全感持续增强。7月4日，央视12套“社会与法”频道以40分钟时长专题报道奉化区“道德庭”特色做法。11月5日，省委政法委书记王昌荣在《奉化区法院搭建“E键联办”应用场景破解执行难的探索与启示》工作信息上予以批示肯定。11月28日，央视12套《小区大事》首播奉化区总工会多元化解劳动争议的故事《款清理明双维护》。

【社会治理创新】 乡贤助力“道德庭”建设。由村（居）委会设置专用场所，在全区各村（社区）建立村（社区）级“道德庭”，以村规民约和道德说理释怀为核心，积极吸收挖掘各村有一定威望、有公信力的新乡贤等为代表的第三方力量组成评判机构，调解评判村（社区）内家庭矛盾、邻里纠纷、干群关系、村庄（社区）建设等事件，确保矛盾不出村（社区）、不上交。全区已实现317个村（社区）“道德庭”全覆盖，拥有庭员1585人，累计处理婚姻家庭、邻里关系、村庄建设等事件3000余起，社会矛盾纠纷多元预防调处化解综合机制进一步完善。探索建设综合治理执行难“E键联办”平台新项目。为推动执行联动机制落地，结合数字化改革工作，全区谋划并实施综合治理执行难“E键联办”平台建设项目。项目依托移动微法院、“浙政钉”等载体，将原来分散在公安、民政、不动产登记、市场监管等部门的高频执行协作事项有效整合，并从“线下”搬到“线上”，实现“E键集约化办理”，切实提升执行事项办理的便利化、智能化水平。探索社会治理“360”劳动争议多元化解模式。将“小三级”工会协调劳动关系体系建设与调裁诉联动化解工作有机结合，着力构建三道防线、六项举措、闭环机制的“360”劳动争议多元化解模式，探索形成参与社会治理的“工会解法”，助力高水平推进区域社会治理现代化试点工作。该做法得到省人大常委会副主任、省总工会主席史济锡的批示，要求全省各地工会学习借鉴奉化经验。探索形成“共享法庭”城乡司法服务新布局。将基层人民法院及其派出人民法庭的工作触角延伸到镇（街道）、村（社区）等社会治理的最末端，把调解指导、纠纷化解、线上诉讼、普法宣传等司法服务送到群众家门口，形成涵盖镇（街道）、村（社区）、网格、行业协会的城乡司法服务新布局，健全覆盖城乡的司法服务网络，完善“信访打头、调解为主、诉讼断后”的矛盾纠纷多元化解机制。全年建成90个村（社区）“共享法庭”、17个特设“共享法庭”，覆盖全区12个镇（街道）。

4月5日，奉化莼湖章胡村开展“道德庭”调解活动

【社会治安重点整治】 常态化开展扫黑除恶斗争，打掉恶势力犯罪集团6个、恶势力团伙10个，抓获涉黑涉恶犯罪嫌疑人336人。打击处理“电信网络诈骗犯罪”团伙35个、犯罪嫌疑人301人。打击处理盗窃、经济犯罪、黄赌毒及“食药环知”犯罪嫌疑人660人。全年移诉1736人，治安拘留1533人，分别比上年上升35.9%、64.8%。推动“全民反诈”，搭建“区—镇（街道）、部门—村（社）—网格小组”四级反诈架构，预警劝阻43000余人，精准劝阻潜在受害者221人，挽回损失1369万元。扎实推进道路交通领域“遏重大”工作，全口径交通事故死亡人数比上年减少18人。命案及五类案件实现全部侦破。

12月2日，奉化江口街道共享法庭场景

【平安创建】 奉化区深化26个系列平安项目建设，重点推进平安乡村、平安小区等项目创建。全区283个行政村对照实施方案要求，重点围绕“六有、六无、六降”标准进行平安乡村建设。区委平安办会同区乡村振兴办组织区直相关单位进行联审，最终确定256个行政村符合平安乡村建设标准，达标率为90.46%。区委平安办以“专群结合、预防为

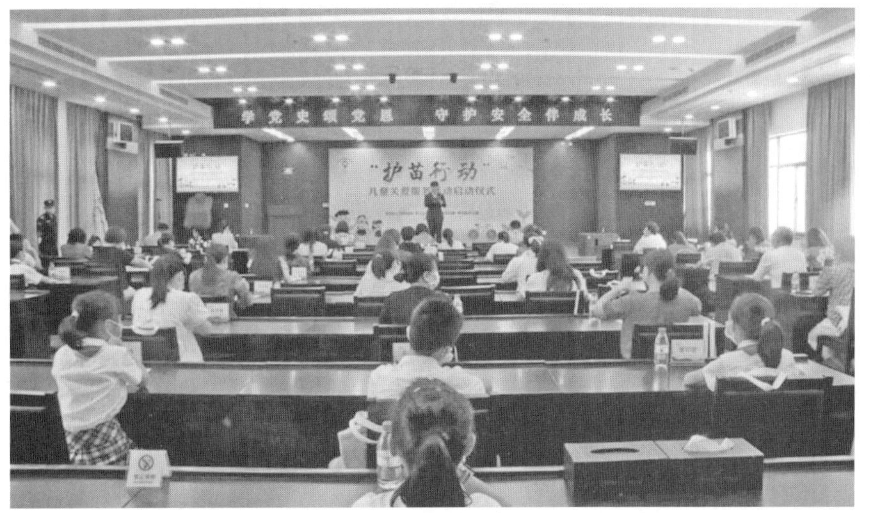

10月13日，平安创建进校园系列活动启动仪式现场

主”为原则，发动人民群众广泛参与平安小区建设，切实强化住宅小区内各项物防、技防、人防措施落实，防范和减少各类治安案件和各种安全事故的发生，进一步提高住宅小区的治安防范能力。全区137个物业小区中，50个创建二星级以上平安小区，创建达标率为36.5%。

【平安宣传】 区委平安办按照“区域无死角，人员全覆盖，形式多样化，效果最大化”要求，全力开展平安建设宣传行动。充分发挥全区机关事业单位10000余名干部职工平安“宣传员”作用，采用“一包十”包干宣传、印发宣传资料、制作宣传小礼品、推送短消息、张挂横幅标语、设置宣传栏、进行文艺演出、配合主题宣传活动等方式方法，确保“平安三率”提质增效。共计发放宣传手册55万余张、宣传海报10余万份、《致全区新老奉化人的一封信》45万余封，制作各类宣传小礼品5万份，发挥三家通信运营商、大数据中心及微信等数字化手段推送信息500万条，悬挂平安建设宣传横幅1500余条、小广告牌1000余块、各类宣传标语10000余条。

（王礼超）

公　安

【概况】 2021年，区公安分局在宁波市局和区委、区政府的领导下，坚持以习近平新时代中国特色社会主义思想为指导，聚焦争做“重要窗口”模范生和争创宁波社会主义现代化先行市的使命担当，以建党100周年安保维稳为主线，围绕“三升三少、最美最好”总体目标，立足防范化解重大风险，倍速推进社会治理创新，全力构建现代警务模式，努力建设宁波最平安城区，为实现“五年奉献一个新奉化”创造更加安全、和谐、稳定的社会治安环境。全年，共接报有效警情104969起，比上年上升15.3%。其中，刑事警情1929起，比上年上升52.3%；治安警情24558起，比上年上升23%。共受理各类案件7158起，比上年上升21.9%，其中，刑事案件2783起，比上年上升24.5%；治安案件4375起，比上年上升20.3%。共侦破各类案件1452起。其中，破获刑事案件1158起，破获治安案件294起；移诉1736人，行政拘留1533人。2021年，分局获评全省平安护航建党100周年成绩突出集体。全年共有20个集体、300余名个人获各级表彰奖励。涌现全省“最美警队”岳林派出所、全省“最美警察”胡海啸等一批先进集体和个人。

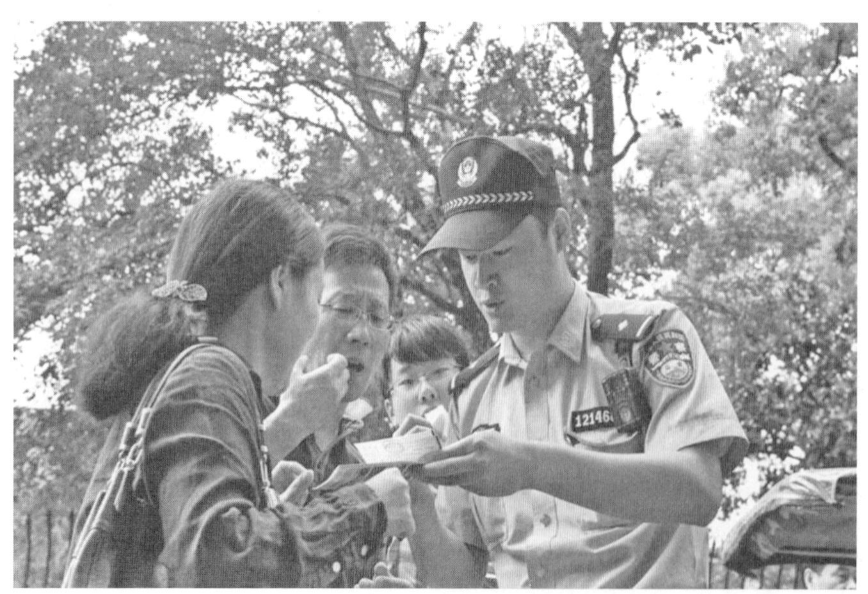

公安民警对百姓进行平安宣传

【惩治违法犯罪】 打击严重刑事犯罪。2021年，区公安分局快侦快破严重暴力犯罪案件，对现发命案、五类案件，力争发一破一。全年破获命案2起，破案率100%；自主发起贯穿全年的“春雷”“风雷”系列严打整治行动，扫黑除恶、诈骗盗窃案件移诉、社会面黄赌毒打击整治、涉食药环案件移诉、打击经济犯罪、涉网犯罪等六项重点工作绩效全市排名第一。

深入开展扫黑除恶斗争。2021年，区公安分局深入开展常态化扫黑除恶工作，持续保持对黑恶势力的凌厉攻势。全年打掉恶势力犯罪集团6个、恶势力团伙10个，案件均已判决，实现案件清结目标；抓获九类涉黑涉恶犯罪嫌疑人336人，查扣非法资产1341万元。

扎实推进电信网络诈骗打击治理工作。2021年，区公安分局始终把反诈工作摆在重要位置，以“两办”名义高规格下发“全民反诈”工作方案，搭建“区—镇（街道）、部门—村（社区）—网格小组”四级反诈架构，为各镇、街道逐一划出发案警戒“红线”，实时掌握全区发案态势，预警劝阻43000余人，精准劝阻潜在受害者221人，挽回损失1369万元。由刑侦大队牵头，属地派出所带案参会，集体会商、共同会诊，对有侦查抓捕条件的，迅速抽调人员集中攻坚。全年打处诈骗团伙35个，抓获犯罪嫌疑人301人，破案108起，摧毁从贩卖公民个人信息到制作假信用卡、贩卖银行黑卡实施诈骗的整条犯罪产业链。

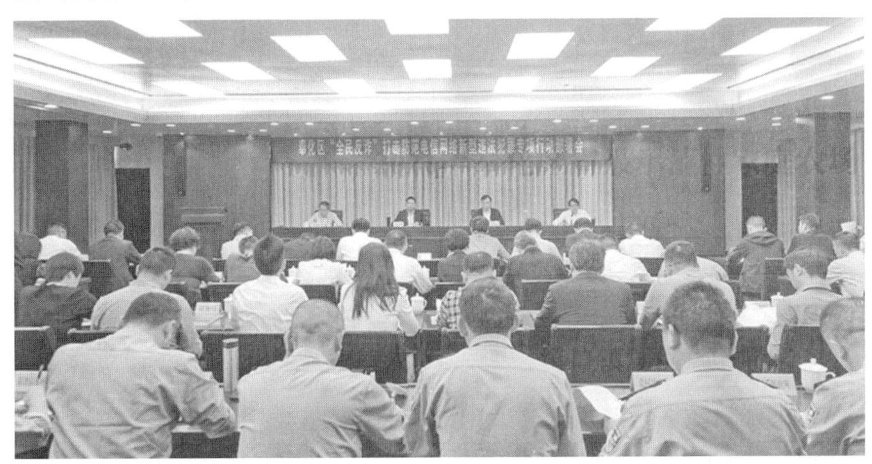

4月30日，奉化区“全民反诈”打击防范电信网络新型违法犯罪专项行动部署会召开

重点打击跨境网赌犯罪。2021年，区公安分局深化跨境网络赌博源头治理，就异常手机卡、银行卡及空壳公司打击治理，与人民银行、三大通信运营商签订三方协作框架协议。全年侦破案件41起，抓获涉案人员389人，对244人采取刑事强制措施。侦办省督罗某某等人开设赌场案、“3·1”开设赌场案等重要案件。

严打经济犯罪。2021年，区公安分局深化“猎狐”“云端”“蓝剑”“惊雷”“打击发票犯罪”“打击假币犯罪”等专项行动，强力打击民生、商贸、金融领域经济犯罪，实现案件快侦快破，全年破案42起，挽回经济损失895.72万元，抓获犯罪嫌疑人84人，移送起诉43起57人。

严打黄赌违法犯罪。2021年，涉黄赌类警情比上年上升26.4%。区公安分局开展黄赌违法犯罪集中整治专项行动，强化警种联动、所队联合，实行每周例会、研判通报、挂图作战、宣传发动、督察核查“五项机制”，对站街女、各类茶馆、会所及农村牌九摊、冲刺摊等违法犯罪情况开展地毯式摸排、链条式打击。全年破获涉黄刑事案件35起，刑事拘留83人，移诉96人；查处涉黄治安案件72起，行政处罚301人；破获涉赌刑事案件71起，刑事拘留111人，移诉163人；查处涉赌治安案件275起，行政处罚1079人。

严打涉毒违法犯罪。2021年，区公安分局严打涉毒违法犯罪，抓获涉毒犯罪嫌疑人44人，查处吸毒22人，执行强制隔离戒毒6人，打掉贩卖毒品3人以上团伙8个；破获省毒品目标案件1起，抓获犯罪嫌疑人3人。

严打“食药环”犯罪。2021年，区公安分局运作好打击“食药环”犯罪联席会议和联合执法机制，全年共立“食药环”犯罪刑事案件38起，打处61人，移送起诉46人；破获省督目标案件3起。

全力维护网络社会安全稳定。2021年，区公安分局全力维护网络社会安全稳定，重点加强网络舆情管理、打击新型涉网犯罪、落实网络安全保护工作。3月，参与“3·1”专案，侦破三起“暗网”案件，查获微信、QQ注册信息及银行卡信息等“黑灰产”数据共计20余亿条。4月，侦破非法获取公民房产信息的侵犯公民个人信息案，抓获犯罪嫌疑人12人。

【行政管理】 加强维稳安保工作。2021年，区公安分局积极打好常态化疫情防控背景下的维稳安保主动仗，圆满完成建党100周年等重大时段的维稳安保任务，分局被评为全省平安护航建党100周年成绩突出集体。稳妥处置各类风险隐患，完成看守所新所搬迁，得到省厅“秩序最好、速度最快、保障最有力”的高度评价。

数字化改革工作。2021年，区公安分局积极推进数字化改革增效，创新构建“护校安园”协同智治体系、断卡行动“警银通”三方协作机制；深化警检联动，创新刑事案件捕前诉前警检联审机制，退捕退查率比上年大幅下降，办案期限明显缩短。特别是推行“时空预警”治理交通拥堵、培育全省首家高校“反诈社团”的经验做法分别入选省委《浙江信息》、省政府《浙江政务信息》；强化机关内跑减负，迭代升级“内跑E键联办”，实现办案报备、出境备案、涉疫核查“由纸入云”；危爆物品管理成为全市样板，获得省厅肯定。

深化常态化疫情防控。2021年，区公安分局深入开展常态化疫情防控工作，会同各镇、街道对实有人口开展全生命周期排查，“精密智控”指数考核长期居全市前列。在镇海疫情遭遇战中，累计溯源密接、次密接2800余人，核查数据17000余条，合力纳管7200余人，并抽调4批次150余名警力支援镇海抗疫一线。

深化“情指勤舆一体化”体系建设。2021年，区公安分局以“情指勤舆一体化”改革规范提质为抓手，扩容升级指挥大厅，整合功能区块，通过抓重大警情闭环处置、战时合成以及模拟演练等机制建设，实现“四岗即时响应、技网侦及时支撑”以及依托于4G传输的可视化、扁平化指挥，进一步完善“联勤联动、合成作战”勤务指挥机制。全年接警26.64万起，其中，有效警情10.50万起，比上年上升15.3%，流转办结各类社会应急联动指令12000余条。整体早释率控制和重复警情压降两项指标排名居全市前列。全年79起扬言实施个人极端行为类警情及相关重大案事件均得到有效处置，未造成现实危害。

加强交通安全管理。2021年，区公安分局围绕建党100周年交通安保工作核心，以交通事故预防“减量控大”工作和道路交通安全综合治理行动为抓手，统筹推进公安交管工作，取得全国文明典范城市创建重点路口视频抽测“零失分”的历史性突破、全区事故死亡人数实质性下降、获评全省首批“枫桥式交警中队”

7月29日，专题研商数字化改革工作会议现场

9月15日，奉化区公安分局在情报指挥中心召开疫情防控视频调度会

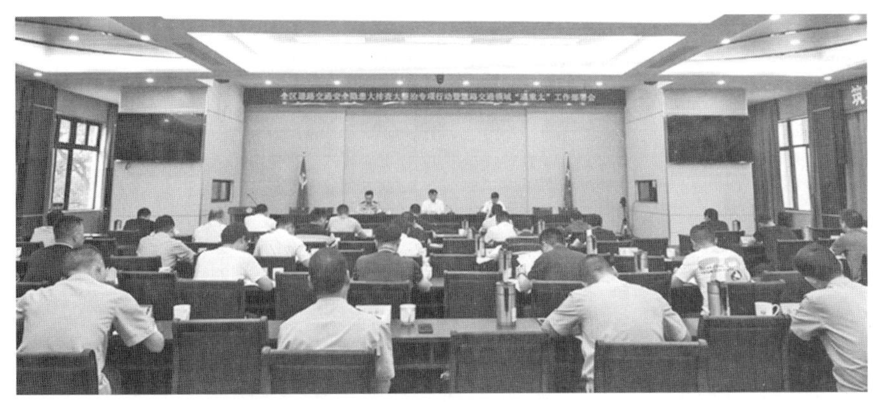

5月27日，全区道路交通安全隐患大排查大整治专项行动暨道路交通领域“遏重大”工作部署会召开

和全市示范交警中队等成绩。同时，阶段性开展工程车交通违法、行人非机动车交通违法和“四小车”交通违法等专项整治行动，全年累计查处交通违法行为30万余起，其中，酒驾880起、醉酒驾驶319起、违法停车6.9万起、非机动车违法6.6万起、工程车违法5819起，办理刑事案件332起、行政拘留案件383起。全年累计接处警60376起、受理交通事故34401起、交通事故全口径死亡人数比上年下降24.53%。新增交通科技设施472套，建成、完善绿波道路17条。深化公安交管“放管服”“最多跑一次”改革，推进车辆检测“一件事”集成改革，全年办理机动车业务10万笔、驾驶人业务8万笔，受理“两个教育”约2万人次，核发办理货车通行证18199张。书面答复办结各类投诉、信访、舆情、上级转办件1218件，及时办理群众关心的城区禁货区域调整、学校周边交通拥堵、城区停车管理、夜间摩托车炸街等一系列热点舆情件，完成人大、政协转办的议案提案20件，产生良好的社会效应。

推进治安防控体系建设。2021年，区公安分局聚焦基层基础、强化智能防控，不断推出创新举措。深入推进立体化治安防控体系建设，建成智安小区171个，建成率86.36%，完成“智安单位”创建180家，各镇（街道）均建立多元化矛盾纠纷调解组织，镇（街道）社会矛盾纠纷处化解中心配备率100%，建立34支社区平安志愿者队伍。

夯实执法规范化建设基础。2021年，区公安分局全力推进派出所办理刑事案件负面清单工作落地，组织多次专题会议和调研，在严格执行省厅规定的前提下，结合实际出台《奉化区公安分局派出所办理刑事案件负面清单规定》，充实业务警种，办案民警49人（交警除外），明确警种完成全局刑事打击处理目标的70%以上，厘清派出所工作正面清单，推动派出所回归主业。同时组建负面清单及执法源头巡查小组，一手抓全局执法情况巡查，一手抓移交案件质量把关。业务警种办案量占全局办案总量的46.8%，比上年上升9.5%，抓获嫌疑人人数占全局抓获总人数的39.1%，比上年上升8.4%。

【警务保障】 推进全息感知体系建设。2021年，区公安分局实现“十三五”期间公共安全视频项目建成落地，完成数据中心建设并投入使用。全息感知体系日渐完善，智能警务生态初具雏形。

推进电子物证勘查取证信息化建设。2021年，区公安分局继续投入15万元，完善电子数据勘查取证分析实验室装备配备，通过电子数据勘查取证分析实验室三级实验室标准等级化评定，提升电子数据勘查取证分析工作能力，全年累计接受各类举证委托141起，完成建材取证341个，出具报告113份，进一步助力基层所队线索研判、落地侦查提质增效。

深化文明城市创建。2021年，区公安分局立足公安职能，充分发挥文明城市创建主力军、排头兵作用，助推文明城市创建工作。向区委、区政府提交整治方案，围绕城区11条主要道路路口，新增35套非机动车信号灯，更换非国标主灯灯盘62套，新增行人灯及杆件35套、重点路口隔离护栏3450米。

强化政治建警。2021年，区公安分局以学习贯彻习近平新时代中国特色社会主义思想为重点，以落实“第一议题”“周二

11月6日，马亚伟（左三）督导检查文明城市创建迎检工作

6月29日，全区公安机关庆祝中国共产党成立100周年暨"党的历程，我们的脚步"主题党日活动举办

夜学"为抓手，组织全警深入学习党史和党的十九届六中全会精神，开展"党的历程，我们的脚步"集中教育活动，推动党史学习教育走深走实，分局党委被评为全市"学习强国"学习之星先进组织。严格按照上级部署要求，围绕"四项任务"，统筹推进"三个环节"，圆满完成队伍教育整顿各项任务；把开展好"三能"主题教育实践活动作为重要政治任务，在全区公安机关开展"回望来路、学悟三能、看齐榜样、坚定方向"系列活动，营造浓厚"三能"氛围。

强化教育训练。2021年，区公安分局扎实开展全警基本测试及警体技能测试工作，全年组织考试27场次，参考1277人次；创新建立靶场开放日制度，共开展15期，受训380人次；围绕"防卫与控制"主题，开展一线民警警务技能大轮训，做到"小教员"全覆盖。围绕2021年度比武重点组织集中训练，获得新警比武团体第三名、个人第二名，在全市公安电子数据取证分析专业练兵团队比武中获团体二等奖，个人第一名；成立蓝警分队，探索"红蓝对抗"训练形式与方法，开展以溺水警情处置为主题的实战演练，涉及全局12个派出所、400余人，受到省厅政治部领导肯定。

全面落实从严治警。2021年，区公安分局扎实开展政法队伍教育整顿，开展专项检查13次、督察检查178次，下发督察通报15份，发现指出问题204个，全局123名民警因工作执行不力、履职不到位、执勤不规范等原因被队伍记分，党纪政纪处理7人，以"第一种形态"追责问责26人，督察约谈5人。

强化关爱保障。2021年，区公安分局全力保障关爱民警、辅警，发放各类慰问总值135.7万元；规范运行摄影、文学、棋类、书画等8个俱乐部，全年保障18万元经费。严厉打击阻碍民警、辅警正常执法、有损执法权威的违法犯罪行为，办理相关案件35起，刑事拘留18人，行政拘留13人，行政罚款1人，教育谈话3人。维权37人次，发放专项慰问金3.9万元，并对3名民警、4个派出所进行督察正名。

（陈　琦）

检　察

【概况】2021年，在建党百年、党绝对领导下的人民检察制度创立90周年的重大历史节点，区检察院聚焦“五年奉献一个新奉化”战略部署，对标“打造法律监督最有力的示范区”目标，开展规范司法行为常态化、绩效提升、品牌创建三大专项行动，各项检察工作取得良好发展。院先后获“全国检察宣传先进单位”、区委“集体三等功”等荣誉，捕前诉前先行建议机制获评全市检察机关优秀创新成果，全年获得市级以上荣誉52项，有关工作获各级领导批示肯定8次，队伍中涌现出全国重罪检察人才、全省控告申诉检察业务标兵等一批优秀干警。

【深入贯彻落实中央《关于加强新时代检察机关法律监督工作的意见》】牢牢把握中央出台《关于加强新时代检察机关法律监督工作的意见》的历史机遇，在推动区委出台实施意见的基础上，高规格召开区委检察工作会议，区委常委会专题听取检察院关于加强法律监督的汇报。协同区委政法委健全完善执法监督与法律监督衔接配合机制，联合区公安分局、区司法局等先后召开检警、检律联席会议，建立健全与政法各单位和相关政府部门协调对接工作机制，法律监督工作环境持续优化完善。

【服务保障】打造法治化营商环境。起诉扰乱市场经济秩序犯罪24人，探索建立涉民营企业控告申诉案件办理“绿色通道”、重大案件诉讼式听证审查、刑事合规不起诉等工作机制，统一履行奉化、宁海知识产权检察职能，起诉侵犯企业知识产权犯罪17人，4个案件入选全市助推构建新发展格局典型案例。

办好检察为民实事。聚焦服务特殊群体需求，督促对全区范围内的无障碍设施不规范处进行专项整改。聚焦生态环境建设，部署开展古树名木保护、“福寿螺”外来物种清理等专项监督活动。聚焦群众关切的食品药品领域，督促相关部门整治私自屠宰销售生猪、菜牛行为。聚焦未成年人司法保护，联合举办“护苗行动”、“未”爱而生“检”护成长等系列活动，未成年人检察工作部门荣获市级青少年维权岗荣誉，被市人民检察院荣记“集体三等功”。

深入助推诉源治理。召开全市首起刑事申诉公开听证，撰写电信网络诈骗犯罪白皮书、“醉驾”专题报告，均获区委主要领导批示肯定。深化检律协作，建

6月3日，奉化首次区委检察工作会议召开

11月16日，区人民检察院开展“涉企案件诉讼式审查听证检察开放日”活动

6月1日，区人民检察院组织学生开展模拟法庭活动

3月9日，区人民检察院就毛某某申请刑事申诉案举行公开检察听证会

4月28日至29日，全省检察机关首届声像资料检验专业论坛举办

立“互督互评”常态化机制；深化检调联动，促进矛盾纠纷“一站式”化解，两项工作均在全省工作推进会上作交流。

【数字检察赋能】 区人民检察院大力营造数字引领办案监督氛围，举办全省检察机关首届声像资料检验专业论坛，4个“金点子”在全市数字检察创意大赛中获奖。将数字化思维融入监督办案，危险驾驶类案监督入选全市数字检察办案指引。重视研发场景应用，检察阳光码、“判实未执行”云监督获评全市首届数字检察创新应用创意设计十佳方案，5人入选省市数字检察办案骨干。

【“四大检察”职能】 刑事检察提质增效。共批捕328件479人，起诉750件1214人；监督刑事立案21人，撤案18人，追捕追诉10人，两项监督数率比居大市前列；提出刑事抗诉1件，发出再审检察建议2件；部署开展违规违法“减假暂”全面排查，倒查30年“减假暂”案件582件，办理监外执行监督案件33件。共办理职务犯罪案件8件14人，5件案件获评全市刑事检察精品案例。

民事检察精准有力。加强对民事审判、执行活动的监督，共发出检察建议41件，提请抗诉4件。连续三年办理民事生效裁判监督案件数量居全市前列。率先在全市出台破产程序虚假诉讼查办与防范协作机制，参与列席债权人会议，现场释明检察监督，合力防范虚假债权申报行为，1件案件获评全市民事检察类精品案例。

行政检察持续做实。部署开展行政非诉终本执行、土地违法类案件非诉执行监督等专项行动，办理行政检察监督案件46件，积极运用政检联动、公开听

区人民检察院联合职能部门开展“禁塑令”专项检查行动

认罪认罚从宽控辩协商智慧升级。全年认罪认罚适用率达90.8%，居全市前列。认罪认罚案件控辩协商同步录音录像制度使“镜头下办案”更透明、更规范，相关做法获市人民检察院主要领导批示肯定并推广。

【队伍建设】 高标准开展党史学习教育。区人民检察院举办建党百年、检察建制90周年主题教育，重温红色记忆、弘扬伟大建党精神。法检联队在“永远跟党走”合唱决赛中获铜奖和最佳人气奖，区人民检察院获评区模范机关创建示范单位。

扎实开展政法队伍教育整

证、司法救助等形式成功化解行政争议案件11件，促进案结事了、人和政和。

公益诉讼检察稳步拓展。共办理公益诉讼案件65件，在雪窦山名山建设管委会、奉化海警站、滨海新区管委会等部门设立公益诉讼检察联络站，织密公益诉讼共同保护网，督促整治非法占用耕地、餐饮行业违反“禁塑令”等7个专项行动获《检察日报》等宣传报道，4件案件入选全市典型案例。

【特色品牌】 检察官办公室工作品牌再添硕果。在全省首个派驻公安机关检察官办公室基础上，率先升级为侦查监督与配合协作办公室，诉讼效率提高30%以上，建立的捕前诉前先行建议机制获评2021年度全市优秀检察创新成果。

刑事犯罪警示教育基地影响力不断扩大。基地参观群体突破4700余人，入选宁波党员初心教育基地，列居全区“书记项目”范例榜首，获中纪委驻最高人民检察院纪检组组长现场肯定。“蔚蓝”普法宣传运营团队获评市级“青年文明号”、全市检察机关“党建十佳实践范例”。

区检察干警重温入党誓词

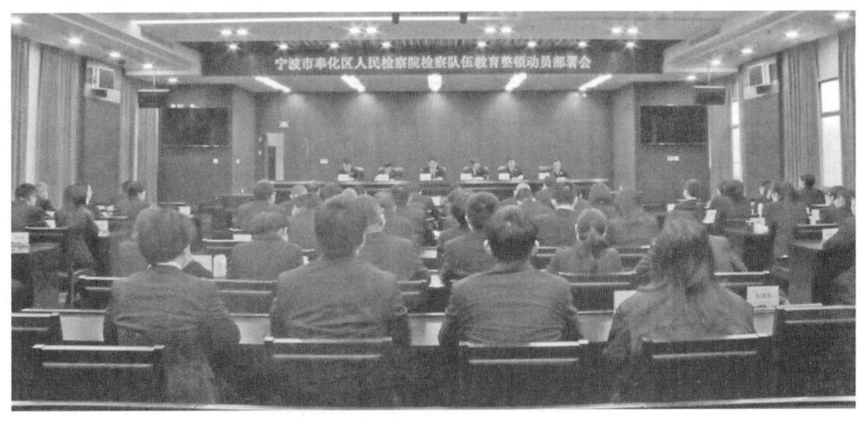

3月11日，宁波市奉化区人民检察院检察队伍教育整顿动员部署会召开

顿。区人民检察院坚持勇于开展自我监督，梳理填报问题实现全员覆盖，各类问题逐项对账销号、整改到位。历史积案清理工作成效显著，被区委荣记集体三等功。认真做好整改“回头看”，推动建章立制16项，相关做法被省委教育整顿办简报刊发。

持续加强履职能力建设。出台品牌创建绩效奖励办法等工作机制，大力营造比学赶超、争先创优的良好氛围，相关做法获市人民检察院主要领导批示肯定并在全市推广。控告申诉、检律控辩赛、公文写作等5项业务竞赛取得历史最好成绩，1人入选全国检察重罪人才库，4名干警分获全省业务标兵、自侦办案骨干、数字检察办案骨干和全市首届“十佳检察人”等荣誉称号。

【先进标兵】 詹政洁入选全国检察机关重罪检察人才库。林杰荣被最高检评为“全国检察宣传先进个人”。岑颖颖被评为“全省第一届控告申诉检察业务竞赛”业务标兵。董黎明被省检察院评为全省检察机关数字检察办案骨干。俞仁秀、蒋瑞军被省检察院评为全省检察机关自侦办案骨干。

（高文艺）

法　院

【概况】 2021年，新收各类案件9536件，结案9594件，比上年分别下降16.8%、19.3%，正常审限内结案率100%、一审判决案件改判发回瑕疵率为零、超12个月以上未结案保持为零。新收刑事案件753件，新旧案件审结757件。新收民商事案件6563件，审结6539件，收案数同比下降6.35%。新收行政诉讼案件65件，新旧案件审结69件，审结非诉审查案件152件，裁定准予执行147件，准予执行率96.71%。新收执行案件2720件，新旧案件执结2765件，执行到位金额3.19亿余元。全院主要办案质效、审执工作水平稳步提升。

【保障服务】 保障重大项目推进。区人民法院积极参加各类风险防范、矛盾化解协调会，组建专班为葛岙水库征迁移民安置、黄贤违建别墅拆除、印象奉化处置、恒大关联公司项目维稳等重点工作推进提供法律意见；注重从源头防范化解行政争议，争取并获批成为全市唯一试点法院开展涉重大工程项目补偿安置协议司法确认试点工作，已办理司法确认案件214件，平均审查天数15天，相关行政争议发案量比上年下降超6成。

助推法治政府建设。区人民法院注重行政争议实质性化解，建立健全败诉风险预警机制，积极推动行政机关负责人100%出庭应诉，行政争议发案量和行政诉讼败诉率顺利实现“双下降”，报送的一则政府信息公开案例成功入选最高人民法院15件“行政机关负责人出庭应诉典型案例”。

服务营商环境优化。4月26日，区人民法院召开知识产权新闻发布会，发布《2018—2020年奉化法院知识产权审判白皮书》及五大典型案例；联合区市场监

4月20日，区人民法院与区市场监管局、溪口镇政府共同成立“宁波市奉化区知识产权全链条保护工作室”，图为工作室授牌暨知识产权宣传周启动仪式

管局出台《关于建立知识产权协同保护机制的实施意见》，成立“宁波市奉化区知识产权全链条保护工作室”；推进破产案件繁简分流，适用简化程序审结案件20件，平均审限4.89个月，较近三年破产案件平均审限缩短57.18%；在全市率先出台《关于合理构建指标自控体系 全面优化法治化营商环境的意见》，围绕办理破产、执行合同、中小投资者权益三项内容建立指标自控体系，着力提升营商环境水平。

持续深化诉源治理。区人民法院不断健全矛盾纠纷源头防范、诉调对接、类案指导等工作机制，诉源治理工作取得积极成效；关于推进诉源治理的工作简报和报告分别获得省高院与市中院主要领导批示肯定；劳动争议调裁诉对接改革和“两个中心”融合工作相关经验在全省法院诉源治理工作会议上作交流发言，并入选最高人民法院和全国总工会主编的《劳动争议多元化解工作指南》。

【改革创新】 推进“共享法庭”建设。区人民法院积极争取党委支持，强化数智赋能，奉化区在全市率先出台《宁波市奉化区“共享法庭”建设实施方案》，推动人民法庭解纷职能向“法庭外”延伸、向“参与基层治理”拓展，积极打造“一站式”基层治理“最小支点”。2021年10月以来，“共享法庭”已覆盖全区12个镇（街道）、247个村（社区）及23个行业协会等组织，妥善化解各类矛盾纠纷1424件，工作成效被《法治宁波简报》录用。

打造“综合治理执行难E键联办”应用场景。区人民法院以数字化改革为牵引，打造执行“一件事”跨多应用场景，强化对执行行为的监督管理，提高执行工作规范化水平，提升执行工作能力。该应用场景自2021年8月底正式运行以来，已办理各类协助执行事项1070件，涉及执行标的约7500万元，95%以上的事项1天内办结，期限内办结率100%，平均用时节省50%。该项目被省高院确定为执行“一件事”第二批子场景应用试点。

推进审判辅助事务集约化改革。区人民法院持续推动“数字卷宗中心”高效运行，集约化办理网上立案审核、智能精细编目等事务，全院电子卷宗质量不断提高，法官无纸化办案体验不断提升；完善“送达服务中心”，优化“前端集中+后端分散”和“四个集中”送达模式，民事公

8月20日，奉化区“综合治理执行难E键联办”应用场景正式启动

11月18日，奉化区召开“共享法庭”建设工作推进会暨揭牌仪式

告送达率下降至5.5%，排名从全市垫底跃居第一名，破解“送达难”成效明显；进一步规范“集中保全中心”，“一站式”办理保全事项，2021年，保全立案791件，比上年增加138.3%，财产保全率位居全省法院第8名。

推进繁简分流改革。2021年受理司法确认案件794件，比上年上升23.3%；准确适用小额诉讼程序一审终审，审结小额诉讼案件1327件，平均审限21.3天，无一再审改判；完善简易程序规则，促进简单案件简化审理，审结简易程序案件3892件；扩大独任制适用范围，适用独任制审结普通程序案件352件，较全市平均审限缩短13.7%。24项亮点举措及15篇案例报道被省高院月报采用。

【队伍建设】 开展教育整顿。区人民法院坚决贯彻上级法院和区委部署要求，紧扣筑牢政治忠诚、清除害群之马、整治顽瘴痼疾、弘扬英模精神“四大任务”，抓好学习教育、查纠整改、总结提升“三个环节”，高标准高质量开展队伍教育整顿；大力整治顽瘴痼疾，在整治六类顽瘴痼疾基础上，结合自身实际，突出整治变相强制撤诉或同意终本、执行案件未穷尽查人找物举措、保障律师权益不到位、人民陪审员陪而不审四类重点问题，进一步提升整治针对性。

深化作风整治。区人民法院持续推进正风肃纪，设立院领导带队的正风肃纪检查组，常态化开展纪律作风大检查，提升队伍执行力。2021年，开展检查10次，发布“红黑榜”；开展“家属助廉”以及“以案释德、以案释法、以案释纪”警示教育活动，筑牢廉政防线；积极开展“作风整治大会战”，正风肃纪力度不断加大，从严治院基调更加鲜明。

激发队伍活力。区人民法院启动专业化提升“5+2”赋能计划，通过建立导师帮带、院领导主持重点调研课题等“五大机制”，深化“奉法论坛”“案例我来说”两大活动，全力推动构建“教、学、研、练”一体化人才培养机制；开展集中谈心谈话、“党课开讲啦”“健康奉法人”等活动，营造全院共谋发展的良好氛围，不断提升队伍活力和凝聚力。

强化政治统领，院党组积极通过党组“第一议题”、理论学习中心组专题研学党的十九届六中全会精神、习近平法治思想、习近平总书记“七一”重要讲话精神等，不断提升政治判断力、政治领悟力、政治执行力；强化理论武装，结合支部学习以及院长论坛、思想大讲堂等学习体验活动，扎实开展“思想建设年”和党史学习教育；强化党风廉政建设，严格执行防止干预司法“三个规定”；加强党支部建设，大力实施支部组织力提升工程，健全党支部管人、管事、管业务机制，提高干部塑造变革能力，不断筑牢支部“战斗堡垒”。

（江　艳）

司法行政

【概况】 2021年，全区司法行政系统坚决贯彻落实区委、区政府和省厅、市局决策部署，紧扣“开拓创新、争创一流”工作总目标，对表全市司法行政年度工作要点，对标市局党委“七项重点工作项目任务清单”要求，立足司法行政职能，全力以赴抓学习、重业务、强队伍、提质效，努力以新担当、新作为、新业绩，为奉化高质量实现“五年目标”、高水平推进“二轮攀高”贡献司法行政力量。

【法治奉化建设】 区司法局组织召开区委法治奉化建设工作会议，总结回顾十五年来奉化开展法治建设情况及部署下阶段工作任务。筹备召开区委全面依法治区委员会第三次（扩大）会议，提请印发《2021年法治奉化建设重点工作清单》和《法治奉化建设“六大抓手”实施方案》，制定奉化区2021年法治政府建设工作计划，部署法治建设“争先进位”工作任务。抓好法治建设示范培育，推动溪口镇成功创建首批“浙江省法治化综合改革试点乡镇”，岳林街道为首批“宁波市法治建设示范乡镇（街道）”。溪口镇“一支队伍管执法”试点改革取得实质性进展，“溪口镇

‘首张陆域渔政罚单’”在法治宁波建设“十佳创新案例”评选中喜获提名奖。区司法局严格落实合法性审查联审机制，充分发挥审查智囊团在参与复耕整治、移民安置、招商引资、涉法涉诉信访答复等镇街重点、难点项目上的参谋作用，全年累计开展合法性审查1914件，涉镇街的行政争议、败诉纠错大幅下降。

【社区精矫智控】“政企社联动”社区矫正“奉化模式”获评2021年度全省政法工作现代化创新引导项目。承办浙江省“百名公益大使”宣传《社区矫正法》系列活动（宁波站）启动仪式，推动更多社会力量参与社区矫正工作。研究制定区司法局“智慧矫正中心”建设工作方案，三区十八室已基本改建完工，制度及文化均已上墙，专用硬件设备已完成招标，待硬件设备到位后进行安装调试并进入试运营阶段。配合监狱系统顺利完成96名刑释人员（除1人重新犯罪外）的修心教育质量跟踪评估任务。严格落实重点帮教对象刑释“必接必送”制度，畅通与各监所的信息交换，做好在册刑释解矫人员的“一人一档”建档工作，全区共有在册社区矫正对象619人（缓刑594人、假释14人、暂予监外执行11人），现有安置帮教人员1453人，重点人员53人（其中，特赦20人），未发生因脱管漏管造成严重危害社会犯罪案件。全年开展远程视频会见396人次，有力保障了犯罪人员合法权益。

【公共法律服务】 持续开展法律援助农民工讨薪、法律关爱老弱幼妇等特殊群体活动。全区法律援助机构全年接待法律咨询9392人次，办理法律援助案件1429人次，值班律师提供法律帮助案件735人次。普及“公证E通”基层推广应用，出台《“公证E通”宣传推广办法》，推动公证服务实现基层办、就近办。深化企业法治体检，广泛开展“条例文本进企业”活动，组建“巡回法治体检团”为2800家企业开展“把脉问诊”，提出方案建议300余条。开通“云”上通道，联合奉化“8718”平台为企业开展合同签订防范法律风险活动。特别推出“企业家周一法律夜学”活动，收集企业需求，提供定制服务，累计服务企业640余家。持续开展律师业“扬帆行动”，一方面督促律师事务所不断招收实习律师以及吸纳区外律师，鼓励新生力量加入法援队伍；另一方面，进一步充实公职律师队伍，在全区范围内积极动员符合条件的20余名干部通过任前培训申领公职律师证，努力提升律师万人比达到共同富裕发展指标。

【基层社会治理】 全年区司法局受理各类矛盾纠纷5872件，成功调处5871件，调处成功率达99.98%。以“共享法庭”为抓手，打造庭所共建联动模式，江口街道“共享法庭”试点运行3个月以来，就地解决的36起纠纷案件无一进入执行程序。宁波海事法院、莼湖法庭、莼湖司法所三方共建海事渔业纠纷人民调解协议“家门口”司法确认联调模式，累计化解海事渔业纠纷177件，涉案金额2300余万元。探索“党建+人民调解”模式，尚田街道凝聚“家园理事”参与基层治理合力，综合运用道德庭、村民说事长廊、民生会客厅等平台收集民生需求287件，化解矛盾纠纷182件。组织开展“名师带徒”活动，11名“师傅”与17名徒弟双向选择、灵活配对，该做法被省司法厅写入《关于人民调解质效提升专项行动进展情况的通报》。积极部署宁波市人民调解委员会规范化建设示范点建设工作，创建莼湖街道人民调解委员会。着力培养选拔优秀调解员和调解能手，充实更新调解专家库，溪口镇何华海成为集全国级及省、市、区级荣誉于一身的“大满贯”调解员。

【普法宣传教育】 奉化区严格贯彻落实普法责任制要求，制定下发年度普法责任清单，推出共性工作8项、个性工作202项、普法特色活动156项，涉及单位数量由29个增加至71个。“七五”普法工作顺利收官，获评全省“七五”普法中期成绩突出县（市、区）。启动“八五”普法宣传发动工作，编制出台《关于在全区开展法治宣传教育的第八个五年规划（2021—2025年）》。建立政府系统干部法治建设轮训机制，全区53个单位的3732名干部参与政治法治轮训。实施农村“法治带头人”“法律明白人”培养工程，对社会治理干部和网格员开展13场次业务轮训，激发该队伍在法治宣传、化解纠纷、参与社会治理中的示范引领作用。有序推进“民主法治示范村（社区）”争创工作，新建省级民主法治村（社区）6个，宁波市级民主法治村（社区）68个，向2020年度新一轮得到命名的17个省市级村（社区）发放经费补助23万元。强化特色法治阵地建设，滨江法治文化公园、民法典健身步道、廉法主题广场等16个“一地一品”特色阵地建成投用。完成《奉化法治文旅行》视频制作，开展专场法治文艺下乡巡演7场，切实提高普法针对性。

【司法队伍建设】 区司法局建立健全学习长效机制，坚持教育整顿学习与党史学习教育有力融合。全年组织开展司法行政大讲堂12期，领导上党课实现全覆盖。坚持问题导向，对标“六大顽瘴痼疾”，梳理制定84项科室问题清单、自查上报个人问题273个，自查填报率100%；核查在职在编干部及家属，未发现违法违规情况。完成政法队伍教育整顿各项工作任务，群众满意度和民主测评情况在全市司法行政系统名列前茅。以问题切实整改到位推动各条线工作“争先进位”，科室及基层司法所严格执行“问题及时发现有效解决闭环机制”，全年共排查单位入库问题24个（其中，8个入区级综合库），按照不留“锅底”、不余死角的整改要求，实现全面销号清零。强化干部实战赋能，注重在吃劲要紧岗位磨炼干部，选派5名中层干部参加全区“压担式”挂职，2名干部开展体验式跨岗锻炼，抽调16名业务骨干定向参与国有资产整合提效、黄贤违建别墅处置、扫黑除恶、房屋征收拔钉清零、文明典范城市创建工作，忠实践行“我为群众办实事、我为企业解难题、我为基层减负担”，提升服务群众能力。

（葛钰颖）

法制工作

【概况】 2021年，奉化区依法行政工作全面贯彻党的十九大和十九届历次全会精神，根据《法治政府建设实施纲要（2021—2025年）》等要求，在区委、区政府的领导下，取得一定成效，形成一批具有奉化辨识度的工作亮点。

【法制监督】 奉化区持续推进省统一行政处罚办案系统应用工作，促进行政执法数据共享互通和精准研判，实现智慧执法监督，全年应用率为84.62%，位居全市第二位。加强执法制度落实，行政执法公示、全过程记录、重大执法决定法制审核“三项制度”已实现全覆盖。完善依法行政工作与巡察协作机制，强化主要领导对相关建议的协调、督办，使履行依法行政工作第一责任人职责制度落到实处。2021年，累计对29家党政机关提出依法行政巡察意见70余条。

【行政争议处理】 奉化区推出重大工程项目补偿安置协议司法确认机制，持续释放政策试点红利，累计办理安置补偿协议司法确认214件，涉征地补偿行政诉讼案件比上年减少33件，下降66%。创新行政复议“公开评议”，搭建复议机构居中主持、申请人与被申请人平等对话的“众议平台”，多渠道发现、评估、处理争议焦点。2021年行政争议发案量100件，比上年下降18%；行政败诉3件，比上年减少8件，行政败诉率4.69%，比上年下降4.96个百分点。深化行政复议“以案治本”“复议为民促和谐”等专项行动，被复议案件及复议后起诉案件始终处于零纠错。全区行政机关负责人出庭应诉率始终保持在100%，有的行政机关负责人勇于在“出庭又出声又出效果”上先行一步。7月19日，最高人民法院发布15个行政机关负责人出庭应诉典型案例，奉化区一案例入选，为宁波地区唯一入选案例。

（葛钰颖）

农 业

综 述

2021年，农业主管部门深入学习贯彻党的十九大和十九届历次全会精神，认真落实中央及省、市、区委工作部署，坚持稳中求进的工作总基调，立足新发展阶段，贯彻新发展理念，构建新发展格局，以“两高两宜两富”（农业高质高效、乡村宜居宜业、农民富裕富足）为主题，围绕共同富裕总目标，聚焦聚力“两大计划”“六大会战”，全面推进农业农村现代化。全区农林牧渔业总产值达到56.96亿元，同比增长4.9%；农林牧渔业增加值达到35.12亿元，同比增长3.6%；农村居民人均可支配收入达到38453元，同比增长10%；全区低收入农户人均可支配收入达到17272元，同比增长14.8%；城乡公共服务均等化发展水平持续提高，农村居民生活品质进一步提升。

持续打好疫情防控阻击战。奉化区全力抓好农村地区和海上疫情防控，严把输入关口，重点防范海上境外输入，落实好外来人员扫码、测温等防控措施，鼓励外来务工渔民就地过年。同时，着力提升疫情防控处理能力和监管能力，备足备好防疫物资。

稳住农业“基本盘”。奉化区推进耕地“非粮化”整治，经排查，全区粮食生产功能区“非农化”“非粮化”面积5.17万亩，完成粮食生产功能区“非粮化”整治2.99万亩。粮食生产稳步提升，加大种子、农机、农资等要素保障力度，全年粮食播种面积和总产量均超额完成年度任务。强化粮食生产政策导向，全年发放耕地地力保护补贴933.58万元、一次性种粮补贴192.46万元。

推进农业产业提质增效。深入实施市委“4566”乡村产业振兴行动，继续贯彻落实《宁波市奉化区坚持“五新”引领农业提质增效行动计划（2020—2022）》要求，进一步实施“五新”（新品种、新技术、新装备、新主体、新渠道）产业项目，45家农业企业被列入“五新”农业产业项目备案名单，贷款余额8424万元，全年累计下达利息和担保费补助363.26万元。加强生猪产能恢复，坚持“六化”（标准化、绿色化、规模化、循环化、数字化、基地化）引领，落实“一场一策”指导，推动生猪标准化、规模化养殖，实现生猪存栏9.90万头，同比上升9.9%。强化动物疫情防控，全年无重大动物疫情事故发生。雪窦山现代农业园区创建通过省级验收，滕头田园综合体创建项目通过市级验收，尚田镇国家农业产业强镇创建基本完成，区花木产业联合体、竹笋产业联合体、水产产业联合体被认定为宁波市农业产业化共富联合体。继续打响水蜜桃“欢喜奉桃”品牌，全年水蜜桃销售总产值约5.22亿元，同比增长17.3%。奉化曲毫被列入农业农村部发布的“2021农产品地理标志登记产品名单”，并获得中华人民共和国农产品地理标志登记证书。

村级集体经济发展壮大。

支持村集体项目建设，制定出台《宁波市奉化区“百村百业、强村富民”三年行动计划（2021—2023）》，建立健全村集体项目建设补助机制，落实“明白纸”制度，创立“强村贷”产品，全年先后实施16个村级集体经济发展项目，覆盖村72个，总投资额1.13亿元，促进增收690万元，实现全区村集体经济年总收入30万元且经营性收入20万元以上。开展清廉村居建设，制定出台《关于深入推进清廉村居建设的实施方案》，修订完善“三资”管理制度，全面推行村集体基本存款账户竞争性招标，全区2021年增收500万元以上。开展村集体资产清查清欠行动，全年应收账款基本清零。加快省级村集体“三资”管理系统推广应用，全区315个村（社）农村集体经济数字管理系统的基础数据归集工作推进顺利。

持续抓好农业安全生产。加快推进农产品质量安全合格证制度，建立二维码追溯点的农业主体累计达到287家，比上年增加3.40%。进一步开展农产品标准化生产绩效评价和示范基地创建工作，农产品标准化生产绩效评价43家，新创建农产品标准化生产示范基地15家。区级以上主要农产品质量安全监测合格率在99%以上。开展各类专项行动，强化执法办案，开展畜牧兽医领域专项执法检查，持续打响“绿剑”护农执法品牌。扎实做好动物防疫，聚焦非洲猪瘟等重大动物疫病防控工作，切实加大动物卫生监督执法力度。全面开展伏休期涉海领域“遏重大”百日攻坚行动，组织开展渔船隐患排查，着力消除安全隐患，隐患整改率100%。

清理异地挂靠渔船，开展帆张网、刺网渔船减船转产，提升渔船本质安全；加快开展“浙里甬惠渔”项目建设，绝大多数渔船安装天线设备，实现渔船可视化。

种植业

【概况】 2021年，农作物播种面积共17554公顷（263310亩），同比减少12.22%。粮食作物播种面积10335公顷（155025亩），同比增长3.75%；总产量63163吨，比上年减少1.14%。

油料播种面积507公顷（7605亩），同比增长13.68%；总产量937吨，同比减少4.97%。其中，油菜籽207公顷（3105亩），同比增长44.76%，产量206吨，同比减少20.77%；花生281公顷（4215亩），产量696吨，同比分别增长0.36%、1.61%；芝麻19公顷（285亩），产量35吨，同比分别减少13.64%、12.5%。

甘蔗播种面积12公顷（180亩），与上年相同，总产量432吨，同比增长6.67%。药材类播种面积99公顷（1485亩），总产量214吨，同比分别减少50.25%、45.82%。蔬菜（包括菜用瓜）播种面积2530公顷（37950亩），总产量45431吨，同比分别增长4.50%、3.23%。食用菌总产量13780吨，同比增长36.57%。果用瓜播种面积600公顷（9000亩），总产量15316吨，比上年分别减少11.24%、13.15%。其中，西瓜405公顷（6075亩），产量11998吨，分别比上年减少15.98%、15.70%；甜瓜55公顷（825亩），产量903吨，分别比上年增长14.58%、9.72%；草莓139公顷（2085亩），同比增长4.51%，产量2406吨，同比减少2.08%；其他果用瓜1公顷（15亩），产量9吨，同比分别减少92.31%、92.68%。

花卉苗木栽种面积3231公顷（48465亩），与上年相比减少41.88%。其中，花卉232公顷（3480亩），观赏和绿化苗木2995公顷（44925亩），草皮4公顷（60亩），同比分别比上年减少60.07%、36.47%、98.48%。盆栽类园艺0.06万盆，比上年减少98.37%。

其他作物播种面积240公顷（3600亩），同比减少66.80%。其中，绿肥109公顷（1635亩），席草131公顷（1965亩），同比分别减少76.15%、50.19%。

【粮食绿色高产高效示范】 2021年，奉化区印发《2021年粮食绿色高产高效创建活动实施方案》，继续开展粮食绿色高产高效创建活动。全区共申请创建粮食绿色高产高效示范方（基地）33个、面积260.5公顷（3907.5亩），实割测产验收示范方（基地）17个、面积132.4公顷（1986亩）。其中，小麦示范方1个、面积6.67公顷（100.05亩），早稻示范方4个、面积38.87公顷（583.05亩），连作晚稻超高产攻关方1个、面积7公顷（105亩），连作晚稻示范方4个、28.53公顷（427.95亩），单季稻示范方3个、面积21.67公顷（325.05亩），优质稻米示范基地3个、面积25.33公顷（379.95亩），旱粮（番薯）示范基地1个、面积4.33公顷（64.95亩）。区农技总站组织有关人员对创建主体进行综合考评，择优确定拟补助创建主体共11个。其中，小麦示范方1个、早稻示范方2个、连晚超高产攻关方1个、连作晚稻示范方2个、单季稻示范方2个、优质稻米示范基地2个、旱粮（番薯）示范基地1个。

2021年奉化区粮食绿色高产高效示范方实割测产验收表

表4

序号	示范类型	创建主体	责任人	示范地址	示范品种	示范面积（亩）	实割产量（千克/亩）
1	小麦示范方	宁波市奉化区明春农场	姜明春	江口朱应	镇麦 12	100	426.11
2	早稻示范方	宁波市奉化麦浪农场	竺海龙	方桥竺家	中祖 18	213	593.74
3		宁波市奉化区有为家庭农场	魏进友	西坞东陈	甬籼 15	120	562.18
4		宁波市奉化区金宁农场	吴晓雷	西坞金桥	甬籼 15	125	546.09
5		宁波市奉化区骆位昌家庭农场	骆位昌	西坞亭山	甬籼 15	125	545.49
6	连作晚稻超高产攻关方	宁波市奉化麦浪农场	竺海龙	江口坝桥	甬优 1540	105	619.95
7	连作晚稻示范方	宁波奉化吴世良农场	吴世良	西坞东陈	甬优 538	120	640.22
8		宁波奉化胡锡培农场	胡锡培	莼湖吴家埠	甬优 1540	102	643.99
9		宁波市奉化区西坞蒋盛华农场	蒋盛华	西坞孔峙	甬优 7860	106	634.62
10		宁波市奉化区美芳家庭农场	王美芳	江口张俞	甬优 538	100	616.69
11	单季稻示范方	宁波奉化吴世良农场	吴世良	西坞白杜	甬优 12	120	809.64
12		宁波市奉化区明春农场	姜明春	江口朱应	甬优 7860	100	797.79
13		宁波市奉化麦浪农场	竺海龙	江口三进桥	甬优 7860	105	760.80
14	优质稻米示范基地	宁波市奉化辅德农场	江辅德	西坞东陈	嘉丰优 2 号	120	643.36
15		宁波奉化林占军农场	林占军	莼湖栖凤	甬优 7850	150	825.06
16		宁波市奉化区西坞蒋盛华农场	蒋盛华	西坞孔峙	甬优 7860	110	793.93
17	旱粮（番薯）示范基地	浙江金缘生态科技发展有限公司	金亦君	大堰沙柯	小香薯等	65	2025.00

【引种示范推广】 2021年，开展春备耕种子信息调查，引进粮食种子，做好及时供应。引进试种成功小麦新品种6个，平均亩产325千克；在江口街道明春农场和西坞石桥村分别种植优质稻米展示示范新品种15个、连晚新品种6个。10月26日，组织召开全区晚稻良种现场考察交流会议，确定下一年推广的晚稻品种。全年共供应早稻种子69吨、晚稻种子13.83吨、杂交稻种子18.13吨。

引进蔬菜、果用瓜新品种，加强示范和推广力度。6月4日，区农业农村局举办2021年蔬瓜新优品种展示现场会，区农技服务总站蔬菜瓜果生产相关技术人员、镇（街道）农技人员，以及蔬菜（果）专业合作社社员、家庭农场经营者、种植户共40余人参会。全年引种展示蔬瓜品种25个。其中，位于岳林街道瑞丰村的常源高山生态农业有限公司连栋大棚基地示范种植甬甜7号、翠雪7号甜瓜，锦霞8号、提味西瓜，绿塔芦笋等品种；江口街道前横村的绿苑果蔬专业合作社基地种植新甜糯88、黑甜糯168、迪甜糯336、雪甜7401鲜食玉米，银栗2号、墨童、妙收1号、西域香妃南瓜，嘉秀艳妃、小兰西瓜等；西坞街道山下地村的宁波方润农业科技开发有限公司基地种植粉红太郎3号、禾福、T1—08W、豫艺酸甜果、普罗旺斯水果番茄，佳丽、亮女、浙樱粉1号、黄妃、凤珠樱桃番茄等。

【作物种质资源收集】 继续利用尚田街道王董村种质资源圃，对比种植同类新品种，更好保护提升本地品种。全年种植5种作物计12个品种，其中，大豆2个（十月小黄豆、田塍豆）、花生3个（当地花生、鲁花系列精选种、白沙）、带豆2个（当地带豆、摘豇豆）、玉米1个（节节芦）、芋艿4个（奉化芋艿头、乌脚尖、黄粉尖、姜芋艿）；进一步提纯复壮2种作物4个品种，即黄瓜（当地黄瓜、八月白）、长汀萝卜（大头型、高圆型）。同时，适度扩大范围，确定萧王庙街道林家村、江口街道王溆埔村为种质资源收集地，指导林家村农户种植本地豌豆，江口街道王溆埔村农户培育奉化芋艿头、大桥种紫云英。根据传统农家品种的种植分布状况，适度扩大种质资源保护种植范围，在萧王庙街道林家村选择代表性农户为本地豌豆的种植保护点，面积0.3亩，共收获豌豆种子3.9千克和2份豌豆株系的少量种子；江口街道王溆埔村农户种植培育奉化芋艿头和大桥种紫云英，收获奉化芋艿头107株，共150千克芋艿头和70千克芋艿籽，收获大桥种紫云英株系55份。

【农作物病虫害绿色防控】 积极推进实施肥药减量工作，打造以农业防治、物理防治、生态调控等技术为主的绿色防控示范区样板，通过示范引导、辐射带动，有效地控制病虫的发生危害，农作物病虫害绿色防控技术水平显著提高。投入4万元，支持省级水稻绿色防控示范区奉化麦浪农场、奉化辅德农场成功创建省级农作物病虫害绿色防控（农药定额制施用）示范区。备春耕开始，从事农作物统防统治的组织与村或种粮户达成农作物病虫害绿色防控协议。4—9月，安放害虫性诱捕器4000多个、迷向丝3万余枚，安装太阳能驱虫灯3盏、常规驱虫灯14盏、太阳能杀虫灯27盏。全年完成农药减量3.8吨，农作物统防统治5574公顷（约8.36万亩），绿色防控推广面积1000公顷（1.5万亩）。

进一步加强春季农村（田）灭鼠工作。全年向12个镇(街道)发放鼠药10.6吨。全区于4月上旬开始统一开展灭鼠，监测显示春季灭鼠防效达到85.5%。

全年共发布病虫情报9期，其中水稻8期；向农户发送病虫预警信息2000余人次。

【土壤污染防治和地力提升】 2021年，进一步健全土壤污染监测预警体系，做好农用地土壤污染样品采集和检测工作，以全区20个省控点为抓手，完成2021年的土壤采样和2020年的监测报告工作。监测点土壤全部处在安全等级水平。

深入开展化肥使用量零增长行动，开展免费测土服务，全区共采集土样202个，开展不同作物肥料利用率、不同施肥方式等各类田间试验9个。加强配方肥、有机肥推广应用，5个主推配方肥以300元/吨的标准予以补助，全年补助610.95吨，资金18.3万元；商品有机肥补助标准为150元/吨，全年补助5200吨，辐射推广1.8万吨。主要农作物测土配方施肥技术推广面积8758.67公顷（约13.14万亩），测土配方施肥技术覆盖率达到92.7%，减少不合理施肥115吨。

以点带面，建设化肥减量增效示范区。裘村镇翔鹤潭村实施水稻化肥定额（减量）示范基地建设，采用施用配方肥、商品有机肥、秸秆还田（常规施肥）、缓释肥等模式，试验示范水稻定额施肥技术；萧王庙街道实施奉化芋艿头化肥定额（减量）示范基地建设，通过采用商品有机肥、配方肥等模式，减少芋艿头栽培上的化肥用量。在示范的基础上，分作物提出化肥减量增效技术指导意见。探索信息化、智能化的科学施肥服务模式，开展施肥App的推广应用；创新技术指导和宣传培训方式，多渠道、多形式发布施肥指导信息。

推进农作物秸秆还田，提高土壤有机质含量。向上级争取农作物秸秆全量化利用试点县项目，出台《宁波市奉化区2021年度农作物秸秆全量化利用试点县项目实施方案》《宁波市奉化区农作物秸秆全量化利用试点县项目资金管理办法》。全区一年农作物秸秆可收集总量4.67万吨，综合利用量4.53万吨。其中，农作物秸秆肥料化利用3.86万吨，包括直接还田3.36万吨、离田肥料化利用0.5万吨、饲料化利用0.07万吨、原料化利用0.6万吨。通过秸秆全量化利用试点县项目的示范带动，有效促使秸秆利用技术的研究、推广，形成政府主导、市场运营、农民广泛参与的秸秆综合利用管理机制。全年农作物秸秆综合利用率达97%，离田利用率在27%以上。

继续以畜禽粪便和“三沼”利用为重点，不断推进畜禽粪便收集处理体系建设，加大沼液就地和异地配送利用。全年沼液异地配送2万多吨，有效减少环境污染和降低农业生产成本。

【茶果生产】 2021年，全区茶园面积779.67公顷（约11695亩）比上年11293亩增长3.56%。其中，2021年采摘593.4公顷（8901亩），同比增长1.59%。产量986.5吨，比上年减少4.59%。其中，春茶737.5吨、夏茶129.6吨、秋茶119.4吨，春茶略增，夏茶、秋茶减少。全年产名优茶88.5吨，产值7596万元，同比产量减少，产值增加。

全年向外引进及收集本地优株水蜜桃品种16个，成熟期6—10月；推广早、中、晚熟水蜜桃良种2万余株，面积33.33公顷（约500亩）。

统计部门提供的数据显示，果园面积3640.17公顷（54602.55亩），同比减少11.72%。其中，柑橘318.47公顷（4777.05亩），桃子2395.05公顷（35925.75亩），杨梅525.59公顷（7883.85亩），同比分别减少8.99%、10.51%、9.48%。水果产量51158.7吨，比上年减少3.99%。其中柑橘5534吨，桃子36324.9吨，杨梅4914.3吨，同比分别减少6.66%、3.48%、3.20%。

畜牧业

【概况】 2021年，生猪产能恢复正常，实现生猪年末存栏目标任务，全区共有年出栏50头以上的规模养猪场（户）44个、规模养禽场（户）15个。生猪（含未断奶小猪）年末存栏8.71万头，能繁殖的母猪1.19万头，同比分别增加7.66%、29.35%；年内出栏比上年增加22.12%。牛、羊年末存栏同比分别减少9.14%、23.21%，年内出栏同比分别增加18.91%、26.32%。活家禽年末存栏、年内出栏同比分别减少45.82%、13.04%。猪肉、羊肉产量分别比上年增加18.79%、8.82%，牛肉、禽肉产量同比分别减少5.71%、19.14%，禽蛋产量比上年减少41.55%。

2021年奉化区畜牧业生产情况表

表5

指标	生猪（万头）		牛（头）		羊（万只）		活家禽（万只）		畜禽产品产量（吨）				
名称	年末存栏	年内出栏	年末存栏	年内出栏	年末存栏	年内出栏	年末存栏	年内出栏	猪肉	牛肉	羊肉	禽肉	禽蛋
全区合计	9.90	11.43	716	503	0.43	0.48	35.03	67.63	9285	66	74	917	2145
上年合计	9.01	9.36	788	423	0.56	0.38	64.66	77.77	7816	70	68	1134	3670

说明：生猪年末存栏包括未断奶小猪和能繁殖的母猪

【动物疫病防控】 2021年，完成重大动物疫病的样本采集，全年采集猪场26户、样品605份，禽场31户、样品1019份，羊场15户、样品733份，奶牛场1户、样品30份。开展重大动物疫病防控工作，发放防护服1054件、口罩3330只、消毒药4.83吨，消毒养殖场户62个、村庄53个、无害化处理厂1个、病死动物无害化处理收集点8个，以及其他风险场所及养殖区域8.7万平方米、道路120千米。全年共完成免疫口蹄疫疫苗51.05万毫升、高致病性禽流感疫苗62.63万毫升、猪瘟疫苗40.24万头份、高致病性蓝耳病疫苗1.28万头份、小反刍兽疫疫苗0.46万头份，实现重大动物疫病强制免疫率100%。免疫犬类狂犬疫苗2683头份，发放犬只免疫牌证2683件，植入电子芯片1383枚。

全面应用病死动物无害化处理监管系统，全区37家规模猪场、1家规模禽场和宁波奉化森之源动物无害化处理有限公司全面启用病死动物无害化处理监管系统。结合污染生态治理等工作，开展集中巡查218次、镇（街道）网格化巡查973次。全年无害化集中处理病死猪26000头，其他动物及产品17.35吨。持续实施犬类集中整治，无害化处理病死犬541只。全年发放病死动物无害化处理补助资金377.53万元，其中，宁波市级资金247.35万元、区级资金130.18万元。

【非洲猪瘟防控】 2021年，奉化区加强非洲猪瘟防控培训和指导，进一步提升养殖场防控意识和管理水平，改善防控设施设备；坚持养殖环节病死动物日报告制度。继续实施非洲猪瘟抽检，检测猪血样本38945份、环境样本275份，结果全部合格。

【智慧畜牧平台】 2021年，全区444家养殖场（户）全部纳入智慧畜牧业管理系统。加强智慧畜牧业务培训工作，内容包括畜禽价格监测、畜禽生产管理、产地检疫等系统应用。通过培训，提高有关人员工作责任心。全年共检疫生猪113929头、家禽87415只；上传猪耳标佩戴信息95322条、猪免疫信息177143条、猪产地检疫信息117391条、畜禽产地检疫信息87415条。

渔　业

【概况】 2021年，全区渔业产业保持稳定增长，水产品总产量16.27万吨，总产值22.72亿元，同比分别上升7.39%、5.23%。奉化区农业农村局被中共浙江省委农村工作领导小组办公室、浙江省农业农村厅评为全省渔业高质量发展工作成绩突出集体，奉化渔船编组模式被评为全省乡村振兴十佳创新实践案例，“浙里甬惠渔”多跨应用场景项目多次获省市领导肯定。

【海洋渔业】 2021年年底，全区共有在册捕捞渔船1059艘，其中，外海大中型捕捞渔船798艘、渔业辅助船40艘、象山港小型捕捞渔船159艘。外海捕捞生产主要在中韩、中日渔业协定暂定措施海域，小马力及中小型渔船仍在浙中、浙南一带渔场作业。因省内异地挂靠渔船转入奉化区，渔船数量增加，捕捞产量较上年增加，全年海洋捕捞产量126567吨，同比增加9.18%，产值166910万元，同比上升6.91%。经济类渔获物价格较上年同比下降约25%到30%。捕捞作业方式以拖网为主，捕捞品种与上年基本保持一致，仍以带鱼、鲳鱼、梅鱼和小黄鱼等经济型鱼类为主，分别占总产量的45.91%、11.43%、6.81%和5.62%。

海水养殖仍以海上筏吊式养殖、网箱养殖、池塘养殖、低坝高网养殖为主，养殖品种包括海带、牡蛎、鲈鱼、美国红鱼、梭子蟹、南美白对虾等。养殖面积1261公顷（18915亩），同比减少5.47%。其中，池塘养殖面积586公顷（8790亩），与上年相同。全区海水养殖产量32403吨，同比增加1.22%；产值5.57亿元，同比增加0.86%。海水养殖面积较2020年减少73公顷，主要为海带养殖面积减少，但贝类养殖面积增加500亩，养殖产量总体略升。梭子蟹、南美白对虾、牡蛎等养殖产品平稳，梭子蟹养殖形势较好，价格高；南美白对虾成活率较高，抗病性较好，产量较2020年增加明显；牡蛎亩产较高，较2020年同比有所增加。

推进水产绿色健康养殖。制定养殖尾水治理工作实施方案，建立水产养殖尾水治理示范点23个，累计完成水产养殖尾水治理面积4250亩；启动省级渔业健康养殖示范县创建工作，开展稻虾轮养试验，指导水产循环水养殖，创建4家健康养殖示范场，建成2家循环水养殖场，制定海水养殖和码头岸线提升改造技术指南，完成水产养殖种质资源调查等工作。

【淡水渔业】 2021年，淡水捕捞品种与上年相同，即鱼类、甲壳类、贝类等，以鱼类为主。全年捕捞产量1714吨，同比增长6.46%，其中鱼类1410吨，同比增长6.82%。淡水养殖水面以池塘、水库为主，另有河沟、稻田等，养殖鱼类、虾类和贝类，尤以鱼类为多，品种有草鱼、鲢鱼等。全年淡水养殖面积187公顷（2805亩），与上年度持平，养殖产量1971吨，产值2788万元，同比分别上升2.39%、2.12%。年内，由于渔业增殖放流，打击“电毒炸”“三无”船（筏），清理地笼网等违法行为行动的开展，全区内陆渔业资源得到较大程度恢复，淡水捕捞产量随之增加。

【休闲渔业】 2021年，疫情控制较好，休闲渔业有所恢复，主要集中在位于莼湖街道的翡翠湾。因统计口径变化，年末确认共有休闲渔业经营主体2家，省级以上精品渔业休闲基地1家，国家级精品休闲渔业示范基地1家（翡翠湾公司），休闲渔船62艘，从业人员114人，总投资达5180万元，与上年持平；全年产值1782万元，同比增加4.09%；接待游客20.45万人次，同比增加2.30%。

【渔船安全】 2021年，省政府办公厅《关于进一步加强当前海上渔船安全生产工作的紧急通知》印发后，奉化区认真贯彻省委、省政府关于坚决打赢安全生产“遏重大”决策部署，全面开展伏休期涉海涉渔领域“遏重大”百日攻坚行动。开展渔船安全大检查、隐患大排查行动，检查渔船995艘，消除安全隐患2415处，隐患整改率100%。

集中清理异地挂靠渔船93艘，理顺渔船管理关系；开展商渔船互登轮交流活动3次、参与65人，共商航行安全；帆张网、刺网渔船“减船转产”39艘，破解帆张网、刺网渔船安全监管难题；加快开展“浙里甬惠渔”项目建设，785艘渔船安装摄像头和机舱水位报警器，709艘渔船完成天线安装设备上船，实现206艘渔船可视化。组织各类安全培训，培训基层渔业管理服务人员52人次、渔业船员

9148人（普通船员3830人，职务船员1589人）；组织渔船应急演练2场，共113人参与；集中开展安全生产宣传活动9次，警示教育3616人。渔船安全生产形势稳定，未发生3人以上安全生产事故。

打好海上渔船疫情输入阻击战。春节期间，动员912名外省籍船员留在奉化过节，发放补助资金45.6万元。制定伏休回港方案，设立卡点核查；派员开展海上、码头巡查，重点核查渔船、船员“两证一码”及船员健康情况；通过微信、短信等方式宣传渔船疫情防控相关政策，确保不漏一船、不漏一人。

【“一打三整治”】 2021年，继续抓好“一打三整治”工作，加强渔业环境专项整治，实现海洋资源有效恢复，全面推进浙江渔场修复振兴。全年共检查渔船487艘次，清缴违禁网具1236顶（张）；检查各类市场、饭店、排档、冷库等涉渔经营场所3130家次，没收违禁渔获物111.6千克；查扣涉渔“三无”船舶89艘，立案36起，移送司法机关16起；增殖放流各类苗种1亿尾（粒）。

现代农业

【概况】 2021年，奉化区继续举办茶文化活动，组织参加各级茶叶博览会、茶叶评比，奉化曲毫、雨易红等名茶再创佳绩。引导企业亮相中国—中东欧国家“17+1”农市集活动、中国义乌森博会、浙江农博会等，提升品牌公众知晓度，扩大市场影响力。国家农产品地理标志登记保护产品增加到3个，编制《奉化曲毫地理标志农产品保护工程项目实施方案》，启动奉化曲毫地理标志农产品保护工程项目。进一步加强基层农业技术推广体系建设，提高农业科技服务效能，农业科技示范主体、农业技术推广公共服务对象抽样满意度均为100%。严格执行定量监测等基本制度，保障农产品质量安全。

【农业产业化】 2021年，推荐宁波市奉化泓欣食品有限公司申报宁波市级农业龙头企业。全区有农业龙头企业38家，实现销售额42.28亿元，同比增长1.29%；出口额13.2亿元，同比下降7.50%。全区农业龙头企业紧密型基地10133.33公顷（约15.2万亩），联系带动农户8.57万户，收购当地农产品总值10.43亿元。

【品牌推广】 2021年，奉化区举办“应梦雪窦　奉茶曲毫”2021奉化雪窦山茶文化生活节，第八届“奉茶杯”茶叶擂台赛决出特别金奖、金奖各3个，银奖4个。其中，尚田街道双狮雾云茶场、尚田街道安岩茶场、西坞街道雨易茶场分别获得奉化曲毫、白茶、红茶特别金奖。奉化曲毫（绿茶）参加在杭州举办的第四届中国国际茶叶博览会。在世界茶联合会主办的第十三届国际名茶评比中，雨易茶场选送的奉化曲毫（绿茶）、雨易红（红茶）均获得金奖。在省农合联、省茶叶产业协会、浙江茶叶学院联合举办的2021“浙茶杯”优质红茶推选活动中，雪窦山茶叶专业合作社“雪窦山”牌红茶、雨易茶场“雨易红”牌红茶、南山茶场“奉茶”牌红茶分获金奖、银奖、优胜奖。10月，奉化曲毫（绿茶）参加第十届中国（青岛）国际茶产业博览会暨2021浙江绿茶博览会。

组织企业参加中国—中东欧国家博览会、中国义乌国际森林产品博览会、线上浙江省农业博览会、浙江省首届乡村美食大会、“就地过年宁波名特优新农产品保供活动”、中国农民丰收节宁波庆丰收活动、宁波农产品区域公用品牌鼓楼旗舰店展销会等博览会活动，参加优质产品评比、直播带货、专场推介、商贸洽谈等活动。在第十四届中国义乌国际森林产品博览会优质产品评选中，兴隆丰灵芝孢子粉、芈食汇桃胶、圆蓝蜜桃果脯等获得金奖，生态大堰红薯干、兴隆丰灵芝红心猕猴桃、圆蓝桃珀饮等获得优质奖；在木（竹）雕艺术“中工杯”创新设计大赛中，“狮子闾门传说”“慈悲永辉”“音心同乐”分别获得银奖、铜奖、评委特别奖。“2021线上浙江省农业博览会优质产品评选”中，溪口龙门千层饼、罗汉芋艿头、桃蹊桃珀饮等获得金奖，裘忠油焖笋、佐餐王拌面酱获得优质奖。在浙江省首届乡村美食大会上，艾草青团获得省农家特色小吃优质奖。奉化千层饼、雨易小罐红茶被中国—中东欧农事集活动联办组织推选为中东欧国家伴手礼。

开展专场推介、品牌宣传、直播带货等活动，拓展水蜜桃等农产品销售渠道。举办“欢喜奉桃”2021杭州见面会，邀请著名演员刘涛在淘宝直播间里为“欢喜奉桃”品牌站台。举办“2021大堰之秋丰收节”活动，品鉴大堰香茗。农好奉化品牌服务中心挂牌，农好奉化体验馆正式入驻，打造线上、线下农业服务平台，助力优质农货“出山”。举办“2022线上农产品春节年货展”，在“亲爱的玛丽”线上平台设立推销专区，扩大农产品销售渠道和规模。

【奉化曲毫保护项目】 2021年10月，根据宁波市农业农村局、宁波市财政局有关通知精神，编制《奉化曲毫地理标志农产品保护工程项目实施方案》，计划2021年7月至2022年12月完成。总投资924万元，其中，中央财政补助500万元，建设奉化曲毫茶品牌文化展示中心以及5个良种发展示范基地、2个绿色高标准发展示范区、10个绿色食品认证先进企业等，有效增强全区名优茶区域公共品牌核心竞争力和发展后劲，带领茶农共享产业发展成果。

至12月底，新辟或改造奉化曲毫无性系良种茶园213亩；在溪口、松岙镇新建标准化茶厂各1家，总共面积750平方米、14家茶场相继购置摊青床、杀青机、炒干机等茶叶加工设备，安岩茶场修建一条面积为1400平方米的机耕路；组织各类人员培训2次共150人次；购置用房349平方米，设立茶叶品牌运行管理中心。全年累计投入资金736万元。

【农技推广体系】 2021年，奉化区有62人参加省基层农技人员知识更新培训，其中农技推广骨干5人；组织农民专业技术培训58期，培训科技示范户、组织农民观摩共3068人次。实施中央支持推广农技服务项目3个，农业主推技术到位率98%；农业科技示范主体、农业技术推广公共服务对象抽样满意率均为100%。成功创建4家省级高品质绿色科技示范基地，即宁波奉化九岙水蜜桃园、宁波奉化安岩茶场、宁波市奉化爱歌顿农场、宁波市奉化勇敢水产养殖有限公司。

年末，全区有农业产业技术创新与推广服务团队8个、农业技术指导员40名。经过3年评选，共产生各类“土专家”和“田秀才”70名。按照全区“肥药两制”3年行动计划，共确定重点科技示范户48户，带动一般科技示范户305户。

【农产品质量安全】 2021年，继续利用农产品质量安全监管与服务平台，完善农产品质量安全追溯体系。新建二维码追溯点农业主体11家，年末达到287家，390多家规模主体全面实施合格证制度，全年共张贴合格证（追溯码）185000余张。

全年完成区级定量监测679批次，其中例行风险监测336批次、监督抽查343批次，不合格2批次，合格率99.7%。各镇（街道）农残快速检测录入平台累计8580余批次，合格率在99%以上。配合宁波市级以上农业部门开展农产品定量监测707批次，其中例行风险监测377批次，不合格3批次，合格率99.2%。对各级监测不合格4家生产主体进行约谈或查处，处置率达到100%。开展农产品质量安全风险隐患排查整改“百日攻坚”行动，启动食用农产品“治违禁、控药残、促提升”三年行动，检查经营主体900多家次。

开展畜牧兽医领域专项执法检查，出动执法人员347人次，检查41家兽药、饲料等农业投入品经营主体，8家动物诊疗机构，15个菜牛私屠滥宰重点场所，54家动物养殖场。全年共查处动物卫生监督方面违法案件10起、兽药案件3起、屠宰案件2起、饲料案件3起，发放责令整改通知书7份。持续打响“绿剑”护农执法品牌，全年共查处农产品案件3起、肥料案件2起、农药案件2起、植检案件1起，发放轻微违法行为告知承诺书14份。全年共立案53起，其中一般程序立案42起、简易程序立案11起，罚没款共计5.36万元。

深入开展省级“肥药两制”改革农资示范店创建。从4月下旬开始，累计出动执法人员56人次，检查指导创建主体23家次，狠抓化肥、农药购买实名制，完善农资数字化管理系统。至年末，创建省级“肥药两制”改革农资店5家，待省厅组织验收。全区“肥药两制”改革农资示范店活跃指数达到100%。

推进绿色优质农产品认定和基地创建工作，全年新增无公害农产品产地整体认定1个，面积349.78公顷（5246.7亩）；新增绿色食品15个，面积46.66公顷（699.9亩）；新增1个地理标志农产品。西坞街道被列入宁波市2021年精品绿色农产品基地创建单位名单。至年末，全区共有有效期内无公害农产品92个、面积1953.33公顷（约2.93万亩），其中，水产品23个、面积726.67公顷（约1.09万亩）；无公害农产品产地整体认定5个，面积4073.33公顷（约6.11万亩）；绿色食品37个，监测面积1913.33公顷（约2.87万亩）；有机食品5个，面积46.67公顷（约700亩）；国家农产品地理标志登记保护产品3个，面积7133.33公顷（约10.7万亩）；全国绿色食品原料标准化生产基地1个（雷笋），面积4万亩。绿色优质农产品种植面积10386.67公顷（约15.58万亩）、畜禽产品16.1万头（只）、水产品733.33公顷（约1.1万亩），绿色优质农产品比率61.49%。

农业机械化

【概况】 2021年，随着农村经济的发展，全区农业机械化水平进一步提升。至年底，全区共有农机专业合作社33家，农机总动力达19.3万千瓦，主要农机拥有量2万余台，水稻综合机械化率达到92%，位居宁波市前列，农业机械在农业生产中的使用率明显提高。

【农业机械推广】 2021年，尚田、锦屏引进应用山地单轨运输机6台，以解决农作物运输难问题，推进水果、茶叶、蔬菜机械化生产。规模以上畜牧养殖主体推广应用牧场杀菌除臭设备12套，明显改善牧场内环境卫生。全区新增（或更新）耕作、插秧、植保、收割、输送、烘干等机械102台（套），简易保鲜冷库14377立方米。其中，轮式拖拉机20台、履带自走式旋耕机23台、高速水稻插秧机15台、喷杆喷雾机10台、植保无人驾驶航空器2台、联合收割机9台、粮食输送装置2套、粮食烘干机15台、热风炉6台，满足104个农户、生产经营组织的需求。水稻机耕率、机收率继续保持在98%以上，耕种收综合机械化水平率92%。区农业农村局完成伟忠家庭农场承建的“草莓设施化无土栽培技术研究与应用”县（市、区）级农机化项目，发放资金20万元。

【农机和设备补贴】 2021年，制定《宁波市奉化区2021—2023年农机购置补贴实施方案》，对水稻插秧机、粮食烘干机、生物质燃料热风炉实行区级定额累加补贴。制定《宁波市奉化区设施农业设备补贴实施方案》，全年验收通过并补贴面积11232平方米，下发补贴资金35.94万元。

继续按照宁波市“自主购机、定额补贴、先购后补、县级结算、直补到卡（户）”农机购置补贴操作模式，应用农机购置补贴手机App操作系统，方便购机农户申请补贴。全年受理购机补贴申请151份，发放购机补贴资金408.02万元，其中中央资金305.83万元、市级资金25.81万元、区级资金75.28万元、报废更新补贴额1.1万元。全区补贴各类农业机械209台（不包括粮食输送装置），其中新增（或更新）农机100台、单轨运输机6台、茶叶机械43台、其他机械60台。

【拖拉机报废补贴】 2021年，印发《关于发放宁波市奉化区变型拖拉机报废淘汰补偿资金的通知》，办理报废淘汰补偿变型拖拉机277辆，共计发放变型拖拉机报废淘汰补偿资金358.5万元。印发《关于发放2021年度奉化区高耗能拖拉机和联合收割机报废补偿资金的通知》，办理报废补偿7台，均为动力在14.7千瓦以下的拖拉机，补偿标准为1500元/台，共计发放补偿资金1.05万元。

农村经营管理

【概况】2021年，启动新一轮村级集体经济发展计划，印发《宁波市奉化区“百村百业、强村富民”三年行动计划（2021—2023）》，继续提高村级集体经济经营性收入，村级集体经济实现稳步增长。加强村级财务监管，全面推行村级财务“双代理”制度。有序推进年度国家、省、市、区级示范性家庭农场和农民专业合作社的申报认定及监测工作。至年末，全区有示范性家庭农场（公司）70家、示范性农民专业合作社51家。

【村级集体经济】2021年，全区283个行政村年总收入全部达到30万元且经营性收入在20万元以上、50万元以上村提升至35.6%。283个行政村经营性总收入达到29959万元，村均收入105.86万元，较上年的89.7万元增长18%，高于全区农村居民人均可支配收入增速。不含滕头村，全区282个村经营性总收入18556.05万元，村均收入65.8万元，较上年的50.41万元增长30.5%。

结合全区资金保障情况，全年先后实施16个村级集体经济发展项目，覆盖72个村，总投资额1.13亿元，预计补助7688万元。其中，当年完成项目4个，覆盖村24个，总投资2533万元，补助1511万元；在建项目12个，覆盖村48个，总投资8770万元，预拨补助资金2830万元。当年区财政安排的2800万元发展补助资金全部使用完毕。通过有限资金的定向优先使用，123个经营性收入20万元以下村顺利消除集体经济相对薄弱村；经营性收入30万元以下村从2020年的172个减少到137个，村均收入23.10万元，较上年的17.20万元增长34%。

【村级财务管理】2021年，区委办修订出台《宁波市奉化区村集体资金、资产、资源管理制度（修订版）》，加强新管理制度的业务培训。推广应用省农村集体“三资”数字管理系统（简称省版“三资系统”），积极做好基础数据的录入完善工作。开展应收账款“清零行动”，全面排查到2020年年底为止的村集体应收未收款项，集中力量开展村集体应收账款“清零”。经镇、村两级干部联审联查，下发至各村的应收款项任务清单共计1263笔，涉及金额5552万元。至年底，完成1255笔，涉及金额5155万元，分别占任务数的99.37%、92.85%。

全面开展农村集体账务和资金“双代理”工作，解决白条抵库、白条付款、大额现金付款等“三资”管理制度不落实、操作不规范、监督不到位等问题，特别是补上过去资金管理先使用后审核的监管漏洞，将集体资金使用事后监督变为事前、事中、事后相结合的全程监督，真正实现“三资”管理的关口前移，从制度上、源头上杜绝村干部贪污、挪用集体资金的违法行为。推进村务支出使用“村务卡”、村务收入收款使用“二维码”工作，严格控制现金交易，减少坐收坐支情况发生。

加强村级财务审计监督。从经济发达村、工程建设重点村、“三资”管理信访复杂村中选定24个村，委托有资质的第三方审计单位开展重点审计，发现库存现金超限额、坐收坐支、合同签订不规范、未按合同约定及时收取资金、流程后补等问题共计122个，及时督促各村整改。

开展村务公开检查。于1月、4月联合区民政局，分三组对全区12个镇（街道）63个村第一、第二季度村务公开情况进行抽查，并将相关结果进行通报。其中，24个村村务公开情况良好，33个村村务公开情况较好，6个村村务公开情况一般。

【新型农业经营主体】2021年，奉化区大力培育各级示范性家庭农场（公司），创建更多现代化新型农场（公司）。区级示范性家庭农场新增15家，年末总计19家；市级示范性家庭农场新增6家，年末总计14家；省级示范性家庭农场新增2家，年末总计37家。

加强对各级示范性农民专业合作社的管理，促使农民专业合作社提升发展。区级示范性农民专业合作社2021年复查30家，合格29家，无新增，年末总计29家；市级示范性农民专业合作社

2021年监测8家，合格7家，新增1家（奉化布袋子水蜜桃专业合作社），年末总计14家；省级示范性农民专业合作社2021年监测5家，全部合格，新增1家，年末总计6家；国家级农民专业合作社示范社2021年监测2家，全部监测合格，无新增，年末总计2家。

2021年奉化区级示范性家庭农场一览表

表6

序号	单位	地址	联系人	类型	主营品种
1	宁波市奉化区西坞笔锋山茶场	西坞街道山下地村中横	陈文渊	种植	茶叶
2	宁波奉化裘村香泉家庭农场	裘村镇马头村	陈香泉	种植	水稻
3	宁波奉化裘达夫家庭农场	松岙镇大埠村	裘达夫	种植	水稻、水果
4	宁波市奉化区龙奉大岙水蜜桃有限公司	松岙镇西岙村	沈降旺	种植、养殖	水果、蔬菜、蛋禽
5	宁波市奉化区杨社长生态农场	锦屏街道河头村应家山	杨武斌	林特（林业特色）	桃子
6	浙江欣星生态农业科技有限公司	莼湖街道吴家埠村	范雨欣	种养结合	水稻、鸭子
7	宁波仙桃湾农业科技发展有限公司	莼湖街道后琅村上横 8 号	林盼	林特	水蜜桃、苗木
8	宁波奉化久峰茶场	西坞街道山下地村	邬哲军	林特	茶叶、杨梅
9	宁波奉化吴世良农场	西坞街道白杜村	吴世良	种植	水稻、小麦
10	宁波市奉化德贤家庭农场	尚田街道金地寺村燕窠	解德贤	种植	青菜、番茄、黄瓜
11	宁波莓好农创农业发展有限公司	尚田街道双溪联村孙家	赵洁	林特	草莓
12	宁波奉化双岩谷生态农场	尚田街道桥棚村	贾位忠	林特	葡萄
13	宁波奉化桃乡缘农场	萧王庙街道何应村里应、尚田街道葛岙村安岩	应焰定	种养结合	水蜜桃、土鸡、蓝莓、樱桃等
14	宁波高雾生态农场有限公司	溪口镇石门村	陈义方	种植、林特	水稻、水蜜桃、猕猴桃、杭白菊
15	宁波奉化大堰鸿蕴生态农场	大堰镇柏坑村	王永红	林特	蔬菜、柠檬、枇杷
16	宁波市奉化区大堰镇心与心农场	大堰镇四岙村西畈	叶海斌	种植、林特	桃子、水稻
17	宁波市奉化裘村洪威家庭农场	裘村镇石盆村	周洪威	种植	水稻
18	宁波奉化裘村裘亚达家庭农场	裘村镇裘三村	裘亚达	林特	水蜜桃、杨梅、梨
19	宁波市奉化翔鹤生态养殖园	裘村镇翔鹤潭村	卓仁强	渔业	南美白对虾

2021年奉化区市级示范性家庭农场一览表

表7

序号	单位	地址	联系人	类型	主营品种
1	宁波市奉化区爽爽家庭农场	岳林街道斯张村	斯双双	种植、观光	蔬菜、果树、花卉、苗木、水稻
2	宁波市奉化区一茗茶场	西坞街道原尚桥茶场	王建菊	种植	茶叶
3	宁波市奉化区盛王农场	西坞街道尚桥头村	梁培增	种植	水果、蔬菜
4	宁波市奉化欣业农场	西坞街道山下地村上横	蒋雷	种植	水果、蔬菜、谷物、花木
5	宁波奉化佳必可果蔬农场	尚田街道梅岭下村	方波娟	种植	水果、蔬菜
6	宁波市奉化光良四季园农场	尚田街道广渡村	周亚苗	种植	水果、蔬菜、中药材
7	宁波市雨施山农业发展有限公司	尚田街道冷西村岭头	明丽	种植、养殖、餐饮、旅游	果蔬、畜禽等
8	宁波星隆农业发展有限公司	裘村镇吴江村	吴平	种植	水果、蔬菜
9	宁波仙桃湾农业科技发展有限公司	莼湖街道后琅村上横8号	林盼	林特	水蜜桃、苗木
10	宁波奉化久峰茶场	西坞街道山下地村	邬哲军	林特	茶叶、杨梅
11	宁波奉化双岩谷生态农场	尚田街道桥棚村	贾位忠	林特	葡萄
12	宁波奉化桃乡缘农场	萧王庙街道何应村里应、尚田街道葛岙村安岩	应焰定	种养结合	水蜜桃、土鸡、蓝莓、樱桃等
13	宁波奉化裘村裘亚达家庭农场	裘村镇裘三村	裘亚达	林特	水蜜桃、杨梅、梨
14	宁波市奉化翔鹤生态养殖园	裘村镇翔鹤潭村	卓仁强	渔业	南美白对虾

2021年奉化区省级示范性家庭农场一览表

表8

序号	单位	地址	联系人	类型	主营品种
1	宁波市奉化绿丰家庭农场	溪口镇湖山村下周家	虞如坤	林特	水蜜桃、竹笋
2	宁波奉化润海家庭农场	莼湖街道缪家村塘头	王国勋	种植	草莓等水果
3	宁波市奉化区南山茶场	尚田街道杨家堰村	方谷龙	林特	茶叶
4	宁波奉化滴水雀顶茶场	尚田镇葛岙村安岩	黄亚芳	林特	茶叶

续表8

序号	单位	地址	联系人	类型	主营品种
5	宁波市奉化辅德农场	西坞街道四维村	江辅德	种植	粮食
6	宁波奉化枫弄生态农庄	裘村镇裘二村枫弄	裘永存	种植	果蔬
7	宁波市奉化悠然家庭农场	尚田镇广渡村	周裕良	种植	蔬菜、水果
8	宁波市奉化范氏农场	锦屏街道河头村	郑芝琴	种植	果蔬、苗木
9	宁波市奉化羊羔仔农场	尚田街道桥棚村西杏岭	廖亚珠	林特	蔬菜、水果
10	宁波市奉化爱歌顿农场	西坞街道山下地村	江聪优	种植	水蜜桃、草莓等
11	宁波奉化昊天农场	锦屏街道山岭村	方迷凤	种植	蔬菜
12	宁波奉化王鹤农庄	岳林街道新鲍村后石坎	张裕波	种植、旅游等	草莓、其他果蔬等
13	宁波市奉化忠权家庭农场	尚田街道尚一村	袁忠权	种植	茭白
14	宁波奉化桃乐仙家庭农场	莼湖街道马夹岙村	周志军	种植	水蜜桃、猕猴桃
15	宁波市奉化麦浪农场	江口街道三进桥村	竺栋旭	种植	稻谷
16	宁波市奉化溪口千花万果农场有限公司	溪口镇石门村	毛益丰	种植	覆盆子、水蜜桃
17	宁波市奉化雨易茶场	西坞街道原尚桥茶场门前山	王建行	林特	茶叶
18	宁波奉化爱粿园农场	西坞街道王家汇村	邬开味	种植	无花果
19	宁波奉化乐野生态农场	岳林街道童赵村童桥	童建军	种植	水蜜桃
20	宁波奉化华岭花果山农场	锦屏街道长岭村狮子山	汪锡华	种植	水果、餐饮
21	宁波奉化思贤养殖场	萧王庙街道云溪村汪二	袁宁岳	养殖	美国鲥鱼
22	宁波奉化溆丰农场	江口街道王溆浦村	王锋国	养殖	水菱、茭白
23	宁波奉化雾中云茶场	莼湖街道洪溪村戴家山	孙密儿	种植	茶叶、水果
24	宁波市奉化区五金忠宝家庭农场	萧王庙街道五星村周陈黄	陈忠宝	种植	草莓、蔬菜
25	宁波奉化秋盛生态农场	江口街道庄家畈村	庄秋生	养殖	水稻、中华鳖
26	宁波市奉化区土埭定永农场	岳林街道明化村	印龙达	种植	水果、蔬菜
27	宁波市奉化区梅尊农场	尚田街道方门村	冯威	种植	水果、蔬菜
28	宁波奉化胖爸爸生态果园	尚田街道龚原村	陈常伦	种植	水果、蔬菜
29	宁波市奉化永乐果园	大堰镇湖边桥村	王剑勇	种植	水果、蔬菜

续表8

序号	单位	地址	联系人	类型	主营品种
30	宁波奉化裘村天顺农场	裘村镇甲岙村	黄小会	种植	水果、蔬菜
31	宁波市奉化尚田文武农场	尚田街道汇溪村	江良东	种植	覆盆子、水蜜桃
32	宁波市奉化乌花楼农场	西坞街道庙后周村	邬良平	种植	水蜜桃、猕猴桃
33	宁波市奉化利源农业开发有限公司	西坞街道镇南东路70号	邬红娟	种植	绿茶、水蜜桃、猕猴桃
34	宁波市奉化莼湖亚盛农场	莼湖街道吴家埠村	邬亚娟	种植	水果、蔬菜
35	宁波奉化九岙水蜜桃园	锦屏街道外应村后岭墩	应士峰	种植	水蜜桃、猕猴桃
36	宁波市奉化区盛王农场	西坞街道尚桥头村	梁培增	种植	水果、蔬菜
37	宁波星隆农业发展有限公司	裘村镇吴江村	吴平	种植	水果、蔬菜

2021年奉化区级示范性农民专业合作社一览表

表9

序号	单位	地址	联系人	主营
1	宁波市奉化区丰和莲藕专业合作社	岳林街道周家村	张明雷	莲藕
2	宁波市奉化禾丰葡萄专业合作社	岳林街道斯张村	斯如林	葡萄
3	宁波市奉化区溪口水蜜桃专业合作社	溪口中兴西路42号	周方龙	水蜜桃
4	宁波市奉化明佳果蔬专业合作社	溪口镇童家湖32号	单亚止	果蔬
5	宁波市奉化浦宁农机专业合作社	江口街道浦口王村	王善兴	农机
6	宁波市奉化鑫地农机专业合作社	西坞街道尚桥头村朱家洋	蒋雷	农机
7	宁波市奉化区山岭蔬果专业合作社	锦屏街道山岭村	沈国军	果蔬
8	宁波市奉化新鲍农机专业合作社	岳林街道沈鲍村	鲍丰义	农机
9	宁波市奉化保丰蔬菜专业合作社	岳林街道瑞丰村楼夹岙	葛永伟	蔬菜
10	宁波市奉化裕良诚信果蔬专业合作社	尚田街道广渡村	周云杰	果蔬
11	宁波市奉化区至真铁皮石斛专业合作社	莼湖街道漂溪村	施建光	铁皮石斛
12	宁波奉化成瑞农机专业合作社	裘村镇庄下村	屠才军	农机
13	宁波市奉化区西坞绿兴东魁杨梅专业合作社	西坞街道泰桥村	何亚敏	杨梅
14	宁波市奉化区成国农机专业合作社	江口街道前横村东墙弄	张成国	农机

续表9

序号	单位	地址	联系人	主营
15	宁波奉化绿苑果蔬专业合作社	江口街道前横村	李吉龙	果蔬
16	宁波奉化谷堡农机专业合作社	江口街道三进桥村	竺海龙	农机
17	宁波奉化五旺花木专业合作社	萧王庙街道五星村	皇甫亚竖	花木
18	宁波市奉化瑞丰果蔬专业合作社	岳林街道瑞丰村	周行江	果蔬
19	宁波市奉化鑫杰畜禽专业合作社	裘村镇岭下村金夹岙	陈豪君	畜禽
20	宁波奉化国瑞茶叶专业合作社	尚田街道印家坑村	张国瑞	茶叶
21	宁波奉化河头果蔬专业合作社	锦屏街道河头村	范海君	果蔬
22	宁波市奉化联众灵芝专业合作社	西坞街道东畈路11号	邬武纬	灵芝
23	宁波奉化江口同发梅花鹿养殖专业合作社	江口街道前胡村	王雨千	梅花鹿
24	宁波市奉化区源丰农机专业合作社	裘村镇马头村七组二间	陈香泉	农机
25	宁波奉化山海果蔬专业合作社	松岙镇海沿村	夏追国	果蔬
26	宁波市奉化云雾粮食专业合作社	溪口镇石门村高湖畈	陈义方	水稻
27	宁波市奉化四季果蔬专业合作社	溪口镇班溪村剡溪路58号	董良军	果蔬
28	宁波市奉化区四明山中药材专业合作社	莼湖街道漂溪村	施斌葵	中药材
29	宁波市奉化布袋子水蜜桃专业合作社	尚田街道龚原村	陈常伦	水蜜桃

2021年奉化区市级示范性农民专业合作社一览表

表10

序号	单位	地址	联系人	主营
1	宁波奉化锦啸农机专业合作社	西坞街道四维村石桥	江辅德	农机
2	宁波市奉化银龙竹笋专业合作社	溪口镇奉通北路27-1号	虞如坤	雷笋
3	宁波市奉化青皮红香猕猴桃专业合作社	锦屏街道南街2号	范谋军	猕猴桃
4	宁波市奉化奉东桃果专业合作社	莼湖街道田央村	吴世中	水蜜桃
5	宁波市奉化区雪窦山茶叶专业合作社	锦屏街道南街2号	王坚强	茶叶
6	宁波市奉化剡溪芋艿专业合作社	溪口镇经堂北路82号	蒋华东	芋艿
7	宁波市奉化区联丰粮食专业合作社	西坞街道山下地村	邬忠吉	水稻
8	宁波市奉化区珍峰草莓专业合作社	尚田街道冷西村	程美雅	草莓
9	宁波奉化辰凤禽业专业合作社	尚田街道双溪联村张家	张薛虎	家禽

续表10

序号	单位	地址	联系人	主营
10	宁波奉化诚信浙东白鹅专业合作社	西坞街道亭山村骆角江	汪方存	白鹅
11	宁波奉化三禾果蔬专业合作社	方桥街道新桥下村	张保卫	果蔬
12	奉化区好收成植保专业合作社	西坞街道尚桥金海东路36号	莫加康	植保
13	宁波奉化萧王庙滕头茶叶专业合作社	尚田街道葛岙村安岩	黄亚芳	茶叶
14	宁波市奉化布袋子水蜜桃专业合作社	尚田街道龚原村	陈常伦	水蜜桃

2021年奉化区省级农民专业合作社一览表

表11

序号	单位	地址	联系人	主营
1	宁波奉化锦啸农机专业合作社	西坞街道四维村石桥	江辅德	农机
2	宁波市奉化银龙竹笋专业合作社	溪口镇奉通北路27—1号	虞如坤	雷笋
3	宁波市奉化青皮红香猕猴桃专业合作社	锦屏街道南街2号	范谋军	猕猴桃
4	宁波市奉化奉东桃果专业合作社	莼湖街道田央村	吴世中	水蜜桃
5	宁波市奉化区雪窦山茶叶专业合作社	锦屏街道南街2号	王坚强	茶叶
6	宁波市奉化剡溪芋艿专业合作社	溪口镇经堂北路82号	蒋华东	芋艿

2021年奉化区国家级农民专业合作社示范社一览表

表12

序号	单位	地址	联系人	主营
1	宁波奉化锦啸农机专业合作社	西坞街道四维村石桥	江辅德	农机
2	宁波市奉化银龙竹笋专业合作社	溪口镇奉通北路27—1号	虞如坤	雷笋

（胡　晟）

农村工作

综　述

2021年，奉化区进一步学习贯彻习近平总书记关于“三农”工作重要指示精神，遵循党中央、省委、市委、区委关于“三农”工作的部署要求，围绕“农业更强、农村更美、农民更富”总体目标，进一步精准施策、持续发力，着力推进新时代美丽乡村建设，不断提升乡村颜值，城乡公共服务均等化发展水平持续提高，农村居民生活质量不断改善。

新农村建设

【美丽乡村创建】 2021年，奉化区继续按照省、宁波市部署，完成新时代美丽乡村建设任务。全区新创建省美丽乡村示范乡镇1个，即莼湖街道；达标村69个，其中精品村23个；特色精品村4个，即溪口镇岩头村、六诏村，大堰镇大堰村、谢界山村；美丽乡村风景线1条，即“海韵渔歌”，途经莼湖街道、裘村镇；历史文化（传统）村落保护利用示范村1个，即大堰镇大堰村。创建2021年度宁波市美丽乡村示范乡镇1个，即松岙镇；美丽乡村梳理式改造村庄60个；美丽乡村小集镇式中心村1个，即裘村镇马头村；乡村振兴示范带1条，即“四季花香”提升工程，途经岳林街道、莼湖街道、西坞街道；历史文化（传统）保护利用示范村1个，即大堰镇大堰村。

在完成创建任务的同时，确定市级新时代美丽乡村创建培育对象。其中，美丽乡村示范镇（街道）2个，即尚田街道和方桥街道；小集镇式中心村2个，即萧王庙街道滕头片区和莼湖街道桐照村；乡村振兴示范带2条，即莼湖街道“古亭渔歌”和松岙镇“红领松溪”；梳理式改造村庄45个；历史文化（传统）保护利用示范村2个，即溪口镇葛竹村、栖霞坑村。

2021年度省新时代美丽乡村达标（精品）村创建名单一览表

表13

乡镇（街道）	行政村	乡镇（街道）	行政村	乡镇（街道）	行政村
溪口镇（15个）	上白村★	松岙镇（6个）	淡溪村	江口街道（5个）	上下张村
	畸南村★		湖头渡村		朱应村
	石门村★		大埠村		山头朱村
	公棠村★	锦屏街道（5个）	溪岙村		庄家畈村
	康岭村★		石柱村		坝桥村
	榆樟杨村		西岸村	西坞街道（4个）	四维村
	界岭村		西锦村		庙后周村★
	徐溪村		东关村		高楼张村
	上山村★	岳林街道（2个）	龙潭村		河头村
	壶潭村		新鲍村	尚田街道（9个）	尚三村
	里村村	莼湖街道（13个）	街西村		广渡村
	湖山村★		街东村		金地寺村★
	亭下湖村		牌门头村★		杜家村
	三十六湾村★		杨家村		尚东村★
	下跸驻村★		漂溪村		杨家堰村
大堰镇（5个）	洞坑村		琅溪村★		许家村★
	三兴村		兴化村★		尚一村
	徐马站村		朱张村★		尚二村
	万竹村★		茅屿村★	方桥街道（5个）	庄家村★
	鲍兴村		同山村		上三村★
松岙镇（6个）	上汪村★		尹家村		前江村
	街一村		宋陆新村★		竺家村
	街二村		后琅村		儒江村

说明：达标村共69个，其中精品村23个（带★）

【农村垃圾分类】 2021年，进一步加强农村生活垃圾分类工作的组织领导，完善区镇（街道）农村生活垃圾分类处理领导小组，坚持区农业农村局牵头抓总、有关部门协作配合、各镇（街道）具体实施的工作体系。全区农村生活垃圾分类处理全覆盖，形成“户分、村收、街道运、区督查”的垃圾分类模式。针对不同地理位置，逐步推广裘村镇“两收法”、大堰镇箭岭村“零污染模式”和溪口镇下跸驻村“公交模式”。

实施农村生活垃圾智能分类处理，全区104个行政村先行。继续将农村生活垃圾分类处理工作纳入“我们的家园”考核，引入第三方现场检查评价机制，对每月评估检查情况实行公开，以文件形式通报，考核结果直接与垃圾分类专项奖补资金挂钩，农村生活垃圾分类取得一定成效。大堰镇谢界山村被浙江省“千村示范万村整治”工作协调小组办公室评为省级高标准农村垃圾分类示范村，大堰镇被宁波市农业农村局评为市级农村生活垃圾分类示范镇，大堰镇谢界山村、张家村、后畈村被评为市级农村生活垃圾分类示范村。至年末，全区累计创建省级高标准农村生活垃圾分类示范村9个、市级农村生活垃圾分类示范镇6个、市级农村生活垃圾分类示范村15个。

【农村住房改造】 2021年，制定出台《老旧农房改造提升三年行动计划（2021—2023年）》，建立老旧农房动态消除机制，全年完成老旧农房整治1558户，涉及86个行政村。其中，通过城中村拆迁整改528户、农房改造攻坚整改460户、零星点状整改570户。

深化农房改造攻坚，强化土地、资金等要素保障，落实资金9476万元、获批新增建设用地6.6公顷（99亩），优先用于农房改造项目，全年累计拆除旧房土地面积53.33公顷（799.95亩）、建筑面积62.65万平方米，建造新房占地面积40.47公顷（607.05亩）、建筑面积61.23万平方米、3749套。通过实施“十百千”农房建设工程，创建“浙东民居”样板村1个(萧王庙街道青云村)、培育村1个（莼湖街道章胡村）、市级农房改造示范村7个（莼湖街道鸿峙村，西坞街道金峨村、雷山村，尚田街道许家村，溪口镇上白村，大堰镇箭岭村，松岙镇西岙村）。

【农村劳动力培训】 2021年，奉化区继续强化农村实用技术和技能培训，提升农村劳动力创业就业能力。分类推进和完成省、宁波市和区级农村劳动力素质教育培训各项工作和目标任务。以农业龙头企业、示范性农民专业合作社、家庭农场、农家乐等新型农业经营主体带头人为对象，大力推进现代农业农村双创领军人才培育，培育一支有创业创新精神、有核心竞争力的现代农业农村领军人才队伍。承接举办部级高素质农民培训班3期，共培训部级高素质农民246人。委托团区委、区农合联、区教育局等部门和单位开展粮食高产技术、蔬菜绿色栽培、新型农机操作、机器换人技术等实用技术推广培训，参与培训2151人次，其中，实用技术培训1109人次（包括来料加工就业培训160人次）；开展千万智能手机应用大培训行动，共培训141086人次。选送新型农业经营主体带头人、农创客参加高层次培训，参加宁波市级现代农业领军人才第五期培训的新型农业经营主体带头人12人，参加高素质农民涉农院校高职扩招学历教育的新型农业经营主体负责人4人，入选2021年农业专业类在职研修班学员名单的农创客1人。至2021年年底，全区共有16089名农村实用人才被录入“浙江省乡村振兴实用人才库”，比上年新增588人。

休闲农业

【休闲农业发展】 2021年年底，全区有全国休闲农业与乡村旅游示范点1个，即滕头村；省级农家乐休闲旅游特色村（点）5个，分别是黄贤村、岩头村、商量岗、三石农庄、王鹤农庄；宁波市级农家乐休闲旅游特色村(点)8个，分别是三十六湾村、常照村、元宝山庄、尚田草莓、三河养殖、钓鱼山庄、爱歌顿、天下第一桃园；宁波市民宿集聚村3

个，分别是大堰村、柏坑村、南岙村；宁波市农家乐休闲旅游特色区块2个，分别是溪口镇、大堰镇。

【安全管理】 2021年，持续做好对休闲旅游特色村（点）日常安全和台风等特殊天气期间安全隐患的检查与警示，组织实地走访，加强数据统计。全年出动工作人员38人次，共检查休闲旅游特色村（点）28家次。

重点区域帮扶

【助农增收】 3月22日，区人民政府出台《宁波市奉化区开展来料加工助农增收阳光行动实施意见(试行)》，全面推行阳光行动，带动农村富余劳动力再就业。年末，全区有7个镇（街道）落实来料加工点72个，从业人员1500余人，促农增收约1800万元。运用多种形式，培训农村实用人才，发展新型农业经营主体，千方百计提高经济收入。

【结对帮扶】 2021年，常态化开展“一户一策一干部”结对帮扶，全区6895名干部与7558户低收入农户完成结对，实现全区低收入农户结对全覆盖。精准落实低收入农户扶持增收项目，落实产业扶持项目203个和分红投资项目7个，带动低收入农户增收40万元。创新实施低收入农户综合性保险，完成1万名低收入农户综合性保险投保，实现应保尽保。建立以最低生活保障为基础，以集中供养、专项救助、临时救助、社会救助等为补充的新型救助体系，至年末，累计发放各类补贴1.21亿元。强化数字赋能帮促，推广应用低收入农户帮促干部端、客户端，畅通诉求信息渠道，增强帮扶实效。截至年底，全区低收入农户共计7166户9879人，人均可支配收入17272元，与上年相比增长14.8%。

（胡　晟）

自然资源管理

综 述

2021年，区自然资源和规划分局把握节约优先、保护优先、自然恢复为主的工作总基调，全力服务保障奉化高质量发展和高水平建设。区自然资源和规划分局被评为奉化区2020年度“代表好建议”和“承办建议好单位”，2020年度全区政务公开考核先进单位，“五年奉献一个新奉化”项目建设专项行动（重点实事工程）考核优质服务单位，被宁波市资规局评为2020年度全市自然资源和规划工作目标管理考核优秀单位，被浙江省委、省政府评为“森林浙江”建设工作突出贡献集体，被浙江省政府办公厅评为全省松材线虫病防治工作和全面禁止非法交易、滥食野生动物工作突出贡献集体，奉化区被浙江省政府办公厅评为2020年度森林浙江建设目标责任制考核优秀单位。

土地保护及利用

【耕地保护】 层层签订耕地保护目标管理责任书，强化各级政府耕地保护主体责任，加强耕地保护力度。奉化区开展耕地“两非”整治工作，通过区级验收2815.13公顷（42226.95亩，不含草坪），其中即可恢复面积2595.6公顷（38934亩，粮功区24427亩）、稳定耕地219.53公顷（3292.95亩）。划定松岙镇海沿村、后山村、街横村、街二村及淡溪村5个村为奉化区第一个“千亩方”项目范围，面积为211.17公顷（3167.55亩）。对永久基本农田示范区、永久基本农田和一般耕地实行差别化补偿，拨付2020年度耕地保护补偿资金1308.8243万元。

2021年，建设用地复垦项目完成竣工验收4.33公顷（64.95亩），向省自然资源厅报备立项6.6公顷（99亩），完成设计方案会审8.67公顷（130.05亩）；组织完成40公顷（600亩）垦造耕地现场联合踏勘和测量工作并进入方案设计阶段；持续开展乡村全域土地综合整治与生态修复工程，其中，2018—2019年申报的4个项目已于2021年完成验收，2020年申报的大堰镇全域土地综合整治与生态修复工程、锦屏街道城西岙村等5个村全域土地综合整治与生态修复工程2个项目均按设计方案进度实施，计划于2022年年底申报验收，积极谋划2021年度裘村镇全域土地综合整治和生态修复工程并开展相关对接工作。

2021年，深入实施表土剥离和再利用，进一步加强土地资源的保护和利用。全年共立项批复表土剥离项目35宗，面积257.65公顷（3864.75亩）；完成剥离施工后通过验收25宗，面积120.86公顷（1812.9亩），用于造地复垦14.5726万立方米。

【土地利用】 2021年，全区共争取到20批195.13公顷（2926.95

亩）地方规划指标使用额度，其中，新增158.53公顷（2377.95亩），耕地128.6公顷（1929亩）；2批149.07公顷（2236.05亩）省留规划指标使用额度，包括S203省道奉化段公路工程（金峨至应家棚段）、S310省道奉化段（G228—S203）公路工程和宁波市奉化区松岙镇域水利综合治理工程，其中，新增146公顷（2190亩），耕地89.47公顷（1342.05亩）。

2021年，全区消化2009—2018年形成的“批而未供”土地116.8公顷（1752亩），完成年度考核目标的101%；处置存量“供而未用”土地14.27公顷（214.05亩），完成年度考核目标的335%；盘活存量建设用地119.07公顷（1786.05亩），完成年度考核目标的108%。

2021年，全区招拍挂出让土地72宗，出让面积188.76公顷（2831.4亩），出让金收入总额236.3亿元，相比上年同期，出让面积减少10.1%，出让金增加11.6%。其中，经营性用地31宗，面积117.61公顷（1764.15亩），出让金收入229.9亿元；工业用地38宗，面积56.05公顷（840.75亩），出让金收入5.2亿元；文化设施用地、医疗卫生用地、环卫用地各1宗，合计面积15.11公顷（226.65亩），出让金收入1.2亿元。

地质矿产管理

【矿产资源利用】 2021年，全区办理采矿权证延续2个（莼湖街道尹家大岙采石场和莼湖街道陈一村石船坑采石场），办理建设用地项目压覆矿产资源审核339宗，办理地质灾害风险审核294宗，备案地质灾害危险性评估报告45份，办理工程弃渣公开拍卖15宗。同时，完成奉化区矿产资源“十四五”规划编制工作，保障矿产资源有效供给，引导合理开发和有效保护矿产资源。截至2021年年底，全区有采矿权单位共10家，其中，矿山8家（经营性6家，工程性2家）、矿泉水2家。根据2021年第四季度储量报告显示，全区矿山保有资源储量约11196万吨，其中，经营性矿山保有资源储量2000万吨、工程性矿山保有资源量9196万吨。

【矿山生态环境治理】 通过突击排查、日常巡查、随机抽查等检查方式，强化矿山环境整治。同时，要求矿山企业落实环境整治主体责任，制定完善爆破、加工、运输各个环节在粉尘、扬尘等方面的防治措施，2021年实现粉尘噪声检查全部达标。严格依照“企业主建、第三方评估、达标入库、信息公开、社会监督”的创建原则，开展绿色矿山建设。2021年，全区新增绿色矿山1处（莼湖街道田央采石场），全区已入库绿色矿山7处，做到应建必建。加强废弃矿山生态环境治理，溪口镇徐溪采石场已完成边坡生态修复并交工验收。

【地质灾害防治】 2021年，已完成奉化区地质灾害防治与地质环境保护“十四五”规划；完成岳林街道陈家岭、江口街道江口村、溪口镇石门村和锦屏街道凤山边的工程治理；开展地质灾害风险隐患大排查，核减地质灾害风险防范区40处，调整范围2处；推进地质灾害“整体智治”三年行动工作，完成全区24处风险防范区安装专业监测设备设置，风险防范区专业监测设备覆盖率达17%。推进“除险安居”三年行动工作收尾，西坞街道杨四岙自然村地质灾害隐患点避让搬迁项目，村民总体报名签约和完成摇号选房达95.7%，安置房建设工程于2021年12月底完成综合验收，已开始部分旧房的拆除工作。

绿化及保护工作

【绿化造林】 2021年，全区共计测绘上图新增绿化地块205处，新增国土绿化面积269.67公顷（4045.05亩），超额完成218.67公顷（3280.05亩）省定工作任务，完成率达到123.3%。全区森林总面积81046.67公顷（约121.57万亩），森林覆盖率达到65.16%，较上年增加0.12%。区林场、萧王庙街道、莼湖街道河泊所村等6个森林抚育项目全部完成建设并通过区级验收，完成抚育面积566.67公顷（8500.05亩）。通过割灌除草、清藤修枝等抚育措施，逐步改善林木生长环境，有效促进森林品质提升。2021年，全区乔木林总蓄积量达到366.76万立方米，较上年增加5.7%。

根据2021年度“森林宁波”建设任务安排，萧王庙街道成功创建浙江省“森林城镇”，莼湖街道街西村、溪口镇康岭村成功创建省“一村万树”示范村；全区共计实施古树名木保护救助8株，处置野生动物收容救助149起，联合区公安、市场监管部门成功开展“清风浙江2021”打击盗猎、经营、食用野生动物专项行动。

【全面推广落实林长制工作】《奉化区全面推进林长制实施方案》公布，615名三级林长、警长完成责任区域划分及名单录入，着手起草林长制相关配套制度。2021年3月，奉化区获省政府办公厅2020年度“森林浙江”建设考核优秀通报嘉奖。

【自然保护地整合优化】 雪窦山风景名胜区及溪口、斑竹、黄贤、金峨山4个省级以上森林公园整合优化方案通过省级审核，已报国家局备案。3904.3公顷村镇建设、农业生产、项目开发用地得到优化调整，生态资源保护和利用矛盾得到局部缓解。黄贤、金峨山2个省级森林公园已按优化方案明确的界线范围完成规划修编，并完成部门意见征求及社会公示，已进入向省林业和草原局报批程序。

执法监管

【行政执法】 2021年，共作出行政处罚172件，其中土地违法类126件、矿产资源违法类21件、林业违法类25件。土地违法案件中，涉及占用土地面积526982.51平方米（约790.47亩），其中耕地126665平方米（约190亩）、基本农田30290平方米（约45.44亩），罚款12502417元。矿产资源违法案件中，共计没收违法所得5380772元、罚款1584128元。林业违法案件中，涉及占用林地面积100219平方米（约150.33亩），罚款1578366元。

【信访工作】 2021年，共登记信访件281件（批），比上年下降23%。其中，接待走访群众23批24人次，批次和人数比上年下降15%和65%；来信48件，比上年上升17%；来电125件，比上年上升21%；网信85件，比上年下降56%。

【行政复议诉讼】 2021年，新办理行政复议诉讼案件39件，比上年下降7%。其中，行政复议案件3件，行政诉讼案件35件，民事第三人案件1件。

（严倩骞）

工　业

综　述

2021年，奉化区经信局深入贯彻落实宁波市委、市政府制造强市战略和区委、区政府决战决胜“五年奉献一个新奉化”战略决策，立足职能，全面推进产业集群建设，深化企业梯度培育，加快发展数字经济发展，积极打好平台园区大会战，深入开展“联企跑企”活动，确保工业经济平稳运行，推动经济高质量发展。

工业经济

【概况】 2021年，全区规模以上工业产值889.4亿元，比上年增长15.8%，实现规模以上工业增加值357.4亿元，比上年增长8.8%；区属规模以上工业产值同比增长19.7%，区属规模以上工业增加值比上年增长12.5%；规模以下工业增加值增速为12.5%，增速列全市前三位。数字经济规模以上核心制造业实现产值108.2亿元，比上年增长31%；实现增加值17.4亿元，比上年增长19.6%，增速列全市前三位；完成制造业投资38.1亿元，比上年同期上升17.5%，增速居宁波各区县（市）第五位。

【优质企业培育】 以优质企业为抓手，壮大企业主体队伍。亚德客、索诺、鲍斯能源3家企业获评制造业单项冠军省级培育企业；松科磁材、利安科技、哈雷换热3家企业获评市级单项冠军重点培育企业；秉航科技、恒基永昕、霍科、一机阀门、天盾、致远、锐泰、新世达8家企业获评市级单项冠军潜力型培育企业。韦尔德斯凯勒、创跃园林、盛达阳光3家企业的产品获评装备制造业省级首台（套）产品。松科磁材有限公司汽车客户小驱动电动机瓦形产品被列入第一批宁波市重点工业新产品名单。麦博韦尔、波导卫星、韦尔德斯凯勒被列入第一批市级服务型制造示范培育企业重点类名单，秉航科技被列入第一批市级服务型制造示范培育企业优先类名单，波星通卫星通信运营平台被列入第一批市级服务型制造示范培育平台名单。韦尔德斯凯勒的产品获评“浙江制造精品”。亿太诺、一机阀门等7家企业进入工信部第三批专精特新“小巨人”名单；6家企业列入第一批第一年国家级重点专精特新“小巨人”企业名单；38家企业进入宁波市“专精特新”中小企业入库培育。

【集聚区建设】 加强小微园区建设。完成工业集聚区规划，建成小微企业园12个，在建小微企业园6个，拟建小微企业园6个。2021年，万洋（二期）、联东U谷、怡诺和易达科创城4家小微企业园通过2021年省级小微企业园认定。打好平台园区大会战。制定、印发《2021年平台园区大会战实施方案》，19个老工业园区改造项目共完成投资20.3亿元，拆除旧厂房55.4万平方米，新建厂房51.7万平方米；15个小微企业园建设项目共完成投资17.1亿元，新建厂房47.9万平方米。做好低效企业改造提升。完成低效企业改造90家。通过改造提升，盘活土地68.1公顷（1021.5亩），腾出用能2282吨标煤，新增税收6430.83万元。开展“低散乱”企业（作坊）整治提升，完成“低散乱”企业（作坊）整治209家、“低散乱”问题企业整治提升排摸312家、完成低效工业区块整治提升任务4个。

【数字化转型】 加快数字经济核心产业提质增量。通过各地、各招商站和各“飞地”、专业园区、科创平台重点招引数字经济、未来产业项目。今年新上规的7个数字经济核心制造业企业，累计实现产值9.4亿元，占全区总产值的8.7%。同时，新引进了百度飞桨、昊控科技、善德电子、聚明科技等服务业企业。弥链数科的供应链金融服务平台一期已通过内部验收。推进制造业数字化转型。通过抓顶层设计、示范引领、产业培育、政策扶持等措施，探索推进智能制造新模式、新业态，打造以“未来工厂”为引领、智能工厂（数字化车间）为主体的新智造企业群体，着力打造智能化试点示范标杆，提升重点行业智能化水平，全力构建智能制造支撑服务体系，全面提升制造业智能化水平。君禾智能、今日食品等9家企业实施的项目列入2021年市级数字化车间建设项目。“工星人”工业互联网平台列入2021年省级工业互联网平台创建项目；麦博韦尔“年产1600万套终端PCBA未来工厂项目”被评为2020年度市级“未来工厂”示范项目。奥迪斯丹“年产 800 万平方米生产线项目”列入2021年度市级“5G+工业互联网”建设项目。

【联企跑企　精准服务】 持续深化驻企专员制度。2021年，全区500名区管干部、中层干部担任745家企业驻企专员。深入开展“一线服务、暖心驻企”和企业“三服务”活动，组织驻企专员走访联系企业，重点掌握企业发展面临的困难和需求，加强综合协调和多方联动，同时全面落实驻企专员“企业码”政务端扫码。用心塑造服务企业新品牌。在原有“专班会商”制度基础上，重新整合区内企业服务资源，创新推出区企业“最多跑一地”综合服务中心企服新品牌。对于单个部门无法协调解决的重大专题困难和需求，提交综合服务中心协调解决，不断探索形成企服工作闭环。2020年7月，综合服务中心正式搬入区行政服务中心并启动运行。全力提升公共平台服务水平。提升区内中小企业公共服务综合服务水平，推动公共服务平台不断拓宽服务领域、创新服务手段、深化服务内容。2021年，奉化“8718”平台获得“宁波市达产扩能稳增长优秀服务平台”荣誉，凤麓企业孵化器获评“宁波市中小企业公共服务示范平台”。

时尚纺织服装产业

【概况】 2021年，全区62家规模以上时尚纺织服装企业实现工业总产值50亿元，比上年增长1.7%；销售产值49.3亿元，比上年增长9.0%；利税2.2亿元，比上年下降8.6%。销售收入上亿元企业9家，其中，罗蒙集团股份有限公司实现销售收入6.9亿元。

【资源整合共享】 依托罗蒙、爱伊美、长隆制衣等企业，加快服装企业由大规模标准化生产向柔性化、个性化定制等服务型制造转变，培育形成以品牌营销、研发设计、时尚创意、智能制造为核心的产业链，促进企业提升创新设计、智能制造水平，推动区内外产业资源的整合和共享、协同发展。

2021年全区销售产值2000万元以上时尚纺织服装企业一览表

表14　　　　单位：万元

企业名称	销售产值	主要经营范围
罗蒙集团股份有限公司	68559	其他机织服装制造
宁波罗蒙制衣有限公司	58435	其他机织服装制造
宁波长隆制衣有限公司	40555	其他针织或钩针编织服装制造
宁波汇峰防护用品有限公司	30773	其他产业用纺织制成品制造
浙江爱伊美服装有限公司	24409	其他机织服装制造
宁波艾盛服饰有限公司	16289	其他针织或钩针编织服装制造
宁波市千虹服饰有限公司	12897	其他针织或钩针编织服装制造
宁波浩威纺织品有限公司	12012	针织或钩针编织物织造
宁波奉化五州服装有限公司	11993	其他机织服装制造
宁波丹盈服饰有限公司	9604	运动休闲针织服装制造
宁波怡顺旅游休闲用品有限公司	8829	篷、帆布制造
宁波罗蒙三洋时装有限公司	8403	其他机织服装制造
浙江双盾纺织科技有限公司	8046	棉纺纱加工
宁波长荣制衣有限公司	8008	其他针织或钩针编织服装制造
宁波繁拉花边有限公司	7741	针织或钩针编织品织造
宁波聚关防坠落装备有限公司	7530	绳、索、缆制造
宁波长隆纺织品有限公司	7525	针织或钩针编织物织造
宁波天盾防水材料有限公司	6777	棉织造加工
宁波万信纺织有限公司	6750	化纤织造加工
宁波奉化帆盛嘉业服饰有限公司	6356	其他机织服装制造
宁波熳迪服饰有限公司	6171	运动休闲针织服装制造
宁波铭朗服装有限公司	5968	其他机织服装制造
宁波市奉化区富盛针织制衣厂	5895	其他针织或钩针编织服装制造
宁波市恒艺服饰有限公司	5740	运动休闲针织服装制造
宁波龙飞世纪光电科技有限公司	5275	运动休闲针织服装制造
宁波市富盾制式服装有限公司	5016	其他机织服装制造
宁波科瑞箱包有限公司	4709	皮箱、包（袋）制造
宁波市银蝶服饰有限公司	4444	其他机织服装制造
宁波彩棉服饰有限公司	4290	其他机织服装制造
宁波国泰制衣有限公司	4012	其他针织或钩针编织服装制造
宁波维尼服饰有限公司	3987	其他机织服装制造
宁波博颜服饰有限公司	3970	其他针织或钩针编织服装制造
宁波奉化顺达针织制衣有限公司	3834	运动休闲针织服装制造

续表14

企业名称	销售产值	主要经营范围
宁波市中迪鞋业有限公司	3796	皮鞋制造
宁波荣昌祥服饰股份有限公司	3711	其他机织服装制造
宁波琦发针织有限公司	3656	其他针织或钩针编织服装制造
宁波市源纯服饰有限公司	3643	运动休闲针织服装制造
宁波升纺制衣有限公司	3594	其他机织服装制造
宁波市奉化区久利制衣厂	3571	其他机织服装制造
宁波天一纺织线业有限公司	3421	棉印染精加工
宁波金点子服饰有限公司	3211	其他机织服装制造
宁波市天仕利和服饰有限公司	3167	服饰制造
宁波市奉化浩虹服饰有限公司	2933	其他机织服装制造
宁波大通制衣有限公司	2695	其他机织服装制造
宁波得立丰服饰有限公司	2661	其他产业用纺织制成品制造
宁波远东织物印染有限公司	2639	棉印染精加工
宁波乔耐鞋业有限公司	2599	皮鞋制造
宁波市奉化文洲工艺品有限公司	2540	其他产业用纺织制成品制造
宁波市奉化正德衬衫厂	2396	其他机织服装制造
宁波奉化舒逸服饰有限公司	2288	运动休闲针织服装制造
宁波老 K 制衣有限公司	2210	其他机织服装制造
宁波奉化北宸服饰有限公司	2180	其他机织服装制造
宁波爱立嘉服饰有限公司	2132	其他机织服装制造
宁波依心智能科技股份有限公司	2094	非织造布制造
宁波霓楷服饰有限公司	2089	其他机织服装制造

汽车零部件产业

【概况】 2021年，全区106家规模以上汽车零部件产业企业实现工业总产值91.7亿元，销售产值90.7亿元，利税6.4亿元，比上年分别增长16.2%、16.3%和43.7%。销售收入亿元以上企业23家，其中浙江锐泰悬挂系统科技有限公司实现销售产值10.2亿元。

【产业领域提升】 奉化区围绕节能汽车、新能源汽车、智能网联汽车等领域发展关键核心零部件，大力培育新能源汽车企业，以及汽车空压机、空调压缩机、底盘转向系列总成、减震器等汽车零部件生产龙头企业和知名品牌企业，重点发展铝合金轻量化产品、轴类、饰条、儿童安全座椅等汽车零部件产业。

2021年全区销售产值2000万元以上汽车零部件产业企业一览表

表15　　　　单位：万元

企业名称	销售产值	主要经营范围
浙江锐泰悬挂系统科技有限公司	101902	汽车零部件及配件制造
宁波比亚迪汽车有限公司	46267	汽车零部件及配件制造
宁波海威汽车零件股份有限公司	41630	汽车零部件制造
宁波亿纬创能锂电池有限公司	39826	锂离子电池制造
浙江飞达利恩精密制造有限公司	35550	微型轴生产、加工
宁波市奉化区南方机械制造有限公司	34640	千斤顶生产
宁波铝宏汽车零部件有限公司	31159	汽车零部件制造
宁波波导易联电子有限公司	24111	汽车中控电子设备制造
宁波奔野重工股份有限公司	20403	农用拖拉机生产
力星金燕钢球（宁波）有限公司	16623	微小型钢球制造
宁波万融电器有限公司	14399	农机产品、松土机生产
爱科汽车零部件制造（宁波）有限公司	13744	汽车零部件制造
宁波精益微型轴有限公司	13708	微型轴制造
宁波力品格工业机械有限公司	13084	气弹簧制造
宁波市奉化通达创新合金科技有限公司	12864	汽车配件制造
宁波波英电子有限公司	12106	音响设备制造
宁波市国盛仪表有限公司	11426	汽车仪表制造
宁波市博林日用品制造有限公司	11320	汽车儿童安全座椅生产
宁波新世达精密机械有限公司	10586	齿轮及齿轮减、变速箱制造
浙江铝程智能装备有限公司	10584	集装箱制造
浙江恒基永昕新材料股份有限公司	10361	汽车配件制造
宁波市奉化博龙机械制造有限公司	10281	汽车零配件、五金件制造
宁波管通机械有限公司	10235	生产专用车辆制造
奉化科盛微型轴业有限公司	9635	微型轴制造
宁波奉化宁东机械有限公司	8878	生产专用车辆制造
宁波好德美电声有限公司	8434	音响设备制造
宁波奉化金鹰钢球有限公司	8379	轴承钢球制造
浙拖奔野（宁波）拖拉机制造有限公司	8049	拖拉机制造
宁波奉化精瑞钢球有限公司	7855	钢球制造
宁波亚路轴业有限公司	7726	齿轮及齿轮减、变速箱制造
宁波聚关防坠落装备有限公司	7530	安全带和安全绳制造
宁波奥西汽车部件有限公司	7469	汽车零部件制造
宁波市拓泰智能科技有限公司	7029	管状电机制造

续表15

企业名称	销售产值	主要经营范围
宁波虎翼机械有限公司	6917	液压搬运车制造
宁波长隆锦泰机械科技有限公司	6897	汽车零部件及配件制造
宁波三泰儿童用品有限公司	6625	儿童汽车椅制造
宁波奉化恒益微型轴有限公司	6583	微型轴五金制造加工
宁波市兴宇电机制造有限公司	6450	电机电器及机械设备的制造加工
宁波成德塑胶科技有限公司	6304	塑料零件制造
宁波博晨车辆部件有限公司	6255	汽车配件制造
宁波均胜饰件科技有限公司	6191	汽车零部件及配件制造
宁波卡西可减震器制造有限公司	5804	汽车零部件及配件制造
宁波得鑫科技有限公司	5741	汽车零部件制造
宁波许宇机械制造有限公司	5506	金属制汽车配件制造
宁波市合美达新材料有限公司	5375	磁钢制造
宁波哈克斯车辆部件有限公司	5285	气动执行器生产
宁波铼康光电有限公司	5025	智能车载设备制造
宁波顺美金属制品有限公司	5005	货运半挂车制造
宁波鑫精华轴业有限公司	4941	微型轴制造
宁波迪尔威动力机械有限公司	4904	滤座（柴油机过滤器）制造
宁波市仁龙机械有限公司	4713	汽车配件制造
宁波奉化宇众金属制品厂	4707	钢材拉丝加工
宁波和博紧固件有限公司	4647	紧固件的制造
宁波圆合汽车空调有限公司	4630	汽车空调电磁离合器生产
宁波市博华机械配件有限公司	4531	汽车机械配件制造
宁波市盛美特汽车部件有限公司	4460	汽车零部件生产
宁波瑞丰汽车零部件有限公司	4316	活塞制造
宁波市广盛轴业有限公司	4245	减震器连杆制造
宁波钧拓机械制造有限公司	4233	汽车拖车臂制造
宁波友加机械有限公司	4195	汽车配件制造
宁波市东鑫汽车轮毂制造有限公司	4094	轮毂电镀
宁波凯通达机械有限公司	4011	注塑机制造
宁波康瑟夫实业有限公司	3943	儿童汽车座椅制造
宁波速通汽配制造有限公司	3876	汽车零部件及配件制造
宁波市奉化万盛铝业有限公司	3872	汽车配件铝铸件制造
宁波市奉化兴权活塞杆厂	3848	活塞杆生产
宁波市东方金丰机械有限公司	3842	汽车零部件及配件生产
宁波福锐迅机电有限公司	3746	摩托车零部件及配件制造
宁波豪若汽车零部件制造有限公司	3724	汽车零部件及配件制造

续表15

企业名称	销售产值	主要经营范围
宁波海博电泳涂装有限公司	3610	汽车机油滤芯制造
宁波市威宏明实汽车零部件有限公司	3447	汽车零部件制造
宁波奉化宇翔新科机械有限公司	3442	汽车配件制造
宁波赛夫科技有限公司	3393	汽车用发动机零件制造
宁波亘腾机械制造有限公司	3368	拖拉机零配件变速箱体制造
宁波致业机械部件有限公司	3279	汽车配件制造
宁波利祥机械制造有限公司	3265	摩托车减震器制造
宁波奉化深技机械有限公司	3251	汽车零部件制造
宁波万机轴业有限公司	3231	滚动轴承制造
宁波智启机电有限公司	3211	齿轮减速箱制造
宁波众基精瓷科技有限公司	3187	氧化铝密封件制造
宁波市伟伟喷涂有限公司	3175	金属表面处理及热处理加工
宁波奉化波涛汽配制造有限公司	3139	汽车配件制造
宁波奔野拖拉机制造有限公司	3131	生产农用拖拉机
宁波祥嘉精密轴业有限公司	3120	微型轴制造
宁波市奉化恒霖机械有限公司	3086	阀门制造
宁波美德威机械科技有限公司	3079	生产专用车辆制造
宁波市奉化拓翔机械有限公司	2980	汽车连杆制造
宁波奉化兴维机械制造有限公司	2904	机动车辆用金属制配件制造
宁波恒源轴业有限公司	2902	滚动轴承制造
宁波恒辉螺纹工具有限公司	2861	模具制造
宁波市豫浙保温建材有限公司	2846	保温、隔热材料制造加工
宁波乾方汽车配件有限公司	2741	汽车配件生产
宁波市奉化区力迅机械制造有限公司	2737	滑动轴制造
宁波奉化恒岙机械有限公司	2723	生产专用车辆制造
宁波海盾涂料有限公司	2686	涂料制造
宁波永朝模具有限公司	2592	模具制造
浙江润盾差速器有限公司	2590	汽车配件差速器制造
宁波东欣电子有限公司	2536	汽车仪表配件制造
宁波汇恒源螺杆轴业有限公司	2500	其他传动部件制造
宁波市奉化动力机械配件有限公司	2356	汽车发动机摇臂产品制造
宁波普力德轴业有限公司	2349	汽车配件活塞杆制造

关键基础件（气动）产业

【概况】 2021年，全区有126家规模以上关键基础件生产企业，实现工业总产值134.9亿元、销售产值132.6亿元、利税18.1亿元，比上年分别增长35.5%、35.7%和23.9%，规模以上企业比上年增加26家。其中宁波亚德客自动化工业有限公司实现销售产值35亿元，比上年增长38.9%。

【完善提升产业链】 实施以龙头骨干企业为主导的产业链上下游延伸，积极引进培育产品集成度高的装备企业，引导企业研发高端智能气动元器件及系统，扶持气动企业加大产品质量检测的数量，促进气动产品提质发展，打造特色和优势突出、产业链协同高效、创新体系健全的关键基础件（气动）产业集群。

2021年全区销售产值2000万元以上关键基础件（气动）企业一览表

表16　　单位：万元

单　位	销售产值	主要经营范围
宁波亚德客自动化工业有限公司	349578	气压动力机械及元件制造
宁波市恒源铸造有限公司	61777	钢压延加工
宁波君禾智能科技有限公司	58035	泵及真空设备制造
浙江飞达利恩精密制造有限公司	35550	齿轮及齿轮减、变速箱制造
宁波卡伦特电器有限公司	32661	微特电机及组件制造
浙江亿太诺气动科技有限公司	25077	气压动力机械及元件制造
星宇电子（宁波）有限公司	24097	电子真空器件制造
宁波惠政工程机械科技有限公司	23425	黑色金属铸造
宁波佳尔灵气动机械有限公司	20820	气压动力机械及元件制造
科玛（中国）液压设备有限公司	20047	液压动力机械及元件制造
宁波市巨新铸造有限公司	19258	黑色金属铸造
宁波市锦泰机械制造有限公司	17785	黑色金属铸造
宁波索诺工业自控设备有限公司	16758	气压动力机械及元件制造
力星金燕钢球（宁波）有限公司	16623	滚动轴承制造
宁波市奉化军峰金属铸造有限公司	16446	黑色金属铸造
宁波拓兴精密铸造有限公司	15747	黑色金属铸造
宁波精益微型轴有限公司	13708	齿轮及齿轮减、变速箱制造
宁波市奉化通达创新合金科技有限公司	12864	汽车零部件及配件制造
宁波奉化华伟精密铸造有限公司	11288	黑色金属铸造
浙江奥莱尔液压有限公司	10986	液压动力机械及元件制造
宁波新世达精密机械有限公司	10586	齿轮及齿轮减、变速箱制造
宁波悦威液压科技有限公司	10522	液压动力机械及元件制造
宁波艾维洁具有限公司	10117	阀门和旋塞制造
宁波市宁吉羽立流体设备有限公司	10042	液压动力机械及元件制造
宁波一机阀门制造有限公司	10036	阀门和旋塞制造

续表16

单　位	销售产值	主要经营范围
宁波科丽甫精密铸造有限公司	10007	黑色金属铸造
奉化科盛微型轴业有限公司	9635	齿轮及齿轮减、变速箱制造
瑞博俐密封件（浙江）有限公司	9624	橡胶零件制造
宁波永久电梯部件有限公司	9542	电梯、自动扶梯及升降机制造
宁波精科机械密封件制造有限公司	9174	金属密封件制造
宁波市鑫潮自动化元件有限公司	8614	气压动力机械及元件制造
宁波英特灵气动科技有限公司	8613	气压动力机械及元件制造
宁波盛达阳光自动化科技有限公司	8511	气压动力机械及元件制造
宁波德业粉末冶金有限公司	8475	锻件及粉末冶金制品制造
宁波奉化金鹰钢球有限公司	8379	齿轮及齿轮减、变速箱制造
宁波奉化如熠铸造有限公司	8195	黑色金属铸造
宁波金诚泰电子有限公司	8055	微特电机及组件制造
宁波奉化精瑞钢球有限公司	7855	滚动轴承制造
宁波亚路轴业有限公司	7726	齿轮及齿轮减、变速箱制造
奉化区新科精密铸造有限公司	7720	黑色金属铸造
宁波利达气动成套有限公司	7537	气压动力机械及元件制造
浙江瑞鹿机电科技有限公司	7413	电动机制造
宁波市博尔法液压有限公司	7157	液压动力机械及元件制造
宁波市拓泰智能科技有限公司	7029	其他电机制造
宁波兴明液压器材有限公司	6780	液压动力机械及元件制造
宁波新佳行自动化工业有限公司	6748	气压动力机械及元件制造
宁波盛强晨亿电子科技有限公司	6615	气压动力机械及元件制造
宁波奉化恒益微型轴有限公司	6583	滑动轴承制造
宁波市兴宇电机制造有限公司	6450	其他电机制造
宁波繁征机械部件制造有限公司	5934	黑色金属铸造
宁波市奉化三鼎合金钢铸造有限公司	5930	黑色金属铸造
宁波安睦密封科技有限公司	5876	金属密封件制造
宁波市奉化万运电机有限公司	5851	微特电机及组件制造
宁波市奉化裘村元顺机械配件厂	5581	液压动力机械及元件制造
宁波荣申精密铸造有限公司	5476	黑色金属铸造
宁波哈克斯车辆部件有限公司	5285	液压动力机械及元件制造
宁波朝日液压有限公司	5251	液压动力机械及元件制造
宁波革新电机科技有限公司	5161	电动机制造
宁波晨光威腾自动化机械有限公司	5150	气压动力机械及元件制造
浙江意格特机械制造有限公司	5100	阀门和旋塞制造
宁波市微分电机有限公司	5032	电动机制造

续表16

单　位	销售产值	主要经营范围
宁波鑫精华轴业有限公司	4941	齿轮及齿轮减、变速箱制造
宁波爱德油塞制造有限公司	4881	金属密封件制造
宁波夏鑫机械制造有限公司	4802	铸造机械制造
宁波天祥新华液压有限公司	4727	液压动力机械及元件制造
宁波奉化尚东南铸造有限公司	4672	黑色金属铸造
宁波市安利特机械有限公司	4671	气压动力机械及元件制造
宁波鸿博森机械有限公司	4669	电梯、自动扶梯及升降机制造
宁波奉化胜雄机电科技有限公司	4657	气压动力机械及元件制造
宁波和博紧固件有限公司	4647	紧固件制造
宁波凯航电子科技有限公司	4606	气压动力机械及元件制造
宁波金洪胜机电科技有限公司	4303	微特电机及组件制造
宁波新升阀门有限公司	4150	黑色金属铸造
宁波中皇机电有限公司	4147	泵及真空设备制造
宁波博尔电器有限公司	4067	其他电机制造
宁波爱尔肯气动设备有限公司	4009	气压动力机械及元件制造
宁波市奉化兴权活塞杆厂	3848	其他通用零部件制造
宁波麦吉克自控设备有限公司	3842	气压动力机械及元件制造
宁波开灵气动元件制造有限公司	3802	气压动力机械及元件制造
宁波市大鸿五金制造有限公司	3780	滚动轴承制造
宁波普瑞机械科技有限公司	3759	滚动轴承制造
宁波万升精密铸造有限公司	3704	黑色金属铸造
宁波市奉化区宏创金属制品有限公司	3699	黑色金属铸造
宁波鑫力洁金属制品有限公司	3693	铸造机械制造
宁波兴成精密铸造有限公司	3546	黑色金属铸造
宁波赛夫科技有限公司	3393	汽车用发动机制造
宁波兴和铸造有限公司	3374	黑色金属铸造
宁波锋洋通用机电有限公司	3280	微特电机及组件制造
宁波冠特机械配件有限公司	3248	滚动轴承制造
宁波万机轴业有限公司	3231	滚动轴承制造
宁波智启机电有限公司	3211	齿轮及齿轮减、变速箱制造
宁波迈科隆精密机械制造有限公司	3194	滚动轴承制造
宁波众基精瓷科技有限公司	3187	金属密封件制造
宁波东泓洁具有限公司	3138	阀门和旋塞制造
宁波精恒泰汽车零部件有限公司	3137	滚动轴承制造
宁波祥嘉精密轴业有限公司	3120	滚动轴承制造
宁波市三力机械有限公司	3095	滚动轴承制造

续表16

单　位	销售产值	主要经营范围
宁波奉化正一齿轮厂	3088	齿轮及齿轮减、变速箱制造
宁波市奉化恒霖机械有限公司	3086	阀门和旋塞制造
宁波市奉化区盛隆铸造有限公司	3047	电梯、自动扶梯及升降机制造
宁波鑫祥达电机配件有限公司	3014	微特电机及组件制造
宁波市恒辉盛业过滤科技有限公司	2965	气压动力机械及元件制造
宁波台科电子有限公司	2960	气压动力机械及元件制造
宁波恒源轴业有限公司	2902	滚动轴承制造
宁波恒辉螺纹工具有限公司	2861	模具制造
宁波天元铸造有限公司	2829	黑色金属铸造
宁波格雷特精密铸造有限公司	2818	黑色金属铸造
宁波市奉化区力迅机械制造有限公司	2737	滑动轴承制造
宁波奉化双溪金属铸造有限公司	2727	黑色金属铸造
宁波君铭钣金有限公司	2710	锻件及粉末冶金制品制造
宁波人峰密封科技有限公司	2696	金属密封件制造
宁波市奉化艾瑞可电控科技有限公司	2667	气压动力机械及元件制造
宁波永朝模具有限公司	2592	模具制造
宁波斌灵机械有限公司	2539	黑色金属铸造
宁波南海铸造有限公司	2519	黑色金属铸造
宁波汇恒源螺杆轴业有限公司	2500	其他传动部件制造
宁波市东霈机械制造有限公司	2483	阀门和旋塞制造
宁波永益高科气动有限公司	2454	气压动力机械及元件制造
宁波奉化真辉机械有限公司	2446	健身器材制造
宁波全盛世纪气动科技有限公司	2427	气压动力机械及元件制造
宁波奉化恒进电机有限公司	2388	微特电机及组件制造
宁波天翔精密铸造有限公司	2351	气压动力机械及元件制造
宁波永美电机有限公司	2222	微特电机及组件制造
宁波市华益气动工程有限公司	2196	气压动力机械及元件制造

智能家电产业

【概况】 2021年，全区27家规模以上智能家电产业企业实现工业总产值48.7亿元、销售产值48.6亿元、利税2.9亿元，比上年分别增长9.2%、12%和1.8%。其中华尔推剪（宁波）有限公司实现销售产值8.4亿元，同比增长6%。

【智能家电产业园】 围绕空气调节器、厨卫电器、制冷电器、清洁电器、美容美发电器、水家电等智能家电产业，加强芯片、传感、控制器、人机交互、数据安全（加密）、大数据分析应用等技术研发，积极开发新型智能家电产品，推动家电产业向时尚化、智能化、品牌化、高端化方向发展。

2021年全区销售产值2000万元以上智能家电企业一览表

表17　　　　单位：万元

企业名称	销售产值	主要经营范围
华尔推剪（宁波）有限公司	84232	家用美容美发电器具制造
宁波新乐电器有限公司	77587	洗衣机制造
宁波辉格休闲用品有限公司	51389	烧烤炉制造
宁波市哈雷换热设备有限公司	27838	钎焊换热器制造
宁波安佳卫厨电器有限公司	27509	家具厨房电器具制造
宁波市万茂电器有限公司	26889	燃气灶具制造
宁波富爵电子科技有限公司	22985	家用眼部按摩器制造
宁波神剑电器制造有限公司	16692	电推剪制造
宁波爱克利浦电器有限公司	16026	美容美发器具制造
宁波霍科电器有限公司	14495	咖啡机制造
宁波欧贝特卫浴有限公司	13771	淋浴房生产
宁波波英电子有限公司	12106	音响设备制造
宁波市亿森海烟道制造有限公司	10976	家用燃气热水器零件制造
宁波玖越电器有限公司	9638	家用电力壁炉制造
宁波圣菲机械制造有限公司	8780	壁炉生产
宁波好德美电声有限公司	8434	音响设备制造
宁波嘉美电器有限公司	7641	家用美容美发器具制造
宁波市安通机械有限公司	7577	家具厨房电器具制造
浙江科麦人工环境有限公司	7201	空气能热水器制造
宁波乐开宝电器有限公司	6946	家用饮水净化装置制造
宁波风腾燃具有限公司	6725	家用燃气具配件制造
宁波国普电器有限公司	5496	消毒柜生产
宁波至威厨具配件有限公司	4390	煤气灶底壳制造
宁波蓝释电子科技有限公司	4380	家用空调设备零件制造
宁波良宇电器有限公司	3800	家用碗架制造

生命（医疗）健康产业

【概况】 2021年，规模以上生命（医疗）健康企业45家，实现工业产值48.4亿元，销售产值48.1亿元，比2020年分别增长3%、5.1%。利税4.6亿元，比2020年下降13.5%。其中，宁波秉航科技集团有限公司实现销售产值7.9亿元，比2020年增长13.9%。

【专业产业园区及企业】 积极扶持秉航科技、泽生科技、今日食品、益富乐、大昌制药、绿之健等企业发展，加快建设宁南生命科学城、奉化生命健康产业园、今日食品生物科技健康产业园、秉航健康产业园建设，充分发挥专业产业园集聚效应，引进更多优质医疗设备及器械企业。

2021年全区销售产值2000万元以上生命（医疗）健康企业一览表

表18　　　　单位：万元

企业名称	销售产值	主要经营范围
宁波秉航科技集团有限公司	78681	健身器材制造
宁波今日食品有限公司	48453	水产品冷冻加工
华润雪花啤酒（宁波）有限公司	34829	啤酒制造
宁波绿之健药业有限公司	33395	生物药品制造
宁波汇峰防护用品有限公司	30773	其他产业用纺织制成品制造
星宇电子（宁波）有限公司	24097	电子真空器件制造
宁波锦诠科技有限公司	23149	健身器材制造
宁波神剑电器制造有限公司	16692	家用美容、保健护理电器具制造
宁波爱克利浦电器有限公司	16026	家用美容、保健护理电器具制造
宁波大昌药业有限公司	13022	中成药生产
宁波格瑞塑业有限公司	10784	塑料零件及其他塑料制品制造
宁波九丰电器有限公司	10209	健身器材制造
宁波市博坤生物科技有限公司	9640	生物药品制造
宁波玖越电器有限公司	9638	其他家用电力器具制造
宁波怡顺旅游休闲用品有限公司	8829	篷、帆布制造
宁波佰世健健身器材有限公司	8429	健身器材制造
宁波嘉美电器有限公司	7641	家用美容、保健护理电器具制造
浙江亿洋食品有限公司	7563	水产品冷冻加工
宁波益富乐生物科技有限公司	7085	含乳饮料和植物蛋白饮料制造
宁波顶津饮品有限公司	6705	瓶（罐）装饮用水制造
宁波市松欣食品有限公司	6234	蔬菜、水果罐头制造
宁波市一成食品有限公司	6007	蔬菜、水果罐头制造
宁波美特丽化妆品有限公司	5494	化妆品制造
宁波市康家乐医疗器械有限公司	4591	卫生材料及医药用品制造
浙江郑万利酒业有限公司	4517	黄酒制造
宁波市奉化百胜休闲用品有限公司	4429	其他日用杂品制造
宁波市喜力食品机械有限公司	3742	食品、酒、饮料及茶生产专用设备制造
宁波市兴洋水产食品有限公司	3678	水产品冷冻加工
宁波汇丰食品有限公司	3634	蔬菜、水果罐头制造
宁波市莱克调味品有限公司	3500	味精制造
宁波市恩霖工艺品有限公司	3238	其他日用杂品制造
宁波一品生物技术有限公司	2784	药用辅料及包装材料
宁波市丽源日用化妆品有限公司	2768	肥皂及洗涤剂制造
宁波尚盛体育用品有限公司	2664	其他体育用品制造

续表18

企业名称	销售产值	主要经营范围
宁波市丹饰林光电科技发展有限公司	2519	木质家具制造
宁波市大埠食品有限公司	2410	蔬菜、水果罐头制造
宁波奉化舒逸服饰有限公司	2288	运动休闲针织服装制造
宁波市亿瑞达日化有限公司	2108	肥皂及洗涤剂制造
宁波依心智能科技股份有限公司	2094	非织造布制造
宁波维克波体育用品有限公司	2049	球类制造

新材料产业

【概况】 2021年，全区有规模以上新材料企业42家，实现工业产值40.2亿元、销售产值40.3亿元、利税2.2亿元，比上年分别增长30.5%、31%和25.7%。

【国内外优质创新资源项目】 积极扶持众兴新材料、松科磁材等企业发展。围绕金属新材料、先进高分子材料、电子信息材料、磁性材料、新能源材料、海洋新材料、生物医用材料、新型膜材料等新材料产业，大力引进国内外优质创新资源项目。

2021年全区销售产值2000万元以上新材料企业一览表

表19　　单位：万元

企业名称	销售产值	主要经营范围
浙江应利成材料科技有限公司	38398	铜压延加工
宁波松科磁材有限公司	35989	电子专用材料制造
宁波华扬铝业科技有限公司	31485	铝压延加工
宁波奉化瑞欣环保科技有限公司	23794	专项化学用品制造
宁波万海阀门科技有限公司	21046	特种陶瓷制品制造
宁波申山新材料科技有限公司	19271	其他橡胶制品制造
宁波京甬磁业有限公司	17201	电子专用材料制造
宁波耐力誉磁业科技有限公司	14994	电子专用材料制造
百琪达智能科技（宁波）股份有限公司	14918	金属成形机床制造
宁波新益佳磁业科技有限公司	14509	电子专用材料制造
宁波市奉化永兴海绵制品厂	14395	塑料零件及其他塑料制品制造
宁波赛派科技有限公司	12434	电子专用材料制造
宁波隆欣金属科技有限公司	11495	有色金属合金制造
宁波齐美建材有限公司	10912	水泥制品制造
宁波恒盛磁业有限公司	10218	电子专用材料制造
宁波奉化圣源化工有限公司	9220	初级形态塑料及合成树脂制造
宁波奉化五环特种铝管制造有限公司	8879	金属结构制造

续表19

企业名称	销售产值	主要经营范围
宁波意想磁性材料有限公司	7723	电子专用材料制造
宁波兴富磁材有限公司	7044	电子专用材料制造
宁波恒昶磁业有限公司	6523	电子专用材料制造
宁波昊鑫裕隆新材料有限公司	6130	初级形态塑料及合成树脂制造
奉化区赛派磁电有限公司	5502	稀有稀土金属压延加工
宁波市合美达新材料有限公司	5375	电子专用材料制造
宁波奉化新赫磁业有限公司	4497	电子专用材料制造
宁波韵合磁业有限公司	4327	电子专用材料制造
宁波佛来斯通新材料有限公司	4019	油墨及类似产品制造
波瑞泽（浙江）新材料有限公司	3952	涂料制造
宁波科乐新材料有限公司	3713	化学试剂和助剂制造
宁波韵泰磁业有限公司	3707	电子专用材料制造
宁波市飞固密封科技有限公司	3561	特种陶瓷制品制造
宁波汇升玻璃有限公司	3486	特种玻璃制造
宁波益可达新材料有限公司	3462	塑料薄膜制造
宁波市巨藤陶瓷阀有限公司	3375	特种陶瓷制品制造
宁波市利敏钢化玻璃有限公司	3315	特种玻璃制造
宁波欧翔精细陶瓷技术有限公司	2721	特种陶瓷制品制造
宁波人峰密封科技有限公司	2696	金属密封件制造
宁波海盾涂料有限公司	2686	涂料制造
宁波南海泰格尔陶瓷有限公司	2335	特种陶瓷制品制造
宁波辉宏新材料有限公司	2276	化学试剂和助剂制造

电子信息产业

【概况】 2021年，全区有68家规模以上电子信息企业，实现工业总产值100.2亿元、销售产值101.3亿元、利税6.7亿元，比上年分别增长25%、29%和59.8%。其中宁波麦博韦尔移动电话有限公司实现销售产值36.6亿元，比上年增长39.7%。

【龙头企业发展】 奉化区积极支持麦博韦尔、利安科技、波导易联等企业发展。大力培育特色工艺集成电路产业和光学电子产业，强化集成电路设计、软件开发与系统集成；积极发展第三代半导体，提高芯片设计开发、制造能力；积极发展智能终端摄像模组、光学精密仪器设备、光学材料及元器件、OLED显示面板等光电成像、光学显示产品。

2021年全区销售产值2000万元以上电子信息企业一览表

表20

单位：万元

企业名称	销售产值	主要经营范围
宁波麦博韦尔移动电话有限公司	366097	通信终端设备制造
宁波利安科技股份有限公司	46957	通信系统设备制造
宁波松科磁材有限公司	35989	电子专用材料制造
宁波卡伦特电器有限公司	32661	微特电机及组件制造
宁波市信泰科技有限公司	28899	电子专用材料制造
宁波沈鑫电子有限公司	26930	其他电子专用设备制造
宁波波导易联电子有限公司	24111	其他计算机制造
宁波麦度智能制造有限公司	21169	录音笔制造
宁波精芯科技有限公司	20865	计算机外围设备制造
宁波京甬磁业有限公司	17201	电子专用材料制造
宁波金晟芯影像技术有限公司	17094	通信终端设备制造
宁波亚茂光电股份有限公司	15869	电光源制造
宁波耐力誉磁业科技有限公司	14994	电子专用材料制造
宁波新益佳磁业科技有限公司	14509	电子专用材料制造
宁波西尼液晶支架制造有限公司	14153	其他电子专用设备制造
宁波赛派科技有限公司	12434	电子专用材料制造
宁波波英电子有限公司	12106	音响设备制造
宁波市国盛仪表有限公司	11426	运输设备及生产用计数仪表制造
宁波虹智电子设备有限公司	10505	通信终端设备制造
宁波恒盛磁业有限公司	10218	电子专用材料制造
宁波奉化凯鑫线缆有限公司	10154	电线、电缆制造
宁波宇达光电股份有限公司	10090	通信系统设备制造
浙江金缘光电有限公司	9138	半导体照明器件制造
宁波美商冠豪电子有限公司	8883	电容器及其配套设备制造
宁波特美科技有限公司	8775	计算机外围设备制造
宁波好德美电声有限公司	8434	音响设备制造
宁波金诚泰电子有限公司	8055	微特电机及组件制造
宁波意想磁性材料有限公司	7723	电子专用材料制造
宁波市致远电器有限公司	7632	半导体照明器件制造
宁波兴富磁材有限公司	7044	电子专用材料制造
宁波市拓泰智能科技有限公司	7029	其他电机制造
宁波亚吉机电有限公司	7023	其他电子专用设备制造
宁波恒昶磁业有限公司	6523	电子专用材料制造

续表20

企业名称	销售产值	主要经营范围
宁波市兴宇电机制造有限公司	6450	其他电机制造
宁波福科电子有限公司	6401	电子元件及组件制造
宁波润通金属制品有限公司	6373	锌锰电池制造
宁波市奔阳特种线缆有限公司	6122	电线、电缆制造
宁波市奉化浩轩光电有限公司	6109	半导体照明器件制造
宁波市奉化万运电机有限公司	5851	微特电机及组件制造
宁波帕瓦莱斯智能科技有限公司	5830	光伏设备及元器件制造
宁波菲瑞克斯照明电器有限公司	5790	半导体照明器件制造
宁波得鑫科技有限公司	5741	汽车零部件及配件制造
奉化区赛派磁电有限公司	5502	稀有稀土金属压延加工
宁波市合美达新材料有限公司	5375	电子专用材料制造
浙江鸿熹智能科技有限公司	5157	电子信息
宁波市微分电机有限公司	5032	电动机制造
宁波铼康光电有限公司	5025	智能车载设备制造
宁波市奉化大桥华能电子厂	4893	电子元件及组件制造
宁波奉化光亚计数器制造有限公司	4707	运输设备及生产用计数仪表制造
宁波奉化新赫磁业有限公司	4497	电子专用材料制造
宁波韵合磁业有限公司	4327	电子专用材料制造
宁波金洪胜机电科技有限公司	4303	微特电机及组件制造
宁波市健洋机器人有限公司	4214	塑料加工专用设备制造
宁波博尔电器有限公司	4067	其他电机制造
宁波市奉化波达电子线缆有限公司	3909	电线、电缆制造
宁波韵泰磁业有限公司	3707	电子专用材料制造
宁波海融电器有限公司	3354	电阻电容电感元件制造
宁波锋洋通用机电有限公司	3280	微特电机及组件制造
宁波市奉化信德线缆有限公司	3078	电线、电缆制造
宁波鑫祥达电机配件有限公司	3014	微特电机及组件制造
宁波市奉化威鑫电工设备有限公司	2927	金属表面处理及热处理加工
宁波欧行电子有限公司	2869	其他电子专用设备制造
宁波韦尔德斯凯勒智能科技有限公司	2674	工业机器人制造
宁波东欣电子有限公司	2536	运输设备及生产用计数仪表制造
宁波奉化恒进电机有限公司	2388	微特电机及组件制造
宁波永美电机有限公司	2222	微特电机及组件制造
宁波市奉化富达线缆制造有限公司	2093	电线、电缆制造

新能源（节能环保）产业

【概况】 2021年，全区有49家规模以上节能环保企业，实现工业总产值74.2亿元、销售产值71.4亿元、利税7.7亿元，比上年分别增长9.9%、9.4%、8.7%。其中宁波鲍斯能源装备股份有限公司实现销售产值10.7亿元，比上年增长3.1%。

【产业集群化】 积极发展高效电光源及节能灯具、高效节能输配电设备、高效节能电机、高效节能通用设备、水工艺设备、先进环境保护专用设备、环保药剂及材料、工业废弃物综合利用、城镇生活垃圾和建筑垃圾资源化利用等节能环保产业。

2021年全区销售产值2000万元以上新能源（节能环保）企业一览表

表21　　单位：万元

企业名称	销售产值	主要经营范围
宁波鲍斯能源装备股份有限公司	107259	气体压缩机械制造
宁波比亚迪汽车有限公司	46267	新能源车整车制造
宁波亿纬创能锂电池有限公司	39826	锂离子电池制造
宁波南海化学有限公司	37583	化学试剂和助剂制造
宁波松科磁材有限公司	35989	电子专用材料制造
宁波奉化金盛镀业有限公司	28425	金属表面处理及热处理加工
宁波市哈雷换热设备有限公司	27838	燃气及类似能源家用器具制造
浙江亿太诺气动科技有限公司	25077	气压动力机械及元件制造
星宇电子（宁波）有限公司	24097	电子真空器件制造
宁波奉化瑞欣环保科技有限公司	23794	专项化学用品制造
宁波富爵电子科技有限公司	22985	家用美容、保健护理电器具制造
宁波市奉化诚欣环保科技有限公司	21692	金属表面处理及热处理加工
宁波佳尔灵气动机械有限公司	20820	气压动力机械及元件制造
宁波威克斯液压有限公司	20111	泵及真空设备制造
宁波杰森绿色能源技术有限公司	19947	原油加工及石油制品制造
宁波奉化环球建筑材料有限公司	17866	水泥制品制造
宁波亚茂光电股份有限公司	15869	电光源制造
浙江高新镀业有限公司	14131	金属表面处理及热处理加工
宁波甬昇建筑科技有限公司	12591	混凝土结构构件制造
宁波齐美建材有限公司	10912	水泥制品制造
宁波市涌鑫环保科技有限公司	10363	金属表面处理及热处理加工
宁波溪口抽水蓄能电站有限公司	9894	水力发电
宁波南海生物化工有限公司	8552	化学试剂和助剂制造
浙江科麦人工环境有限公司	7201	燃气及类似能源家用器具制造
宁波乐开宝电器有限公司	6946	家用厨房电器具制造
宁波奉化佳佳镀金厂	6860	金属表面处理及热处理加工
宁波市奉化尚桥电镀厂	6840	金属表面处理及热处理加工

续表21

企业名称	销售产值	主要经营范围
宁波风腾燃具有限公司	6725	燃气及类似能源家用器具制造
宁波中弧电气科技有限公司	6329	其他输配电及控制设备制造
宁波市三久水表有限公司	6212	供应用仪器仪表制造
宁波市奉化浩轩光电有限公司	6109	半导体照明器件制造
宁波晟乐照明电器有限公司	5570	照明灯具制造
宁波革新电机科技有限公司	5161	电动机制造
浙江拓华能源科技有限公司	5020	照明灯具制造
浙江尚能电气股份有限公司	4933	变压器、整流器和电感器制造
宁波市奉化区青林工贸有限公司	4783	金属表面处理及热处理加工
宁波中皇机电有限公司	4147	泵及真空设备制造
浙江坤搏环保科技有限公司	3816	其他未列明电气机械及器材制造
宁波奉化环丰热镀锌厂	3544	金属表面处理及热处理加工
宁波奉化纳米多镀业有限公司	3352	金属表面处理及热处理加工
大山金属科技（宁波奉化）有限公司	3165	金属表面处理及热处理加工
宁波市豫浙保温建材有限公司	2846	隔热和隔音材料制造
国电奉化风力发电有限公司	2604	风力发电
宁波世纪永生照明器材有限公司	2387	照明灯具制造
戈润（宁波）环保科技有限公司	2292	环境保护专用设备制造
宁波福森绿能科技有限公司	2260	锂离子电池制造

（王　挺）

电力工业

【概况】2021年，区供电公司全年营业收入23.72亿元（不计代收电费附加），比上年增长20.65%；利润总额887.34万元，比上年增长57.97%。年末资产总额22.46亿元，比上年增长50.41%。农网供电可靠率99.99%；农网综合供电电压合格率99.999%。

2021年全区社会用电量情况一览表

表22

项目名称		电量（万千瓦时）	上年同比（%）
全社会用电量（含由宁波供电公司供电的溪口抽水蓄能水电站抽水用电）		466828.43	16.64
供电量	大网供电量	405266.3526	11.66
	风电供电量	4745.7125	6.39
	小水电供电量	4342.388	19.72
	光伏（太阳能）供电量	2112.7394	23.37
	小火电（垃圾发电）供电量	16314.8591	1098.56
	合计	432782.0516	—

续表22

项目名称	电量（万千瓦时）	上年同比（%）
售电量	418683.9863	16.19
线损率	3.26	-1.28
日最高统调负荷（9月1日）	101.77	8.51
日最高供电量（7月14日）	1608	2.81

【供电设备设施】 至2021年年底，全区拥有220千伏变电站4座（包括奉化火车站1座），主变压器共9台，变压器总容量160万千伏安；110千伏变电站17座，主变压器共35台，变压器总容量168万千伏安；35千伏变电站6座，主变压器11台，变压器总容量10.35万千伏安。

全区境内有500千伏线路6条，分别为天宁5475线（从500千伏宁波天一变电站到500千伏宁海变电站）、一宁5476线（从500千伏宁波天一变电站到500千伏宁海变电站）、强明5423线(从宁海强蛟电厂到鄞州区500千伏明州变电站站）、强州5424线(从宁海强蛟电厂到500千伏宁海变电站）、一明5455线（从500千伏天一变电站到500千伏明州变电站）、瞬州5846线（从原500千伏天兰5455线79号杆到500千伏明州变电站），主要经过西坞、莼湖、尚田地区；有220千伏线路15条，其中有3条全线在奉化境内，分别为曲济2326线（从220千伏曲池变电站到220千伏广济变电站）、全长26.166千米，广山2316线（从220千伏广济变电站到220千伏同山变电站）、全长15.065千米，广同2317线（从220千伏广济变电站到220千伏同山变电站）、全长15.065千米；有110千伏线路41条，其中有35条全线在奉化境内，总长度395.428千米；35千伏线路在运行的27条（不包括产权属用户线路），总长度215.239千米；10千伏配电线路335条，总长度3069.46千米，其中架空线路长度1782.8430千米、电缆线路长度1263.2940千米。

10千伏柱上开关2154台，10千伏开关站、环网柜688座。0.4千伏配电线路总长度4986千米。10千伏公用变压器3167台，总容量1531950千伏安；10千伏用户变压器6005台，总容量2036690千伏安。

【电价调整】 2021年浙江省居民和农业生产电价保持平稳，未进行调价。根据《浙江省发展改革委关于调整我省目录销售电价有关事项的通知》（浙发改价格〔2021〕377号）文件精神，自2021年12月1日起，取消工商业目录电价，工商业用户全部参与市场化售电，用户执行市场化电价。

【发电情况】 小水电发电。2021年年底，奉化并入电网运行小水电站共32座（按电费结算户计算），共有发电机52台，总装机容量18615千瓦，较上年减少4885千瓦，其中宁波原水(集团)有限公司横山水库分公司发电机总装机容量5000千瓦退役（退出使用）。

2021年，全部小水电站上网电量共4342.39万千瓦时，比上年增加715.15万千瓦时，增加19.72%。其中，宁波原水（集团）有限公司亭下水库分公司上网电量共971.63千瓦时，比上年减少401.48万千瓦时，降低29.24%。

光伏（太阳能）发电。2021年，奉化光伏发电(太阳能发电)用户共有1628户（包括居民与非居民），比上年增加91户，增长5.92%。总装机容量97263.62千瓦，比上年增加12003.08千瓦，增长14.08%；发电量8032.6829万千瓦时，比上年增加2842.4429万千瓦时，增长54.77%；上网电量2112.7394万千瓦时，比上年增加500.499万千瓦时，增长31.04%。装机容量在1000千瓦以上的有12户，其中，宁波昕科清洁能源开发有限公司装机容量最大，为3929千瓦。

【用电情况】 2021年，奉化区全社会用电总计466828.43万千瓦时，比上年增长16.64%。

2021年奉化区用电分类情况表

表23

分类名称		用电量（万千瓦时）	上年同比（%）
全社会用电	第一产业用电	3011.6032	30.24
	第二产业用电	329127.4408	17.51
	第三产业用电	68628.9014	20.28
	城镇居民生活用电	21826.8866	–11.83
	乡村居民生活用电	44233.598	22.86
	合计	466828.43	16.64
全部行业用电分类	农、林、牧、渔业及相关服务业用电	3716.1554	20.54
	工业用电	312334.7145	16.65
	建筑业用电	17091.9447	36.76
	交通运输、仓储和邮政业用电	12460.3944	16.74
	信息传输、软件和信息技术业用电	4146.0421	9.92
	批发和零售业用电	12695.0524	22.4
	住宿和餐饮业用电	4225.1682	17
	金融业用电	923.0157	9.61
	房地产业用电	8215.4067	41.51
	租赁和商务服务业用电	4064.3167	28.75
	公用服务及管理组织用电	20895.7346	16.76

2021年，有电力用户共358914户，比上年增加16413户，增长率4.79%。

2021年奉化区电力用户情况

表24

用户类别	户数（户）	增长率（%）
居民用户	320316	4.86
大工业用户	692	7.29
普通工业用户	11804	1.19
农业用户	2757	–0.33
商业用户	15700	6.88
非工业用户	7645	5.38

以上各类用户中，35千伏及以上电压供电的有23户，与上年持平；35千伏及以上用户变压器共52台，与上年持平；35千伏变压器总容量共449050千伏安，比上年增加35000千伏安，增长8.45%。10千伏电压供电的用户有4969户，比上年增加141户，增长2.92%；10千伏用户变压器6005台，比上年增加346台，增长6.11%；10千伏用户变压器总容量2036690千伏安，比上年增加39700千伏安，增长1.99%。

表25

2021年奉化区申请用电情况表

种类	申请户数（户）	增长率（%）	实际完成户数（户）	增长率（%）	申请容量（千瓦）	增长率（%）	实际完成容量（千瓦）	增长率（%）
合计	18641	4.38	21122	23.04	663912	39.32	474128	6.5
大工业用户	45	60.71	28	27.27	47895	45.71	28335	1
非工业、普通工业用户	1178	14.59	1005	3.08	302997	41.45	181818	-6.81
非居民照明	0	—	0	—	0	—	0	—
商业用电	1341	4.2	1227	-14.85	153468	94.69	83899	10.76
居民生活用电	16029	3.51	18819	28.03	153839	2.85	174676	20.31
农业生产用电	48	65.52	43	43.33	5713	441	5400	397.24

【电价市场化改革】 根据《国家发展改革委关于进一步深化燃煤发电上网电价市场化改革的通知》（发改价格〔2021〕1439号）、《国家发展改革委办公厅关于组织开展电网企业代理购电工作有关事项的通知》（发改办价格（2021）809号）、《浙江省发展改革委关于调整我省目录销售电价有关事项的通知》（浙发改价格〔2021〕377号）等文件精神，电力市场化改革主要包括以下几个方面内容：

一是有序放开全部燃煤发电电量上网电价。燃煤发电电量原则上全部进入电力市场，通过市场交易在“基准价+上下浮动”范围内形成上网电价。现行燃煤发电基准价继续作为新能源发电等价格形成的挂钩基准。

二是扩大市场交易电价上下浮动范围。将燃煤发电市场交易价格浮动范围由现行的上浮不超过10%、下浮原则上不超过15%，扩大为上下浮动原则上均不超过20%，高耗能企业市场交易电价不受上浮20%的限制。电力现货价格不受上述幅度限制。

三是推动工商业用户都进入市场。浙江省自2021年12月1日执行工商业电价的用户按照市场价格购电，取消工商业目录销售电价。其中，12月1日至12月31日过渡期间，所有执行工商业电价的用户全部由电网企业代理购电。

四是保持居民、农业用电价格稳定。居民（含执行居民电价的学校、社会福利机构、社区服务中心等公益性事业用户）、农业用电由电网企业保障供应，执行现行目录销售电价政策。各地要优先将低价电源用于保障居民、农业用电。

【电网建设】 宁波公司与奉化区政府签订全面推进奉化新型电力系统战略合作框架协议，奉化电网发展进入快车道。以方桥新城示范为引领，其余区域因地制宜，高质量编制奉化电网新型电力系统实施方案。顺利投运110千伏红胜变、35千伏松岙变，供电能力进一步增强。宁波市第一医院异地建设配套工程竣工投产。加快实施拔杆清网专项行动，全力支持“美丽乡村现场会参观线路”“名山风景线精品线路”“青创大走廊精品线路”3个拔杆清网示范工程建设。推动农网新一轮改造升级，建设投入19867万元，新建和改造线路约338.55千米，配变149台、配变容量6万千伏安；0.4千伏供电半径减少至298米。电网智能化水平大幅提升，新投入全自动FA电缆线路35条。因地制宜、一村一品，全面建成12个新时代美丽乡村电气化村。

【供电服务】 2021年，奉化电网供电可靠性首次达到99.99%，故障时户数较上年压降52.14%，户均停电时间压降56.6%。圆满完成建党百年保电任务，全面打赢台风“烟花”“灿都”抗击战和今冬明春电力保供攻坚战，其中台风“灿都”影响的停电时户数较上年台风“黑格比”影响的停电时户数下降94%。持续强化基础运维，有力推进防雷接地整改、红外测温、综合检修等十大专项行动。开展线路防鸟害、退林还耕等防电力设施外力破坏行动，安排施工现场蹲守人员4056人次，补装电力设施保护警示牌1612块。在全市首家开展配网保护定值整定，完成全区1819个开关站间隔和504个智能开关的配网保护定值整改。创新开展配网设备故障前健康诊断，完成6284基杆塔红外测温和515座开关站超声波局部放电测试，联合宁波市气象局开展防雷研究。带电作业能力大幅提升，开展中压带电作业1301次，拓展低压带电作业项目5个。

优化营商环境，提升“获得电力”。制定《供电服务质量管控方案》和《打造电力营商环境先行示范工作方案》，全力消除供电服务薄弱环节。中心营业厅上线水电气联动3.0服务模式，实现水电气全业务无差别办理。低压接入容量全域提高至160千瓦，对低压客户投资到表箱，实现办电“零投资”，减少客户投资2130万元。开展触电压降延伸服务，完成全区1572个农村台区漏电排查全覆盖。推进8个“小草电力驿站”建设，在青云村构建触电压降“研、学”的电力驿站安全用电服务体系。开展“小草助小微”专项行动，常态义务检查乡镇企业用电设备。开展“电力大篷车六进三送”专项流动服务活动10次，实现业务“线上办、就近办”。综合能源重点领域完成营收3277.5万元，在全市率先完成全年营收目标。建成电气化大棚8个、畜牧（水产）养殖示范基地1个。在溪口开展新时代“全电景区”示范建设，编制国内首个《全电古建筑建设规范》，顺利投运桐照码头岸电项目。新增布点农村公共充电设施12个，接入1206户个人充电桩，服务新能源汽车下乡。智慧光伏浙东分中心在全省率先开展智慧光伏运营管理和结算、托收一体化服务。智慧光伏数字化管理入选省政府数字化改革重大应用项目，得到浙江省常务副省长陈金彪批示肯定。

【荣誉】 2021年，奉化区供电公司获奉化区2020年度安全生产和消防工作目标管理责任制考核优秀单位、2020年度奉化经济风云榜先进企业重大贡献奖、国网宁波供电公司“红旗党委”等荣誉。《复杂环境下输电线路灾变响应特性在线监测及安全评估系统》获吉林省政府科学技术奖二等奖。《多源异构电力大数据智能处理与分析关键技术研究与应用》获吉林省政府科学技术奖三等奖。小草电力志愿服务“平安亮万家”项目获2021年宁波市工会志愿服务项目大赛金奖。溪口供电所工会获评中华全国总工会全国模范职工之家。江口供电所获评国网浙江省电力有限公司“电网先锋党支部”。奉化供电营业厅获评国网浙江省电力有限公司2019—2020年度“青年文明号”。莼湖供电所获评2021年国网浙江省电力有限公司“五小”供电所示范点、2019—2020年度奉化区“工人先锋号”。溪口供电所、西坞供电所获评宁波市2021年度“青年文明号”。袁海达获评2021年全国“安康杯”职工安全应急技能知识竞赛优秀个人。陈少林获评浙江省电力行业2020年度统计工作先进工作者。杜亮亮获评国家电网公司优秀党务工作者、国网浙江省电力有限公司“感动浙电·2020—2021最美员工年度人物”。俞刚志、裘建开获评浙江省青年工匠。龚向阳获评国网浙江省电力有限公司劳动模范。江斌获宁波市五一劳动奖章。秦立明获评宁波市政府复工复产与稳定就业无欠薪工作成绩突出个人。

（俞刚志）

经济开发区

【概况】 奉化经济开发区直属区块4个，总规划面积19.65平方千米，分别是滨海新区、尚桥科技工业园、白杜循环经济园区和千人创业园。2021年开发区共有企业389家，其中，规模以上工业企业54家。完成工业总产值69.9亿元；完成外贸出口额19.97亿元；完成全社会固定资产投资16.2亿元；4家限额以上批发零售企业完成商品销售额12.35亿元。

【招商引资】 全年累计引进比亚迪动力电池保护器件、亿纬锂能锂电池、狮丹努数字化智能工厂等签约项目37个，其中，供地项目29个、“双招双引”项目6个。全年累计完成土地出让21宗，其中滨海新区16宗（15个项目已开工建设）、尚桥科技工业园3宗、白杜循环经济园区2宗。竣盛项目一期、安佳、鸿越、坤昇等19个在建项目有序推进。全年先后引进“双招双引”项目6个（其中，2个“双招双引”项目带头人为“国家级引才工程”专家），引进F类以上（硕士及以上）高级人才36人。全年累计完成浙商回归资金10亿元、宁波市外境内资金11亿元，实际利用外资2500万美元。

【基础配套建设】 滨海新区完成滨汐路、滨沙路中分带改造和金海路迎宾景观工程，进行矿山开采及加工一体化服务招标，启动沿海中线以南二期、以北三期道路路灯工程，沿海中线以南道路一期工程、红胜海塘加固提升工程等有序推进；尚桥科技工业园完成尚桥河景观工程，白云路（松洋路—尚桥河）工程完成路基施工，茶场地块周边配套道路、中心粮库东侧地块配套道路建设即将启动；循环经济园区启动一期27家企业征迁工作，污水处理厂完成打桩及设备招标，后岙河、一期路网等前期配套工程正在推进，电镀产业园规划初步完成。滨海社区二期交付使用并对外出租；滨湾府项目已结顶，6月获得预售许可并开盘销售，去化率已达82%；高端装备制造产业园项目于9月开工建设；千人创业园科创大楼续建工程于3月竣工；中心湖地块综合开发项目正在谋划推进中。

【企业服务】 依托开发区“8718”平台和开发区品牌指导站，深入一线找准问题，对症下药解决问题，全年累计完成企业服务700余家次，答复解决问题487项；组织企业参加技改产业链政策讲诊会、专利布局与驰名商标分享培训会等活动8场；辅导企业入围“小而美”苗子企业7家，申报高级技术企业5家，高级技术企业苗子库企业8家。推进“小升规”方面，对存量企业依照上年度销售产值分类管理：对1000万元以上工业企业、在建工程和新引进企业建档，并逐一进企调研服务、推送政策，列出培育计划，圈定重点关注企业28家；对1000万元以下工业企业开展全面走访，了解发展动向。完成2020年度政策兑现和资金拨付工作，共3个批次17项政策，拨付专项资金2181.61万元，专项资金预算执行率达100%。

【综合保障】 组织园区生产经营单位负责人和安全管理人员参加取证培训，覆盖率在95%以上；组织消防安全“四懂三会”培训2000余人次；针对置信工业城、万洋工业城等小微园区80余家企业的产业特点，组织3场消防应急综合演练。对小微园区开展全面排查、复查；开展工业园区“污水零直排区”创建工作，排查企业75家；组织召开“无废园区”建设工作推进会4场，完成一般工业固废集中收运协议签约120余家；区域性环保管家试点工作签约企业49家。开展“浙江安薪”专项行动和冬季欠薪专项行动，入企检查70余次，帮助企业规范用工、减少用工矛盾和用工风险。

（吴　泽）

贸易合作

商贸流通

【概况】 2021年，商贸流通工作以统筹疫情防控和经济社会发展为主线，开展促销活动繁荣消费市场，保障日常供应确保市场稳定，加快商贸流通业高质量发展。全年实现社会消费品零售总额和商品销售总额分别增长6.3%、32.5%。

【重点项目】 全区商贸服务业在建重点项目5个，投资总额41.25亿元。重点在建项目有溪口民国风情街项目、中央商务区块3号地块商务项目、宁波宝湾国际电商物流港、宁波农副产品物流中心、奔驰4S店项目，累计投资额33.45亿元，累计完成率81.8%，其中2021年共完成投资12.08亿元。截至2021年年底，溪口民国风情街项目已完成，正在招商阶段；宁波农副产品物流中心正在推进，土方开挖及底板施工，9#、10#、14#已完成结构封顶；中央商务区块3号地块商务项目、宁波宝湾国际电商物流港、奔驰4S店项目已完工。

2021年宁波市奉化区重点商贸在建项目实施情况一览表

表26

项目名称	建设内容	建筑面积（万平方米）	投资（亿元）	启动时间	投资完成比（%）
溪口民国风情街项目	建设以民国历史为背景的体验式主体旅游项目，集民国历史旅游、商业旅游、电影拍摄基地、休闲、观光、度假于一体	15.86	10	2017—2021	92.70
中央商务区块 3 号地块商务项目	建设高层商务办公楼及其配套用房	4.2	1.68	2019—2021	100.00
宁波宝湾国际电商物流港	项目位于宁南物流园区。用地面积 10.4 公顷（156 亩），建设三层带坡道高标准立体库等	15.9	6.5	2019—2021	100.00
宁波农副产品物流中心	项目位于宁南物流园区。建设各类蔬菜、肉禽蛋交易区冷库及配套附属用房。总建筑面积 31 万平方米，其中，一期建筑面积 9.242 万平方米。一期 2019 年完工，整个工程 2022 年完工	31.97	22.07	2016—2022	67.97

续表26

项目名称	建设内容	建筑面积（万平方米）	投资（亿元）	启动时间	投资完成比（%）
奔驰4S店项目	项目位于江口街道，机场南路东侧，总占地面积约1.33公顷（19.95亩），建设包括销售展厅、售后维修车间、配套库房、办公区等	1.6	1	2021	100.00

【活跃消费】 全年实现批发业销售额、零售业销售额、餐饮业营业额分别增长38.3%、22.2%、31.9%，保持稳步增长态势。推出电子消费券活动，先后发放“新年缤纷惠”电子消费券、“留奉过春节”专项消费券、“HAPPY购·IN奉城”电子消费券、“国庆购物”电子消费券等，累计发券133374张，产生交易24.5万笔，涉及优惠金额2862.91万元，带动消费人数超14.5万人次。搭建促销平台，举办奉化购物节、国庆畅购、第八届奉化秋季品牌车展等系列消费活动，直接产生消费1.3亿元以上，间接带动社会消费4.0亿元以上。

【业态监测】 全年银泰城、万达广场2家商业综合体销售额8.3亿元，比上年增长86%；天港禧悦、滕头诚悦农庄等10家餐饮企业销售额1.12亿元，比上年增长3.8%；宝马、奥迪等15家汽车销售企业销售额14.6亿元，比上年下降20.2%；力创电器、晨光电器、天一电器3家家电企业销售额0.81亿元，比上年增长19.8%；大润发、福明集品汇、溪口华联销售额2.77亿元，比上年下降3.4%。

【菜篮子工程】 菜篮子综合保障能力良好，优化冷冻储备、动态储备、经营性储备、方便食品储备4类储备结构，与13家承储企业签订储备协议，基本满足常住人口58万人10天的菜篮子需求、转移群众5万人3天的方便食品需求，完成节假日期间和疫情防控期间生活必需品保供应工作。

【特色街区建设】 高质量完成惠政老街、溪口应梦里2条特色街区创建任务，惠政老街项目已于2021年5月1日开街，招商去化率92.1%，溪口民国风情街（应梦里项目）一、二期工程建设及市政景观工程全部完成，整体招商率在60%以上。

【消费扶贫】 促进消费协作，举办四川大凉山农特产品推介展销会，交易额累计450余万元。牵头部署完成1000万元工会经费用于消费协作工作目标。全年累计完成东西部协作消费四川地区产品9003万元，其中凉山州产品4431万元，完成山海协作消费600万元。

【行业管理】 高效处置预付卡投诉，全年累计接到预付卡投诉231件，调解群体性投诉21次，行政约谈商家11家，成功处置群体性预付卡投诉案件5起，引导司法途径维权胜诉5起。开展“无废城市”建设工作，全年生活垃圾处理总量9.91万吨，城镇生活垃圾回收利用率达到67%，实现城镇生活垃圾回收利用率达到60%以上的工作目标。加强特殊流通行业监管，推动汽车行业健康发展，加强商业信用体系建设，开展报废机动车回收整治，规范二手车交易市场秩序。开展成品油零售经营许可证年检工作，全区59家加油站（点）列入年检，其中，57家通过年检，1家停业整改，1家撤销。商贸领域文明典范城市创建工作，对照测评标准，梳理商超（综合体）、宾馆饭店（餐馆）创建具体要求，落实网格化检查管理，建立点位工作责任制，抓好问题闭环管理，顺利完成省文明典范城市测评。商贸行业疫情防控工作，严格落实商贸行业疫情防控责任，指导企业采取常态化疫情防控措施。

（吴华帅）

对外及对港澳台贸易

【概况】2021年，对外及对港澳台贸易呈现稳中有升快速发展态势。全年实现货物进出口总额262.91亿元，比上年增长21.20%，全国占比达6.72‰。其中，货物出口额229.54亿元，比上年增长18.10%；进口额33.37亿元，比上年增长48.50%。国际服务贸易进出口总额27.08亿元，比上年增长18.75%；服务外包执行总额7.45亿元，比上年增长14.59%；实际中方投资额2661.14万美元。

【外贸出口】2021年，从贸易出口方式看，一般贸易出口额212.98亿元，比上年增长20.90%；来料加工装配贸易出口额0.22亿元，比上年下降36.9%；进料加工贸易出口额16.29亿元，比上年下降9.00%；其他贸易出口额0.04亿元，比上年增长12.40%；保税仓库进出境货物出口额和外商投资企业作为投资进口的设备、物品出口额为零。从主要出口地区看，亚洲出口额58.60亿元，比上年增长3.20%；非洲出口额12.57亿元，比上年增长35.40%；欧洲出口额66.85亿元，比上年增长30.80%；拉丁美洲出口额16.24亿元，比上年增长10.40%；北美洲出口额68.43亿元，比上年增长20.30%；大洋洲出口额6.87亿元，比上年增长19.50%。

2021年全区主要贸易方式进出口情况表

表27　　单位：元

名称	出口总额	增幅（%）	进口总额	增幅（%）	进出口总额	增幅（%）
一般贸易	21298436239	20.90	3068043137	60.34	24366479376	24.76
来料加工装配贸易	22515252	–36.90	10921474	–35.10	33436726	–36.30
进料加工贸易	1629438175	–9.00	244845732	–19.60	1874283907	–10.60
外商投资企业作为投资进口的设备、物品	—	—	—	—	—	—
保税仓库进出境货物	—	—	—	—	—	—
其他	3775323	12.40	13462610	12.20	17237933	12.20
总计	22954164989	—	3337272953	—	26291437942	—

2021年全区主要进出口地区情况表

表28　　单位：元

名称	出口总额	增幅（%）	进口总额	增幅（%）	进出口总额	增幅（%）
亚洲	5859569317	3.20	2652782667	51.2	8512351984	14.6
非洲	1256894375	35.40	33354259	26.4	1290248634	35.2

续表28

名称	出口总额	增幅（%）	进口总额	增幅（%）	进出口总额	增幅（%）
欧洲	6684503878	30.80	343407239	33.6	7027911117	30.9
拉丁美洲	1623662471	10.40	66951030	138.6	1690613501	12.8
北美洲	6842816723	20.30	162312691	48.3	7005129414	20.8
大洋洲	686718225	19.50	78464723	9.6	765182948	18.4
其他	—	—	344	-9.9	—	—
总计	22954164989	—	3337272953	—	26291437598	—

【外经工作】 2021年，新批境外投资企业5家，境外投资企业增资1家，完成核准中方投资额累计2661.14万美元。

2021年奉化区新批境外投资企业情况表

表29　　单位：万美元

企业中文名称	境外企业中文名称	境外注册地	所属行业	设立方式	中方投资额
宁波新邦科技有限公司	九鼎工业有限公司	马来西亚	金属制品业	新设	100.00
宁波合生大江农畜业发展集团有限公司	宁波农业发展集团（自营）有限公司	纳米比亚	农业开发	新设	61.95
宁波美沣医疗科技有限公司	美国波士顿创新科技医疗公司	美国	医药制造业	并购	500.00
宁波国程能源科技有限公司	宁波国程能源科技有限公司美国办事处	美国	办事处	新设	50.00
宁波帕瓦莱斯智能科技有限公司	帕瓦莱斯智能科技（美国）有限公司	美国	批发业	新设	21.00

【外包服务】 2021年，全区实现国际服务贸易进出口总额27.08亿元，比上年增长18.75%；完成服务外包执行额7.45亿元，比上年增长14.59%，其中离岸服务外包执行额7968.75万美元，比上年增长17.57%，计算机和信息服务、文化服务两大板块凸显，成为全区服务外包主力行业；境外工程承包方面未能破零。

【市场开拓】 开展广交会、华交会、消博会、第二届中国—中东欧博览会等参展报名工作，共涉及80余家企业100余个摊位。加快推进跨境电商发展，成立并营运奉化驿淘跨境电商产业园，推动全区电商集聚发展，3月被评定为“2020年浙江省AAAA级电子商务产业基地”；实施国贸数字科技项目运营计划，探索电商领域校企合作新模式，培训跨境电商人才641人次，培育输出跨境人才155人次，全年实现跨境电商出口额40.47亿元，新跨境转型升级企业28家。

【优惠政策】 完善外向型经济政策，制定出台《关于促进开放型经济高质量发展的实施意见》和相关实施细则，全年兑现外向型经济奖励资金2534.2万元，其中宁波及以上级扶持资金928.7万元、区本级配套资金1605.5万元。

【贸促工作】 奉化区加强对外经贸交流合作，在7月区贸促会上与巴基斯坦圣祥林国际有限公司签订合作协议，成立巴基斯坦联络站，加强经济贸易交流合作，扩大双边贸易额。加强涉外企业服务，聘请浙江和义观达、盈科（宁波）两家律所，向企业提供法律咨询、解决贸易纠纷等服务；设立经贸预警工作点，及时发布经贸预警信息，预警点被宁波市评为贸促系统优秀等次。加强外贸企业出证认证签发服务，全年新注册产地证企业累计8家，一般原产地证签发1550份，优惠原产地证书签发423份，代办商事证明书426份，代办领事证明书133份。

（吴华帅）

投资促进

【概况】 2021年，区投资促进局聚焦引进具有行业影响力的龙头企业和有较大技术优势的科创项目，突出招商重点、精准发力，大力实施“四个年”建设，全区招商引资工作呈现良好发展态势。全区浙商回归实到资金89.5亿元，完成年度目标任务的105.3%；市外境内实到资金110.7亿元，完成年度目标任务的116.5%；外资实到资金1.3225亿美元，完成年度目标任务的104.1%，完成率在宁波排名第五位；新引进项目56个，协议总投资137.8亿元。各项重点工作均顺利完成年度目标任务。

【“大招商招大商”】 通过产业链招商、基金招商、乡贤招商等系列组合拳不断“大招商招大商”，全力全速推进在谈项目快签约、快落地。2021年，全区招引亿元以上项目35个，10亿元以上项目3个，分别为总投资28亿元的华夏基石国际时尚产业园、总投资20亿元的生命科学城商业综合体和总投资10.2亿元的宁波卓远第三代半导体项目。

【“高精尖新”项目落地】 围绕区委“全面创新”计划，全区不断深化实施对数字经济、高新技术、新兴产业项目的精准招商，聚集区域产业发展新动能。2021年度共引进总投资2000万元以上的高新技术类项目21个，占所有引进项目的40%。成功引进腾讯云启产业基地（宁波）、网易有道宁波区域中心、百度飞桨人工智能产业赋能中心等互联网头部企业项目，在人工智能、在线教育、产业赋能等方面开展深度合作。

【驻外站点招商】 2021年增设成都、西安、武汉3个站点，已初步形成“一区域一站、一站多飞地、飞地多样化”的新格局。全年7个驻外站点共获取有效招商信息129条，组织参加招商活动128场，自主招商签约项目18个（其中外资项目1个）。北、上、深、杭四地孵化器新吸引入孵企业27家，注册落户奉化项目16个。4个“反向飞地”——北京国泰科创基地、沪甬双创基地、深圳移盟科创基地、杭州经佳科创中心均已签约落地，“双飞地”闭环初步形成。

【机制建设】 强化“一核心三平台多节点”机制。提升信息、资源、政策三大平台功能模块，完成“浙政钉”迁移，加强纵向、横向联动，实现政策资源统一，不断推进招商引资工作规范化、系统化开展。2021年，全区招商引资项目库共录入项目1168个，其中信息类181个、在谈类507个。整理排摸全区“三闲资源”，收录闲置厂房、楼宇、土地信息185条；出台全区“三闲资源”合集8期，重点推出“三闲资源”51

宗，已有效利用15宗。充分发挥全区招商引资联席会议和招商专题调度会的协调决策作用，强化沟通协调，推进项目政策落地落实。区投资促进局共组织召开全区招商引资联席会议13次，会上审议议题132个，其中进一步提交区政府常务会议讨论议题97个，签订投资合作协议75个；参与招商引资调度会8次，区政府常务会议书面审议项目38个。

【浙江融象数科控股有限公司总部项目落户奉化】 8月9日，宁波市奉化区政府与浙江融象数科控股有限公司签约，浙江融象数科控股有限公司总部项目正式落户奉化。

项目将运用成熟的数字化改革方案，结合奉化区产业基础和特点，以“存量企业数字化转型+引进增量企业”为双增长点，计划五年内把奉化打造成“数字化改革成效显著的省级示范区”。浙江融象数科控股有限公司（以下简称“融象数科”）是一家以大数据为手段，专注于人工智能技术开发与应用，为政府、金融机构和企业提供产业数字化解决方案的提供商，是行业领军型高科技企业。现有员工200多人，其中，研发人员占比40%，包括中科院博士等优秀人才，建有以产业研究专家、数据研究专家、人工智能算法专家、业务架构专家为核心的产业研究院和大数据联合实验室，是国内开展产业数字化研究的创新实践者，拥有具备丰富经验和执行力的百人运营团队。项目预计五年内员工人数累计可达1000人、主营业务收入累计可达16亿元、全口径实缴税收累计6000万元。同时，通过规范化运营，计划5年内完成在奉化上市。

【网易有道宁波中心落地】 9月17日，宁波市奉化区政府与智能学习公司网易有道达成战略合作协议，网易有道将在奉化区落地宁波区域中心，双方将围绕课后服务、智能学习硬件、智慧教育建设等内容展开深入合作，共推宁波市教育事业高质量发展。网易有道将在宁波成立智慧教育研究院，专门从事中小学教育信息化与教育大数据的理论和应用研究，联合宁波市政府共同申报和建设国家级智慧教育示范区。2021年5月底，宁波市奉化区的8所中小学及鄞州区的1所学校便引入网易有道的“作业一体机”（又名“有道智能学习终端”），减轻学生作业负担，统筹作业管理，发挥作业诊断、巩固、学情分析等功能，实现个性化学习、减负增效。依托网易有道在AI技术、产品、内容等多方面的实力，此次合作更好地赋能宁波当地建立高质量教育体系，构建全产业链的智慧教育生态，立足宁波，辐射长三角，对外输出优质的智慧教育理念、技术、产品，助力宁波成为“全国智慧教育先行者”。

【百度飞桨人工智能产业赋能中心落户奉化】 10月22日，北京百度网讯科技有限公司、甬桨科技（宁波）有限公司和奉化区就共同建设百度飞桨人工智能产业赋能中心签署合作协议。百度是全球为数不多的提供AI芯片、软件架构和应用程序等全线AI技术的公司，拥有强大的互联网基础，被国际机构评为全球四大AI公司之一，于2005年在美国上市。该项目落户在岳林街道农商集团大厦，三方围绕如何促进区内企业实现产业智能化改造升级开展深入合作。项目一期建设内容包括产业算力、飞桨技术、运营服务三大板块，通过百度丰富的生态资源，为区内企业提供数字化、智能化升级解决方案，推动当地产业升级与技术创新，降低产业应用和技术升级门槛，实现产业需求、技术服务和人才培养的良性循环。该项目是发挥宁波市智能制造产业基础和优势、布局长远发展、引领转型升级的重要抓手，有助于宁波实现基于人工智能的产业转型和升级，抢抓人工智能发展的重大战略机遇，构筑宁波市人工智能发展的先发优势。

（王伯文）

区域合作和对口支援

【概况】 2021年是新一轮东西部协作和山海协作的开局之年，奉化区深入学习贯彻习近平总书记关于深化东西部协作、对口支援工作重要指示精神和省、市委打造“山海协作升级版”的部署要求，以务实的作风、扎实的举措，高质量完成对口协作各项工作任务。聘用劳务经纪人推进劳务协作新模式入选全国东西部协作培训班典型案例，为推动对口工作贡献奉化力量。

【产业项目合作】 奉化区制定出台《宁波市奉化区与凉山州甘洛县产业合作、劳务协作和消费帮扶实施办法》等激励政策，积极引导浙商、甬商等7家企业赴四川省投资兴业，实际到位投资额6.23亿元。其中，落户凉山州4家，宁波长荣制衣有限公司在甘洛投资建设首家服装厂，生产各类校服、工作服及特色彝族服饰，一期计划投资2000万元，拟带动当地劳动力就业150人。坚持政策引领，组织实施职工消费行动助力东西部协作，区各级机关和企事业单位每人每年使用不超过500元的工会经费定向购买凉山州农特产品。开设凉山州农特产品直营店12家，通过宁波农副产品物流中心推广活动、推介展销等方式采购四川省农特产品，金额约9003万元，其中采购凉山州农特产品金额约4432万元。探索劳务经纪人劳务协作新模式，积极引导凉山州籍1167名农村劳动力到奉化就业。开展劳务技能培训2期600人次，帮助甘洛县909名农村劳动力实现就近就业，412名农村劳动力到其他地区就业。接收四川省114名人员到奉化就读中职班，其中甘洛职业技术学校学生有10名。

【资金扶持】 全年共安排对口协作资金6200万元，在特色产业带动、就业帮扶、基础设施建设等方面援建东西部协作项目16个。共建甘洛田坝团结农旅融合现代园区及海棠农旅融合示范园区等现代农业产业园区2个，吸纳农村劳动力216人，其中脱贫人口111人。援建甘洛县康泰种植专业合作社等扶贫车间4个，吸纳农村劳动力就业216人，其中脱贫人口157人。动员社会力量开展捐资捐物、结对助学等社会帮扶活动，累计捐赠资金和物资384.5万元。其中，奉化爱伊美公司向甘洛县捐赠服装等物资价值210余万元；奉化区12个镇（街道）和经济开发区向甘洛县13个乡镇捐赠结对帮扶资金130万元，助力乡村建设。

【劳务协作】 聘用劳务经纪人，探索劳务协作新模式。区人力社保局聘请甘洛县海棠镇清水村党支部书记热夫巫聂为奉甘劳务协作经纪人，充分发挥经纪人在政府、用人企业、务工人员之间的桥梁作用，借助其人脉以及多年劳务管理经验，通过市场化就业岗位宣介、专业化就业管理及亲情化就业服务等，确保在甘洛招得到人、在奉化留得住人。全年已引导凉山州农村劳动力到奉化就业1167人。

【人才交流合作】 全年已选派2名党政干部和14名专业技术人才赴甘洛县挂职交流，其中，专技人才中挂职1～6个月6人，挂职7～12个月4人，挂职12个月以上4人。开设甘洛小学高年级段创新实验班，首期选派3名语、数、英主课高级教师赴甘洛小学挂职教学，致力于提升甘洛县小学教学水平。针对甘洛县尘肺病多发等问题，选派5名区呼吸科、妇科等主治医生赴甘洛人民医院开展传帮带医疗帮扶活动。依托滕头乡村振兴学院优质资源，通过专家授课、现场教学等方式开展甘洛县党政干部培训及乡村振兴人才培训7期766人次，开展教育、卫生等专业技术人才培训8期562人次。开启奉化爱伊美公司与甘洛职业技术学校校企合作，接收甘洛职业技术学校50名服装专业学生赴奉化爱伊美公司进行为期1个月的学习及创业培训，提升职业技能水平，促进稳定就业。

（何皆梁）

进出境监督管理

【概况】 2021年，奉化海关坚持以习近平新时代中国特色社会主义思想为指导，坚决贯彻落实习近平总书记重要指示批示精神和党中央重大决策部署，统筹推进疫情防控和促进外贸稳增长，进口、出口增幅在宁波10个区（县、市）中分别排第二名、第五名。2021年，奉化海关共受

7月12日，奉化海关关员对出境水蜜桃果园进行疫情监测（杨鑫培 摄）

理出入境货物报检申请8502批，金额3.28亿美元，出具检验检疫证书1157份，出具包装性能及使用证书1426份，办理宠物出境动物卫生检疫证书5份，签发各类原产地证书9992份，金额4.8亿美元，办理加工贸易电子化手册备案320本，办理减免税货物税款担保8份，货值523.18万元，留学生免税购买国产汽车手续13份。

【属地查检】 加强进境种苗隔离检疫全链条监管，隔离监管39批次，检出检疫性有害生物7种、13种次；派员参加外来物种入侵口岸防控工作，获宁波海关集体嘉奖。落实食品安全“四个最严”要求，打造出口食品“保鲜通道”，缩短通关时间，助力特色农产品水蜜桃、活鱼出口，食品监管工作在宁波海关名列前茅，风险评估预警成效列宁波海关第二名。严格工业品、危化品全过程监管，完成进口工业品属地查检71批次，检出不合格10批次，实施出口危化危包检验1494批次，检出不合格10批次，两起危化品及其包装不合格情况被总署商检司列入全国海关典型案例。

【属地稽查】 2021年，奉化海关进一步加强稽核查工作，完成企业稽查10家，问题查发6家，查发率60%，移交缉私案件2起，完成稽查补税160.93万元；开展两轮进口再生金属和一轮进口固体废物行业专项稽查，涉及企业6家，发现问题2家，涉及补税12.7万元，移交缉私1起；协助参与成品油走私案件侦办，移交线索3起；完成涉检验检疫行政处罚案件2起，“两简”案件2起。

【“我为群众办实事”】 2021年，奉化海关着力服务保障“六稳”“六保”任务落实，采取措施支持竹木草产业链稳定发展，有力支撑产业促进农民稳定增收。强化“一企一策”精准帮扶，深入了解企业实际困难与需求，加班加点提供“即到即检”服务。统筹查验、放行、签证等任务，简化作业流程。紧盯产品溯源等薄弱环节，帮助企业提升质量管控水平。切实提供“一站式”服务，安排专人专岗全流程跟踪辅

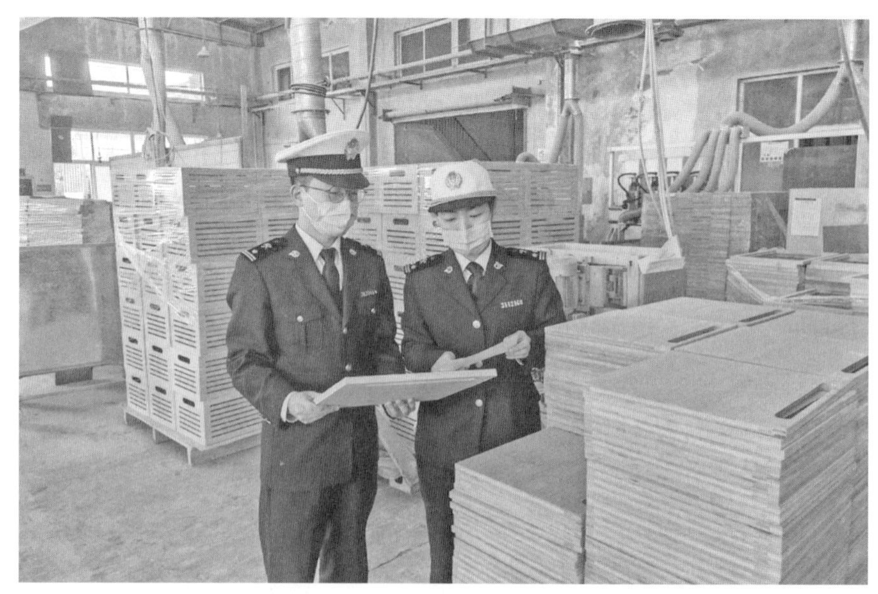

11月9日，奉化海关关员对出口竹木草制品开展现场查检（陈浩 摄）

导，提升企业获得感。辖区竹木草制品出口呈现“五升一降”的良好局面，即区域影响力提升、企业质量意识提升、产品安全质量水平提升、外贸订单提升、出口价格提升及国外通报召回数量降低。该案例入选宁波海关“我为群众办实事”实践活动10月份优秀案例。

【跨境电商“9710”和“9810”出口零突破】 2021年，奉化海关积极推动跨境电商业态发展，助力奉化区跨境电商出口实现零的突破并快速增长。加大跨境电商政策宣传和解读，让更多辖区企业了解政策利好；助力跨境电商海外仓建设和发展，进一步推广跨境电商B2B出口监管模式，支持跨境电商海外仓创新发展，推动公共海外仓建设；发挥关区跨境电商集约优势，加大政策支持力度，鼓励传统外贸企业应用跨境电商特殊区域出口海外仓（贸易方式代码“1210”）业务转型跨境电商。2021年，宁波世家洁具有限公司、宁波沃腾玛尔洁具有限公司、宁波文峰体育用品有限公司3家企业主动参与跨境电商出口，跨境电商出口海外仓（贸易方式代码“9810”）、跨境电商B2B直接出口（贸易方式代码“9710”）两种贸易方式分别出口货值110.8万美元和211.7万美元。

【组建政策宣讲团】 2021年，奉化海关成立政策宣讲团，由各业务科室骨干专家组成，以高级认证企业、重点企业“一企一策”的点对点服务为服务示范样板，深入企业现场进行最新海关政策的宣传、贯彻、解读。2021年，奉化海关政策宣讲团共开展集中政策宣讲12次，走访企业85家，助力奉化区实现跨境电商出口零的突破，使100多家企业实现办理海关手续“零跑腿”，收到企业赠送锦旗4面，切实增强企业获得感。

【非设关地对走私船实施登临检疫】 4月28日，奉化海关领导带队组成检疫小分队在奉化区浙江造船厂码头对查获的3条走私船实施登临检疫，对船上19名船员开展医学排查，采集鼻咽拭子和血液样本检测新冠肺炎病毒，并对船舶生活区及公共区域进行消杀。所涉走私船舶系“4·27特大走私香烟”查扣船舶，该案例入选海关总署2021年打击走私十大典型案例。

【党史学习教育】 2021年，奉化海关开展党史学习教育，以“学习百年党史”为主线，党委班子开展专题学习6次，各支部依托“三会一课”开展集中学习和个人自学，设立“奉关大讲堂”和“奉关小黑板”“一大一小”两个平台，采用“三讲”（讲党课、讲“党史上的今天”、讲党史中的法治故事）、“四红”（看红色电影、观红色基地、唱红色歌曲、诵红色诗词）两种模式，推动党史学习教育走心、走深、走实。梳理“我为群众办实事”实践活动实事清单31项，总结报送典型案例4条，《精准帮扶竹木草企业助力乡村经济振兴》获评宁波海关优秀案例，《继往开来的“红船精神”》获宁波海关微型党课三等奖。奉化海关党史学习教育开展情况在宁波海关专题推进会上作交流发言。6月9日，海关

4月28日，奉化海关关员对走私船开展登轮检疫（成可　摄）

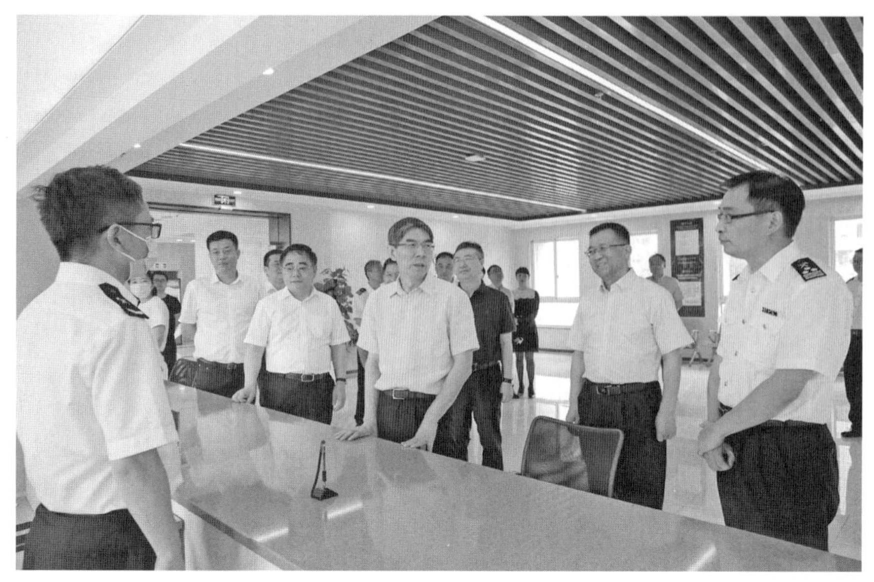

6月9日，海关总署副署长王令浚（前排右三）到奉化海关调研

（成可　摄）

总署副署长王令浚到奉化海关开展党史学习教育调研，对奉化海关工作给予充分肯定。

【基层党组织建设】2021年，奉化海关持续深化“强基提质工程”，以党建目标量化管理考核为抓手，扎实推进党支部规范化、标准化、品牌化建设，查检科党支部被授予关区“先进基层党组织”荣誉称号，该支部“360·强化”党建品牌顺利通过示范品牌复评，探索发挥品牌示范、带动、联动效应，带动其他支部品牌挖掘内涵，提升党建品牌创建质量。

（文雨婷）

烟草专卖管理

【概况】2021年，在省、市烟草专卖局（公司）党组和区委、区政府的坚强领导下，奉化区烟草专卖局（分公司）紧抓数字化转型主线，聚力构建“双基建设”新局面，扎实推进烟草专卖管理和卷烟营销工作。局（分公司）荣获全省系统先进基层党组织荣誉，连续第三年被评为宁波市五星级基层党组织，第二次被评为全区先进基层党组织，“烟标里的长征印迹”书记项目入选区书记项目范例。

【市场监管】区烟草专卖局（分公司）坚持专班运行、创新智慧监管，“外打内管”取得明显突破，积极开展“守护成长”“烟票治理”“百日攻坚战”等行动，不断净化当地卷烟市场。全年共查处违法案件206起，其中，“双五”［案值超过5万或数量超过5件（250条）］案件45起，比上年增加17起；查获各类卷烟3.03万条，比上年增长54.1%，总案值698万余元，比上年增长98.18%；查处违法违规大户案件92起；全年外流卷烟99条，比上年减少160.1%。

【依法行政】持续深化“最多跑一次”改革，全年新办767张许可证，网上办证率100%，释放“数据多跑路，群众少跑腿”的云上力量；重点关注60岁以上老年人的办证需求，提供上门代办、帮办等温暖服务；切实做好电子烟市场主体申报各项工作。

【组织建设】扎实开展党史学习教育，组织7次专题读书班，深入推进学习宣传贯彻党的十九届六中全会精神。组建4支党员先锋队，扎实完成5个方面39项“我为群众办实事”实践活动，完成微心愿13个，服务困难群众30余人次。组织云上奉烟成立30周年庆祝活动。

（蒋狄倪）

宁南新城管理中心

【概况】2021年，宁南新城区域开发建设紧扣“十四五”发展起步，以“开新局、履新篇、树新风”为核心，着力加速“五年奉献一个新奉化”重点项目建设，进一步完善区域内基础设施建设，努力化解区域开发难点，高质量推动宁南新城开发建设。

2021年，完成全社会固定资产投资70亿元，完成率

118.64%，位列平台第一名、全区第二名；完成浙商回归资金15.9亿元，完成率200%；引进市内境外资金18.46亿元，完成率230.8%；实际可利用外资2000万美元，完成年度目标的80%。荣获2021年度招商引资工作考评优胜单位、2021年度“五年奉献一个新奉化”项目大会战工作考评第一名。为保证宁南新城开发建设资金需要，宁南新城管理中心所属宁南开发投资有限公司于2021年3月成功发行当年第一期非公开发行3年期公司债券8亿元，票面利率5.3%，累计实现向银行等金融机构融资16.45亿元。

【重点产业项目】 至年底苏宁、国美、深国际、奥迪斯丹、可星等企业已投入运营的产业项目实现营收11.63亿元，全年可实现营收15.5亿元。宝湾物流、农副产品物流中心二期、宁波城市智能物流（奉之桥）、科瑞特动物激素、可星商业中心5个在建产业项目总体推进平稳有序。为进一步充实产业园区，形成产业集聚态势，宁南新城管理中心立足方桥地区优质本土产业，高标准择优选商，已洽谈落户欣煌科技、合为桂、圣费罗等10家产业项目，并陆续签订合作协议。

【基础设施建设】 5月，宁南新城管理中心完成宁南基础设施建设项目Ⅰ、Ⅱ标段招投标工作，项目总投资约74亿元，共涉及道路、河网、基础配套等子项目52个。2021年，计划开工北仓西路、山隍北路、盛源北路、滨江路、大欧河、消防站等13个项目，总投资约20.92亿元。至年底除方桥法庭、垃圾中转站项目外，其余11个项目均已顺利开工，并着重加快宁波市第一医院周边道路基础配建，确保与院区同步建设、同步使用。在加速新项目建设的同时，管理中心有序推进恒兴东路、方浦路、顺浦路、葭浦路、方欣路等在建道路工程和宁南六号安置房，南浦片安置区块一期、二期，蒋葭浦安置房，方桥安置房工程，进一步优化提升区域内交通路网，保障区域民生，实现区域开发建设平稳有序。

【要素保障】 宁波生命科学城项目累计开工建设项目20个，已完工项目13个，2021年度完成一级投资8.5亿元。其中，机场南路景观带提升工程、计然路、恒学路、山隍北路等项目竣工备验收，上海师范大学附属宁波实验学校已于9月顺利开学。奉盛健康医养项目、金茂酒店及商业综合体项目、青创大走廊精神堡垒项目均已顺利开工建设。启动中心湖、宁南商务中心及4号安置房前期方案设计等准备工作。

至年底，中交城市转型示范区内在建工程20个，累计完成投资76.8亿元。葭浦路、金融岛支路网、方欣路等市政道路进入收尾阶段，珊琳站周边水系廊道、青创滨水公园、机场南路两侧景观绿化工程等生态项目基本建成；壹里科创云廊项目9#、10#、14#楼完成结构封顶，珊琳站TOD商业综合体项目有序进行。安世亚太项目完成合约签订，中交联东科技产业园签约入驻企业69家。同时，开展城市运营合作洽谈，初步形成城市运行合作方案。

（陈　雯）

供销合作社联合社

【概况】 2021年，区供销社（农合联执委会）以乡村振兴为引领，持续深化“三位一体”（生产、供销、信用）农合联改革，各项工作取得新成绩。区水蜜桃产业农民合作经济组织联合会荣获第三届全省“十佳合作经济组织”称号。松岙供销社被评为2021年度全省百强基层社。区草莓产业农合联被认定列入全省第三批产业农合联。西坞街道现代农业综合服务中心被认定为全省第五批省级现代农业服务中心。

【生产服务】 切实做好春耕备耕工作。区供销社（农合联执委会）组织区农资公司储备化肥1200吨，其中氮肥100吨、钾肥50吨、复合肥1050吨，确保全区农业生产所需的物资供应。举办春耕备耕送肥下乡支农惠农活动，在西坞举行植保无人机现场操作示范演练、植保无人机操控理论培训及相关政策的解读，通过培训，有17户农户开始运用无人机植保作业；派出技术人员96人次，现场为农民提供技术指导、病虫害诊治等服务，发放宣传资料5000多份。

提供农业社会化服务。区供销社（农合联执委会）为全区种粮农民和水果种植户提供测土配方、统防统治、飞防服务等保姆式服务，承接水稻、水蜜桃等作业面积5.7万亩。

开展各类技术培训。邀请相关领域专家为专业合作社、企业、农户举办“2021年水稻统防统治农民培训会”“水蜜桃园创建生态平衡培训会”、水产养殖大户培训班等培训活动20次，培训人员1200人次，为全区产业发展提供技术支撑。

【供销服务】 区供销社（农合联执委会）牵头策划“2021 寄递进桃园为农服务”活动，区水蜜桃产业农合联与邮政公司、顺丰快递等物流企业对接洽谈，推出设网点、降邮费、提时效、保品质四大举措。在设立网点上，确定在溪口、萧王庙、尚田等水蜜桃集中产区设置20个服务网点，为桃农和游客提供便捷的打包和寄件服务；在降邮费上，由邮政公司让利，首重邮费按核定标准降30%左右，为桃农直接减少运费支出130万元；在提时效上，开辟空陆线路，宁波大市范围内实现当日递，省内各地及长三角地区实现次日递，全国60个重点城市的邮件实现次日递、部分县市实现隔日递，让水蜜桃新鲜到家；通过包装改良、跟踪邮件在线等，确保消费者买得放心。

区供销社（农合联执委会）会同区茶叶促进会成功举办2021年奉化雪窦山茶文化生活节，将茶产业会员单位生产的奉化曲毫、弥勒白茶、雨易红茶等优质名茶推向大众视野，让更多市民了解奉化茶文化的发展历史，发扬茶文化，打响奉化曲毫这张城市名片，推动奉化茶产业发展。

区供销社（农合联执委会）在抖音开设“奉农优选”专门账号，组织当地网红团队专业运营，着力推动提升当地水蜜桃、芋艿头、草莓、雷笋、柑橘等主导农产品的品牌影响力。在市区中山西路和宁波地铁机场站开设农合联农产品直营窗口2家，通过线下展示、线上直播带货等营销形式，把当地优质农产品推向全国各地，增加农民收入。举办“数字引乡村，农创共筑富”首届奉化区农播达人赛暨草莓文化节、奉化芋艿头营销等活动，助力奉化区农产品销售额达5000多万元。

【信用服务】 区供销社（农合联执委会）为农合联会员提供100万元以下免担保贷款147笔，3960万元；提供担保服务132笔，12416万元；新推春耕贷、绿色贷2个信贷产品；新推水稻成本补充保险、水稻收益补充保险2个保险产品；进一步优化“农信盈”推荐流程，将“农信盈”年化利率从5.2%降到4.5%，保费从1.65%降到1.5%，年综合费率降低至6.0%。

【村级综合服务社建设】 区供销社（农合联执委会）整合金融、保险、邮政、快递收寄、日用消费品、农产品寄售等便民服务资源，依托农村党群服务中心、农村文化礼堂、农村便民超市、农村淘宝店等硬件条件较好的场所，打造“一站式”农村生活综合服务平台，方便农村群众生活。分别在锦屏街道、岳林街道、西坞街道、莼湖街道、尚田街道、溪口镇、裘村镇、松岙镇等镇（街道）的18个村试点建设18家农合联村级综合服务社。

【“两废”回收】 奉化区已建立农药废弃包装物回收网点210处，回收农药废弃包装物24.7吨，无害化处理21.27吨；建立废旧农膜回收网点73处，回收废旧农膜130吨，无害化处理122.4吨。“两废”回收率和处置率均在95%以上，为推动农业绿色可持续发展，建设美丽乡村发挥积极的促进作用。

【产业农合联与现代农业服务中心融合发展】 区竹笋产业农合联与溪口现代农业服务中心联合改造竹笋加工车间300余平方米，投入200余万元，购置现代油焖笋、羊尾笋智能化生产流水线，日生产能力达4万瓶，年鲜笋消耗160万千克。区柑橘产业农合联与松岙现代农业服务中心成立柑橘研究所并引进绿美人、紫美人等11个品种，带动橘农进行品种改良，提升松岙柑橘的市场竞争力。西坞街道现代农业服务中心投资500余万元，设置农产品展销中心及生产、供销、信用等服务窗口，为当地林果产业提供全程化、个性化服务。大堰高山香薯产业、尚田草莓等一批特色明显、服务能力较强的现代农业服务中心投入运行，进一步推动特色农业产业发展。

【内控管理】 区供销社（农合联执委会）排查社有出租房产、老旧房产的房屋结构安全及各项消防安全12处，发现隐患3处，安排资金60万元进行维修。修改完善《农合联现代农业服务中心建设补助资金补充通知》《宁波市为农服务专项扶持资金奉化区实施细则》《宁波市奉化区供销社企业工作人员差旅费暂行规定》《宁波市供销合作社联合社经营性房产租赁管理暂行办法》4项规章制度。制定《供销社基层权力监督指引手册》，切实强化对资金（资产）使用、项目实施、组织管理、职责履行等方面权利的制约和监督，建立起流程闭环管理的监督体系，有效促进管理制度规范化。

（陆文武）

工业投资公司

【概况】 区工业投资集团有限公司（以下简称“区工投集团”）作为区委、区政府推进区域工业经济发展的重要抓手，坚持以深化市场化改革为突破口，立足老旧工业园区改造与小微园区建设、产业投资、政策性融资担保等主责主业，加大各项工作推进力度。集团下辖宁波市奉化区工贸实业有限公司、区中小企业融资担保有限公司、区锦浩投资管理有限公司、区工业科技投资有限公司、区锦贝建设投资有限公司、宁波奉化工投创业投资有限公司6家全资子公司。

【深化改革推进高质量发展】 2021年，根据区委、区政府关于《深化国资国企改革推进高质量发展的实施意见》文件精神，按照国资国企“1+N”改革总体方案要求，区工投集团结合实际制定进一步深化改革推进高质量发展的实施方案，明确主责主业，使集团发展路径更为清晰、举措更加有力，推动企业向实体化、市场化发展。一年来，通过深挖自身潜力，有效盘活存量资产，加大产业投资力度等方式，不断做大做强集团资产规模，截至2021年年底，集团资产规模近35亿元，比上年增加75%，有效提高集团融资能力和推动各项工作的资金保障能力。

【旧工业区块改造和小微产业园区建设】 区工投集团坚决贯彻落实区委、区政府关于全力打好老工业园区改造攻坚战的决策部署，以盘活老工业园区存量用地、提高土地集约利用、提升产业转型升级为目标，通过调整园区产业定位、整合土地资源、重构空间布局等方式，加快推进萧王庙大埠区块、尚田印家坑小微产业园等老旧工业园区改造提升和小微园区建设步伐，打造空间形态、产业结构、亩均效益、安全等级迭代升级的产业发展新平台。同时全力配合中信城开指挥部和项目公司做好土地征收等相关工作，加快推进中信宁波创新综合体项目建设进度。

【基金及产业投资】 区工投集团在持续完善集团投融资管理制度，优化投融资考核机制，强化投融资的专业化、规范化与市场化的同时，依托区工业投资母基金，充分发挥政府资金撬动作用，通过组建专项子基金和加大产业直投力度两大引擎，助推全区经济高质量发展。2021年，集团参与组建规模40亿元的中金传誉凤凰基金等专项子基金，并完成弥链数科等项目直投。截至2021年年底，集团及所属相关公司参与组建子基金和直接投资项目的认缴出资额已超过12亿元，完成实际出资超6.8亿元。

【服务企业助推发展】 区工投集团按照市、区两级政府关于推进政策性融资担保体系规范化建设的工作要求，加快推进区中小企业担保公司各项建设，并坚持“政策性定位、专业化运作、可持续发展”方向，遵循“聚焦主业、降费让利、银担风险、规范运作”原则，积极发挥政策性融资担保公司在经济发展下行压力增大的特殊时期逆周期调节作用，更好地服务全区中小企业健康平稳发展。至2021年年底，在保余额近12亿元，在保企业超700家，在保额度和在保企业均创历史新高，位于全市前列，被宁波市中小企业信用担保协会评为2021年度优秀担保机构，被奉化区金融发展服务中心评为2021年度类金融机构先进单位。

（董　炜）

旅　游

综　述

2021年，深化公共服务效能、提升文化遗产保护、激发全域发展、做大文旅产业、优化文旅市场、坚持全民健身，各项工作取得显著成效。红帮裁缝技艺列入第五批国家级非物质文化遗产代表性项目名录；奉化区被文化和旅游部选为文化和旅游市场信用经济发展试点地区；奉化区获评2021年度“浙江省民间文化艺术之乡”；奉化博物馆景区成功创建国家AAAA级旅游景区；新增国家AAA级旅游景区联步青云景区；青创大走廊等2条精品线路、惠政老街等2个特色街区新装亮相，名山风景线获评宁波市首批最美精品线路。新增民宿8家。

旅游业

【概况】 2021年，区文广旅体局坚持总基调，优化旅游产品，激发全域发展创新力；稳中求进步，聚焦重点项目，做大文旅产业影响力；迈出新步伐，优化市场保障，高质量发展有新成效。2021年，全区共接待游客410万人次，旅游综合收入85亿元。

【规划建设】 印发《宁波市奉化区人民政府关于加快推进全域旅游发展的实施意见（修订）》《宁波市奉化区促进民宿发展实施办法》《奉化区旅游发展总体规划》《奉化区“十四五”文旅体融合发展规划》等文件，为奉化区旅游业高质量发展奠定制度基础。制定《奉化区民宿经济促进会筹备工作方案》，加快民宿经济促进会成立。推进溪口—滕头国家AAAAA级旅游景区、黄贤森林公园景区提升，高质量完成省全域旅游示范区复核评估，在全省29家全域旅游示范县（市、区）中荣列A档。翡翠湾渔文化公园和青云村成功创建国家AAA级旅游景区，松岙镇成功被命名为第五批浙江省红色旅游教育基地。5个村庄通过省AAA级景区村庄认定，全区A级景区村庄占比达67%，超过全省平均水平。举办乡村旅游节，萧王庙街道“水蜜桃文化节”、大堰镇“云上大堰”、溪口镇“万物始新‘溪’迎春来”等乡村旅游品牌活动层出不穷。推出五条“不忘初心、牢记使命”奉化红色旅游精品线路，策划“红色征程”“奉起之路”红色旅游主题教育线路，在“甬派”等新媒体进行视频宣传和图文直播，拓宽红色旅游团建和自驾游渠道，吸引游客打卡红色旅游点，充分展示奉化在中国革命、建设和改革历史进程中取得的重大成就。

【产业融合】 落实推进弥勒圣坛、应梦里等文旅重点项目建设。2021年，全区文旅项目共计57个，项目计划总投资331.81亿元，1—12月累计完成投资58.6亿元，完成年度计划的105%；新增花庭·东山上、连山非宿、古岩一舍等特色民宿8家，推动民宿行业提质扩容。溪口—滕头景区、奉化景区城列入省旅游业“微改造、精提升”行动单项试点单位。印发《奉化区旅游业“微改造、精提升”五年行动计划（2021—2025年）》，全年共实施“微改精提”项目231个，竣工率100%，实际完成投资5.3亿元，解决问题1365个。将惠政老街街区打造为夜间文旅消费集聚区，爱伊美服装有限公司获评省级工业旅游示范基地，金钟广场特色美食街区获评“诗画浙江·百县千碗”美食街区（镇）。发放文旅消费券，在春节、中国旅游日、桃花马拉松等节庆期间开展惠民活动，共计使用消费券98000余张，消费金额240.6万元。在全区文化礼堂、70家A级景区村庄、中东欧美食节与“诗画浙江·百县千碗”人文交流活动中持续推广“奉化十碗”。组织企业参加宁波文旅消费推广、海峡旅游博览会（厦门）等重大品牌活动。郑福海雕塑创作工作室、叶锡堂雕刻艺术馆提供的作品在第16届中国义乌文化和旅游产品交易博览会上双双揽获工艺美术奖“银奖”。加强长三角地区客源市场开拓，拓展浙东南和江西联合体宣传，加强与丽水市缙云县的交流协作。组织参加宁波市美食讲解员总决赛，荣获团体第一名和“最佳组织奖”3名，选手分别获得一、二、三等奖。承办宁波旅游总评榜颁奖盛典，切实提升行业品牌竞争力。

【行业管理】 奉化区开展未经许可经营旅行社业务专项整治、非法卫星电视接收设施集中整治行动等各类专项行动16项。截至2021年年底，区文化市场综合行政执法队共出动检查人数3700人次，检查各场所1468家次，立案调查49件，办结案件48件。全力打造国家文化和旅游市场信用经济发展试点，推行7类涉旅主体五色信用码，推进旅游信用治理体系建设。提升旅游住宿行业服务品质，开展住宿行业管理人员能力提升培训，成功指导创建省级金桂品质酒店、省银鼎文化主题酒店，全区住宿业服务水平全面提升。制定《宁波市奉化区旅游领域安全生产风险普查工作方案》《宁波市奉化区旅游领域遏制重大生产安全事故整治攻坚实施方案》，为开展A级景区风险普查、持续推进25项“遏重大”任务清单，奠定制度基础。印发《关于进一步做好新冠肺炎疫情防控重点工作的紧急通知》《关于进一步做好当前疫情防控工作的补充通知》等5个疫情防控相关文件，压实安全生产责任，开展常态化专项检查，确保文化和旅游市场安全稳定。

（王璐婷）

宁波溪口雪窦山名山建设管委会

【概况】 2021年，已持续八年的新一轮佛教名山建设“一核、一带、两组团”功能布局的核心项目建设基本完工。在抓好硬件项目顺利推进的同时，软件建设成果丰硕，推进景区合作，转变旅游宣传理念，丰富旅游业态，加速推进全域旅游。雪窦山“中国佛教五大名山”地位基本确立。

【工程建设】 至2021年，各类名山建设项目累计完成投资27.2亿元，其中2021年完成投资1.46亿元。标志性项目“弥勒圣坛”已完成总工程量的99%，于2021年5月荣获“中国建筑工程钢结构金奖”；佛学院女众部房屋建设已基本完工并投入使用。瀑布院、法华寺大殿总体已完成，东翠寺大殿基础已完成。应梦里（民国风情街）成功引入横店殷旭团队负责整体运营和管理，国庆节期间开展灯光秀及美食节活动，已实施酒店装修及进一步的招商工作。

【学术研究】 管委会开展“弥勒信仰民俗化研究”“‘十四五’期间名山建设工作思考”2项课题的研究；推进省级“非遗”代表性项目、宁波级“非遗”三位一体考评工作。

【宣传活动】 管委会积极承办高层次活动。组织区内周边村老年协会成员免费游雪窦山，培养名山当地群众基础；策划组建自媒体团队和自媒体联盟，开展溪口雪窦山形象的自媒体系列宣传活动。参与省十大名山公园建设活动，进行名山推介。开展“五人论道”等品牌活动的前期策划。承办“2021弥勒文化节”及相关活动，参加杭州“未来生活节”，农历三月三、六月六、浴佛、腊八等传统佛教文化活动持续举办。雪窦山影响力得到进一步拓展。

（徐颖钢）

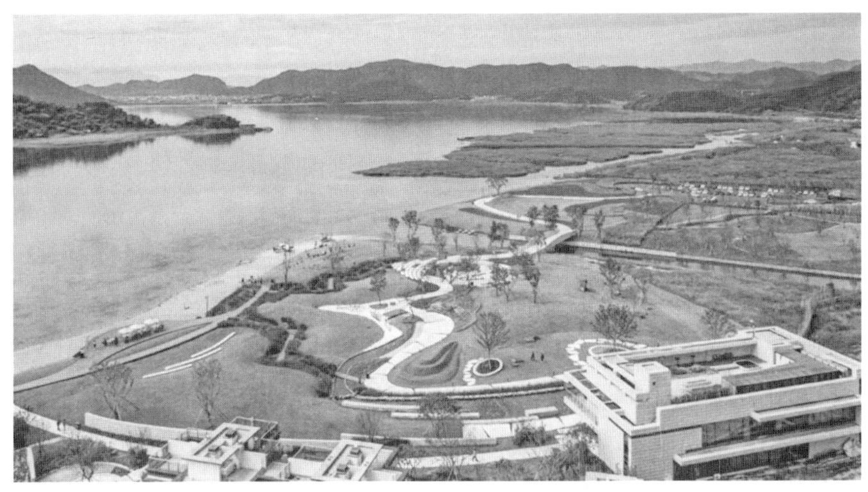

6月，假日码头鸟瞰图

宁波滨海旅游休闲区管理委员会

【概况】 2021年8月，宁波滨海旅游休闲区管理委员会调整为宁波滨海旅游休闲区开发建设管理中心。宁波滨海旅游休闲区入选首批“浙江省气候康养乡村”，宁波湾区域列入《宁波市城乡建设发展“十四五”规划》市区重点建设板块，完成《宁波湾新区2035》研究规划的编制。2021年，区域实现固定资产投资33亿元，比上年增长18.75%；全年引进重大产业项目2个，引进宁波市外境内资金14.78亿元，完成率147.8%；浙商回归实到资金13.02亿元，完成率118.3%。

【平台建设】 经过五年建设，区域会客厅“浙江宁波湾旅游度假区”基础形象已基本呈现。以“生命健康”为龙头，运动休闲、文化旅游、滨海度假为特色的区域新兴产业体系逐步形成，优质康养旅居特色项目全线启动，华侨城“欢乐滨海”成为网红打卡地。医疗健康中心三级综合医院、光大养老产业项目、“时光宁波”度假社区、华侨城商业街区和酒店项目引进落地并加速推进建设。

【文旅培育】 “宁波湾海上嘉年华”和“天妃湖福文化节”成为两大特色品牌活动，累计吸引游客超过15万人次；宁波湾旅游度假区年接待游客总量超30万人次；假日码头展现雏形；省级旅游度假区设立可行性研究报告完成省级联席审查。培育帆船、桨板、赛艇、铁人三项、越野行走、海上马拉松等一系列宁波湾自主运动IP品牌，打造“春铁、夏泳、秋帆、冬马”特色运动赛事，中国皮划艇协会总部基地和国家训练中心成功落户，为宁波首创。宁波湾天妃湖水上运动基地投入运营，并顺利承办中国铁人三项小勇士赛、中国家庭帆船赛、第六届中国大学生赛艇锦标赛等重大赛事，并举办多场青少年水上运动研学营，“宁波湾·奉化玩”品牌IP影响力持续提升。

3月18日，中国皮划艇协会总部基地和国家训练中心——合作建设框架协议签约仪式举行

①②5月23日，2021宁波湾“滨海华侨城杯”小勇士铁人三项赛开幕

③④10月16日，“2021中国家庭帆船赛·宁波湾站”比赛在天妃湖拉开帷幕

⑤⑥⑦10月28日，第6届中国大学生赛艇锦标赛暨第31届世界大学生夏季运动会赛艇项目选拔赛在天妃湖举行

【生态保护】 9月30日，浙江省气候中心公布首批40个“浙江省气候康养乡村”，宁波滨海旅游休闲区因气候条件优越、生态优良、空气清新、配套设施较完善，是适宜发展休闲旅游、康体养生的乡村（镇）或景区而得以成功入选。宁波滨海旅游休闲区管理委员会围绕“岸滩整治、海洋牧场、矿山修复、岛屿管控、观光环线、耕地保护、水利建设”生态保护七同步，全力深入推进生态修复综合整治工程，实施渔宿鸿峙、夜游马头、运动河泊所、森林黄贤、乡愁杨村、漂流应家棚、跑马下石盆“文旅七联动”，莼湖鸿峙整村改造、黄贤景区提升、马头夜游项目协同实施。基础设施配套得到进一步提升，再生水厂项目主体完成，沿海旅游观光线基础贯通，公共船艇码头、天然气联网工程建设实施，以203省道、沿海中线拓宽等交通外连为龙头的基础工程加快推进，为区域突破性发展提供了全方位保障，进一步夯实全域联动的支撑基础，打造优质海滨生态康养旅居生活空间。

（汪巧妮）

城市建设与管理

城乡规划

【概况】 2021年，城乡规划工作聚焦国土空间治理现代化目标，高水平、高质量地推进国土空间规划编制，以规划引领健康美丽新奉化建设。

是年，区自然资源和规划分局获评市资规局上年度自然资源和规划管理考核优秀单位、区“五年奉献一个新奉化”（重点实事工程）考核优质服务单位，区规划测绘设计院获市第九届“华测杯”定向越野比赛团体组三等奖。

【规划编制】 编制国土空间总体规划，科学划定“三区三线”（见附件）。初步划定306平方千米生态保护红线，并由省自然资源厅上报至自然资源部。6月，过渡期城镇开发边界约128平方千米获省自然资源厅批复，并根据市级部署提交第二轮城镇开发边界试划方案修改建议，争取建设用地指标，以满足区未来建设发展需要。协调永久基本农田与城镇开发边界之间的关系，确保耕地数量不减少、质量不降低。

制定控规编制（调整）计划和强化管理，确保规划编制的科学性和严肃性。2021年，完成尚桥火车站、区殡仪馆、奉化国际时尚服装产业园、仁湖美术馆等29个控规项目。有效衔接正在编制的国土空间总体规划，实施评估区控制性详细规划。编成区村庄建设规划一张图，提升规划图的更新维护管理水平。

优化城市设计和规划研究。编制《大成东路两侧片区城市设计》，加强对城区东部门户的整体形象定位、公共空间控制和建筑风貌引导；与区城投公司联合编制《奉化区南山路核心段城市设计》《奉化区桃李芬芳党建引领乡村振兴联合体规划研究》。

【新农村建设】 区自然资源和规划分局审查和报批长岭村等42个村庄建设规划修编（已出具审查意见15个，其中，14个已完成报批），镇、街道尚在编制的村规有26个。配合市资规局，做好《宁波市村庄规划编制和管理研究》《宁波市郊野单元详细规划技术标准与管理规定研究工作大纲》要求，为下一阶段村庄规划的编制和管理明确方向。

【历史文化保护】 区自然资源和规划分局组织编制《西街南大路历史街区保护利用规划》及青云、董家、马头3个省级历史文化名村的保护规划，并通过市人大常委会审议、提交省报批。申报青云小镇民居修缮一期、大堰村民居修缮、章胡村宗祠修缮3个项目补助资金163万元。邀请宁波专家现场踏勘评估，督查3个项目资金去向和进行台账查询，制定台账模板，指导镇、街道按要求完善材料。

【规划服务和管理】 区自然资源和规划分局响应“最多跑一次”改革，涉及企业投资的事项全部纳入“投资项目在线监管3.0平台”，实现全流程线上审批。落实用地预审、用地许可上图入库量化、细化考核要求，电子证件核发率、上图入库率均达到100%，实现数据有效共享。是年，核发许可证件及审批文件1013件（其中，选址意见书88件、用地规划许可证92件、建设工程规划许可证205件、建设工程规划核实确认书263件、乡村建设规划许可证9件、规划设计方案审批49件、规划条件审批160件、规划审查意见147件）。

继续推进自然资源规划领域的“多审合一、多证合一”改革。通过合并规划选址和用地预审、并联办理建设用地规划许可和用地批准，同步核发建设用地规划许可证、国有土地划拨决定书，整合临时用地规划许可、临时占用林地许可和用地审批。全面推行建设工程规划许可证告知承诺制，简化建设工程规划许可办理手续。实现低风险小型项目从申请赋码备案到竣工验收并取得不动产证全过程审批“最多15个工作日”。同时，探索规划方案审查、建设工程规划许可“一件事”改革，配合区行政服务中心做好企业投资项目“帮小二”帮办咨询服务平台建设。

（严倩骞）

基础设施和重点工程

【概况】 2021年，城投集团实施各类建设项目42个，其中续建19个、新开工23个，总投资概算106.7亿元。年完成固定资产投资26.8亿元，超额完成率为140%。

【“五年奉献一个新奉化”项目】 西直路南延道路长450米，宽21米，项目包括道路、雨污水管道、路灯及附属工程等。总投资2475万元，2019年10月开工，2021年5月完工。

西河小区一期位于西河路以东，长汀路延伸段以南，规划法兴路以北。总占地面积33333.3平方米，总建筑面积90943平方米，总投资45878万元。有5幢18层及4幢17层的小高层住宅楼，机动车停车位674个，总安置户数654户。2018年12月开工，2021年7月完成综合验收。

柏香路道路全长约840米，规划红线宽度22米，项目包括道路、雨污水管道、路灯等，含桥梁1座。总投资9480万元，2020年12月开工，2021年8月完工。

茗山路—长岭路背街小巷改造一期全长约650米，整理改造道路、两侧建筑立面、商铺店招及部分场地环境等。总投资7000万元，2021年7月进场施工，11月完工。

宁波湾区沿海旅游观光道路（栖凤村—鸿峙段），全长6.67千米，道路宽8米。总投资15387万元，2021年4月开工。

浙江医药高专东侧商业地块总占地面积约48666.7平方米。总建筑面积约118000平方米。其中，住宅面积94929.43平方米，由10幢11～20层小高层和高层楼栋组成；商业面积21790平方米，含2层集中商业、普通商业和4层酒店等；设机动车位936个。总投资83000万元，2019年5月开工，2021年12月交付。

省重点工程医养综合体总用地面积70665平方米。总建筑面积约10.18万平方米，包括门诊综合楼60888.93平方米，病房综合楼35046平方米，后勤综合楼5121.49平方米，辅助楼587.58平方米，垃圾间60平方米，门卫、警卫室25平方米，液氧站50平方米。设置床位600张。车位932个，其中地下车位522个。总投资57070万元，2019年3月开工，计划2022年3月完工。

市重点工程宁波市城市职业技术学院奉化校区建设项目（一期）位于萧王庙街道四明路南侧（奉化城西教育园区），西临绿城玉兰花园小区，东临诺德安达学校（奉化校区）。项目建设用地面积100000平方米，总建筑面积49819.48平方米，其中地上建筑面积49558.51平方米、地下建筑面积260.97平方米。主要建设行政综合楼、教学楼、理实一体化教室、学生宿舍（3幢）、食堂及其他附属用房。工程总投资4.2亿元。2020年9月开工，计划2022年9月完工。

区重点工程人才公寓位于圆峰路延伸段以东，倪家碶河以南，东环路以西，长汀东路以北，总用地面积约13133.3平方米，总建筑面积约41231.19平方米，其中地上建筑面积约28958.44平方米、地下建筑面积约12272.75平方米，总户数454套，地下停车位302个。总投资3亿元。2020年4月开工，计划2022年9月完工。

【实施类项目】 锦屏南路（东门路至宝化路）综合改造道路长1000米，宽28米。包括道路、区政府大门地道、桥梁及管线等建设。2020年6月开工，2021年6月完工。

原朝阳纺织地块二期总占地面积30亩，建筑面积26768平方米，由13幢联排住宅和2幢配电房组成，总户数64套，机动车位174个。总投资2.3亿元，2019年9月开工，2021年9月综合验收完成。

东部门户区S2地块拆迁安置房建设位于瑞峰路以东，倪家碶河以南，天峰路以西，长汀东路以北，总用地面积52174平方米，总建筑面积169789.5平方米，总安置户数1052户，设机动车位1192个。总投资85000万元。2019年11月开工，计划2022年完工。

东部门户区S1地块拆迁安置房建设金峰路以东，倪家碶河以南，瑞峰路以西，长汀东路以北，总用地面积约52132平方米。总建筑面积162775平方米，总安置户数1076户，设机动车位1165个。总投资85000万元。2020年9月开工，计划2023年完工。

宝化路东延一期（金钟路—东环线）西起金钟路，东至东环线，全长约3.4千米，城市主干路标准，双向六车道。包括道路、桥梁、箱涵、管线、海绵、绿化景观、交通设施、公共空间、城市家具、路灯等工程。总投资104695万元，2020年9月开工，计划2022年5月完工。

南山路综合改造改造范围为茗山北路至甬临线，全长约4千米，拓宽为双向6车道，将现状水泥混凝土路面改造为沥青路面。现状桥梁保留，并按照拓宽后道路段拼宽。包括道路、雨污水管道、电力、综合通信、路灯工程等。总投资93507万元，2021年3月开工，计划2022年11月整体完工。

阳光茗都西侧商住开发总用地面积约10809平方米，总建筑面积约27500平方米，其中，地上建筑面积约19450平方米，地下建筑面积约8050平方米，总投资约30985万元。2021年3月开工，计划2023年完工。

（宋婉婷）

房地产管理

【概况】 2021年，奉化区加强商品房预售管理，维护房地产市场正常秩序，强化物业行业管理，有序推进危房解危，完善住房保障体系。

【商品房管理】 2021年，办理预售证54件，总面积216.94万平方米，其中，住宅151.2万平方米。房地产库存周期保持在13个月左右。根据房管中心网签数据，年销售商品住宅116.18万平方米，同比减少50.78%。成交二手住房3744套、41.29万平方米，面积同比减少24.29%。

【城镇危旧房监管】 排查农村房屋安全隐患139000余户，整治动态危房24处。推进城乡房屋“保险+服务”，完成城镇居民住房综合保险续保，涉及投保房屋1253幢，动态监测房屋210余幢。指导各镇（街道）完成农村房屋综合保险续保，130833户购买保险，监测服务10004户。续订房屋外墙保险792幢，监测服务250幢。2021年6月，排查城乡房屋，配合区应急管理局进行避灾场所规范化建设安全检查43处，全年联合检查防疫隔离点20余处。在建党百年、台汛期间，安全排查城镇房屋500余幢，对在册危房进行倒塌性风险评估，并委托专业机构评估59幢城镇重点房屋。建立并完成培训城乡网格队伍600余人，与区矛调中心共建房屋安全信息系统与基层综治系统“两网合一”，年创建安居示范村76个。年底，完成全区房屋建筑数据调查，出具个人危房鉴定备案书104份、鉴定意见书249份，其中低效用地办证鉴定100份、国有资产办证鉴定93份、其他安全鉴定56份。

【保障房管理】 发放835户城镇户籍公租房租赁补贴321.58万元、615户外来务工人员公租房租赁补贴51.02万元、委托第三方机构摸底调查农村低保及边缘户的农村户籍公租房租赁补贴190户49.77万元。完成上年审计整改，依规定清退9户实物配租家庭，追回租赁补贴资金2868元；完成金海家园和南溪家园公租房实物配租资格年审，及时清退26户不符合条件的家庭；做好保障性住房分配，配租35户公租房轮候家庭、3户拆迁困难户、1户省抚恤优待军人。管理好公租房、直管公房和人才租赁住房。收缴公房租户的租金3558万元，收缴率100%；启航家园人才公租房全部出租，完善9家企业31名人才入住晶典公共租赁房，做好保障后勤服务。

【城中村改造】 制定全区城中村改造计划，安排28个改造项目（包含拆除重建22个、综合整治6个），涉及改造户8135户、129.5万平方米；安置回迁141户、2.43万平方米；安置房启动建设8877套、114.25万平方米。

【老旧小区改造】 改造老旧住宅小区，启动广平小区、秀水家苑、华信小区、强人花园、阳光小区5个老旧小区改造，涉及总建筑面积36.33万平方米、业主3362户，总投资6823万元。至年底5个小区改造、6个小区的污水零直排改造均已完工；完成6部电梯加装。

【物业管理】 加强物业党建引领，成立中国宁波市奉化区物业管理协会委员会，统筹指导全区物业服务党建工作。规范提升物业管理，促成绿城玫瑰园等5个小区成立业主大会和业主委员会。构建物业信用管理体系，完善物业企业信用信息管理。本地捷达、天歌物业获评省最高信用等级AAA级。完成“文明城市创建”和50个“平安小区”创建任务；13个小区获评市年度“洁美小区”；4个小区被列入宁波物业信用平台红榜；区物业纠纷投诉信访量连续位居市最低水平；全区物业服务整体满意度达到87.9%。

【测绘评估】 做好前方路、溪口镇班溪村、溪口镇六诏村等地块拆迁测绘及评估公司委托厂房测绘，完成拆迁测绘约12.4万平方米。做好四明小微企业园、翡丽时光中心、滨湾府、易达科创城二期和三期、海上海广场五区等商品房预测，共计预测面积约24.78万平方米；做好云山新语、明溪村、禧悦风华、广南商城1弄5幢、松洋里、沙堤村、易达科创园一期、溪上桃花源二区、前胡小区、隆尚府邸、滕头村、湾丽苑二期和三期、风情街一期和二期、仁湖锦庭二期、西圃村改造项目等商品房实测，以及锦山明珠、北门街、状元楼、桥东岸路、新丰路等国有资产零星测绘，实测面积共计约73.52万平方米；完成房产图测绘，共9个项目，产值约15.24万元。

【白蚁防治】 全区有新建房屋白蚁预防项目144个，面积585.31万平方米。接待旧房白蚁灭治来人来电咨询812次，上门服务521次。开展传统村落和历史文化名城名镇名村白蚁防治行动，全区共有11个传统村落和1个历史名镇，已完成10个传统村落的白蚁防治及宣传工作。做好文物保护建设白蚁检查及溪口风景区各景点的白蚁预防及检查。

（琚灿芬）

建筑业管理

【概况】 2021年，区建筑工程领域及时解决发展中的问题，建筑业产值持续增长。全年累计完成省内建筑业总产值122.4亿元，同比增长18.7%,增长率位列全市10个县（市、区）第三名（宁波市同比增长11.4%）。全区共有建筑业产值统计联网直报建筑企业104家，较同期新增20家，企业报批增项资质28项，全区共有工程总承包二级及以上企业27家，其中，工程总承包一级企业9家,总体实力增强。2021年全区建筑工程获得荣誉48项，其中由浙江欣捷建设有限公司承建的宁波宁南贸易物流区三号综合安置用房工程等4个工程获评省安全生产标准化管理优良工地；由萧云建设股份有限公司承建的奉化区黄家塘二期安置房项目等13

个工程获评宁波市安全生产标准化管理优良工地，数量创历史新高；由宁波建工工程集团有限公司承建的先进能源材料研发中心一期建设项目等2个工程获评宁波结构优质奖；由宁波建工工程集团有限公司承建的宁波市第一医院异地建设（一期）工程等4个工程获评奉化结构优质奖；由萧云建设股份有限公司承建的奉化区城中村改造项目一期工程（塘下安置小区）等25个工程获评奉化区安全生产标准化管理优良工地。

【监管服务】 2021年度，全区新增受监工程项目160个，建筑面积616.28万平方米，工程造价157.7亿元（其中房建登记工程151项，总造价为152.28亿元；市政9个，造价5.42亿元），新项目开工体量持续位列宁波大市前列，获评全省建筑节能与绿色建筑工作考核评估优秀县（市区）。2021年报建的新建民用建筑均按一星级以上绿色建筑强制性标准进行建设，新建绿色建筑占比达100%。2021年全区新开工新型建筑工业化面积271.7万平方米，钢结构装配7.81万平方米，分别完成宁波考核任务的130%、156%。装配式建筑新增体量位居全大市前列。

【质量安全管理】 至2021年末，全区在建受监项目320个，建筑面积约1970万平方米。

2021年监督工程竣工验收

6月25日，在宁波农副产品物流中心项目Ⅱ期工程Ⅰ标段工程现场召开2021年度奉化区建筑施工标准化文明施工树标杆学标杆提升行动现场观摩会

9月15日，在原奉化中学地块商住项目Ⅱ标段工程现场，召开宁波市住宅工程质量品质提升现场观摩会

5月9日，召开宁波市奉化区建筑业协会第一届一次会员大会，会议主旨为“筑梦同行　共创未来”

150个，面积约450.23万平方米。竣工验收一次性合格率、建筑节能标准实施率、“两书”（法人授权书、质量终身责任承诺书）签订率、标牌设置率均为100%。年签发日常监督检查质量安全整改通知书783份，停工通知单51份，违法案件移交单13份；受理各类工程质量投诉177起，办结率100%。验收消防项目60个，签发59份整改通知书，受书单位均在限期内完成整改。办理建筑起重设备产权备案281台，使用登记558台次，安装拆卸告知共1001台次。

开展“瘦身钢筋”专项整治、预制桩专项整治、住宅工程质量专项排查整治、混凝土质量百日专项治理、建设工程质量检测机构专项检查、“平安护航建党百年”安全隐患大排查大整治、建筑领域安全月活动、建设施工领域安全生产风险普查工作、建筑工程领域防汛防台工作、中秋国庆长假期间全区建筑工程施工安全生产工作、疫情防控检查等质量安全专项整治行动15次，排查治理各类安全隐患，检查320个在建项目全部完成整改。

加强分户验收，严把住宅工程质量分户验收关。完成29个小区分户15303户的验收，抽查312个自然间。力争在分户验收过程中将工程质量问题全部整改，降低住宅工程交付使用后的质量投诉率。

接受省厅、市局对区建筑工程安全生产督查及宁波市安全生产巡视组的专项巡视。加强监督抽检，为提升实体质量。年委托第三方有资质的检测单位，重点抽检施工现场主要建筑材料和结构实体质量。完成监督检测报告322份（其中原材料检测含钢筋、防水卷材等526组，实体检测1022组），对不符合设计要求的实体进行整改并扩大检测，对不合格建筑原材料监督整改并退场处置。既提高工程质量，又提升质量监督的权威性和科学性，也对各方责任主体起到警示作用。

【建筑节能】 为确保合格产品进入建筑工地，先后开展建设用砂质量大排查、“举一反三”排查整改预拌混凝土行业清洁化生产、“平安护航建党百年”安全隐患大排查大整治等专项行动。坚持每月1~2次检查新墙材、建设用砂、预拌混凝土、预拌砂浆、预制构件备案企业。检查企业300余家次，抽检产品124份，其中存在质量问题4份，采取约谈相关企业负责人、责令整改以及暂扣质量证明等方式进行处理；执法督查辖区内领取施工许可证在建项目预拌砂浆使用情况，检查在建工程9个，发放整改通知书2份。

是年，分5次培训全区预拌混凝土、预拌砂浆生产经营企业。逐步规范管理102名新增专用车辆驾驶员的业务技能与安全知识。审核办理定位监控系统和右转弯盲区视频设备使用证220辆，并纳入监管系统。至年底，完成专用车辆线上监管345辆，上线率在90%以上；结合省每月超速违章等情况通报，整治散装水泥专用车辆，约谈多次出现专用车辆和纳入橙色预警名单的企业，下发整改通知书19份。

年检换证建设用砂和新墙材备案企业。全面检查产品检验室、产品堆场及产品质量，初审上报3家建设用砂备案企业通过年检换证；根据区域分布、结构特点和供需产能测算，2021年，区新增1家建设用砂备案企业。完成10家企业清洁化生产改造。

区有9家建筑垃圾资源化利用新墙材产品认定企业。年底，消纳建筑渣土约40万吨、建筑装潢垃圾70万吨、泥浆55.31万吨（固化土27.53万吨）；市兴业环保科技有限公司已申报市建筑垃圾资源化利用公告企业；新增浙江旺力神技有限公司利用建筑渣土生产免烧砖、绿化土项目；宁波启源建筑垃圾处理有限公司已建成投运。

区11家预拌混凝土资质认定企业统一纳入在线监管。混凝土企业从原材料采购、销售、运输、使用等全过程闭环管理，确保全过程追溯，有效治理行业乱象。

【城建档案管理】 年审核、接收建设项目121个，单体工程626个，扫描资料64585份，开具档案证明121份。归档3645卷，库房现有城建档案58542卷。多次培训指导葛岙水库安置房、云山新语小区、宝龙沁学园、宁南明茂府、上海师大附属实验学校、仁湖锦庭、溪学家苑、云尚嘉园等21个较大建设项目施工现场，工程档案及时归档。撰写《有关城建档案进馆方面的运行清单》《城建档案管理工作文件汇编》《2021年城建档案工作考核材料汇编》《2021年城建档案利用实例、年鉴、组织沿革》《权力清单和廉政建设》等材料。提供查档286人次，调阅档案1517卷，复印3259份，接待城建档案咨询258人次。

（琚灿芬）

市政服务

【概况】 2021年，区综合执法局（城市管理局）完善市政设施，打造宜居宜业的高品质城市环境，提升自来水、天然气等市政公用事业管理服务能力，助推区建设全国文明典范城市。区综合执法局先后被授予市“最美环卫集体”、市绿化建设优胜单位、市容环卫行业市容管理优秀单位等荣誉称号。辖区内中山、仁湖、江滨、东升、城南、锦山、古树、樱花、RBD等公园入选省第一批城市公园绿地名录。

【市容环卫保洁】 主要道路、背街小巷实施“人工保洁、巡回捡拾、机械清扫、道路冲洗”四位一体道路清扫保洁作业。定人、定时、定岗动态巡回保洁，公厕24小时免费开放，专人保洁。是年，共保洁道路428.79万平方米、绿化带163.42万平方米、河道19.64万平方米，机扫256.63万平方米，主干道机扫率100%。

餐厨（厨余）垃圾、有害垃圾及其他垃圾的分类收运处置一体化体系确保垃圾专业化收运服务提质升级。餐厨垃圾收运单位增至140余家，收运量12223.94吨；厨余垃圾收运小区增至65个，收运量9658.37吨；收运有害垃圾3.85吨。

全区生活垃圾实施焚烧处置。上年年底点火，投入垃圾焚烧发电，并商业运营。年清运、焚烧生活垃圾154384吨，发电18700余度。

【市政园林路灯管理】 开展城区设施零星维修、道路平坦和“脱空”检测。全年共修补道路坑洞690余处，铺装维修更换人行道2129.56平方米、车行道3824.34平方米，人行道设置缘石坡道50处，修复破损、缺失人行道车挡石641处、反光膜204处，完善锦屏南路、茗山路、长岭路等老旧小区道路改造。

检测管辖范围内的44座桥梁，及时查找分析存在的安全隐患并落实针对性的维修措施。全面排查整治随桥管线隐患，保证桥梁设施安全。结合治理“桥头跳车”，完成瑞溪桥、兴奉桥、望悠桥整治，消除中山桥栏杆倾斜、龙津桥梁板横向裂缝等3起安全隐患，严格整顿龙溪桥桥下空间堆放建筑材料、垃圾杂物等非法占用行为。规范增设桥铭牌55张、限载标识牌47张。

解决“树挡灯”现象，修剪南山路、西苑路、西直路等14条道路遮挡交通指示牌、路灯的行道树。城区路灯实施照明提质，解决光源光衰和光源参差不齐的夜间照明路段，如大成路、中塔路、西苑路、四明路等。检查辖区内主次干道及背街小巷的14438盏路灯、687927套景观灯以及专用变压器、配电柜、监控终端、架空线路、电缆检查井、灯箱等。精心养护检测、防止照明设施漏电、高空坠落、线路起火等意外事故的发生。年更换灯泡1961盏、整流器1078个、触发器141个，修复路灯3163次、电缆1880余米，排查故障电缆79次，确保城区亮灯率及设施完好率保持在99%以上。做好重大节庆氛围保障。

年养护绿地面积130余万平方米，新增口袋公园2处。结合建党百年及撤市设区五周年，完成4处花镜节点、3处景观绿雕的布置。补种中山路、河头路等各主次干道各色花卉、灌木、草皮6170平方米。城区各公园绿地冬季黑麦草草籽套播6万平方米，新增绿化废弃物资源化利用场地1个，修剪行道树125株，整治700余个树穴。完成81棵古树名木的保护管理工作。新增“花卉大道”1条、绿地39公顷。

【公用事业】 6月，日处理量9万吨的城区污水处理厂提标扩容工程通过验收，正式投入运行。莼湖污水处理厂清洁排放改造已竣工验收，滨海再生水厂主体设备安装完成。松岙污水处理厂提标扩建改造和西坞白杜工业园区循环水厂建设均已开工。

全年累计清淤疏通排水管网484.97千米，排查管网221.52千米，修复雨、污水井盖147个，雨、污水井座机周边51处，增补缺失防坠网128张。强化3座污水处理厂、11座污水泵站、1座雨水泵站的日常管理、调度、考核，3座污水处理厂出水水质达标率在95%以上，COD（化学需氧量）消减量5756.82吨，氨氮削减量474.13吨，污泥处置由第三方外包服务公司进行无害化处理，雨污水泵站全部正常运行。2021年，完成排水管网地理信息系统管网检测610千米，修复15.68千米。

抓监管，促排水服务。委托第三方对全区重点区块排水户进行基础排查，做好排水户的全面评估。累计排查排水户246户，发放排水许可告知212份，接受排水许可申请302户，现场踏勘302户，发放许可证252份。做好排水许可全监管，全年共对排水户开展3500余次批后监管，合格率87%，对不合格的304家排水户发放整改通知书。建立排水执法联动机制，共移交排水案件16起，立案6起，处罚5起，罚金3万余元。解决锦屏、岳林、尚田、萧王庙、江口等排水问题64处，信访、数字城管事件195起，办结率为100%。以排水清道夫志愿服务队为主体，全年开展东升小区、医高专、球墨厂、金海路等十余次排水志愿服务。

投资480万元的“智慧排水”系统已建成投用。至年底，区主要道路排水管网数据均已完成数据检查并已入库，实现管线分布展示、属性查询及检测多媒体信息查看。完成三维数据可视化开发，直观展示管网的三维空间分布和附属物模型，GIS总览页整体框架搭建完成。城区、莼湖、松岙3家污水厂和尚桥、西坞、方桥Ⅰ标、方桥Ⅱ标4座污水泵站运维情况与宁波联网。完成在线监测设施、流量计、液位仪和区域监控站点、水位实时探测、自控排水设施排涝智慧化项目，建立区易涝风险“一张图”。

完成20个农污设施在线监管，日处理量在20吨及以上农村生活污水处理设施165个，达到年度任务目标的100%。翻新溪口康岭村、尚田溪汪村等5个村的人工湿地。委托专业机构检测223个农污终端运维的出水水质，2021年共检测255份，合格率达99.6%。

（钱路通）

城市综合管理

【概况】 2021年，区综合执法局（城市管理局）以城市精细化管理为主线，以常态化推进文明城市创建为抓手，为加快建成现代化健康美丽新城区、高质量发展建设共同富裕示范区贡献应有的力量。

2021年，持续推进垃圾分类工作提质增效。在城乡垃圾分类覆盖率100%的基础上，全年完成城镇生活垃圾总量“零增长”。2021年，共完成1个省级示范片区、9个省级高标准示范小区、21个市级高标准示范小区、1个省级垃圾分类高标准示范村、1个市级垃圾分类示范镇和3个市级垃圾分类示范村的创建任务。

是年，区综合执法局（城市管理局）先后获浙江省生活垃圾分类工作良好县（市、区）、宁波市生活垃圾分类行业推广宣传奖、安全生产目标管理考评优秀单位、区级提案承办先进单位等荣誉；景石志愿服务队被评为宁波市综合行政执法局（城市管理）系统青年志愿服务先进集体；岳林中队获评区级青年文明号；奉化窗口被评为执法服务优胜窗口。

【市容环境卫生管理】 奉化区围绕城市精细化管理，将高标准常态化推进文明城市创建工作融入城市管理日常中，奋力打造全国文明典范城市。狠抓全区87个严管路段街面秩序，全面提升街面秩序管理和执法水平。成功创建4个“席地而坐”城市客厅。推进户外广告和招牌广告长效化管理，处置违法广告3000余个，惠政老街成功打造成招牌标识设置规范化、品质化街区。巩固市容环境卫生责任区制度，成功创建9条市容环境卫生责任区示范路、1个示范街区。扎实推进道路“平坦行动”，常态化开展人行道“净化行动”、着力做好“增绿添彩”工作，全面开展水、气、灯等城市家具部件的大提升行动，全面消除有碍观瞻的市容乱象。樱花公园被评为浙江省优质综合公园，前方路被评为省级街容示范街。全面实施道路扬尘联合治理、“铁腕治渣”专项整治、夜宵餐饮专项整治、燃气领域专项执法、文明养犬等专项行动，强势开展垃圾分类、户外广告、停车秩序、环卫保洁等十余项综合治理；以“三车、三店、三路”为整治重点，逐条逐项纠正占道经营、乱搭乱建、乱写乱画、噪声扰民等行为，做到执法任务清单化、执法行动常态化、执法形式多样化，累计开展各类专项整治行动700余次，劝导教育各类违法违章行为7万余起，有效遏制各类“顽疾”乱象。犬只收容留检场所共收容犬只386只；领回95只；因疾病等原因死亡犬只209只，移交农业农村局做无害化处理；现收容存量82只。

加强办案法制培训，深化执法人员“全办案、办全案”的工作新局面，区综合执法局（城市管理局）在编执法人员人均办理一般程序案件10起。积极拓展新领域案件，共计办理新领域案件35件，实现新领域案件办理零的突破。探索运用“云执法”等信息技术手段固定违法事实证据，充分运用电子设备进行云巡查，与执法对象连接视频进行云调查，实现电子文书的云送达等，改进执法办案方法、手段，不断提升执法办案精准度、便民性。2021年，共立案查处3093件违法案件，罚款791.09万元，较2020年同期有大幅度上升。

【城乡规划查处】 紧紧围绕全面推进“无违建”创建攻坚总目标，凝心聚力、及早部署，以“治违除患促安全”行动为引领，对违法建筑做到行动快、管控实，确保“三改一拆”工作整体顺利推进。突出重点，做好存量违建普查工作，全年共排摸出违法建筑2707宗，违法建筑总面积239.97万平方米。全力开展“治违除患促安全”违法建筑专项整治行动，共排摸出存在安全隐患违法建筑266处，建筑面积44.2万平方米，已全部整改到位。严格管控新增违建，依托规划图斑、国土卫片、群众举报、日常巡查等途径，发现并拆除一批新增违法建筑。重点开展“四边三化”“两路两侧”工作，在甬临线、丹东线、下横线等精品路开展路域环境问题和高速高铁两侧环境问题的整治工作。全年完成拆违面积95.75万平方米、“三改”面积152.15万平方米，完成率分别达到127.7%和208.4%。

【市政公用监察】 加大燃气安全隐患排查力度，全年共开展燃气安全隐患排查整治、液化气市场专项整治等各项整治工作60余次，出动人员500余人次，检查企业或餐饮场所1140余处，排查和消除安全隐患90余起。“6·13”湖北十堰重大管道燃气爆炸事故发生之后，奉化区针对燃气管道事故危害大、波及面广等特点，会同华润燃气公司对全区地下燃气管线进行梳理排查，共排查出云峰路、金海路与圆峰路交叉口、江口鸿浩服饰、溪口紫汀花园小区等管道被违章占压、圈占导致全间距不足等隐患4处，均已完成整改。通过开展教育培训、现场检查、联合执法等，将辖区瓶装气销售实名制工作做深、做细、做实，全年奉化区8家瓶装液化气储配站共完成气瓶置换58.46万瓶，办理用户卡18.05万户，气瓶信息化率达100%，储配站视频监控接入率达100%。区综合执法局通过平台定期对瓶装液化气市场实施监管。强化燃气从业人员培训力度，共组织15名企业一、二类人员和197名瓶装气送气工参加专业培训和取证考核，通过集中培训、电视宣传、安全宣传“七进”等宣传形式，不断提高用户安全意识和应急技能水平。加强应急队伍建设，开展联合天然气泄漏应急演练，提高各部门应对燃气泄漏突发事故的应急处置救援能力。

抓好日常水质检测及水质全分析工作，委托第三方水质监测单位对邱家山、岭丰等5处点位水质开展水质全分析检测工作，确保出厂水、管网水综合合格率达到要求。全面执行计划用水管理，选定10家单位在当年第四季度完成定额用水管理；深入推进用水用气报装“221”目标，努力实现群众办理用水业务“零次跑”目标。

【静态交通管理】 区综合执法局（城市管理局）积极推进智慧停车平台建设运营工作，完成智能停车二期建设项目，新增车位1572个，安装高位视频设备550个，22个停车场完成甬城泊车系统接入工作，实现停车和缴费的短信通知功能，停车管理智能化水平进一步提升，有效缓解城区停车难、停车乱难题。

有序开展人行道停车秩序管理工作。完善人行道违停抄告和停车不缴费执法机制，全年共计人行道违停抄告49976辆次，完成道路停车泊位不按规定缴费处罚15053辆次，累计罚款390.8万元，处理停车相关投诉信访15000余件。

【智慧城管】 全面推进物联感知设施建设，同步推进个性化设计应用，着力提高案件采集及处置效率，进一步提升城市管理的科学化、智能化、实时化水平。全年新增42路人行道车辆违停抓拍视频取证，完成中山路19路视频抓拍违规车辆智能化升级，提高违法信息传递、处置的效率。试点开展渣土消纳场地智能视频采样，完成英朗新型建材、浙江旺力神技环保建材有限公司两个渣土消纳场地智能视频安装工作，并将图像接入智慧城管中心。智慧城管中心全年共计上报城市管理事、部类案件103124件，处置率为100%。

依托智慧城管平台，牵头开展“联乡镇、跑街巷”活动，通过机关干部“带头跑”、城管队伍“专业跑”、城管义工“助力跑”，着力发现和破解一批城市管理领域的民生关切问题。全年“街巷跑长”共发现问题21054个，现场解决7111个，交办有关单位问题13943个，共解决21034个，解决率为99.91%。

【建筑垃圾处置监管】 区综合执法局（城市管理局）按序开展非正规垃圾堆放点核查整治，对市、区两级第三方卫星遥感疑似点位完成三轮核查工作，整改完成40个疑似点位。多渠道落实建筑垃圾消纳场地，引导英朗、旺力神技等5家资源化利用企业对建筑垃圾进行可再生利用，全年共核准处置建筑垃圾791.02万吨。推进建筑垃圾监管平台建设，已有4家企业完成设备安装和接入，进一步提升建筑垃圾处置智管水平。

【行政审批】 区综合执法局（城市管理局）全力推进“最多跑一次”改革与政府数字化转型工作，积极推进“互联网+政务服务”，不断规范行政许可的办理流程，努力提高办件质量，搞好优质服务，认真做好省政务服务网办件事项各项考核指标的提升工作。网上办事事项实现率、掌上办事事项实现率、“跑一次”比例、“跑零次”比例、申报材料电子化比例、办理结果提供电子证照的事项比例、网上办件率等7个考核指标均已达到100%，承诺期限压缩比达98.33%，即办事项比例达91.67%。全年累计办理各类事项1274件，无不满意办件发生，网上归档、办结率和满意率均达到100%。

【队伍建设】 2021年6月9日，溪口镇综合行政执法队正式挂牌成立，“镇队合一”一支队伍管执法改革试点实体运作，自溪口镇综合行政执法队行使职责以来，积极开展划转领域的行政执法工作，并取得积极的成效。2021年，共纠正各类违法违规行为为24200余起，办理一般程序案件108件，PDA办理简易程序案件116件，且办案系统应用率100%（宁波市级扩展目录未录入统一处罚办案系统的除外），尤其对陆域渔政、风景名胜区等新划转领域问题进行了处罚，改变了过去“看得见、管不着”的局面。

在岳林中队试点推行全科网格管理模式，通过网格管理清单化、网格事项全覆盖，提高区域街面秩序问题处置解决效率，案件办理率在2020年同期的6倍以上。在锦屏中队成立奉化区首支女子分队，通过刚柔并济、温情执法的方式，展现综合行政执法女子风采。女子分队成立以来，已开展路面执勤80余次，立案查处45起。

高标准开展党史学习教育。通过党委中心理论组学习、“周二夜学”、邀请专家讲课、前往红色基地实地缅怀先烈等方式，使党史学习教育常态化、经常化，将党史知识学透、学深、学活。全年领导班子、各支部书记累计开展党课宣讲20余次，共计开展党史学习教育相关学习30余次。组织参加“学习强国”党史学习专题活动、区党史学习知识竞赛、区“永远跟党走”合唱大赛、主题微党课比赛，且均获得优异成绩。

奋力讲好城管故事。以“多、频、精、亮”的要求，开展城市管理工作动态报道。全年在《奉化日报》、奉化电视台、掌上奉化、宁聚、甬派、甬上等媒体共计发布信息650余篇（次），在《奉化日报》刊登城管专版6期，在“奉化城管”公众号发布文章210余篇，阅读量达12万多人次，宣传效果明显。其中，排水处《织密城市智慧排水监测网》被浙江卫视五套《焦点一线》栏目加以深度报道。奉化城管义工协会先后组织开展旧物换新义卖、建党100周年庆典等各类义工活动100余次，实现营造文明新风尚，赢得普遍赞誉。

（钱路通）

征收拆迁

【概况】 征收拆迁工作按照“五年奉献一个新奉化”工作部署，分析研判征收拆迁资金、土地等要素保障，谋划年度100万平方米征收拆迁计划。围绕城中村、成片危旧房改造、平台建设等项目，推进大面积签约、片区化改造。区全年完成桑园新村一期、东门区块一期（东门路、庆登桥）、东部门户区一期（舒前2号地块）、南山路中段二期（一、二、三号地块）、龙潭滞洪分洪区改造工程（二期）、方桥徒家、竺家村、江口后胡、杜家畈、蒋葭浦村、宁南物流部分企业、尚田旧城改造项目、金甬铁路（尚田段、西坞段）、力邦宿舍地块、原浙江船厂等项目征收拆迁建筑面积115.35万平方米，超额完成年度100万平方米的目标任务。其中，锦屏、岳林、江口、方桥等镇（街道）均相继实施多个项目（地块），累计征收拆迁面积均在10万平方米以上。

【完善工作机制】 区征收办编著《宁波市奉化区房屋征收拆迁操作指南》，包括国有土地上房屋征收、集体所有土地房屋拆迁的程序及应用参考文本，其中，国有土地上房屋征收程序及应用分为征收决定、评估、征收补偿、房屋征收现场管理四部分内容；集体所有土地房屋拆迁程序及应用根据集体所有土地完成建设用地情况分为集体所有土地房屋拆迁工作流程和集体所有土地及房屋等地上附着物征迁工作流程两部分的内容审批。为建立起科学有序、行为规范、办事高效、公开透明的房屋征收拆迁工作机制，还出台《奉化区房屋征收（拆迁）规范化管理的指导意见》，规范征收拆迁工作中计划编制、补偿安置、工作机制等规则。

【推进疑难项目清零】 针对历史遗留难题，解决南山路中段（惠政、塔水、人民医院周边）区块拔钉清零复杂事宜、破解中山区块十年来遗留问题，着力维护被征收拆迁群众应得的补偿利益。运用现场会机制，第一时间、在一线解决征收拆迁难题。发动全体党员深入征收拆迁一线进行服务、指导，做工作、做帮手，在动迁签约、旧房拆除、拆迁清零等方面克难攻坚。

【政策及工作环节执行】 强化法律保障支撑，指导各指挥部依法做好征收拆迁各项工作。是年，完成行政复议1件、行政诉讼21件、信访答复148件，依申请信息公开11件，作出非诉强制执行公告9件，申请履职答复5件，作出不予赔偿决定10件，完成信访突出问题处理等工作，较好地完成征收拆迁法律保障服务。为紧扣签约、搬迁腾房的各个时间点，顺利推进房屋征收拆迁，两次向各镇（街道）发布《关于要求申报行政裁决的通知》及《关于要求申报非诉强制执行的通知》，及时准确地作出相应措施，防止出现行政诉讼。根据镇（街道）指挥部征收拆迁部署，新项目在签约前推行告知司法确认申请相关事宜，老项目在签约期限内针对未签约户提前介入协商，并启动相关法律程序，强化法律意识。举办全区性征收拆迁业务培训，宣讲“区房屋征收拆迁工作征收补偿（行政裁决）阶段怎样做，行政诉讼案例存在哪些败诉风险”等方面相关的政策，通过以案释法，增强参训人员法定程序正当意识，注重严格执行法定程序，从而做到依法履职、依法行政。

（裴　凯）

消防救助

【概况】 2021年，消防大队立足本职工作，认真排查城区安全隐患，建立镇（街道）各地微型消防站，实现“队伍安全稳定、火灾起数下降、救援能力增强、建设品质提升”目标。全年接警21580起，出警726起，处理事故328起，疏散人员42人，抢救人员47人，抢救财产70.9万元，保护财产1063.7万元。年底，消防大队有指战员222名，执勤消防车22辆，行政执法车8辆。下辖莼湖、溪口、岳林等3个中队。

【火灾防控】 2021年，消防大队巡查12个镇（街道）、10个重点行业。约谈141家消防重点单位、13家长租公寓、29家高层建筑物业管理单位负责人，第一时间延伸调查年初发生的涌鑫环保科技有限公司火灾。整治沿街店铺、企业违章搭建和消防车通道等重点领域。随同区主要领导暗访调察，结合风险普查，将141家单位列为重大隐患单位。督办隐患较为突出的23家企业（单位）进行整改，累计排查10824家次，整改隐患2313处，搬离2089人。联合“三改一拆”固化抄告机制，排查涉消违章搭建88处68000余平方米，完成整治76处。

将消防通道纳入区民生实事工程，投入200余万元，搭建消防生命通道数字化监管平台。累计警告违规停放车辆5万余车次，日违停由初期的1000余次降至200余次。先后两批次补招派驻文员，完善镇（街道）消防文职人员派驻制，每月开展常态化培训以及制订考评办法。探索“保险+服务”工作模式，借助保险机构开展社会单位巡察指导，累计出具巡查报告251份。总结固化区以及鄞州等地经验，将违规住人、通道不畅等突出隐患纳入区“众安码”监管范畴。明确机关食堂、沿街餐饮等场所燃气智能管控装置安装要求。承办锦屏街道“3800”沿街业主消防知识培训专场。对接校园消防安全宣讲，挑选262条火灾防范提示信息，协调区融媒体中心在奉化电视台每周三次滚动播出。打造消防宣传新阵地，在党群服务中心、新时代文明实践中心，设立消防安全互动体验和成果展示专区，每周开展常态化咨询服务和常识宣讲。

【练兵备战】 消防大队针对性开展类型事故处置演练，累计呈报三维数字化类型预案资料10家，修订完善重点单位数字化预案226家，制作乡村、小区作战信息卡78份。实地排查城区24处天然水源、805个市政消火栓，逐个完善新增的40个市政消火栓档案，在传统消火栓的基础上加装智能定位、水压监控等功能，为初战到场预先提供决策信息。

台风季，消防大队提前对接西江、岩头漂流基地，建立装备共享机制，随时征用2000余艘漂流艇。建立个人训练档案，全方位跟踪训练成绩，聘请地方专业游泳教练指导训练，与“水鹰”“红十字”等地方救援队伍进行8次联合训练。

成功处置“7·25”山水桃园内涝水域、“11·14”栖霞坑驴友迷失等救援事故21起，解救被困人员30人。在莼湖站建立社会消防力量标准化培训基地，累计培训1845人。每季度常态化业务指导7支专职队、23个片区以及村志愿队等微型消防站，逐步在辖区建立起奉化救援作战模式。

【党建和廉政建设】 消防大队明确政治建队方向，在党史学习教育的基础上研讨80余项工作，收集意见40余条。邀请宁波银行介绍党建经验；携手市先进基层党组织——捷达物业、华侨豪生党支部，开展联建共创。聘请“一等功臣”程文庆为大队编外政治指导员，打响“奉化雄鹰”红色党建服务品牌。逐人签订《党风廉政建设任务书》，建立32份教育档案；12次组织队伍形势分析会。针对重点人员、岗位、时段，开展酒精测试、休假督查、八小时外抽查等。邀请地方纪检人员到队进行廉政教育，定期走访区纪委、监委，出台《关于进一步加强协作配合的意见》，形成内外监管、多方协作的廉政监督格局。

（方翘骐）

交通运输

综　述

面对“两个一百年”历史交会的新形势、新要求，区交通运输局以加速融城交通建设，紧扣宁波南部综合交通枢纽建设和“全面创新、全域美丽”两大实施计划，统筹疫情防控和交通发展，攻坚克难，圆满完成年度目标任务。奉化区获评“四好农村路”全国示范县。

区交通运输局先后获市交通运输系统法治工作考核优秀单位，区承办建设好单位、节庆工作优胜单位、“十佳”优秀许可案卷优秀单位。局下属公路与运输管理中心交通设施修复站获区级“工人先锋号”称号。17人次获区级以上各类先进荣誉。

基础设施建设

【概况】 2021年，奉化区累计完成交通投资21.13亿元，超年度投资计划23.9%，较上年增幅13.6%，投资总量和增幅分别位列全市第二位、第三位。年底，全区公路通车里程1388.283千米，公路密度109.49千米/百平方千米。按照技术等级分，高速公路55.397千米，一级公路141.129千米，二级公路109.904千米，三级公路142.119千米，四级公路939.734千米；按照行政等级分，国道87.198千米，省道73.784千米，县道436.837千米，乡道389.832千米，村道400.632千米。境内有铁路24.35千米，轨道约13千米，高架11.8千米，内河定级航道9条63.5千米，沿海码头20座（其中交通货运码头1座）。

【同城路网建设】 以“两环”干线公路网为重点，建成更便捷高效的交通运输服务网络。对外配合金甬铁路建设“征迁清零”，推进宁波南部枢纽配套工程，打通大动脉，加紧前期与施工图审查，协助甬台温高速公路改扩建，象山湾疏港高速二、三期前期工作；推进S203奉化段和鄞州段前期建设，助推奉化东部与宁波湾融入主城区；对接区西环线北延一期（甬山隧道段），同步于海曙区北延二期，为西部融城大通道建设按下加速键。对内畅通微循环，拓宽改建沿海中线，完善干线公路网络。全面开工沿海旅游观光专线，完善宁波湾基础设施；推进规划S310奉化G228至S203段公路及连山快速公路一期建设。2021年，完成甬金高速溪口东至甬台温高速姜山连接线一期，市葛岙水库迁建公路A线（AP线），尚田镇梅岭下至排溪农村联网，松岙镇上汪村至西洋畈道路，沙鹊公路至义岙坑农村联网，西环路支路（滕头村东入口道路），龙溪公路至岭下一期，蒋家山头至赵岙道路，大堰上、下社家畈道路，莼湖镇下横线至桐冒道路，溪口镇班溪至康岭道路，裘村镇银河路至裘三村道路，新塔村至卷烟厂道路，锦屏街道西锦路（正明村至西溪村）农村联网公路等新建工程。实施高畚桥重建、江口立交桥照明、广渡至驻岩农村公路（九龙村至驻岩村段）改善、奉钱线K5+782—K8+019段改建、马（头）松（畚）线K4+000—K11+500段、S214甬临线江口立交桥及江口桥大修等28个改造工程，提升干线公路质量和等级。

【"四好农村路"建设】奉化区实施农村公路新改建27个，建设里程95.95千米，总投资约19.06亿元。4月至9月，高标准完工下湖线、白莼线、新金线、金海线等。其中，涉及省民生实事工程农村公路新改建8.12千米，完成率124.9%（年度目标6.5千米）。完成农村公路养护大中修项目26个，总里程70.13千米，总投资约2亿元。其中，县道养护大中修项目9个，里程48.07千米；乡村道养护大中修项目10个，里程22.06千米；涉及省民生实事工程农村公路大中修项目67.91千米，完成率113%（年度目标60千米）。完成农村公路危桥改造工程9座，总投入280万元。完成尚界线K2+190—K2+760段、K16+500边坡整治工程，总投入350万元。完成尚界线路灯照明工程，总投资350万元。推进数字化公路建设，完成"四好农村路"（云上公路）数字应用建设方案编制工作，拟构建信息资源在线集成、行业治理协同互联、决策科学合理的"互联网+四好农村路"体系。5月，出台《进一步强化落实路长负责制工作的实施意见》，建立与镇（街道）4个平台联动机制，重点解决路域环境治理难点。6月，出台《关于深化农村公路管理养护体制改革的实施意见》，探索创新农村公路日常养护和养护工程实施模式。尚界线获评市"十大美丽农村路"并参加交通运输部"十大最美农村路"之诗情画意旅游路评选；"名山风景线"获宁波最美精品线路称号。

【城乡公共交通建设】完善公交服务体系，组织完成区"十四五"公交专项规划。2021年新开公交线路7条，延长公交线路3条。其中，为加强与轻轨接驳，开通浙江医药高等专科学校（奉化校区）至南渡站、宁波卷烟厂至琎琳站2条公交专线，延伸公交202路、228路终点站至南渡站；开通集胜村—萧王庙街道东（243路）公交线、公交尚田站（下畈村）至山登村（245路）公交线、宁波亚吉公司残疾员工上下班公交爱心专线（Z17）；为促进溪口周边旅游发展，开通269路（公交溪口站至龙观乡游客中心）、269—1路［公交溪口站至五龙潭（龙潭飞瀑景区）］跨区旅游公交线；响应甬绍一体化，首开奉化公交与新昌公交无缝对接，延伸公交578路终点站至沙溪公交站，实现跨市公交零的突破；为填补汇诚路公交线网空白，方便沿线市民公交出行，12月28日开通途经中心城区直达农副产品物流中心南的257路公交线（公交西站—农副产品物流中心南）。改建公交停靠站90个，其中，港湾式43座、智能候车亭10座。改造公交方桥西站，启用裘村镇新公交场站，完善全区乡镇公交首末站布局。开通"车来了"等车App。编制《奉化区治堵"十四五"规划》，超额完成新增公共停车位、配建停车位、新建城市道路等治堵建设。

（楼锡飞）

交通运输管理

【概况】8月，区交通综合执法队由原6个中队增至8个中队（其中5个辖区中队增挂交通运输管理所牌子）。10月，增挂奉化邮政管理局牌子。年底，区首家网络货运平台公司——众享智运网络货运平台（"56"货运）落地奉化运营。全年完成水路运输总周转量1019413.75万吨千米，同比增长16.35%，市排名第三。完成邮政业务总量63705.4万元，同比增长25.6%，增幅在全市排名第六。公路运输总周转量受统计口径调整、城区限货等政策因素和疫情等影响，高速收费大幅度下降，2021年完成567290万吨千米，同比下降6.4%；运输相关行业营业收入40130万元，同比下降26.5%。

【交通执法】区交通运输局开展道路运输联合执法，检查站场、运输、维修、港口水运等企业1379家次，严打“黑车”“百吨王”，强化危化品运输监管，整治学时造假、过度维修乱象，引导出租车、驾培、维修行业规范经营。全年累计处罚“黑车”44起、违规出租车27起、“滴漏撒”164起、治超389起、其他111起。处罚案件共735起，其中非现场执法案件445起，非现场执法处理率60.5%。

【公路与运输管理】 奉化区推进农村公路“建、管、养、运”一体化发展，完成第二轮市场化招标。开展“普通国省道小修保养集中整治月”活动，完成1条国道和3条省道沥青罩面33000平方米，累计修补路面坑洞13860平方米，路面灌缝244800延米，沥青局部罩面224000平方米，有效提升好路率、路面平整度。县道日常小修投入约1360万元，更新标线14730平方米，新增标牌85套；投入130万元，更换桥铭牌和桥梁与护栏搭接，加强农村公路安全防护。抗击“烟花”“灿都”，紧急修复台风水毁地质灾害点30处。江拔线省道平面岔口整治全省试点成功。公路运输方面，完成冷链营运车辆卫星定位装置安装和数据上传，强化闭环管理机制。做好疫情防控期间应急运力保障，组织当地运输企业驰援镇海、北仑疫情防控运输，护送医护人员2500余人次。淘汰9辆57座（含）以上营运客车，报废国三车734辆，超额完成（2020—2021年）国三车报废收尾任务。发放交通民生行业奖补帮扶资金1557.3万元，审核发放2020年度燃油补助资金858.6万元。区代表队获市汽车维修行业职业技能群英赛三等奖。

【港航航政管理】 区交通运输局监管港航安全，治理“遏重大”“市水上交通安全整治”活动中发现的船舶碰撞桥梁隐患。组织港航企应急救援演练，疏浚东江浅滩，指导物流公司做好码头岸电及雨水、污水收集设施建设等环保整改销号，改造1艘干散货船（敬业6）岸电受电设施。严把水路运输市场准入关，年度核验7家水运企业及辅助业16艘船舶，船员242人。联合相关单位，约谈鑫通达企业，下发预警通知书。检查码头11座次，巡查航道、岸线82次。清淤航道25000余立方米，排查跨航道桥梁4座。检验外海渔船并为709艘发放证书（其中奉籍694艘，外籍渔船15艘），检验小型渔船232艘（含60艘休闲渔船）。省内“异地挂靠”69艘渔船转入前勘验。组织航运企业参加年度水运企业信用考核，敬业船务、雷盛海运两家企业获评A类企业。

【安全生产】 区交通运输局开展“平安交通建设年”行动，完成第一次全国自然灾害综合风险普查。累计成立656个行业检查组次，检查企业（项目）1574家，排查辖区683座桥梁、19处隧道及5条山区公路安全隐患675处。改造省、市、区级挂牌事故多发点段11处，治理农村公路事故隐患73处、“一灯一牌”道口18处。检查危运车辆5次、461辆，查处无证危险运输车辆4起，罚款12万元。开展消防、隧道抢险、雨雪冰冻等应急演练和安全培训7次，配备抢险设备67台（套）。2021年整体安全形势平稳，发生道路运输领域有责事故3起，死亡3人。

【工程质量监督】 开展“质安文化进工地”“啄木鸟小分队”活动，提高工程建设质量，建设“平安百年品质工程”。在S310、S203、连山快速公路等重大项目中建立智能视频监控系统，实现人员管理、试验检测、施工关键部位和关键环节质量安全的远程可视化管控。实施施工工艺工法“微创新、微改良”，例如，对S310省道奉化G228至S203段公路工程和S203省道奉化段公路工程（金峨至应家棚段）采用旋挖钻机桥梁桩基钻孔，减少施工噪声和环境污染；对连山快速公路工程（一期）隧道，采用定制多功能防水板台车，在原有基础上增设初期预检功能。组织区交通建设项目标准化建设现场交流会，设定《交通建设工程标准化建设思路和要求》文本，推进镇（街道）小型项目品质工程建设。是年，S203省道奉化段公路工程（金峨至应家棚段）、S310省道奉化G228至S203段公路工程监理办获市级平安百年品质工程优秀监理办，S203省道奉化段公路工程（金峨至应家棚段）获评市级标准化建设优秀工地。区交通运输局获市级平安百年品质工程建设考核优秀，名列全市第一位。

【行政审批】 深化“最多跑一次”改革，推进政务服务数字化改革和政务服务平台2.0建设，推广应用电子证照，改革“放管服”及道路货物运输驾驶员从业资格考试制度，做好驾培行业行政许可改备案，承接市内跨县大件许可下放工作。2021年交通行政审批窗口受理、办理、办结各类行政许可、其他行政权力事项5930件，办结率为100%。

【机关党建】 通过“百人话交通”“沿着公路、航道寻找红色基因”等宣传活动，增强清廉交通党建队伍凝聚力、战斗力。形成《深化推进清廉交通建设的实施清单》，完善制度规范体系，应用“阳光监管”，落实22项民生实事工程，高质量推动建设交通强区和“四好农村路”建设等民生重大项目的实施。

（楼锡飞）

奉化火车站

【概况】 2021年，奉化火车站全站职工齐心协力，团结协作，克服疫情的不利影响，落实各项防疫措施和旅客运输要求，注重窗口服务质量，各项工作开展平稳有序。受疫情影响，客流量没有明显增长。共发送旅客37.9万人次，其中春运（1月17日至2月25日）2.35万人次、春游（3月12日至4月8日）3.55万人次、清明（4月2日至4月5日）7528人次、“五一”（4月29日至5月6日）1.48万人次、端午（6月12日至6月14日）5241人次、暑期（7月1日至8月31日）6.8万人次、中秋（9月18日至9月21日）5137人次、国庆（9月30日至10月7日）1.45万人次。全年客流比2020年提高11%。

【服务质量】 树立“以服务为宗旨，待旅客如亲人”的服务理念，使用“十字”（您好、请、谢谢、对不起、再见）文明用语，践行“三个出行”服务目标，让旅客的出行体验更美好。防范“烟花”“灿都”台风，作好预案，提前准备，线上线下同步进行，做好旅客解释及退票改签工作，确保台风期间正常运行。

【安全生产】 奉化火车站做好2021年“1·20”“4·10”“6·25”“10·11”调图工作，及时传达，培训、考试，及时编制客运“一日一表”，加强安全保障，确保调图期间相关工作组织有序。

【疫情防控】 奉化火车站及时做好境外输送人员以及温度验码异常人员路地联系，确保转运正常有序。疫情防控常态化，及时分地点、分时间消毒，测温仪器定时检测。做好工作人员自身防控和对进站旅客的防护，加强监督检查，要求旅客做好测温以及正确佩戴口罩，确保疫情防控期间工作平稳有序。及时关注地方政府和上级铁路部门对防疫工作的阶段性、临时性要求，严格贯彻落实，确保疫情防控及时有效。全员齐心抗疫，保证车站正常运转。

提高职工安全意识，经常开展安全检查，及时排查隐患，做好问题整改，实施安全管理新机制。深化“打非制违”，确保车站安全稳定运行。加强季节性安全控制，节日运输前，充分做好各项准备，落实“三个出行”。及时传达升级命令，签收客调命令，确保车次安全到达及开出；加强服务设备设施检查、实名制验票及“三品”（限带、保管、违禁物品）查堵。盯控重点列车，强化应急处置。

（范　婷）

宁波鄞奉海事处奉化海巡执法大队

【概况】 宁波鄞奉海事处奉化海巡执法大队有执法人员7人，管辖航运公司9家，其中体系公司3家、非体系公司6家，码头1座。2021年，完成任务总数908项，派遣执法单元528组，出动执法人员1098人次；辖区水上事故调查、处置险情各1起，救助船员4人；开展陆上巡查381车次，计

26948千米，巡查时间1920.33小时，现场监督检查船舶89艘次，发现各类违章行为106起，行政处罚40起；巡检船舶147艘次；船舶FSC检查53艘次（初检30次，复检23次），约谈走访21次，防抗台风检查30次，寒潮大风与能见度检查51次，新船船舶吨位丈量复核2艘次。

【联合行动】 联合区交通运输局，出台《关于开展奉化区水上交通安全整治专项行动的通知》《奉化区“平安交通年”海上交通安全专项整治行动方案》《奉化海巡执法大队水上交通安全专项整治“三年行动”集中攻坚年暨水上交通“遏重大”行动工作任务清单》等文件，提升水上交通安全整治力，破解辖区内长期制约水上安全的顽症痼疾。督促宁波滨海华侨城投资发展有限公司为3艘无证船舶办理证书。辖区砂石运输船船体普遍存在舱口围加高、型深加大等结症，奉化海巡执法大队逐一排查辖区每艘砂石运输船船体结构，确保辖区内10艘运砂船复核合格。

【“商渔船碰撞”警示教育】 奉化海巡执法大队议定商渔船安全警示教育、水上搜救应急机制、船驾培训等计划，涉海涉渔“遏重大”安全管理机制，有效预防商渔船碰撞。与莼湖街道政府赴桐照渔村，讲授避免商渔船碰撞相关知识，结合浙江沿海船舶航行特点和水文气象、航道等情况，介绍碰撞事故的特点以及渔船避碰商船的安全措施和典型案例。联合区农业农村局，邀请外海渔船中队长讲授安全知识。开展联合巡航，重点检查商渔船交会密集区、事故多发水域具体通航环境，检查锚地船舶锚泊期间是否遵守防污染规定，清除影响船舶航行的渔网等碍航物，切实保障船舶航行安全。

【整治非法装卸点】 执法大队约谈已查获的双山砂石非法卸砂船舶公司事主，讲解法律、后果、危害性，配合海事威慑力，达到让违法企业“不敢来，不想来”的目的。打破执法时间限制，实行夜间检查。在重点巡查历史上曾有的非法装卸点的基础上，全面排查新增非法装卸点隐患。根据非法装卸点现状和存在的隐患，在双山水域建立联合执法机制，发现违法行为便及时合力执法。24小时全天候监控前沿水域，与属地政府、沿海公安、海警建立合作机制，提升监管能力，共同打击涉海违法行为。

【船籍港管理】 奉化海巡执法大队及时走访船舶滞留后的情况，帮扶事主消除安全隐患，分析船舶滞留原因和采取纠正措施；检查岸基支持、船舶体系运行有效性、落实船舶维护保养等，立即整改检查出的问题；针对滞留原因，制定措施，提升安全管理水平。开展长逃船监管，要求亭下湖水库长逃船提供承诺书。针对辖区抽查前期浙江海事局布置的点验，落实点验负责人并抽查点验台账。

【辖区防台风】 台风前夕，奉化海巡执法大队对栖凤渔业船舶修造厂内的19艘海关扣押船舶要求“加强对船上设备检测与保养，使其保持良好的运行状态”。督促莼湖狮子角附近水域停泊的无证船舶及时采取有效措施，消除隐患。协调桐照海港船舶修造厂待拆解船舶的防台风工作，做好江口海事码头的加固。开展台风过后的复盘评估。

（张　磊）

水利 水务

综 述

2021年，奉化深入落实习近平总书记“节水优先、空间均衡、系统治理、两手发力”的治水思路，突出重点、整体推进、强化落实，全区累计完成水利投资19.75亿元，宁波市排名第一位，水利各项工作实现平稳健康发展。水库除险加固、河湖库塘清淤、水环境整治、美丽河湖等面上水利工程高标准推进。落实最严格水资源管理制度，严格规范行政审批，严肃查处各类水事违法案件，水资源管理不断规范。夯实农村饮用水达标提标工程基础，奉化区被评为全省农村饮用水达标提标成绩突出集体。高度重视水旱灾害防御工作，特别是做好“烟花”“灿都”台风的防御。区水利局被评为全省2021年度水旱灾害防御工作成绩突出集体。

工程建设

【概况】 落实“节水优先、空间均衡、系统治理、两手发力”的治水思路，2021年区完成水利投资19.75亿元，全市排名第一位。推进水库除险加固、河湖库塘清淤、水环境整治、“美丽河湖”创建等工程以及农村饮用水达标提标工程，严格执行水资源管理制度，规范行政审批，严肃查处各类水事违法案件，规范水资源管理。高度重视防御水旱灾害，防御“烟花”“灿都”台风。区水利局获评全省2021年度水旱灾害防御工作成绩突出集体、全省农村饮用水达标提标成绩突出集体。

【面上工程】 奉化区完成2.5亿元面上工程投资。坚持“清淤为先”治理河道，年清淤河湖库塘25.15万平方米，完成率达100.6%。完成水库除险加固工程5座、整治山塘15座。治理岳林街道泥螺河、斗门河等河道2.98千米，岳林渠道0.64千米；整治孔峙村等区域水环境。11月，东江（高楼张以上段）获评年度省级“美丽河湖”。溪口镇获评年度省级“水美乡镇”。石岩潭山塘等15座山塘入选市年度“美丽山塘”。

【“小三农”工作】 巩固农村饮用水达标提标，抓好村级水站水费收缴，推行分类水价、阶梯水价制度，对低收入农户等特殊家庭采取限额内先收后返等政策，创新尝试区内部分水站水质在线监测设施安装，2021年，区千人以上水站在线监测设施有25座，完成目标任务的100%。通过优化农田灌溉设施、提升节水技术应用水平，全年完成8座农业灌溉更新升级示范泵站机埠（堰坝水闸）、1个改革示范灌区灌片、40个农民用水管理示范主体、4个改革示范基层水利站（所）。其中西坞街道庙后周村杨家倪机埠等8个案例入选省农业水价综合改革优秀典型。5月底，排查33座小水电站的安全生产风险及安全隐患。

（张　洁）

水务管理

【概况】 区水利部门严格执行水资源管理，加强水行政审批，做好水工程监管，防御水旱灾害。查处非法占用水域，年新增水域面积7万平方米。通过四明山区封禁育林、小流域治理等方式完成水土流失治理2.5平方千米。

【水事管理】 区水利部门严查违规水域侵占行为，年整改43处问题点位。多次与综合执法部门及属地街道联合执法，整治重点河道环境，累计拆除侵占水域违法建筑22处，责令停止和改正违法行为38起。水利窗口年受理审批事项152件，其中办理生产建设水土保持方案审批报告书61件、登记表9件、报告表22件；审批河道管理范围建设临时工程施工方案3件、建设方案16件；办理取水许可申请11户、延续3户、变更1户；水土保持设施验收报备26家。专项检查取用水管理，对114家取水户实行计划用水制度。

【水工程监管】 区水利部门以在建工程“遏重大”、平安护航建党百年“安全隐患大排查大整治专项行动”等为重点，督促落实工程参建各方质量安全主体责任。依托工程建设质量安全监督体系和质量安全行为、工程实体质量与安全“三位一体”监管模式，实现水库、山塘、堤防、水闸、泵站、海塘等水利在建工程质量安全监督全覆盖。运用定期检查、突击抽查、工程“飞检”等方法，及时发现问题，分析、整改检查中发现的问题。集中“飞检”12次58组，覆盖率达100%。区全年未发生水库、山塘、堤防、水闸、泵站、海塘等水利在建工程质量与安全事故。区水利工程质量安全管理服务站获评市水利工程质量安全监督工作考核优秀单位。

【水旱灾害防御】 区水利部门做好水利工程汛前、汛中、汛后检查，将风险隐患排查贯穿整个汛期。组建4个水旱灾害防御汛前检查抽查组，分别赴12个镇（街道）抽查，查找水利工程度汛薄弱点，指导、督促整改隐患。是年，共出动检查人员1500余人次，抽查水利工程100处以上。台汛期，根据雨水情预报信息，联合调试各水利工程，提早调度泵站运行，综合采取“拦、泄、排”等措施，统筹水库、河道、堤防、泵站等水利工程联合调度，合理控制河湖水位，发挥水利工程体系防灾整体作用，确保水库、山塘、河道等内部水系水位稳定可控。应对“烟花”“灿都”台风登临期间，区水库山塘均做好提前预泄，亭下、横山两大水库拦洪1.23亿立方米，河道累计排水约5800万立方米。

（张　洁）

奉化区水投集团

【概况】 2021年，区水投集团完成固定资产投资15.2亿元，完成鱼山与大欧泵站续建。甬江防洪、东江剡江奉化段堤防整治（二期），龙潭滞洪分洪区改造，2项续建工程；县溪（大堰党校至长潭桥）河道整治、山隍河治理等，以及柏坑水库扩容、剡江（后竺桥至周村）南塘堤防加固、“安澜千亿”飞跃塘提标加固、启门河治理、倪家碶泵站等5项前期工程。

【续建工程】 甬江防洪、东江剡江奉化段堤防整治（二期），项目总投资15.95亿元，2018年9月，市发改委立项。2021年，已完工善德闸站、西坞泵站、山隍泵站工程。完成高楼张至下王桥上游段河道堤防10千米，新开河闸基础、五小桥桥桩施工工程量的81%，下王桥至葛岙水库上游段河道堤防5.5千米，占总工程量的48%。

龙潭滞洪分洪区改造，总投资12.92亿元。建设分洪河道；滞洪区改造面积917亩，包括土地改良、灌溉排水设施、智慧温室、农作物种植、商业配套及安置房等。美丽田园示范区基本完工。

【新建工程】 总投资5191万元的县溪（大堰党校至长潭桥）河道整治，治理河长1.83千米，新建3座堰坝，经2020年近一年的前期准备，年底已完成招投标，12月开工。

【前期工程】 柏坑水库扩容。总投资11.85亿元，拟建混凝土重力坝，分为主坝和副坝。主坝长225米，最大坝高80.7米；副坝采用混凝土挡墙形式，长54米，最大坝高3.2米。需征用土地3068.75亩，涉及搬迁人口20户55人，拆迁面积7296平方米。工程于上年4月21日获市立项批复，2021年开展可研技术稿及移民大纲编制。

剡江南塘（后竺桥至周村）堤防整治，总投资6181万元，整治堤防2.7千米。缓解内河排涝压力，新建周村一体化泵闸一座，设计流量为8米^3/秒，年底已完成工程前期及招投标。

莼湖街道飞跃海塘“安澜千亿”提标工程，总投资1.3亿元。加固海塘1.4千米，改造2座水闸，年底已完成各项前期及招投标工作。

启门河治理、倪家碶泵站2项工程，正在前期准备中。

（张旭峰）

五水共治

【概况】 2021年，奉化区“五水共治”工作取得较好成绩。据市治水办考核结果，奉化区群众幸福感测评位列全市第2名（比2020年进位6名）、全省第21名（比2020年进位44名）；区级河（湖）履职积分排名在宁波市321条河（湖）中前20名的达到6条（2020年为0条）；县江水质继续保持Ⅱ类水，比目标Ⅲ类提升一个档次；11个县控以上断面水质考核全年为优良。2021年度考核结果位列全市第3名，河（湖）长制考核结果位列全市第2名。2021年河道水质环比有明显改善，市控以上断面水质优良率为100%，功能区达标率为100%，创建东江及沿线支流为省级“美丽河湖”，创建溪口镇为市级“水美乡镇”。

【四大专项治水行动】 全年奉化区开展冬春季水环境治理提升攻坚战，河湖大排查、大宣传、大整改、“举一反三”大排查、大整改，找短板、寻盲区、查漏洞、挖死角等四大专项行动，结合实际制定《奉化区冬春季水环境治理提升攻坚战实施方案》（奉治水办〔2021〕5号）及《2021年度全区“五水共治”找短板寻盲区查漏洞挖死角专项行动方案》（奉治水办〔2021〕16号），并及时召开专项行动部署会及水环境治理攻坚战整改推进会。由区治水办牵头“一月一督查”，对辖区内水环境治理工作进行全面自查，共出动巡查410人次，排查河道324条，检查面覆盖率在90%以上，发现各类问题346个，全部整改到位。

【启动“污水零直排区”2.0版】 根据《奉化推进高质量发展建设共同富裕特色区2021年度工作任务清单》，区治水办牵头的“污水零直排区”巩固工程为十大标志性工程之一。为此，区治水办协调统筹全区12个镇（街道）和开发区的“污水零直排区”项目，及时与农商集团等部门沟通，向区政府汇报争取，并启动“污水零直排区”2.0版（提标扩容版），2021—2023年计划建设项目70个，投资总额约6.2164亿元。2021年，6个项目完工，15个项目处于施工阶段，17个项目处于前期准备工作阶段，完成投资额10394万元。

【河（湖）长制与湾（滩）长制工作】 制定下发《奉化区河（湖）长制2021年度工作要点》（奉治水办〔2021〕11号），2021年共组织河（湖）长制与湾（滩）长制工作会议2次，区、镇（街道）、村（社区）三级河湖长培训14次，河湖治理协调会50余次。各级河长巡河率、区级河长调研率较2020年同期有大幅提高，区级河长巡河率创历年新高，表率作用明显。2021年，奉化区河（湖）长巡河共发现问题3413个，已全部办结。积极落实湾（滩）长制，全区15个完整性滩涂已设立“湾长”责任制，共发现并处置较大问题27起。2021年共投入资金159.53万元，出动巡护保洁7303人次，清理海滩垃圾2887吨。

【智慧治水平台建设】 物联网水环境在线综合监测项目（一期）已正式投入运行，对全区33条重要河道进行自动化实时监测，物联网水环境在线综合监测项目（二期）总投资980万元，已完成前期调研工作，届时利用微型水质监测站对区内18条重要河道水质进行实时监测，实现重要河道水质的实时化、动态化、数字化监管。

【对外宣传】 2021年，奉化区在市公众护水平台累计注册22000余人，超计划完成考核任务。多渠道、多领域开展治水宣传，开展大小活动170余个，参与人数15000人次，名列全市前茅。开通手机治水视频彩铃683个，自主刊发《身边治水人》书籍及《水韵奉城全域美丽》图册，并在广播电台及24个电视频道滚动播出“五水共治”宣传语。广泛开展进村入户入企活动，累计走访村（社区）和人口集聚区255个、企业550余家，张贴海报2000多张，铺设LED牌20多个，分发《群众满意度调查问答卷》近25000份、宣传小礼品25000余份，有效提高群众对“五水共治”的知晓度和幸福感。

（罗亚男）

中国邮政集团宁波市奉化区分公司

【概况】 中国邮政集团有限公司宁波市奉化区分公司（以下简称分公司）认真贯彻集团、省邮政公司的部署，按照“砥砺奋进，提质增效”的工作主线，积极应对各种困难和挑战，着力推进企业高质量发展取得实效。

2021年，实现业务总收入1.2009亿元，同比增长22.11%，完成营业利润673万元。其中，代理金融业务累计收入5427万元，同比增长14.47%。年末全区储蓄余额40.31亿元，年增长57615万元。居民存款市占率达8.48%，2021年提升0.22%。全年累计完成寄递业务量1198.8873万件，同比增长109.1%。收入4451.62万元，同比增长36.96%。完成分销业务收入1063万元；完成农产品销售额675万元；完成函件业务收入232.17万元，同比增长15.08%；完成报刊业务收入577.15万元，同比增长12.06%；完成集邮业务收入193.54万元，同比增长21.18%。

【优化网点布局】 分公司对东岙、河头路两个综合网点进行重新布局，东岙邮政所、河头路邮政所分别因地处偏远山区和城区网点布局过于密集，金融业务发展效率低下，经公司综合评定后予以撤销。这两个网点的金融职能报相关部门同意后均撤销；普遍服务职能经报批同意后，拟于2022年进行迁址。

【三级物流体系搭建】 分公司与区“四通易达”5家民营快递公司签订代投协议，于2021年9月下旬在大堰镇开展试点，实现快递共配进村模式。同时，以此为契机探讨优化乡镇邮路、整合资源共用，最终实现民营快递进村全覆盖的目标。当年试点累计代投2.35万件。

（卓　越）

中国电信股份有限公司奉化分公司

【概况】 2021年，中国电信股份有限公司奉化分公司（以下简称奉化电信分公司）紧紧围绕习近平总书记对国有企业改革的重要论述和中国电信“云改数转”战略不断深化变革创新，以强基深耕和政企改革为重要抓手，强开源、重节流。完成年度净利润目标4331万元，实现有效主营收入达20686万元，同比上年增长7.15%。年末，奉化电信通话用户数22.74万户，宽带用户数11.07万户，天翼高清用户数6.99万户。

【打造领先网络质量】 奉化电信分公司致力于提升用户网络感知度，以提高客户服务满意率为服务宗旨，围绕移动网质量提升、城域网优化开展轻网专项行动、光接入网提升整治，做好重要用户网络设备安全保障工作。

全年整治超忙基站62个，开通超忙小区扩容站点12个，完成基站设备升级63个，解决用户投诉860余次，新增4G基站36个，开通RRU98台。

2021年，新建XGPON共17套，中兴XGPON增加2套，中原华为GPON增加1套，同时扩容增加城域网出口宽带20G，基本完成超千兆高速宽带网络的全覆盖；完成7套政企OTN波分安装，可支撑政企用户高速率专线接入；对奉化域内链路带宽进行调整和疏忙，完成华三虚机、华为和阿尔卡特BASE、网吧云等版本升级工作。

通过用户割接和设备替换等方法进行网络轻载优化整治，核心网层面退网拆除DDF架设备35架，完成SDH东郊30号网元、14号C3业务、EPON—04OLT设备和大桥EPON—04OLT设备、医保专用155/622H交换机的退网和拆除。

【5G建设】 2021年，奉化电信以超高效率的执行速度在当地网5G建设工作中名列前茅。至年底，共完成18个5G机房改造、251个室外基站建设（开通231个）、主设备安装117套，布放光缆182条。截至12月初，奉化电信5G信号覆盖已到达所有镇区及畸山、桐照、栖凤、跸驻、岩头、东陈等部分经济发达农村，并完成办证中心、区政府、溪口旅游集散中心、人民医院等重点区域优化覆盖。

【数字化改革】 奉化电信分公司不断推动科技创新，着力构建一支有理想守信念、懂技术会创新、敢担当讲奉献的技能人才队伍，不断增强数字化产品的核心竞争力和自主研发创新能力，在数字领域作出新的突破。

聚焦数字政府、数字社会两大领域，拓展“浙里甬惠渔”、护校安园、党内组织生活、党政机关整体智治等12个区内数字化改革场景应用。全年成立海洋渔业专班、公安护校安园专班、交通数改专班、党内组织生活专班、党政机关整体智治专班5个专班，派驻驻点人员15人次，深度孵化3个重大场景。

【抓服务提升】 全面落实本地服务体系建设，夯实服务责任，落实首问责任制和服务考核，提升服务快速响应和支撑水平。2021年，坚持开展总经理接待日，营业厅打造“爱心翼站”、设立爱心专区，并为环卫工人、快递小哥、老人等举办了52场幸福课堂。

（邬琪绅）

中国移动通信集团浙江有限公司奉化分公司

【概况】 2021年是中国共产党成立100周年和“十四五”规划的开局之年，中国移动通信集团浙江有限公司奉化分公司（以下简称“奉化移动”）围绕锻造硬核力量、唱好“双城记”、建好示范区、当好模范生，加快建设现代化滨海大都市的新发展阶段宁波历史使命，坚决将工作融入这一区委、区政府发展大局中进行谋划、推动，坚持生产和防疫两手抓，争当驻奉央企和信息服务业模范生。2021年，奉化移动通信服务收入超3.9亿元，上缴奉化当地税收达969.3万元；连接规模达到93万人次，其中个人移动通信用户数43万人次、固定互联网接入数13万人次、物联网连接数37万人次，行业份额均居首位。建成全区规模最大、质量最优的“双千兆”网络，助力上级公司宁波移动在工信部4G/5G网络质量评测中获评36个省会城市和计划单列市双第一名，持续保持在全区业内、全省及全国同类城市中的领跑地位。

【数字化改革】 2021年，奉化移动积极响应政府号召，全面支撑奉化区数字化改革五大综合应用。数字政府方面，完成市场监督局“外卖在线”阳光厨房、区水利局水文“5+1”工程等应用建设。数字经济方面，打造爱伊美、奥迪斯丹等未来工厂标杆；做强“5G+工业互联网”应用创新，紧密衔接“246”万千亿级产业集群，开展“1+1+6+N”的“5G+工业互联网”行动，推进“5G+未来工厂”企业，全力促进传统制造业转型升级。数字社会方面，聚焦医疗、交通、文旅等社会民生重点领域，打造现代城市、未来社区、活力乡镇、未来乡村标杆案例；做大“5G+垂直行业”成果影响，打造奉化区人民“5G+智慧医疗”、国网“5G+智慧电力”等一批创新成果。数字法治方面，承建政法一体化办案大容量共享平台，推进社会治安防控体系建设。

【新基建发展】 奉化移动打造领先的千兆5G精品网络，助力奉化加快建成首批“千兆城市”。年末，已建成5G基站472个，4G基站2459个，实现核心城区、百强镇连续覆盖，全量乡镇连片覆盖，5G终端用户达16万人。建设智简的千兆全光网络，千兆光网已覆盖全区30万余户，接入千兆用户数6000余户，具备7T出口带宽容量，构建极简、超宽、智能的全光网。

【提升服务】 促进信息消费，助力满足群众对美好信息生活的需要。奉化移动充分践行以人民为中心的理念，坚持“心级服务，让爱连接”服务理念，打造“三全”服务体系，整体客户满意度居行业领先地位。开展“我为群众办实事”活动，大力推进22项举措。坚决打击电信诈骗，积极落实“断卡”行动，全年协助区公安局开展反诈进社区、进企业、进校园等活动100余场次，推广安装国家反诈中心App超5万人，累计关停诈骗号码超1000余个。积极推进信息惠民工程，开展“银龄课堂”普及行动，至年底，累计覆盖老年人8000余人次，“智慧银龄课堂”入围宁波市“三为”最佳实践案例。2021年，移动用户均流量高于全国平均水平20%，流量资费下降近24%，着力消除“数字鸿沟”。

践行央企责任，助力全区加快共同富裕建设。大力落实数智乡村振兴计划，专项投入建设5G700M基站超189个，行政村覆盖率超80%。大力推进数字乡村、绿色乡村、平安乡村建设，以多样化、信息化产品为乡村振兴注智赋能。着力推广“C·三能计划”，落实碳达峰、碳中和要求，搭建绿色通信网络，合理规划网络建设布局，应用无线载波级、通道级节能，实时监测基站设备能耗；创新降低能耗，优化空调运行方式、气流组织、自动调节等节电技术，全年节电超36万度。

助力全国文明典范城市创建，发挥省级文明单位示范作用，充分利用大数据能力协助政府开展短信宣传，精准覆盖超100万人次。大力整治架空线路超58千米、光缆超400千米。做好节假日各类热门景区、大型活动以及传统民俗节日临时保障60站次，开通规模外零星站点53个、完成常规小区硬扩429个，关闭信号干扰源20个，完成天馈结构整治417站。

全力防御夏、秋季台风袭击，集结抢修人员超200名，抢修光缆9处、逻辑故障站点42个，保持汇聚机房零退服，基站退服数量占比控制在1.2%以内，牢牢守住通信网络生命线。

【助力抗疫防线】 奉化移动抓好通信保障，累计出动保障人员超100人次，完成奉化区域9个大型核酸检测点（主要集中在西坞、溪口、方桥、岳林）、23个隔离点等防疫重点区域和点位的通信保障。抓好服务保障，发送防疫公益短信超300万条；提供摄像头、智慧门磁、云喇叭等产品服务助力科技抗疫。抓好防疫保障，积极配合政府做好员工隔离工作，按照防控要求做好重点办公、生产用房和营业场所的定期消杀和进出管理。

（蔡芳琪）

中国联合网络通信有限公司宁波市奉化分公司

【概况】 2021年，中国联合网络通信有限公司宁波市奉化分公司（以下简称“奉化联通”）持续推进混合所有制改革和全面互联网化运营，加快“强基固本守正创新融合开放”升级企业战略，奋力开创高质量发展新局面，将“大连接、大计算、大数据、大应用、大安全”作为主责主业，继续以市场和业务为导向，积极推进5G融合应用和创新发展，聚焦新媒体、工业互联网，为物联网、车联网、教育、医疗等领域中更多的垂直行业赋能，促进各行各业数字化、网络化、智能化发展。

至年底，奉化联通完成主营业务达8285万元，同比增长17.30%，市场份额提升0.4%；通信服务收入5529万元，同比提升3.6%（全口径11.51%）；利润完成99.95%，位居全市第一名；2021年度奉化联通的综合绩效考核在全市排名第一，获得宁波联通“清廉浙江、联通先行”示范点、浙江联通先进基层党组织等荣誉。

【助力智慧城市建设】 2021年，奉化联通紧抓数字化改革新机遇，完成多项智慧城市与数改项目建设，截至10月底，新兴ICT项目已完成673万元，已签约项目金额达1133万元，签约指标完成率90.1%。深入推进原有业务。教育领域，新增4所中学科考项目；环保领域，中标扬尘项目；法治建设领域，接入内保单位、交警链路等。在2020年启动的乡镇对接基础上，2021年，综合支局由2个拆分为3个，更深入对接乡镇，对接人员也从原对接乡镇领导为主，向下延伸为对接乡镇二级机构；继续深入乡镇综治安全口，“码上安全”“智慧斑马”、10个乡镇派出所防诈宣传等业务取得突破。

奉化联通与区政务办共同打造智慧政务“帮小二”系统，通过数字化改造使企业真正做到每个项目情况有处可询、进度有处可查、困难有人能帮。与区人民法院共同建设“E键联办”应用，实现与车管所、不动产中心、银行等多部门协同办公，以及很多执行项目“跑零次”的改革，让多个部门的数据都能够共享共用。市县联动，与区政府、安橱公司一起签订三方战略协议，启动数字乡村“金娥村”建设。区综合执法局突破遥感监测和违停链路等业务，并由区综合执法局牵头，副区长带队携多部门参观公司在江北的城运项目，反响很好。年初取得溪口旅游集团基础固网业务，并对接其“应梦里”智慧旅游项目。

【队伍建设】 2021年，奉化联通深入开展百年党史学习教育和清廉示范点创建活动，坚持党建引领，高质量发展。

元旦，公司组织全员登山活动，在山顶通信塔下共同宣誓：不忘初心，凝心聚力，打造“小而美”的奉化联通。持续开展“走出去、请进来”工作，与奉化烟草局结对共建党支部，组织到余姚横坎头村开展党史学习教育；将奉化水利局党建活动请进市公司数字化创新展厅，共同探讨智慧党建工作；警民合作，与奉化公安局巡特警大队开展党建活动，参观宁波市数字化创新展厅及羽毛球友谊赛。通过开展“弘扬革命传统，赓续精神血脉”——重走长征路团建活动，将党史学习教育融入活动中，学习了解红军长征的历史，深化使命认知，将革命精神转化为企业发展的内生动力。联合宁海、象山党支部开展“学党史　忆初心　守廉洁纪律　扬清风正气”知识竞赛活动。组织“忆最美初心，传良好家风”暨员工生日会活动，与员工家属一起开展家风教育活动。

（王　萍）

金融

综述

2021年，全区共有银行业金融机构26家、保险支公司26家、证券公司营业部7家，另有小额贷款公司2家、担保公司1家、典当行4家、民间资金管理企业1家。全区金融机构人民币存贷款余额首次突破千亿元大关。截至12月末，人民币口径各项贷款余额1175亿元，同比增长19.7%，全市排名第二位；人民币口径各项存款余额1029亿元，同比增长14.1%，全市排名第四位。中国人民银行奉化支行评出2021年度银行业金融机构综合评价A类行6家；奉化区金融发展服务中心表彰2021年度金融工作先进单位25家，其中金融发展示范单位5家，支持中小微企业融资先进单位4家，重大项目融资先进单位、普惠金融工作先进单位、不良贷款处置工作先进单位各3家，保险行业先进单位3家，证券行业先进单位2家，类金融机构先进单位2家（宁波市奉化区中小企业信用担保有限公司、宁波滕头民间资本管理股份有限公司）。

迭代升级“周周融”金融服务2.0版，依托区金融服务小分队，每周开展“周周融”进企业活动，全年累计服务企业1000余家次，助力企业融资超90亿元。进一步深化首贷拓展行动，企业、个体工商户对接金融机构25家，全区银行业金融机构全年拓展首贷户1354户，投放贷款24.06亿元，其中普惠小微首贷户1347户，投放贷款15.9亿元。推进政府性中小企业担保体制改革及体系建设，优化中小企业担保公司组织架构，聘请1名职业经理人任公司总经理，推动形成更加紧密的政银企合作关系；金融机构开展“放心担保”行动，实现担保余额大幅提升、综合费率明显降低，全区一年融资担保余额10.87亿元，在保户数689户，综合费率降至0.65%，超额完成市下达的融资担保余额8亿元的目标。

持续深入实施“凤凰行动”计划，修订出台多层次资本市场扶持新政，推进“拟上市企业合规证明一件事”改革，设立企业上市服务专窗，解决利安科技、新邦科技等3家拟上市企业募投项目土地需求。至年末，全区共有拟上市企业28家，报宁波证监局辅导备案企业5家、完成股改8家，在宁波股权交易中心（以下简称“甬股交”）挂牌214家。

持续加大制造业信贷支持力度，特别是制造业中长期贷款的投放力度，为专精特新“小巨人”企业提供专业化金融服务，一年内制造业贷款余额209.96亿元，同比增长13.6%，其中制造业中长期贷款余额52.1亿元，同比增长36.0%。抓住宁波建设首个国家保险创新综合试验区契机，持续推进保险产品创新、服务创新，开发政策性农业保险产品，全年新增6个新险种试点，累计上线政策性农险险种67个；首创全市“火警卫士”保险服务项目，通过“智慧消防+保险”互动模式，破解消防安全常态化监管难题。

通过118家银行网点、140家“丰收驿站”以及363个便农金融服务点，将金融服务触角延伸至各镇（街道）、村（社区），农村普惠金融授信覆盖率达100%，“整村授信”模式在283个行政村全面推广，全区一年内普惠型小微企业贷款余额192亿元，同比增长25.1%；涉农贷款余额202亿元，同比增长18.1%。

加大对新旧困难企业帮扶力度，对力邦集团、凯锦消防等历史困难企业，协调各部门加快行政审批速度，协助金融机构对不良贷款化旧控新；积极应对房地产行情下行带来的影响，从严监管商品房预售资金，降低房地产项目“暴雷”风险。建立健全涉金融类突发事件应急处置机制，出台《奉化区处置非法集资应急预案》《奉化区金融突发事件应急预案》，开展地方金融机构大排查行动，排摸类金融企业378家，发现经营异常的存在私募风险的企业27家，督促落实整改措施；完善不良贷款考核机制，有效化解区域不良贷款，降低不良贷款率。

2021年1—12月，全区金融业税收收入44355万元，同比增长19.90%，其中，金融业地方税收收入25466万元，同比增长17.10%。金融业增加值387582万元，同比增长9.90%；金融业占第三产业比重为13.30%；金融业占GDP比重为4.60%。

至12月末，全区金融机构本外币各项存款余额1052.83亿元，同比增长14.95%，增速较2020年同期下降1.02个百分点，其中人民币存款余额1029.31亿元，同比增长14.08%，增速较2020年同期下降1.48个百分点。金融机构本外币各项贷款余额1178.99亿元，同比增长19.64%，增速较2020年同期下降1.24个百分点，其中人民币贷款余额1175.21亿元，同比增长19.74%，增速较2020年同期下降1.71个百分点。2021年年末，比年初下降0.17个百分点。实现保费收入14.37亿元，同比增长1.84%；保险赔付支出5.81亿元，同比增长22.12%。证券代理交易总额1756.27亿元，同比下降17.96%。

中国人民银行奉化支行

【概况】 2021年，中国人民银行奉化支行围绕“强党建、重担当、求实效、争一流”的工作理念，根据上级银行工作会议精神及区委、区政府战略决策部署，结合奉化经济金融发展实际，认真贯彻落实稳健中性的货币政策，扎实推进普惠金融建设，积极防范化解辖区金融风险，推动奉化经济金融高质量发展。辖区中国农业银行、中国建设银行、中国交通银行、宁波银行、奉化农商银行、浙商银行6家银行被评为2021年度银行业金融机构综合评价A类行。

【金融运行】 信贷总量平稳较快增长。12月末，全区本外币各项贷款余额1178.99亿元，比年初增加193.58亿元，同比多增23.37亿元，同比增长19.64%，增速居10个县（市、区）第一位，高于全市平均增速5.52个百分点。从贷款类别看，住户贷款增速高于单位贷款，中长期贷款增速高于短期贷款。2021年年末住户贷款余额463.78亿元，比年初增加84.60亿元，同比增长22.31%。其中，住户中长期贷款余额358.44亿元，比年初增加69.57亿元，同比增长24.08%，比住户短期贷款增速高7.44个百分点，中长期贷款增量占住户贷款增量的82.23%。单位贷款余额715.20亿元，比年初增加108.98亿元，同比增长17.98%。其中单位中长期贷款余额408.23亿元，比年初增加70.60亿元，同比增长20.98%，比单位短期贷款增速高8.49个百分点，中长期贷款增量占单位贷款增量的64.78%。

信贷结构持续优化。民营企业贷款增长较快。12月末，全区民营企业贷款余额369.43亿元，比年初增加45.89亿元，同比增长14.18%，在企业贷款中的占比为52.28%，有效支持民营经济稳中有进。普惠型小微企业贷款实现增量扩面。全区普惠口径小微企业贷款余额192.09亿元，比年初增加38.52亿元，同比增长25.08%。全年共拓展首贷户1354户，贷款投放24.06亿元，占新增各项贷款的12.43%。其中普惠小微口径首贷户1347户，贷款投放15.87亿元，有效提升普惠金融覆盖面。制造业贷款稳步增加。全区制造业贷款余额209.96亿元，比年初增加25.19亿元，同比增长13.63%。其中，中长期贷款余额52.13亿元，在制造业贷款中的占比为24.83%，占比比年初提高4.08个百分点。房地产贷款增速出现回落。房地产贷款余额379.59亿元，比年初增加67.72亿元，同比增长23.45%，增速较年内最高点回落21.97个百分点。其中个人住房贷款294.73亿元，同比增长21.52%，较2020年同期下降10.97个百分点。

各项存款增速稳定。12月末，全区本外币各项存款余额1052.83亿元，比年初增加136.89亿元，同比多增10.75亿元，同比增长14.95%，高于全市增速1.44个百分点。从存款类别看，住户存款和非金融企业存款同比多增，存款余额826.54亿元，比年初增加124.65亿元，同比多增32.87亿元；机关团体和财政性存款余额214.77亿元，比年初增加13.29亿元，同比少增14.88亿元。存款少增的主要原因是房地产企业和地方基础设施建设项目工程款支付、贷款归还增加，以及暂存在银行的财政类存款减少等。

不良贷款持续双降。12月末，全区不良贷款余额4.40亿元，比年初减少0.96亿元；不良率为0.37%，比年初下降0.17个百分点。不良“双降”表明金融运行状况总体平稳，未因疫情散点暴发、经济增长承压出现不良贷款规模性增长的趋势。从潜在风险来看，12月末关注类贷款余额7.87亿元，比年初减少1.53亿元，关注类占比为0.67%，占比较年初下降0.28个百分点，不良贷款风险总体可控。

【金融支持实体经济】 坚持“稳”字当头执行货币信贷政策。保持信贷总量合理适度，引导辖内金融机构统筹做好全年信贷规划，把握好投放节奏和新增贷款投向，使信贷资金流向重点薄弱环节。发挥货币政策工具精准滴灌作用，落实中小微企业贷款阶段性延期还本付息政策、普惠小微企业信用贷款支持计划这两项货币政策工具，全年累计开展现场、非现场核查8次；至12月末，辖内法人为主的金融机构累计发放各类再贷款9.62亿元，累计办理符合条件的延期贷款本金10.19亿元、延期率为89.42%，累计发放符合央行资金支持条件的信用贷款5.51亿元、占比为42%。

继续抓好首贷户拓展工作。推进首贷服务深化年活动，做好2020年度首贷财政补贴工作，至12月末，全区共拓展首贷户1354户，金额24.06亿元。开展首贷拓展集中宣传月活动，组织首贷“五进”（进市场、进商圈、进行业协会、进小微企业园、进社区）活动65批次，走访企业1237家，成功拓展首贷企业105户，授信1.08亿元；做好首贷服务中心驻点对接，举办银企对接会4场，受理咨询企业70余家，成功对接企业12家，贷款达1050万元。强化首贷服务中心标准化建设，通过宁波金融学会评审立项，与区市场监管局等合作，完善首贷服务体系。强化产业园首贷“伙伴银行”建设，与温州万洋众创城智慧园区运营有限公司宁波奉化分公司达成首贷合作协议，与凤麓服务园、启迪科技园等进行对接。

助力绿色金融、科技金融发展。由奉化区领导牵头召集12个政府部门进行研讨，与区发改局、生态环境局等加强对接，召开金融机构座谈会，拟定印发《金融支持绿色低碳发展的实施方案》；积极推动金融机构绿色“四专”机制建设，指导推出“光伏贷”“环保贷”“绿创贷”等特色产品，推动全市首笔碳排放权跨境交易在奉化落地，推动区新农投成功发行5亿元绿色公司债券，推动金融机构为区中心企业担保公司提供3000万元绿色专项额度，推动全市首笔国家地理标志“奉化雷笋”质押贷款银企签约。联合区市场监管局等开展知识产权质押融资专项对接月活动，指导完成辖区首笔线上知识产权质押融资，实现授信2亿元。做好清单对接，梳理下发重点支持企业名单10批，推动科技风险池贷款、创业担保贷款增量扩面。至12月末，全区商标权质押金额15.35亿元，专利权质押金额7.57亿元。

持续提升外汇服务创新力。推进汇率避险“首办户”拓展专项行动，分解任务指标，联合相关部门召开2次专题会、推进会进行部署，至12月末，全区共拓展首办户76户，累计签约金额5.41亿美元，完成全年目标金额的120.22%。持续推进减费让利工作，督促银行在跨境结算手续费、结售汇点差等方面给予外贸企业实质性优惠，至12月末，累计走访企业宣传外汇政策1217次，减费让利411.67万美元。

【普惠金融】 落实金融消费者权益保护。全面普及金融知识，累计开展金融教育进校园活动35次，覆盖全区8000多名学生，滕头学生社会实践基地被评定为省级金融教育示范基地；结合“双百双千”工程，持续开展金融知识进农村、进企业等金融知识宣传活动40余场次。落实金融权益保障行动，联合区金融办等在区矛调中心设立区金融纠纷调解工作室，依托“掌上奉化”平台开展金融消费维权实时问答，全年成功调解金融纠纷28起，涉及金额300余万元。

优化便民支付环境。优化支付服务，打造奉化乡村旅游特色突出的移动支付应用场景，提升农村支付便利化程度，实现移动支付的助农服务点达275个，占比为81.12%；推动智慧菜场建设全覆盖，云闪付App新增绑卡用户数2.7万户，银行业移动支付167.27万笔。营造良好现金流通环境，组织硬币循环大篷车、残币回收进村镇等活动，深入开展人民币业务知识宣传，积极推动溪口现金服务示范区创建，努力提升现金服务水平；抓好拒收现金整治，作出全市首单拒收现金“双罚”决定；做好现金服务网格化管理，开展银行网点小面额服务暗访20家次，指导金融机构走访各类经营主体1132家次，进一步优化辖区人民币流通环境；加大反假工作力度，约谈相关金融机构2家，强化银警联防。

积极落实外汇便利化措施。加强个人外汇业务便利化政策传导，政策宣传覆盖3000余人，并对辖内银行开展暗访4次，提升个人外汇服务满意度；新增3家货物贸易外汇收支便利化的试点企业，累计共有5家企业，全年办理货物贸易外汇收支便利化试点业务1014笔，金额3.41亿美元。推动贸易新业态业务发展，支持跨境电商等贸易新业态创新发展，辖区宁波银行与美国花旗银行达成跨境电商结算业务。持续提升资本项目各项便利化水平，累计办理资本项目收入便利化业务1325笔，金额6516万美元，提高银行业务办理效率；引导企业利用好境外低成本资金，全年流入外债3982万美元。

【金融管理】 推动落实反诈工作部署。建立反诈专项领导小组，及时召开专题会议，统筹推进全区金融机构打击治理工作；强化部门联动，与公安局、通信运营商等签订警务协作框架协议、预留手机号码管理等多项机制；加强源头管控，对存量账户开展风险排查，至12月末，累计开展存量个人账户排查326.5万户，发现风险账户6606个并采取管控措施，督促银行成功拦截电信诈骗案件20起，挽回客户资金损失64.39万元；组织对220个涉案账户开展倒查，对11家银行开展督导，约谈7家银行负责人，对41名银行人员进行追责。强化宣传教育，开展“反诈拒赌集中宣传月”活动，通过奉化电视台、《奉化日报》等媒体加大反诈宣传力度，深入企业、农村、社区等做好宣传，受众1万余人次，并向重点人群发送69.14万条警示短信。强化账户全生命周期管理，严格新开账户审核，下发风险提示函7份，累计拒绝单位开户14次、个人开户707人次。

加强重点领域金融监管。切实加强风险管控，组织开展“排雷”行动，至12月末，全区不良贷款持续“双降”；严格落实房地产金融宏观审慎管理要求，组织法人机构召开专题会议，指导落实上级银行货币政策和房地产贷款集中度管理制度要求，至12月末，全区房地产贷款余额379.59亿元，增速同比下降14.87个百分点；加强预售房资金专户监管，与住建部门建立信息共享机制，对全区73个预售资金监管账户进行动态监测，对8个商品房预售资金专户开展现场调查，做好恒大、蓝光等项目的风险处置工作。加强反洗钱监管，组织7家银行开展非法人机构反洗钱分类评级，对法人机构开展洗钱风险评估和客户信息质量监管，进一步压实金融机构反洗钱主体责任。积极与区公安局、检察院、海关机构沟通协调，配合开展扫黑除恶、反恐怖主义、禁毒等重点和专项工作。

做好金融监测评估。做好统计监测工作，稳步落实国家金融基础数据库建设，加强法人数据管理，总结日常报送中的常见问题，并向法人机构发送风险提示函1期，督促整改；贯彻落实地方金融组织统计制度，开展报送工作集中培训和实地指导10家次；强化监测企业走访联系，累计对接监测企业9家，把控数据质量。落实好央行内部（企业）评级工作，通过实地调研、工作座谈、一对一辅导等方式，加强对金融机构的业务培训，实现培训央行内部（企业）工作法人机构全覆盖。

（李　罡）

银行机构

【概况】 2021年，全区有银行业金融机构26家，比上年增加2家，其中政策性银行1家、国有大型银行6家、全国性股份制商业银行10家、城市商业银行7家、农村商业银行1家、村镇银行1家。年末共有经营网点148家，包括26家各金融机构营业部、62家二级支行、31家分理处、27家储蓄所（代理网点）、2家社区支行；自助银行163家，配置ATM（含CRS）机286台。从业人员2071人。17家被奉化区金融发展服务中心评为2021年度金融工作先进单位，其中，金融发展示范单位4家，支持中小微企业融资先进单位4家，重大项目融资先进单位、普惠金融工作先进单位、不良贷款处置工作先进单位各3家。

【中国农业发展银行宁波市奉化区支行】 2021年，全年本外币存款余额10.96亿元，较上年增长19.52%；本外币贷款余额39.87亿元，较上年增长21.85%；不良贷款率为0，保持不变；实现经营收入15659.32万元，较上年增长0.14%；实现经营利润2536.75万元，较上年减少67.37%。年末有经营网点1家，即支行营业部。该行被奉化区金融发展服务中心评为2021年度重大项目融资先进单位。

（汪　楠）

【中国工商银行股份有限公司奉化支行】 2021年，本外币各项存款余额78.15亿元，较上年增长10.73%，公司存款较年初新增3.32亿元，机构存款较年初增加1.55亿元，储蓄存款较年初增加2.7亿元，均完成计划任务。本外币各项贷款余额131.30亿元，较上年增长21.18%，存量居同业第一名；公司贷款净增14.35亿元，增量居分行第二名；普惠贷款较年初新增3.83亿元；个人贷款突破42亿元，实现“三年翻一番”目标，较年初净增8.6亿元，增量居同业第二名。不良贷款余额6357万元，较年初减少1388万元，不良贷款率0.48%，同比下降0.23%；实现营业收入3.74亿元，同比增长7.41%；拨备前利润3.13亿元，同比增长7.74%；净利润1.74亿元。年末有经营网点8家，包括支行营业部、7家二级支行；自助银行3家，ATM(含CRS)机18台。该行先后获得奉化区金融系统工会云闪付推广先锋奖、2021年度奉化区“高质量发展贡献榜·重大贡献奖”、2021年度奉化区金融发展示范单位等荣誉。

（戴宇航）

【中国农业银行股份有限公司宁波奉化支行】 2021年，本外币存款余额为116.86亿元，较上年增长22.32%；本外币贷款余额为124.42亿元，较上年增长13.34%；不良贷款率为0.05%，较上年下降0.43%；实现经营收入4.27亿元，较上年增长5.96%；实现经营利润2.62亿元，较上年下降14.10%。年末，有经营网点12家，包括支行营业部、10家二级支行、1家储蓄所；自助银行15家，ATM（含CRS）

机33台。该行先后被评为2021年度奉化区金融发展示范单位、奉化区银行业金融机构综合评价A类行、银行外汇业务合规与审慎经营管理情况评估A类行。

近1万人通过农行电子渠道购买溪口雪窦山风景区线上门票，金额300余万元。根据《宁波市人力资源和社会保障局等5部门关于在工程建设领域全面启用工资支付监管平台的通知》要求，与“宁波市企业工资监管平台”系统接口互联，代发首笔“甬穗·阳光e薪”农民工工资60.34万元。参与承办第七届溪口桃王争霸赛暨“清奉兴农惠万家”活动，介绍农行服务乡村振兴、“惠农e贷”、桃农专属服务等，与桃农达成授信意向30万元。向宁波市奉化区红果文化投资发展有限公司放贷500万元，用于奉化区体育中心工程项目。推出“阿拉警察”信用卡，为人民警察送去专属服务和配套优惠。参与七彩巧妇乡创集市活动，推广农行巾帼e贷产品。上线滕头村“e党费”缴纳系统。

（唐双桑）

【中国银行股份有限公司奉化支行】 2021年，本外币存款余额为87亿元，较上年增长34.82%；本外币贷款余额为100.46亿元，较上年增长22.53%；不良贷款率为0.56%，较上年降低0.16%；实现经营收入29773万元，较上年增长29.6%；实现经营利润24451万元；较上年增长35.1%。年末，有经营网点6家，包括支行营业部、5家二级支行；自助银行14家，ATM（含CRS）机24台。该行获得中国银行宁波市分行“卓越集体”奖和2021年度奉化区重大项目融资先进单位等荣誉称号。

全年累计为500余家企业提供外汇结算服务，国际结算量达15亿美元，增速39.3%，国际贸易结算市场份额达到37.9%，较2020年年末提升1.5个百分点；跨境人民币结算量达12亿元，增速21.05%。出台小微企业支付手续费降费、跨境汇款手续费优惠、结售汇加点优惠等政策，全年共减免费用超600万元。通过海内外联动，引入低成本资金超5000万美元。该行组织及协同奉化外汇局举办各类市场趋势分析和风险中性的专题讲座4场，累计现场参与活动的企业超过1000家。

（张琪琪）

【中国建设银行股份有限公司奉化支行】 2021年，本外币存款余额为97亿元，较上年增长16.53%；本外币贷款余额为131.14亿元，较上年增长30.57%；不良贷款率为0.61%，较上年降低0.31%；实现经营收入40275万元，较上年增长23.6%；实现经营利润26335万元；较上年增长4.1%。年末，有经营网点8家，包括1家支行营业部、6家二级支行、1家分理处；自助银行11家，ATM（含CRS）机35台。该行获得2021年度奉化区重大项目融资先进单位、奉化区银行业金融机构综合评价A类行、银行外汇业务合规与审慎经营考核A类行等荣誉。

（李建行）

【交通银行股份有限公司宁波奉化支行】 2021年，各项存款余额24.51亿元，比上年下降27.03%；各项贷款余额42.35亿元，比上年增长9.51%；实现经营利润1.13亿元。年末，有经营网点3家，包括支行营业部、2家二级支行；自助银行7家，ATM（含CRS）机12台。该行先后获评交通银行总行零售业务“开门红”冠军挑战网点趸交保险销售优胜奖，2021年度奉化区不良贷款处置工作先进单位、奉化区银行业金融机构综合评价A类行。

（王雨军）

【中国邮政储蓄银行股份有限公司宁波奉化区支行】 2021年，本外币存款余额为52.42亿元，较上年增长15.71%；本外币贷款余额为42.04亿元，较上年增长20.72%；不良贷款率为0.15%，较上年降低0.1%；实现经营收入14212万元，较上年增长13.93%；实现经营利润5165万元，较上年增长15.44%。年末有经营网点30家，包括支行营业部、3家二级支行、26家代理网点；自助银行30家，ATM（含CRS）机37台。该行被奉化区金融发展中心评为2021年度支持中小微企业融资先进单位。

至12月末，共为113户企业授信，金额为2.91亿元。与溪口镇五林村签署“美丽乡村”农房建设小额贷款合作协议，发放首笔农房建设小额贷款。多层次开展客户端的营销工作，积极争取投债引存，实现引存3.9亿元。成功落地3000万元在线电子保理业务，带来保理手续费30万元。办理汇率避险“首办户”业务，更好地支持企业适应人民币汇率双向波动的新常态，提高汇率避险业务服务能力和管理水平。

（胡琼丽）

【广发银行股份有限公司宁波奉化支行】 2021年，全年本外币存款余额为17.7亿元，较上年降低16.7%；本外币贷款余额为23.6亿元，较上年增长11.6%；不良贷款率为0.04%，较上年降0.67%；实现经营收入8044.64万元，较上年增长1.2%；实现经营利润2391.78万元；较上年降低58.3%。年末，有经营网点1家，即支行营业部，自助银行1家，ATM（含CRS）机2台。先后被评为宁波分行机构公私联动奖、对公条线普惠金融先进机构、公司客群建设突出贡献奖、投行业务先进机构、宁波市金融系统“五一巾帼标兵岗”、2021年度奉化区不良贷款处置工作先进单位。

（屠文萍）

【上海浦东发展银行股份有限公司宁波奉化支行】 2021年，本外币存款余额13.92亿元，较上年下降6.9%；本外币贷款余额为21.92亿元，较上年增加10%；不良贷款率为0.008%，较上年增长703万元；实现经营收入8265万元，较上年增加106.7%；实现经营利润7533万元，较上年增加137.6%。年末，有经营网点1家，即支行营业部；自助银行1家，ATM机3台。该行被奉化区金融发展服务中心评为2021年度不良贷款处置工作先进单位。

（沈夭谊）

【中国民生银行股份有限公司宁波奉化支行】 2021年，本外币存款余额为20.83亿元，较上年增加42.56%；本外币贷款余额为19.06亿元，较上年降低0.99%；不良贷款率为0.24%，较上年增长0.09%；实现经营收入6532万元，较上年增长5.6%；实现经营利润1713万元，较上年降低66.5%。年末，有经营网点2家，包括支行营业部、1家社区支行；自助银行2家，ATM机3台。该行被中国民生银行总行评为先进基层党组织，先后获得2021年度宁波分行“开门红”零售新客“甬攀”赛冠军、对公新客“甬拓”赛第五名、对公存款“甬上”赛季军，以及先进经营机构等荣誉。

（傅盼盼）

【中国光大银行股份有限公司宁波奉化支行】 2021年，存款余额为14.96亿元，较上年减少6.2%；贷款余额22.32亿元，较上年增加0.06%；不良贷款率为0，与上年维持同一水平；实现营业收入7664万元，较上年增长16.49%；实现营业利润5756.73万元，较上年增加24.39%。年末，有经营网点2家，包括支行营业部、1家社区支行；自助银行2家，ATM（含CRS）机2台。

（应悦欢）

【招商银行股份有限公司宁波奉化支行】 2021年，本外币存款余额为8.03亿元，较上年降低26.93%；本外币贷款余额为29.93亿元，较上年增长4.14%；不良贷款率为0.03%，较上年增长0.02%；实现经营收入6066万元，较上年增长0.18%；实现经营利润5649万元；较上年降低16.29%。年末，有经营网点1家，即支行营业部；自助银行1家，ATM（含CRS）机2台。

（徐　惠）

【中信银行股份有限公司宁波奉化支行】 2021年，存款余额为37.37亿元，较上年增长25.78%；贷款余额为31.52亿元，较上年下降7.5%；不良贷款率为0，较上年降低100%（不良货款额相比）；实现营业净收入7901万元，较上年减少0.4%；实现经营利润10668万元；较上年减少0.49%。年末，有经营网点2家，包括支行营业部、1家二级支行；自助银行2家，ATM（含CRS）机4台。

投债项目带动奉化区投资集团有限公司、交通投资发展集团有限公司日均存款超4亿元，招投标带动兴银建设、家和通盛、溪口公路运输等公司日均存款超6000万元；新增能耀新能源汽车、泓兴供应链两家公司日均存款超2亿元。国际结算、外汇资金交易分别突破1.2亿美元、1.3亿美元。成功中标奉化人民法院破产管理人账户及浙江医药高等专科学校定期存放资格；储备奉化区交警大队基建专户、奉化区住房维修基金存放资格等多个项目，预计2022年落地。

截至12月末，个人一般性储蓄日均余额25326万元，较年初新增8211万元，计划完成率178%；新增发信用卡1460张，计划完成率71%。个贷余额99440万元，较年初新增5146万元，其中个人房抵经营贷款余额17131万元，较年初新增420万元。对接镇海炼化公司以及交通运输管理局、税务局等，批量获取“信秒贷”近510户，提前完成“信秒贷”全年指标。

（郑　蕾）

【平安银行股份有限公司宁波奉化支行】 2021年，本外币存款余额为6.31亿元，较上年增长294.38%；本外币贷款余额为17.43亿元，较上年增长103.38%；不良贷款率为0；实现经营收入3517万元，较上年降低16.64%；实现经营利润2892万元，较上年降低19.53%。年末，有经营网点1家，即支行营业部；自助银行1家，ATM（含CRS）机2台。

（毛诗盈）

【恒丰银行股份有限公司宁波奉化支行】 2021年，存款余额为6.15亿元，较上年增长21%；贷款余额为12.99亿元，较上年增长6.7%；不良贷款率为0；实现经营收入4792万元，较上年增长17%；实现经营利润4453万元，较上年增长15%。年末，有经营网点1家，即支行营业部；自助银行1家，ATM（含CRS）机2台。

（吕　冉）

【兴业银行股份有限公司宁波奉化支行】 2021年，本外币存款余额为16.77亿元，较上年增长53.43%；本外币贷款余额为38.87亿元，较上年增长30.66%；不良贷款率为0%，与去年持平；实现经营收入15662.57万元，较上年增长40.75%；实现经营利润13397.41万元，较上年增长58.66%。年末，有经营网点1家，即支行营业部；自助银行1家，ATM（含CRS）机2台。该行被奉化区金融发展服务中心评为2021年度普惠金融工作先进单位。

（裘家琦）

【华夏银行股份有限公司宁波奉化小微企业专营支行】 2021年8月23日，华夏银行股份有限公司宁波奉化小微企业专营支行获宁波银保监局同意开业批复；9月9日，在奉化区市场监督管理局注册成立；11月18日开始试营业。地址为奉化区印象奉化15幢商业135—139。至12月末，人民币存款余额5040万元。年末，经营网点1家，即支行营业部；自助银行1家，ATM机2台。

（黄明伦）

【宁波银行股份有限公司奉化支行】 2021年，本外币存款余额为125.2亿元，较上年增长8.7%；本外币贷款余额为91.9亿元，较上年增长18.4%；不良贷款率为0.075%，较上年降低0.005%；实现经营收入22407万元，较上年增长11.95%；实现经营利润10975万元，较上年增长15.6%。年末，有经营网点11家，包括支行营业部、10家二级支行；自助银行2家，ATM（含CRS）机2台。该行先后获得2021年度多项荣誉称号，包括宁波银行企业文化先进机构、监保条线“赛福奖”、行政条线“精诚奖”、内控评价二级A等，奉化区金融机构综合评价A类行、银行外汇业务合规与审慎经营考核A类行、支持中小微企业融资先进单位。

（王巧玲）

【上海银行股份有限公司宁波奉化支行】 2021年，本外币存款余额为7.5亿元，较上年增长19%；本外币贷款余额为26.7亿元，较上年增长12%；不良贷款率为0.12%，较上年降低0.043%。年末，有经营网点1家，即支行营业部；自助银行1家，ATM（含CRS）机3台。该行被奉化区金融发展服务中心评为2021年度支持中小微企业融资先进单位。

截至12月末，全口径存款日均87342万元，较年初新增1373万元，其中人民币普通企业存款日均较年初新增14826万元；个人贷款日均11.8亿元，较年初新增2.4亿元；对公贷款日均10.6亿元，较年初新增3.7亿元；人民币企业有效户新增27户，完成率为135%。前11个月完成净营业收入4378万元，实现拨备前利润2630万元，中间业务收入741万元。加权国际结算量2774万元，完成率20.5%；超额完成宁波分行普惠金融指导性指标，普惠金融余额净增14979万元。普惠金融贷款户数净增31户。

（周碧霞）

【浙江泰隆商业银行股份有限公司宁波奉化支行】 2021年，本外币存款余额为4.34亿元，较上年增长32.07%；本外币贷款余额为5.38亿元，较上年增长41.03%；不良贷款率为0.45%，较上年降低28.23%（与不良货款额相比）；实现经营收入2916.98万元，较上年增长14.12%；实现经营利润1736.52万元，较2020年增长9.55%。年末，有经营网点2家，包括支行营业部，1家二级支行；自助银行2家，ATM（含CRS）机2台。该行先后获评2020年度宁波市金融系统五四红旗团委（支部）、2021年度奉化区普惠金融工作先进单位等荣誉称号。

（孙　丽）

【浙商银行股份有限公司宁波奉化支行】 2021年，存款余额为23.02亿元，较上年增长7.72%；贷款余额为41.3亿元，较上年增长57.51%；不良贷款率为0.14%，较上年增长133.33%（与不良货款额相比）；实现经营收入1.43亿元，较上年增长37.5%；实现经营利润1.30亿元，较上年增长80.52%。年末，有经营网点1家，即支行营业部；自助银行2家，ATM（含CRS）机2台。该行先后被评为2021年度奉化区金融机构综合评价A类行、奉化区金融发展示范单位、奉化区金融系统青年文明号等。

该行支持国有企业，助力制造业，践行普惠金融，发挥供应链金融优势，丰富绿色金融产品。至年末，国有企业新增授信7户，新增授信额度累计18.19亿元，新增投放13.19亿元；制造业贷款余额14.01亿元，占比为33.92%，为17家优质制造业企业提供合计3亿元的信用贷款额度；普惠口径小微贷款余额16.08亿元，较年初增加2.49亿元；无还本续贷4.54亿元，占行标小微贷款余额的26.53%，服务小微企业客户717户；小微园区贷款余额3.44亿元，累计投放1.51亿元，贷款户数114户，较年初新增30户；新增首贷户48户，金额9117万元；企业应收款链累计投放8户，金额1.83亿元；绿色贷款余额3.13亿元，其中，普惠小微绿色贷款828万元。

（竺倩倩）

【台州银行股份有限公司宁波奉化支行】 2021年，本外币存款余额为3.82亿元，较上年增长21.37%；本外币贷款余额为3.53亿元，较上年增长2.16%；不良贷款率为0.32%，较上年增长100%。年末，有经营网点1家，即支行营业部；自助银行1家，ATM（含CRS）机1台。共有员工28人。

（郑露虹）

【浙江稠州商业银行股份有限公司宁波奉化支行】 2021年，全年存款余额3.36亿元，较上年增长60%；贷款余额3.26亿元，较上年增长56.73%；不良贷款率为0，与去年相同；实现经营收入991.84万元，较去年增长521.14%；实现经营利润463.6万元，较上年增长220.37%。年末，有经营网点1家，即支行营业部；自助银行1家，ATM（含CRS）机1台。

（毛淑萍）

【杭州银行股份有限公司宁波奉化支行】 2021年2月3日，宁波银保监局批复同意杭州银行股份有限公司宁波奉化支行开业；3

月25日正式开业；地址奉化区锦屏街道大成路158号101室（2—6）、201室（4—6）。截至12月31日，本外币存款余额为4.21亿元，本外币贷款余额为6.55亿元，不良贷款率为0.09%，实现经营收入1284.6万元，实现经济利润878.67万元。年末，有经营网点1家，即支行营业部；自助银行1家，ATM（含CRS）机2台。

（裘央央）

【宁波奉化农村商业银行股份有限公司】 2021年，存款余额为225.14亿元，较上年增长17.73%；贷款余额为172.24亿元，较上年增长20.1%；不良贷款率为0.90%，较上年降低0.32个百分点；实现经营收入12.02亿元，较上年增长14.65%；实现经营利润1.24亿元，较上年增长26.06%。年末，有经营网点47家，包括银行营业部、16家二级支行、30家分理处；自助银行60家，ATM（含CRS）机90台。该行先后获浙江省农信系统“走千访万”劳动竞赛省、市三等奖，2021年度奉化区“高质量发展贡献榜·重大贡献奖”，被评为金融发展示范单位、金融机构综合评价A类行。

（竺　舒）

【宁波奉化罗蒙村镇银行有限责任公司】 2021年，存款余额为5.73亿元，较上年增长21.65%；贷款余额为6.21亿元，较上年增长28.31%；不良贷款率为2.93%，较上年增长0.21个百分点；实现经营收入4814.07万元，较上年增长28.68%；实现经营利润1061.72万元，较上年增长33.39%。年末，有经营网点2家，包括银行营业部，1家二级支行。该行被奉化区金融发展服务中心评为2021年度普惠金融工作先进单位。

至12月末，涉农贷款余额44977.38万元，占各项贷款的72.46%，比年初增加10718.91万元，增幅为31.29%。普惠小微企业贷款余额38055.03万元，占各项贷款的61.26%，比年初增加8888.18万元，增幅30.47%；共为119户小微企业办理延期还本付息，涉及金额16214万元。参加各类存款招投标，推动对公存款多元化发展，成功中标奉化区通源资产经营部定期存款账户1000万元竞争性存放招标项目。全力拓展首贷客户和优质客户，全年新增首贷户32户，发放金额1857万元。普惠金融服务，开展“送金融知识下乡”“防范和打击非法集资”“信用记录关爱日”等活动30余次。

（沈再娣）

保险公司

【概况】 2021年，全区共有24家保险支公司，14个营销网点，从业人员1825人。其中，产险支公司19家、营销网点10个，从业人员1003人；寿险支公司5家，营销网点4个，从业人员822人。全年实现保费收入14.37亿元，同比增长1.84%。其中，财产险保费收入6.82亿元，同比下降3.43%；人身险保费收入7.55亿元，同比增长7.12%。保险赔付支出5.81亿元，同比增长22.12%，其中，财产险赔付支出4.19亿元，同比增长24.66%；人身险保费支出1.62亿元，同比增长16.01%。1家被奉化区金融发展服务中心2021年度金融发展示范单位，3家被评为保险行业先进单位。

【中国人民财产保险股份有限公司宁波市奉化支公司】 2021年，公司以集团公司“卓越保险战略”为指引，以总、分公司发展思路为向导，强化销售管理，深入建设各个渠道，聚焦保险客户服务领域，为区域发展提供专业保险保障。实现保费收入27218.26万元，较上年增长23.71%，其中，车险保费12233.60万元、非车险保费14984.66万元，分别较上年增长12.70%、34.42%；理赔支出10927万元，较上年增长29.74%，其中，车险理赔8143万元、非车险理赔2784万元，分别较上年增长33.70%、19.39%。年末，有营销网点8个，从业人员78人。该公司被奉化区金融发展服务中心评为2021年度保险行业先进单位。

开展一般工贸安责险扩面工作，全年承保企业449家、保额3627.41万元。完成农房监测和救助保险扩面工作，共保障农村住房9666户。承保政策性水稻完全成本与收益补充保险，承保4130户，保费2480万元，增速10%以上，农业生产保险保障金额达11.9亿元。

（吕淑冰）

【中国太平洋财产保险股份有限公司奉化支公司】 2021年，实现保费收入18776万元，较上年增长12.4%，其中车险9916万元，非车险8860万元，分别较上年增长3.3%、24.6%；理赔支出9199万元，较上年上升16%，其中车险8037万元、非车险1162万元，分别较上年增长15.1%、22.57%。年底，有营业网点2个；从业人员53人，与上年同期持平。公司被评为奉化区金融行业示范单位，被奉化区金融发展服务中心评为2021年度金融发展示范单位。

推进个代渠道伴随个销3.0，保费突破一千万元，增速高达32.9%，车险保费占比达12.5%。个非车保费渗透率7.16%，同比提升3.17%。落地奉化区火警卫士"保险+服务"创新项目，建立消防与保险的互动新模式；续保亭下、横山水库的防洪超蓄救助保险；天一甬宁保业务完成10293单，达成既定推广目标；生态绿色保险市场份额名列奉化区第二；一般工贸安责险承保企业388家，同比提升273%，区域完成率位居奉化区第一。草莓气象指数保险承保945亩，同比增速64.7%，自营茶叶气象指数保险承保总面积3685亩；粮食烘干机设备保险承保烘干机78台。走访高风险、高保额、易出险企业25家，完善整改3家。

设立全国统一的服务专线电话"95500"，坐席人员全年24小时受理出险报案。

（卓　园）

【中国人寿保险股份有限公司宁波市奉化区支公司】 2021年，实现保费收入24695万元，同比基本持平，市场份额领先。其中，营销首年标保1079.24万元，同比下降23%；首年期交4022.62万元，同比增长0.67%；10年期以上1326.81万元，同比下降17%；银保新单538.89万元，短险1506万元，其中，团短险1166万元，同比增长2.4%。理赔支出2320.17万元，较上年减少6%，其中，康宁终身险317万元、绿洲意外费用补偿团体医疗保险303.8万元。从业人员190人。营销网点3家，包括支公司和所属莼湖营销服务部，以及溪口风景区支公司营销服务部。被奉化区金融发展服务中心评为2021年度保险行业先进单位。

配合全市防疫大局，与海曙、鄞州、江北、镇海人寿支公司一起，免费为约20万名留甬过年外地务工人员赠送意外伤害保障，其中奉化地区留甬外地人员近3万名。奉化海峡两岸桃花马拉松赛举行前，为参赛运动员、志愿者等近万名相关人员提供保额5亿元的人身保障。

推广"天一甬宁保"，协同奉化区金融办、医保中心宣传"天一甬宁保"的产品优势，通过《奉化日报》、"奉化头条"微信公众号招聘各镇（街道）专管员，共承保"天一甬宁保"7200件。持续深耕农村一线，联合村委会、村计生协会，多次召开保险共建会，举行联谊活动，提高农村小额保险，男性、女性安康保险和学生保险统保比例，提高自收费覆盖面。全年共完成农村小额保险205.1万元，男、女性安康保险210.8万元，上述险种赔付1028人次，计299万元。

公司先后联合奉化区总工会、农业农村局、卫生健康局开展送温暖活动，出资2万多元慰问农村困难户、失独老人等。

（应竹波）

【中国太平洋人寿保险股份有限公司宁波市奉化支公司】 2021年，实现总保费收入21265万元，较上年增加23.5%，其中，新保保费7421万元，个险新保6311万元，分别较上年增加90.7%、86.2%；理赔支出1226.50万元，较上年增长17.8%，其中长险赔付871万元，较上年增长17.4%。年底，有营业网点1个，即支公司营销服务部；从业人员203人，较上年末减少29人。该公司被奉化区金融发展服务中心评为2021年度保险行业先进单位。

（葛盛良）

证券营业部

【**概况**】2021年，全区共有7家证券营业部，比上年增加2家；从业人员64人。1—12月证券代理交易总额1756.27亿元，同比下降17.96%。12月末，证券投资者资金账号数为66325户，客户资产总数为161.21亿元。2家营业部被奉化区金融发展服务中心评为2021年证券行业先进单位。

【**光大证券股份有限公司宁波奉化中山东路证券营业部**】2021年年底，累计股票基金交易量854.62亿元，同比上升65.97%；托管市值147.1亿元，同比上升81.48%；新开户数1027户，同比上升21.25%；客户总数35536户；同比下降0.02%；融资融券余额5.92亿元，同比上升44.31%。年底，从业人员20人，与2020年相同。被奉化区金融发展服务中心评为2021年度证券行业先进单位。

（庄琳娜）

【**中信证券股份有限公司奉化南山路证券营业部**】2021年年底，累计股票基金交易量333亿元，同比下降15.91%；托管市值15.46亿元，同比上升27.56%；新开户数813户，同比上升7.1%；客户总数13038户；同比增长6.9%；融资融券余额1.21亿元，同比上升23.44%。年底，从业人员15人，与上年相同。

（陈 隆）

【**中泰证券股份有限公司奉化南山路证券营业部**】2021年，累计股票基金交易量199.02亿元，同比上升26.80%；托管市值9.76亿元，同比上升35.56%；新开户数589户，同比上升323.74%；客户总数7906户，同比增长7.51%；信用账户累计交易额14.51亿元，同比下降6.75%；融资融券余额0.56亿元，同比下降23.28%。年底，从业人员14人（含经纪人8人），比上年减少1人，经纪人不变。

（陈金蕾）

【**中国银河证券奉化岳林路营业部**】2021年，累计股票基金（含国债回购）交易量86.21亿元，同比增加34.98%；托管市值3.47亿元，同比增加30.45%；新开户数1046户，同比增加86.45%；客户总数6182户，同比增长20.37%；融资融券余额1344.87万元，同比减少33.82%。年底，从业人员7人，比上年减少1人。

（沈腾勇）

【**浙商证券股份有限公司宁波奉化南山路证券营业部**】2021年年底，累计股票基金交易量56.66亿元，同比上升59.74%；托管市值2.04亿元，同比上升85.45%；新开户数448户，同比下降5.88%；客户总数1548户；同比增长38.96%；融资融券余额109.44万元，同比下降84.78%。年底，从业人员5人，比上年减少1人。

（张 倩）

【**财通证券股份有限公司宁波奉化大成路证券营业部**】前身为财通证券股份有限公司宁波中山东路证券营业部，成立于2015年10月9日。2021年3月3日搬迁至奉化区锦屏街道大成路158号501室。2021年年底，累计股票基金（含基金分仓）交易量280.3亿元，同比增长102%；托管市值9.4亿元，同比增长46.8%；新开户数550户，同比上升15.6%；客户总数2805户；同比增长22.49%；融资融券余额0.06亿元，同比下降97.97%；存续产品规模6.65亿元，同比增长41%。年底，从业人员14人，比上年减少2人。该公司被奉化区金融发展服务中心评为证券行业先进单位。

（陈 彦）

（统稿 王 亮）

经济综合管理

发展和改革

【概况】 2021年，区发改局以习近平新时代中国特色社会主义思想为指导，贯彻落实区委、区政府各项决策部署，主动适应经济发展新常态、新挑战，全面提升履职能力，为保持奉化经济平稳较快发展做出新贡献。

【统筹规划】 区发改局在高质量完成“十四五”规划《纲要》编制的基础上，深刻领会国家及省、市关于共同富裕、碳达峰碳中和等重点工作的总体思路和战略举措，把上级重大战略部署不折不扣落实到奉化。先后制定《奉化推进高质量发展建设共同富裕特色区行动方案（2021—2025年）》《宁波市奉化区碳达峰碳中和工作实施意见》《宁波市奉化区碳达峰行动方案》。紧密落实宁波市委书记彭佳学调研象山港区域批示精神，编制《宁波市奉化区象山港沿海岸线环境整治提升若干措施》，印发《奉化区象山港区域保护和利用工作2021年实施计划》，制定《2021年奉化区推进长三角一体化发展工作要点》，制定《奉化区推进“一带一路”建设2021年工作要点》。

【经济运行监测分析】 区发改局按照走在前列、当好示范的要求，突出“争先创优进位”，系统解读宁波考核办法调整后对全区的影响，研究应对措施，提交区委常委会审议。会同区委督查考核室重新调整完善年度经济运行监测考核办法，建立区主要发展指标运行监测联席会议，实行“月调度、季分析、年考核”的工作机制，做好日常监测考核。按季召开全区经济运行联席会议，统筹推进指标争先创优进位；加强与指标责任部门、各镇（街道）、平台的调研和对接，加强重点企业运行监测和调查。

【共同富裕】 成立区推进高质量发展建设共同富裕特色区领导小组，下设办公室在区发改局。2021年9月18日，召开第一次领导小组会议，11月12日，区委社会建设委员会正式揭牌成立，建立健全领导小组议事制度、全域整体协同机制、清单化管理机制、标志性工程和重大项目推进机制，增强工作合力。以七大重点行动、打造七大“奉有”品牌、建设十大标志性工程为重点，编制完成《奉化推进高质量发展建设共同富裕特色区行动方案（2021—2025年）》。印发2021年度指标目标和重点任务、突破性抓手、重大改革、典型案例等“四张清单”。在指标目标值的设置上，进一步提高标杆、自我加压，2025年的年度目标任务中，35项指标目标安排与宁波下达任务数一致，15项指标目标安排高于宁波下达任务数。将共同富裕工作纳入目标管理考核，对真抓实干、成效明显的单位实施激励奖励。

“全域幸福颐养服务区建

设”列入宁波市试点项目首批名单，现已建成为老助餐服务点58个，服务覆盖133个村（社区），新建省级康养联合体3个，相关做法与成效在《甬有共富》中刊登。全面深化改革，突破发展瓶颈。2021年，全区各项改革项目已获省领导批示肯定6条次、省级部门领导批示肯定2条次，在奉化召开省级现场会2场次，争取到国家、省、市试点和项目建设15个；奉化区光伏赋能照亮共富前行路、共同富裕“滕头模式”等2个案例入选宁波市首批典型案例清单；“浙里惠渔”获全省农业农村数字化改革首批“优秀应用”和全市第一批“最佳应用”；“镇街一件事、帮办一键通”获评省党史学习教育“三为”专题实践活动最佳实践案例；数字社会积极承接未来社区教育场景应用等8个省级项目建设。大堰生态环境教育特色镇荣获“美丽中国，我是行动者”2021年“十佳公众参与案例”。2021年10月23日，在国务院发展研究中心、宁波市人民政府的共同指导下，以“共同富裕，智创未来”为主题，举办雪窦山全球智库论坛。区发改局与同济大学开展合作，编制完成《找准关键性问题点破局县域共富难题——奉化“共同富裕工作法”调研报告》，理论研究成果在《半月谈》发表。

【数字社会】 贯彻落实省、市数字社会系统建设工作部署，组建奉化区数字社会建设工作专班，下设总体组、系统建设（社会事业）组、未来社区组、乡村（海洋）服务组4个工作小组，落实主体责任，理清工作链条。广泛听取群众和职能部门关于数字社会应用领域的“急、难、愁盼”，梳理社会领域已用或拟建的场景应用。开展全区数字社会系统建设实施方案编制，按照“1+3+12+28+N”基本框架，即1个综合系统、3大综合场景、12个社会领域、28个具体应用及N个任务模块，进一步细化形成33个重点项目。4月21日，奉化区数字社会系统综合应用门户顺利上线。

【国家海洋经济发展示范区】 区发改局充分衔接《宁波市海洋经济发展“十四五”规划》和《宁波加快发展海洋经济建设全球海洋中心城市行动计划（2021—2025）》，开展奉化区加快海洋经济发展行动计划编制工作。对标宁波打造全球海洋中心城市的发展目标，以国家海洋经济发展示范区奉化片区建设为重点，联动打造环象山港生态经济区，推进奉化滨海区块适度开发建设，加强与中心城区互联互通，打造长三角滨海休闲旅游度假胜地。强化奉化作为宁波“义甬舟西南向”发展门户的功能，加快义甬舟开放大通道建设，构建义甬舟智慧物流体系，创新海洋经济辐射联动模式。

【世行项目】 推进世行贷款宁波可持续城镇化项目。武岭坊区块综合改造提升工程竣工验收；蒋氏宗祠周边地块改造项目文物影响评估报告得到国家文物局批复，报宁波文物局调整。

【信用建设】 健全信用查询、信用承诺、信用应用、信用修复等制度建设和流程管理。服务区级各部门在行政管理和公共服务中查询企业或个人信用档案以用于信用奖惩，全年协助区级部门查询企业和自然人信用信息近5万次。系统性组织开展信用承诺报送并公示，报送3500余条信用承诺信息。助力宁波创建信用示范城市。组织10家信用优秀的企业参加“百城万企亮信用”活动，在信用宁波网站公开展示企业公共信用报告。选取10家仓储物流企业，采集仓储物流信息并上报。制定《2021年奉化区社会信用体系建设宣传工作方案》，组织全区各部门广泛开展信用宣传活动。开展“屡禁不止、屡罚不改”违法失信企业整治行动，联合区人民法院对7家失信被执行人摸排经营情况，印发监管提示函，对3家受到10次以上行政处罚的企业，联合区交通运输局开展集中约谈、签订承诺书和印发监管提示函。开展公共企事业信用信息征集，按宁波新版公共信用信息征集目录，启动开展全区用水、用气等领域法人和自然人不良信用历史数据归集报送。

【社会事业】 区发改局对标宁波

主城区社会民生配置水平，经与相关部门多轮对接，在社会保障、医疗卫生、教育、文化体育、交通、环境治理、城市管理、文明建设八大社会公共事业领域中，安排确定29项同城化项目补助性标准或软硬件配置水平年内达到与宁波同等程度，编制《坚决打赢民生同城化大会战实施方案》，成立民生同城化大会战协调小组，并设工作专班，协调督促各项目按节点推进。除向区直各部门和各镇（街道）征求意见、建议外，同时通过政府网站、新闻媒体、微信公众号等多种渠道向社会广泛征求意见、建议。在征集项目后，组织相关部门多次专题讨论，逐项梳理筛选，对接要素保障情况，形成初步方案，经区府、区委、区人大多次会议研究审议，形成12个民生实事候选项目，区人民代表大会票决最终确定年度10项民生实事项目。根据项目责任单位定期报送的进度，对照年度目标任务，对项目实施情况作出评价。同时配合督查室做好督查工作，对滞后项目责任单位进行通报。截至2021年年底，十大票选项目顺利完成。

【营商环境建设】 补齐奉化区营商环境建设短板，整体提升全区营商环境竞争力。按照区领导批示要求，经多次组织召开座谈会讨论研究，区委、区政府数轮会议审议，区发改局牵头编制完成《奉化区实施营商环境补短板行动方案》。针对全区营商环境短板弱项，细化工作任务，推动短板弱项工作取得积极进展。区发改局根据《宁波市优化营商环境2021年度重点任务清单》和全区工作安排，在各部门梳理报送基础上，与相关部门数次对接，牵头制定奉化区年度重点任务清单，建立项目化工作清单，划定时间表，推动优化营商环境重点任务贯彻落实。建立工作协调机制，组建营商环境工作交流钉钉群，责任单位明确分管领导和工作联络员，针对营商环境工作推进中需要协调的事项，视情况进行线上协调或者召开协调会，确保各项工作举措落地见效。

【“一城两镇”创建】 做好省级特色小镇申报谋划。区发改局根据省、市发改会议对特色小镇培育创建工作部署精神，以省特色小镇申报要求为导向，做好奉化区省级特色小镇培育创建申报准备，在全区范围内摸排最具潜力的特色产业集聚区。经前期现场实地考察、资料收集，6月完成创建规划，明确核心指标，同时出台推进小镇建设相关政策意见，于8月中旬形成正式申请材料上报省特色小镇工作领导小组办公室。已完成小镇创建现场实地验收相关工作。做好“一城两镇”有关考核工作。加强上下衔接，摸清省、市级特色小镇各项考核指标释义和验收要求，指导滨海旅游休闲区管委会完成奉化时光文旅小镇2020年省级特色小镇培育对象考核工作，指导溪口镇完成2020年省级小城市考核工作。做好特色小镇排查清理工作。按照国家、省、市关于促进特色小镇规范健康发展的意见精神，做好全区已开展的市、区级特色小镇的排查工作，并对市场主体自我冠名、挂名小镇、虚拟小镇、违法小镇进行全面排查清理。

【“生活之美”专项行动】 区发改局牵头负责“生活之美”专项行动，在全区范围内梳理排摸项目，谋划实施一批群众所急所盼所需的实事工程，协同推进城乡居民教育、健康医疗等领域建设项目。起草拟定《生活之美专项行动实施方案》，专项行动共安排10个大类30个项目，实行每月报告、定期督查的工作推进机制，督促各项目牵头部门按时间节点安排加快项目建设进度。

【投资管理与服务】 按照“工作项目化、项目节点化、节点责任化”要求，编制坚决打赢“五年奉献一个新奉化”项目大会战实施方案，紧扣“三服务”“五大员”等工作要求，进一步深化完善“项目经理”实施方案，通过及时更新完善联系人员名单，建立完善常态化联系走访、项目情况问题动态流转、月度汇总“三张清单”等制度，以及制作发放服务联系卡、在项目现场张贴亮相单等举措，进一步切实发挥“项目经理”协调服务作用。同时，研究搭建“项目经理”数字化平台，全方位督促“项目经理”落实“一周一联系、一月一走访、一对一帮扶”的要求，推动项目建设提速提效。2021年，宁波市下达的投资总量任务为336.7亿元、增速10%，奉化区最终完成394.6亿元、增速28.9%，绝对值排名全市第四，增速排名全市第一。市级下达的建安工程投资任务总量增速为10%，全区最终完成229.5亿元、增速18.3%，绝对值排名全市第四，增速排名全市第二。

【项目谋划】 区发改局编制《2021年区重点工程项目计划》和《2021年区重大前期项目计划》，安排区重点工程72项，年度计划投资137.9亿元，安排区重大前期项目100项，总投资1007亿元。其中，7个项目被列为2021年省重点建设及预安排项目，32个项目被列入2021年宁波市重点工程建设项目计划，24个项目被列入2021年宁波市重大前期项目计划，2个项目被列入2021年省市县长项目工程计划，20个项目被列为2021年“亮点工程”创建项目。

【重大项目推进】 会同区财政局，申报2021年地方政府专项债券项目14项，需求金额15.4亿元；东部门户区（一期）安置房、联步青云项目、区医疗健康综合体3个项目已下达额度3.7亿元并发行。会同区资规分局，梳理申报市级2021年新增建设用地报批需求项目，根据市资规局和市发改委《关于印发2021年新增建设用地报批市以上重点项目清单的通知》，奉化区柏坑水库扩容工程被列入2021年新增建设用地报批国家重大项目清单，茗山智造园等14个项目列入2021年新增建设用地报批市重点项目清单，总计新增建设用地需求279.27公顷（4189.05亩）。

【项目审批】 区发改局针对低风险小型项目审批时间从原来的20天压减至现在的15天的宣传内容，制作易拉宝以及宣传手册，配合行政服务中心电子宣传屏滚动播出低风险小型项目审批时间压减至15天的改革内容。多方面的宣传方式让企业对改革做到心中有数，让企业主成为改革中的监督者和受益者，确保在专项测评中取得不错的成绩。开展投资项目在线审批监管平台3.0版本的进一步深化应用。及时通知各部门自查项目开工、竣工填报情况，及时对已开工和竣工的项目进行申报，争取达到全省平均值，对未100%在线出具批文等现象及时进行更正。行政审批科全年共办理各类事项570件，按时办结率为100%，其中审批项目（含立项、初步设计审批、规模调整、重新批复、备案、核准）566个、审核转报项目4个；包装项目共2个。其中，566个审批项目中，485个为新批准项目。

【产业转型升级】 研究制定《产业创新专项行动实施方案》，以数字化改革为引领，以“五大行动”为抓手，2021年度以13项主要任务为实现路径，以24个具体任务为支撑，构建高质量发展新格局。研究制定《关于新时代服务业高质量发展的意见》《奉化区实施双倍增计划推动服务业高质量发展行动方案》，以服务业提质增效、双倍增发展为目标，围绕助力制造业转型升级、着力提升人们的幸福感、培育发展区域新动能，着力推进科技及软件信息、现代金融、现代物流等八大业态发展。制定《奉化区支持服务业发展若干政策》，瞄准优质生产性服务业进行有针对性的招引，对内加大培育力度，实现低端分散向高效集聚转变，打造服务业高质量发展平台，挖掘未来发展新潜能。

【粮食物资】 奉化区严格执行国家粮食政策，稳定粮食订单，从严把控新收获粮食质量标准，开展关口前移和库存粮质量检测抽样工作；落实地方储备粮及应急成品粮新增规模，确保每月底实际库存量不低于总规模的70%、年底中晚稻占比不低于总规模的50%。健全完善粮食应急和预警监测体系，每年3月开展全区口粮供需平衡调查行动，掌握口粮消费特点和产需问题；优化应急供应和粮情监测网点，每月对于入统对象作粮油购销存统计，动态性掌握辖区内骨干企业销售情况及全区粮油流通宏观态势。顺利完成各类检查，2021年国家对于粮食安全越来越重视，并先后开展全国政策性粮食大检查、亮剑执法行动、人大执法检查、涉粮领域纪检及购销腐败巡察专项整治行动等，通过各类迎检，进一步摸清家底，补齐监管和仓储短板，规范储备粮管理机制。物资储备达到省级要求，递增救灾物资储备库仓容达1040平方米，同时增设储备库附属设施设备；为便于调拨出入，对大型物资廒间进行整仓改造；为提高应时应急效率，与应急管理局建立物资储备调拨协调机制。

【能源管理】 对照“双碳”工作要求，进一步提高产业准入标准，持续严控新增用煤和高耗能项目的准入，严禁新上“两高”和过剩产能项目。有序推进分布式能源建设，实现能源生产、供应和消费的清洁化、低碳化和高效化，加快构建可循环的绿色能源高质量发展体系。为确保电网负荷高峰、发电能力不足情况下的民生、公共服务及重要用户的用电，完善有序用电方案和用电预算管理清单。完成《奉化区光伏产业推进情况汇报》材料，专题向胡永光区长做汇报。围绕宁波下达给奉化区的2021年新增20兆瓦光伏装机目标任务，开展全区可再生能源发展资源排摸，结合重点工程审批、工业土地出让等措施推进太阳能光伏产业发展。抓好智慧光伏平台建设。国网浙江综合能源服务有限公司在奉化供电公司设立全省唯一的区域性分中心——智慧光伏（浙东）分中心，提供开展电站建设、电站后服务、电站托管服务等商业合作模式。中心辐射宁波、绍兴和舟山等市，开展智慧光伏的建设和运营管理工作。该中心在省内率先应用智慧光伏运营管理平台，实现实时监测发电频率、电压、无功功率等运行状况，并从分布式光伏项目的投资、建设、运维、结算和托收等各个关键环节入手，构建光伏可持续健康发展的生态链。全区已经有163户非自然人光伏企业接入该平台，占奉化全区一般工商业电站数量的70%以上。通过统一应用该数字化运营平台，可以做到能源数据实时监测、共享互通，有效保障电站安全运行，有效提升光伏发电及电费回收效率，提升用户投资效益，降低企业运营成本。智慧光伏数字化多跨场景应用——宁波数字经济系统应用在新能源领域的奉化实践于10月17日在宁波市数字经济场景应用路演上线发布。

（楼旭美）

财　政

【概况】 2021年，全区实现财政总收入119.98亿元，比上年增长19.9%。其中一般公共预算收入74.18亿元，比上年增长15.0%，占财政总收入的比重为61.8%。

【组织财政收入】 奉化区加强财政收入动态分析，健全财税联席会议机制，分析研判收入形势，严格税收和非税征管，切实增强财政收入增长的稳定性和可协调性。税收收入64.27亿元，比上年增长15.9%，占一般公共预算收入比重为86.6%。一般公共预算支出94.39亿元，比上年增长10.6%。

【服务经济发展】 不折不扣地落实减税降费政策，强化重点税源、重点企业跟踪，全年减税降费27.30亿元，较好地为企业纾困解难，激发市场主体内生动力。

支持高质量发展，全年科技支出比上年增长15.5%，通过财政补助，兑付各级各类财政资金6.98亿元，主要用于支持招商引资、科技政策兑现和“小而美”企业培育等。

【支持民生事业】 加强惠民政策“提标扩面”，积极推进教育、医疗、社保、养老等基本公共服务标准化、均等化，全年民生支出累计完成70.60亿元，比上年增长15.6%。

教育投入保持只增不减，全年教育支出15.99亿元，比上年增长3.3%，主要用于教师队伍建设、薄弱学校改造提升、帮困助学、教育综合发展和现代职业教育提升等。

民生同城化不断推进，全年社会保障和就业支出15.62亿元，比上年增长29.0%，主要用于各类群体社保、城乡居民最低生活保障、社会养老服务、困难群众补助、残疾人补贴、退役军人安置、就业扶持等。

卫生健康投入力度不断加大，全年卫生健康支出8.93亿元，比上年增长24.3%，主要用于疫情防控、医院亏损补助、保障基本药物补助、推进公共卫生服务均等化、保障医护人员补贴、落实计生奖扶政策和完善医疗保险制度等。

加快推进农业农村现代化，全年农林水支出9.03亿元，比上年增长5.5%，主要用于农产品有效供给、农村人居环境提升、农业产业发展、促进农民收入增长等。

健全直达资金监管机制，“提速”惠企利民，截至2021年12月底，上级直达奉化区资金4.37亿元，支出进度为95.4%，主要用于保障性安居工程、城乡居民医疗保险补助、城乡义务教育、公共卫生等领域。

足额保障疫情防控经费，全年投入疫情防控资金8511万元。

【财政改革】 积极推进“智慧财政”系统推广应用工作，严格把控关键工作节点，2022年全区部门预算编制顺利上线“智慧财政”，有效促进预算管理科学化、标准化、规范化。

开发建立财政税源分析系统，基于税务、市场监督管理局及其他部门提供的基础数据源，实现数据的归集、加工和共享。

首创重大国有资产地图分析平台系统，弄清资产底数，及时反映六大类资产变动情况和问题资产整改落实情况。牵头资产整合提效专班开展资产整合，共计完成整改问题2738个，追回各类未及时追缴租金609万元。

制定出台《关于全面规范和强化镇（街道）财政管理的实施意见》，重新梳理完善《奉化区镇（街道）财政工作考核办法》，构建职责明晰、职能科学、任务明确、保障有效、管理规范、运转高效的乡镇财政管理体系。

修订完善《宁波市奉化区政府产业基金管理办法》《宁波市奉化区政府产业基金工作人员尽职免责实施办法》等，执行产业基金统一集中管理，防范产业基金政策风险。

【财政监督】 坚持问题导向，不断加大财政监督力度，开展扶贫资金“回头看”和造田项目专项检查，全年通过财政监督收回财政资金185万元，严重警告2人，警告2人。

强化财政投资项目评审工作，全年共计完成评审项目351个，净核减率为4.9%，累计净核减额达13.45亿元。

深入开展预算绩效管理，2021年开展事前绩效评估、事中绩效跟踪、事后绩效评价共100个，核减2022年预算需求3.38亿元，调减2021年预算2262万元。

从严从紧控制政府采购成本，创新“降价+竞价”模式，最大限度地压缩协议供货商的采购利润，有效避免财政资金被浪费，财政资金节约率达7.2%。

积极争取新增债券和债券置换额度，全年共向上争取3批专项债，额度为18.70亿元，再融资到期债券9.42亿元，并对2018—2021年全区15个新增专项债券项目的债券金额、债券资金使用存放情况以及债券项目进展情况等开展核查，确保债券资金按规使用。

【队伍建设】 扎实开展党史学习教育，深入贯彻习近平新时代中国特色社会主义思想，精心组织庆祝建党100周年系列活动和十九届六中全会精神学习，通过集中研读、专题讲座、书记党课、“讲读谈赛”等方式，打造“线上+线下”“党史+财政”小课堂，形成具有财政特色的党史学习氛围。全年共开展党委中心组理论学习16次、领导干部上党课10余次，开展全局、支部、科室集中“周二夜学”共计41次。

建立活动联办、阵地联建、品牌联创“三联”机制，紧扣“服务”功能，高水平打造“聚沙成塔·把薪助力”党建品牌，实施忠诚卫士、专精尖新、服务先锋、清廉标兵四大干部“培育工程”，推动党建工作与财政工作深度融合，获得区级模范机关创建示范单位、区级文明机关等荣誉。

常态化开展“财政服务月”活动，以服务企业、服务群众、服务基层为导向，有针对性地对口联系、惠民惠企，累计夜访20次，进企业215次，进村72次，解决问题62个，联系、走访结对低收入农户63次。组建“财青”志愿者服务队，按照“有召即应”原则，成立抗台风、抗疫、巡街等小分队，统筹开展疫情防控、村社结对、文明创建等各类志愿服务活动。

（周露璐）

税　务

【概况】 2021年，区税务局完成税收收入111.48亿元，增收18.96亿元，增长20.5%，历史性地突破百亿元大关。其中，地方级收入63.78亿元，增长率为15.6%。组织社保基金收入37亿元，增长率为48.2%；非税收入2.8亿元，增长率为15%；其他收入1.6亿元，增长率为6.6%。为全区经济社会发展提供可靠的财力保障。

2020—2021年奉化区税务局税费征收一览表

表30　　　　单位：万元

征收项目	2021 年	2020 年	差额	比 2020 年增减
一、国内税收合计	1114819.00	925207.00	189612.00	20.49%
1. 国内增值税	481229.00	430337.00	50892.00	11.83%
2. 企业所得税	296073.00	175372.00	120701.00	68.83%
3. 个人所得税	58680.00	53912.00	4768.00	8.84%
4. 契税	106643.00	88725.00	17918.00	20.19%
5. 土地增值税	66008.00	62076.00	3932.00	6.33%
6. 城市维护建设税	32821.00	30645.00	2176.00	7.10%
7. 房产税	16585.00	18848.00	–2263.00	–12.01%
8. 城镇土地使用税	11032.00	12955.00	–1923.00	–14.84%
9. 车辆购置税	17126.00	16982.00	144.00	0.85%
10. 印花税	9037.00	7716.00	1321.00	17.12%
11. 车船税	4563.00	4249.00	314.00	7.39%
12. 耕地占用税	4455.00	19521.00	–15066.00	–77.18%
13. 消费税	4819.00	3131.00	1688.00	53.91%
14. 资源税	3960.00	601.00	3359.00	558.90%
15. 营业税	1684.00	44.00	1640.00	3727.27%
16. 环境保护税	104.00	93.00	11.00	11.83%
二、其他收入合计	415316.00	290302.00	125014.00	43.06%
1. 非税收入	27793.00	24165.00	3628.00	15.01%
2. 社保基金	369965.00	249657.00	120308.00	48.19%
3. 工会经费	1302.00	1230.00	72.00	5.85%
4. 职业年金	16256.00	15250.00	1006.00	6.60%
三、收入总计	1530135.00	1215509.00	314626.00	25.88%
四、出口退税	196600.00	137000.00	59600.00	43.50%

【服务企业】 区税务局不折不扣地推进减税降费，牢固树立应减尽减、应缓尽缓的思想，建立健全优惠政策直达快享的网格化落实机制，“一户一档”为受惠企业算好“红利账”，确保各项减税降费政策精准落实到位。2021年，累计减免各项税费24.3亿元，比上年增加7.1亿元，增长41.3%，其中，落实研发费用加计扣除新政减免2.0亿元；新增减税降费超6亿元，包括支持疫情防控减免税1.8亿元、减征社保费0.7亿元、其他非税收入108.5万元。增值税留抵退税规范性、时效性显著增强，全年办理9.16亿元，增长137.31%。有力高效地落实缓税等政策，按照上级部署要求开展全覆盖排查、多渠道推送、智慧化监控，累计为7396户次符合条件的制造业中小微企业办理缓税2.35亿元。开展“春雨润苗”专项行动，帮助3647户次小微企业“以信换贷”10.71亿元，在为企业“渡难关、强信心、增动能”方面交出了一份利企惠民的优异答卷。

4月23日，区税务局与区工商局联合举办“学党史　优服务　办实事　便民办税春风行动”政企恳谈会

6月，区公安分局和区税务局红光税务工作室联合开展“警税携手防范电诈”，图为反诈直播课堂现场

【便民办税】 在深化“最多跑一次”改革的基础上，迭代升级纳税服务新产品，推动实现简事快办、难事帮办、智能导办。线下办税秉持“一来就办、一次办好”的理念，启用一系列智能软硬件设施，打造“玲玲e站”3.0版，探索办税缴费服务便利化、智慧化、精细化改革。线上办税秉持“即时办结、零跑办好”标准，打造“云智税”集办中心，实现“网上申请、集中处理、免费邮寄、半日送达”的线上办税新速度，推动网上业务由“分散处理”向集中化、高效化、规范化处理模式转变。“零窗”智慧办税厅作为区局智慧税务、便民服务的一张招牌，获全市机关争当浙江建设“重要窗口”模范生“十佳实践范例”的荣誉。“1098”税费服务新体系灵活运用“大数据+网格化”管理服务模式，为纳税人缴费人提供“精准快”的纳税服务。“红光”税务工作室品牌升级，以细节见温度，推动“智税辅导”“税务直播”成为线上服务新常态，获评区年度优秀志愿服务组织。“税小火”先锋队聚焦减税降费、缓税政策落实，双向互动开展精准辅导，努力打通政策落实“最后一公里”。“12366”“税小蜜”等云平台构建电话咨询为主，在线咨询、智能语音、掌上咨询为辅的“7天

×24小时”咨询体系，推动网办事项从“能办”向“愿办”“易办”转化。2021年，全区发票领用网上自助推行率达90%，发票代开网上自助推行率达93.3%，年度综合网上办税率在96%以上，纳税人体验感进一步提升。

2021年，区税务局溪口税务所荣获全国巾帼文明岗荣誉，图为溪口税务所干部为办税群众解答涉税操作问题

【科学征管】 区税务局积极完善与各单位的对接协调机制，特别在政策互通、联合走访、集中辅导等方面开展深度协作交流。在局层面，提前谋划，走好税费优惠政策“研究、督导、推动”三部曲，同时完善管理闭环，对发现的重大问题，“一揽子”集中应对、协调解决。在税务所层面，加深与各镇、街道的日常联系机制，落实好“包干到户”责任制，开展“惠苗政策进万家”活动，驻企专员“一户一策”精准入企，宣传辅导共256户次。立足地方经济发展需要，结合区域招商引资特点，主动跟进新业态、新平台经济企业管理服务，努力寻求税收法治和服务地方经济社会发展的“最大公约数”，针对区重点项目企业，提前介入走访，开展全方位问需、精准化解、规范化管理、前瞻性研究“四位一体”的精细服务。聚焦“关键少数”，成立“千户金管家工作室”，持续优化跨区服务、上市服务等举措，护航大企业健康长足发展。平稳推进非税收入划转工作，积极协同水利、人防等部门，建立信息互通、数据共享、业务联动的工作机制，有序开展数据交接和流程整合，确保四项非税收入划转工作顺利落地。不断优化不动产交易税费征收工作，上线工业仓储用房交易价格预警价，推出商品房“交房即办税”业务，获多方好评，全年累计办理商品房网办业务1725笔。做好残保金新政宣传，与区残联共商宣传辅导方案，已形成“一人一档”推送机制，定期推送残疾人信息，进一步拓宽残疾人就业渠道。

6月11日，区税务局、区发改局、中国农业银行奉化支行和企业代表参加政企银诚信兴商座谈会

【荣誉】 2021年，区税务局溪口税务所获评全国巾帼文明岗；区税务局获评浙江省文明单位；区税务局莼湖税务所、锦屏税务所、岳林税务所、江口税务所被继续认定为浙江省文明单位；区税务局江口税务所获评宁波市工人先锋号、宁波市巾帼文明岗；区税务局溪口税务所党支部、岳林税务所党支部被评为宁波市五星级基层党组织；区税务局机关

第一党支部、机关第三党支部、第一税务所党支部、江口税务所党支部被评为宁波市四星级基层党组织；区税务局机关第二党支部、机关第四党支部、机关第五党支部、莼湖税务所党支部、锦屏税务所党支部、退休第一党支部、退休第二党支部被评为宁波市三星级基层党组织；有10个单位获得区级集体先进等荣誉。

葛红光、刘东玥获宁波市政府争创全国文明城市“六连冠”个人嘉奖；康娜为宁波市“书香家庭”获得者；何善飞为宁波市“绿色家庭”获得者；还有14个人获得区级个人先进等荣誉。

（周羽嘉）

统　计

【概况】 2021年，统计部门全面贯彻落实区委、区政府和统计系统重大决策部署，紧紧围绕中心工作，以党史学习教育为主线，以提高统计数量、质量为核心，充分发挥统计信息、统计咨询和统计监督的职能，在统计产品与服务、统计基础建设、统计调查与监测、统计法治等方面取得新进展，积极为奉化决胜“五年奉献一个新奉化”提供有力的统计保障。是年，区统计局的经济运行监测工作获得市政府发展研究中心点名表扬，统计法治工作被市统计局评价为优秀等次，获评2020年度“五年奉献一个新奉化”项目建设专项行动（重点实事工程）考核优质服务单位、2020年度全区政务公开先进单位。

【统计产品与服务】 2021年，区统计部门共编印《奉化统计月报》11期2420余份、《奉化统计》46期1200余份、《奉化领导干部统计手册》300册、《2021年奉化区国民经济和社会发展统计公报》120份、《奉化统计年鉴》220本，发送区委、区政府及各相关单位；加大区政府信息公开平台更新力度，月、季、年度统计数据和资料及时上网，促进数据、信息资源跨部门、行业共享，全年公开文件、数据、分析及动态信息等348篇；运用“奉化发布”《奉化日报》等平台，时常发布工作动态、统计数据、政策解读的图解版等信息资源，拓展深化公开领域，逐步提高统计服务水平；每月及时整理出主要经济指标，于15日以《奉化统计月报》的形式推送主要指标数据给区领导及相关部门负责人，为领导及时掌握奉化经济发展动向与趋势提供便利；开展统计知识走进区委党校课堂系列活动，分别在“局长汇智讲坛”“乡邑课堂”开展专题讲座，提升各级党政领导干部对统计工作的认知度和理解度，积极展示统计语言；通过资料发送、“最多跑一次”程序、“浙政钉”等途径，对外提供统计咨询服务，在区政府信息公开网上答复网友提问与提供统计服务，全年服务咨询人数共500多人次，提供统计数据1000多个。

【统计专项督查】 区统计部门推动学习重要文件精神，区委、区政府，各镇（街道）统计负责人及相关部门统计人员分别于4月、5月集中学习习近平总书记的指示批示精神及中央《关于深化统计管理体制改革提高统计数据真实性的意见》《统计违纪违法责任人处分处理建议办法》《防范和惩治统计造假弄虚作假督察工作规定》等文件。8月，区委、区政府，各镇（街道）相关重点部门组织学习《应知应会》手册；严格落实《奉化区统计局关于加强统计领域数字造假问题专项督察方案》，集中力量对全区各镇（街道）、开发区及几个相关主管部门开展统计领域数字造假问题专项督察，严格依法依规查处各类统计违纪、违法行为，建立完善与纪检机关的统计执法监督协作机制，落实统计违纪、违法案件移送机制，严肃追究统计造假、弄虚作假责任人的责任。强化统计基础管理。5月，组织统计专业人员对全区12个镇（街道）的统计基层基础工作进行实地督查。开展跨部门、跨专业的数据比对，通过开展企业数据质量核查、对异常数据执法检查等手段，做到抓准抓实源头数据，2021年共开展数据质量核查1162次。

【基本单位名录库建设】 2021年，名录库工作采取“一库在线、基层维护、适时更新、共建共享”的维护更新模式，不断夯实统计工作基础。一是有序推进调查单位核查确认工作，做到“先有库，后有数”。二是强化信息共享，强化沟通协调。区统计部门与工商、税务、编办、民政、质监等部门强化对接。同时，加强与基层统计人员的联系沟通，反馈准“四上”（规上工业企业、资质等级建筑企业、限额以上批零住餐企业、规上服务企业）单位名单，及时排查，采取区域管理、实景排查等方式，确保纳统单位无遗漏。结合新开业、变更、注销的单位信息，对新注册的单位进行核实排摸、录入系统，对变更的单位各项指标进行维护，对注销的单位进行核实剔除，推进名录库建设维护工作。三是加强数据管控，提高数据质量。利用基本单位名录库年报和季报错误清单，锁定异常数据，紧盯时间节点，把握进度，及时与企业沟通联系，做好核实、修改及说明工作，避免错误积累，不断提高名录库数据的准确性和更新的及时性。

【统计教育培训】 常规业务培训方面，重点加强镇（街道）、部门和重点企业统计人员培训指导，通过季度例会、专项统计会议、年报会等形式加强对基层统计人员的业务培训，涉及农业、工业、能源、科技、投资、房地产、建筑业、贸易业、服务业、劳动工资等专业，对全区镇（街道）、部门及企事业单位1226名统计人员进行58场次业务培训。统计继续教育方面，加强推广省局开发的网络平台，推进统计继续教育培训工作的落实。

【统计调查与监测】 开展多项常规调查，涉及农业、工业、能源、科技、房地产开发、投资、建筑业、服务业、贸易、消费价格、住户调查、人口变动抽样调查、劳动力调查、住户收支调查等多项内容；做好“双底线”指标、GDP支撑性指标、高质量发展指标、共同富裕统计指标以及“奉化五年大变样”项目等的监测和评估；2021年，共开展6项社情民意调查，内容涉及采购经理调查、工业生产者价格调查、劳动力调查、企业运行监测、平安浙江群众安全感满意度调查、全面从严治党调查。进行农业、工业、服务业、投资、科技等领域重点监测工作，在《奉化统计月报》中发布规模以上工业主要经济指标，分镇（街道）、宁波各区（县、市）主要经济指标等监测项目。2021年，根据各项调查与监测数据，共撰写统计信息分析、调研文章68篇，被“两办”录用信息14篇，其中，《工业经济持续恢复向好态势不断巩固》《居民收支增长缓慢创业稳岗势在必行》《2021年实现区属GDP增长7%以上之我见》《关于奉化区房地产价格指数工作开展情况的报告》《关于城镇化率数据的说明》《工业投资增速下滑情况分析》6篇文章获区委书记批示。

【统计法制】 修订完善统计工作规范和制度，以区政府名义制定印发《关于印发奉化区防范和惩治统计造假弄虚作假责任制实施办法的通知》（奉党办〔2021〕54号），加强规范统计责任制工作；制定印发《宁波市奉化区2021年统计法治工作要点》（奉统〔2021〕23号）、《中共宁波市奉化区纪委机关宁波市奉化区统计局关于进一步加强监督协作的通知》（奉统〔2021〕34号）、《奉化区统计法治宣传教育第八个五年规划》（奉统〔2021〕36号），为统计法治工作提供规范和参考。认真落实执法检查“双随机、一公开”制度，全年共开展统计执法检查72家，其中双随机检查55家，执法检查过程中发现存在问题企业6家，均对其做出警告并罚款的行政处罚，共罚款人民币一万元，并及时对统计违法企业进行失信公示，充分发挥统计执法的震慑作用，其中1个统计行政处罚案卷被宁波市统计局评为优秀案卷。继续推进统计普法宣传，建立健全法律顾问制度，利用统计培训会、年报会等载体，通过上门送法、检查中普法的方式，向统计调查对象开展面对面的统计普法宣传教育，讲解统计法律法规350余次，发放普法资料及宣传品1000余份；利用重要时间节点，组织普法微信知识竞答、法治主题橱窗宣传等活动，同时运用公交上喷绘统计法宣传彩图的方法，不断提高社会公众对统计法律法规的了解和认知程度，在为期3天普法微信知识竞答活动中，参与人数达2544人。

【完成重大普查后续工作】 区统计部门圆满完成第七次全国人口普查主体工作，于2021年5月17日发布《奉化区第七次全国人口普查主要数据公报》。公报显示，全区常住人口为577505人，与2010年第六次全国人口普查数据491697人相比，10年共增加85808人，增长17.45%，年平均增长率为1.75%。整理、编辑第四次经济普查资料本，完成编排篇章内容、优化总表设计、统一数据口径、汇总统计数据、审核校对排版等工作，并以之为主要窗口，展现第四次经济普查成果，印发200套第四次经济普查年鉴，分发至区委、区政府及相关部门。

（丁　灵）

审　计

【概况】 2021年，区审计局共完成审计项目44个，查出管理不规范金额14.56亿元，核减工程进度款1.23亿元，净调减建设资金达2163万元。移送司法机关、纪检监察机关和有关部门处理事项9件。全年完成调研课题16篇，提交审计专报20篇，撰写信息39条，审计报告和审计专报获区领导批示30人次。

【专业审计】 财政审计。在区本级财政预算执行和其他财政收支情况审计中，重点审计预算编制和执行、财政资金管理、政府财务报告编制管理、政府债务限额管理、全区公共场所和公共道路停车管理、乡村振兴项目资金管理等重要事项。推动大堰镇22个村集体经济项目加快落实，推动区政府出台《奉化区农村生活垃圾分类处理考核办法（试行）》《奉化区农村旧村改造农民建房补助资金管理实施细则（试行）》两项制度。上缴国库债务利息款、政府投资项目结余资金、各部门存量资金清理款合计1.46亿元。

投资审计。项目竣工决算审计。全年完成奉化区实验小学迁建工程、宁波宁南贸易物流区二号综合安置用房工程等6个竣工决算审计项目，工程送审总投资30.41亿元，在建设单位委托社会第三方进行审计后出具的工程竣工决算报告基础上，再净调减建设资金达2163万元。

重点项目跟踪审计。跟踪审计弥勒圣坛工程、城市文化中心工程等19个重点工程项目，审核工程总投资127.32亿元，核减工程进度款1.23亿元，提出审计意见或建议137条。

【经济责任审计】 全年完成4个镇（街道）10个部门共18位领导干部经济责任审计，同时在西坞街道开展领导干部自然资源资产责任审计。完善组织管理，及时调整区经责联席会议成员单位和召集人，并印发区经责联席会议议事规则和办公室工作规则。加大项目统筹，优化资源配置，实行“经责审+内审”“经责审+N”等模式，实现“一审多果”“一果多用”。完善质量把控，出台《审计质量责任追究办法》《项目审计现场管理办法（试行）》《审计项目审理工作规程》《审计项目质量控制实施办法》4项制度。

【审计管理】 审计整改。联合区纪委、区人大等单位开展审计查出问题整改落实专项督查行动，并由区委、区政府督查考核室出具督查通报，区纪委、区委组织部对未整改到位的单位负责人进行约谈，推进审计发现问题的整改落实。区人大常委会将审计整改情况列入年初的《区人大常委会2021年工作要点细化方案》，并召开人大常委会主任办公会议，首次听取审计整改落实情况专题汇报，会后就审计整改老大难问题向区政府办公室发送《关于进一步做好审计查出问题整改落实工作的建议函》，强化被审计单位审计整改主体责任意识，推动问题的积极整改。全年审计整改率为94.25%，整改督促被审计单位上缴国库资金17129万元，收回各类借款3872万元。

内部审计。推进国家审计与内部审计的协同发展，在区交投集团经责审计中，继续开展

"教审结合"内审指导，查出一所下属公司相关人员侵占国有资产问题。制定《公立医疗卫生单位内部审计风险防范清单》。完成对全区48家内审会员单位内审工作情况的统计上报。加强内审理论研究，获宁波市内审优秀项目1个、表彰项目2个，论文和案例获奖各7篇，其中2个案例获省厅三等奖。

【干部队伍建设】 区审计局不断强化廉政风险防控，对所有岗位廉政风险点进行精准排查，排查出风险点64个，制定全局岗位廉政风险点及防控措施，所有干部重新签订廉政风险登记表。持续深化作风建设，围绕"学思践悟""争先进位""服务提质""督评促效"四大行动，深入开展2021年作风整治活动，每个科室及干部都制定争先进位对账履职表，强化干部争先进位意识，提高干部履职服务能力。扎实推进党史学习教育，开展"学党史、强作风、勇担当"活动，通过微型党课、朗读比赛、参观革命纪念馆、"四史"分享交流会等形式，提高学习成效，做到在党史学习教育中"砺精兵"；深化"三为"专题实践活动，把民生项目列为同级审关注重点，推进乡村振兴项目建设资金管理以及停车场收费管理规范化，在严抓落实中"强作风""促担当"。

（周海亚）

国有资产管理

【概况】 2021年，全区国资国企系统紧紧围绕区委、区政府"竞跑竞绩、进位进阶"工作主线和"跨越发展、二轮攀高"新晋目标，以党的政治建设为统领，弘扬伟大建党精神，以"完善治理、强化激励、突出主业、提高效率"为抓手，强化担当作为、凝心聚力攻坚，不断推动国资国企高质量发展。是年，区属国有企业资产总额比上年增长17.95%；净资产比上年增长8.80%、实现营业收入比上年增长61.97%

【强化履职担当】 围绕建党百年、共同富裕等任务目标，紧扣"承担好责任、发挥好功能、发展好企业"要求，勇担使命，在落实全区重大任务和服务全区战略布局中较好地承担经济责任、政治责任、社会责任，主要经营指标保持平稳较快增长，国有经济运行稳中有进。有效资产投资持续放量，全年实现固定资产投资不断向城市建设投资开发、交通水利项目、农工贸、基金运作与产业投资、公共服务等领域集聚。在重大交通建设方面，沿海旅游专线二期、S203省道奉化段公路一期工程、青创大走廊、名山风景线等13个项目顺利完工，道路交通同城一体协同发展。在城市更新方面，如期推进圣墩村、黄家塘二期、塘下安置小区、集散中心北侧、西河小区二期等8个安置房建设项目，城市建设再添新貌。在民生服务方面，中医院迁建、奉化城市职业技术学院建设、人才公寓建设等省市区重点工程项目进入装修；区体育中心附属配套工程正式完工，龙潭美丽田园建设进入收尾阶段，城市品质提升攻坚战扎实推进。国有资本在城市建设中的骨干支撑作用，在产业投资中的引领带动作用，在民生服务中的基础保障作用日益增强。积极推动企业信用评级提升，全区9家企业取得主体AA级信用评级，1家集团公司取得主体评级AA+信用评级。企业不断通过抓住融资成本率的关键指标，努力提高中长期融资和直接融资比重，有效降低融资成本。

【深化国企改革】 围绕"五年奉献一个新奉化"目标，对标全区高质量发展工作任务，聚力攻坚，深化改革，不断推动国资国企转型升级。多轮推进国企相同领域、相近模块的整合升级，不断提升区属企业产业能级。相继完成区投集团转型，农商集团、水投集团（新）重塑，城投集团、交投集团、工投集团、文旅集团等企业深化改革方案制定工作；围绕产业基金"市场化运作、专业化管理"，更好地助推区域经济发展，出资设立甬山投资公司，基本形成国资主框架下的9家集团化国企运营模式，国有资本结构布局实现新优化。坚持授权与监管相结合、放活与管好相统一，大力推进国资监管理念、重点、方式等多方位转变。先后在薪酬改革、业绩考核、内设机构与人员管理、资产租赁、资产评估等领域，相继拟定并推进实施10项规范性文件或改革举措，优化管理资本方式，全面实行清单管理，深入开展分类授权放权。建立健全国资综合监管机制，推进奉化国资“一区一屏”综合监管平台建设，以数字化改革为抓手，努力构建国资监管大格局，加快从“管企业”向“管资本”转变。坚持“以考促改”，推进企业分类改革监管和“一企一策”“分类分层”的经营业绩考核，施行以效益为导向、分类确定工资效益联动指标的工资总额决定和管理机制。各集团公司围绕加快推进资产资本化、资本证券化、混改合作、加快竞争类业态创新、经营模式创新、管理创新、资源整合等模式，不断提升市场化竞争力，积极打造“欢喜奉桃”“欢喜奉礼”“宿集”“棒集”等国企“名片”，探索各方资本市场，国有资本市场化运营实现新动能。

【党的建设】 按照“两个一以贯之”的要求，坚持党对国资国企的全面领导，全面贯彻落实党史学习教育和中央、省、市国有企业党建工作会议等部署，以抓铁有痕的劲头狠抓落实。围绕“学党史、悟思想、办实事、开新局”任务目标，持续推动党史学习教育走深走实，共组织专题学习81次、交流研讨47次，34名党委（支部）书记上专题党课76次。其间，组建国资国企青年宣讲团，“点单式”开展专题宣讲45场。多次推优参加市、区两级微党课演讲、党史知识大赛等活动，获区、宁波市两级一等奖2个、二等奖及以下6个。坚持党管干部、党管人才原则，首次对区属国企领导班子在政治建设、内控制度、基础管理、经营业绩、廉政建设等方面的实际成效进行考核。切实加强人才队伍建设，创新试行“一事一议”人才招引模式，建立国企“三个一”人才库，注重从改革攻坚、创新争效中挑选敢于担当作为的68名青年人才，推送8人首批入库，持续加大引才聚才力度。探索“内部监事会+外派专职监事”的新模式，市场化招录专职监事5人，完成8家集团（公司）专职监事进点履职。外引董事、监事加快推进，签约外部董事8人，首次引入高等院校教授、上市公司高层人员等加盟，人才结构不断优化，人才资本倍速集聚。着力抓好清廉国企建设“八大行动”，落实党风廉政建设，清廉国企建设被列入企业经营业绩考核体系，修订完善《奉化区国企党建考核办法》，不断深化“一企一品一阵地”建设。完成国企领域突出问题专项治理排查和集中处置工作，深摸细排、找准问题、及时整改，国资、国企的党风、政风持续向好。深化清廉国企试点建设，总结经验、全面推开，实现国企“党政清廉、干部勤廉、企业崇廉、项目保廉”的总目标。

（胡　乔）

公共资源交易

【概况】 2021年，区公共资源交管办以建设统一规范的公共资源交易市场为目标，服务发展大局，切实保障各项制度、措施落实到位。区级公共资源交易平台累计受理各类交易项目981宗，成交金额142.63亿元，节约金额13.15亿元，增收金额9909.16万元。其中，工程类401宗，金额114.29亿元，节约11.26亿元；采购类502宗，金额22.73亿元，节约1.89亿元；产权类78宗，金额5.61亿元，增收9909.16万元。

【构建电子化交易体系】 持续推进工程建设交易电子化，除合作商招标等不适宜线上交易项目外，全区已对房建、工程、交通、水利全类别项目，全面实行“不见面开标”。比如，奉化开元大酒店附属楼人才市场办公室装修工程项目，通过线上开标，全过程仅耗时4个小时就完成涉及250家投标单位的开评标程序，为企业节省资金约50万元。创新实施政府采购“交易上云”，在全市率先实现“线上开评标+远程询讲标”，打造虚拟开标大厅，实现从采购公告发布、供应商投标、现场开评标、结果公告等全过程电子化采购。全年政府采购不见面项目251宗，不见面开标比例为100%，不见面开标比例位于全宁波大市排名的前列，其中，8个项目通过视频询标、讲标实现，相关做法在《宁波督查》刊登。

出台《工程建设项目招标容缺受理试行办法》，以“告知承诺”形式实行“容缺受理”制度，招标受理与审批同步推进，受理对象涵盖勘察、设计、监理、施工等项目建设全过程，实现项目交易容缺办理、快捷办理。全年47个项目采用容缺招标，实现招投标提速25%以上。比如，全区首个“容缺登记”项目（区技工学校扩建工程），承诺容缺建设工程规划许可证，为项目节约时间至少18天。探索评定分离新交易模式，分离评标定标环节，评标委员会仅做技术分析，定标委员会通过“票决+价格”“票决+抽签”“集体议事”等方式确定中标人，将定标权力还给业主单位。

以“精确测定+市场评估”为核心，创新推出标的物虚拟量的交易方式。抓住工程弃渣可测算、可评估关键点，由第三方专业机构测算评估弃渣理论方量，实现工程弃渣提前交易，有效解决转让人堆放弃渣带来的场地难及管理风险问题，大幅度降低弃渣存放成本及管理成本。全市首笔标的虚拟量（甬金铁路奉化段隧道工程的弃渣交易）在奉化区顺利落地，为产权人节约场地租赁、管理等费用约400万元。

【打造规范化监管体系】 以制度建设为抓手，持续推出公共资源交易四大类10余个规范性制度文件，保障非公开交易项目规范、透明、顺利实施。比如，针对非公开交易项目，出台《建设工程项目非公开交易审批操作办法（试行）》，明确规定申请单位须提供项目立项文件、实施单位党组会议纪要、非公开交易申请论证材料等审批缘由；明确采取“逐级审核+集体决策”等审批流程等。

加大招投标业务培训，制订考核细则，从3月起，对各镇（街道）相关业务人员，分6期进行项目建设跟班学习。推出招标中介代理机构管理新策，招标代理机构由“名录库入围制”变为“名录登记制”，采用“一项目一考评”“一年一总评”，规范纳入全市中介超市管理，对负面行为单位及时约谈、督促整改。

加大对工程类交易项目实施集中监管，构建步调一致、上下齐心的高效监管体系。在全区工程建设招投标领域专项整治行动的基础上，2021年，对12个镇（街道）29个行政村开展村（社区）小型建设工程专项督查，发现督查问题整改50个，促进交易依法规范走深走实；出台《奉化区小型建设工程项目交易管理办法》，从源头上进一步规范全区小型建设工程交易。

（沈　磊）

市场监督管理

【概况】 2021年，市场监督管理工作贯彻落实党的十九届六中全会精神，按照各级党委、政府和上级市场监管部门关于市场监管工作的决策部署和总体要求，以争做“两个确立”忠诚拥护者、“两个维护”示范引领者为目标，不断推动质量变革、效率变革、动力变革。

【维护市场秩序】 市场监督管理部门按照疫情防控的要求，全面加强对零售药店、进口冷链食品、农贸市场的防控，组织开展全区进口冷链食品应急演练，按时上报疫情防控情况，积极做好重点进口冷链食品从业人员周期性核酸检测和疫苗接种等疫情防控工作。加大稽查办案力度，2021年，立案查处各类违法违规案件902件，结案898件，罚没款1007.96万元，分别比上年增长36%、40.1%，42.2%；完成“五化”市场创建4家、星级农贸市场创建5家，关闭16个不符合条件的农村交易点，农贸市场三年改造提升计划顺利收官；开展零售药店、化妆品流通、婴幼儿化妆品等8类专项检查，建成“药事服务站”4家，累计开展便民服务9000余次。开展锅炉及城市供热管网相连压力管道、起重机、LNG点供设施、“遏重大”等专项整治，完成对全区公众场所的八大类特种设备的全覆盖检查，发现和处置各类隐患106件，全区新建电梯全部安装物联网设备并实现在线，电梯物联网在线设备已超过1490台，占在用电梯总数的24%。

2021年度“药事服务站”企业名单

表31

单位名称
宁波四明大药房有限责任公司奉化强壮连锁店
宁波奉化和悦药房
宁波奉化锦屏平安百姓药品零售有限公司
宁波市奉化区福林医药有限公司

【食品安全】 坚持食品安全“四个最严”的工作要求，进一步强化落实党政同责，健全综合协调机制。宁波市奉化区食品安全委员会（简称区食安委）调整为宁波市奉化区食品药品安全委员会（简称区食药安委），区政府主要领导担任区食药安委主任，制定工作规则和修订成员单位职责，明确专人负责统筹协调辖区食品药品安全工作，在信息通报、形势会商、联合执法、行刑衔接、事故处置等方面发挥重要作用。完成食品“抽”“检”分离改革，全面开展食品安全提升行动，建成农村家宴“阳光厨房”59家、校园食堂智能“阳光厨房”95家，推进54家老年食堂标准化建设，新增阳光工厂15家、全程可追溯食品生产经营主体65家（其中生产单位43家、流通单位22家）。全区食品生产流通企业在“浙食链”系统激活943家、“浙冷链”系统激活412家。圆满完成18次重大活动的餐饮安全保障工作。全年，食责险投保单位173家，保费达70.69万元，保额达67124万元。

【数字化改革】 市场监督管理部门认真落实省、市、区关于数字化改革的部署要求，做好省“1+5+2”系统和省局十大数字化系统的基础数据输入，确保“浙食链”“企业在线”“外卖在线”“基层在线”“浙江E行在线”“市场在线”等场景的落地。在2020年“食安码”的基础上，推出“放心消费一码通”（食安码2.0），推动部门监管数据、跨部门业务协同和工作流程再造，得到省、市场监督管理局局长章根明批示肯定，并成功入选全国食品安全智慧监管创新案例，在锦屏、岳林、溪口等主要街区试点并推广，安装电子终端21个、亚克力展示端950余家。市场监督管理部门联合商务、综合执法等部门加强共管，并组织第三方协管员巡查餐饮单位2284家次，评分10650家次。在全体党员干部中开展“三比一讲强作风、争先进位强担当”主题活动，通过争先进位晾晒台，搭建科室晾晒、基层所晾晒、个人晾晒、统计报表、年度评价等六大模块，把牢工作方向，促使全局上下同心，紧密围绕中心工作开展任务。上线以来，已对12项党建工作、15项重点晾晒工作、34项“三比一讲”项目进行跟踪，审核通过24项个人荣誉。

【放心消费】 夯实放心消费基石，提振消费市场活力。在“3·15”国际消费者权益保护日，

宁波市奉化区市场监督管理局宣传“奉城食安码”图片

市场监督管理部门通过“掌上奉化”与网友进行线上互动，参与互动超3.1万人次，回答问题27个，涉及房产物业、汽车买卖、家电维修、网购快递、餐饮、金融、预付卡等生活消费各个方面。

2021年度，共计处理举报投诉信访事项2509起，为消费者挽回损失124.4万元。明确“集聚建设，先整后零”的创建路径，数质并举推动放心消费建设，统筹打造以镇、街道区域为主的放心消费工作推进团队，聘用第三方消费协管员加强创建力量，创建放心消费单位1981家，其中无理由退货单位975家、放心工厂279家、放心消费街区5个。

2021年度放心消费街区名单

表32

单位名称
浙江省商业集团有限公司宁波奉化服务区
宁波奉化万达广场商业管理有限公司
惠宁祥（宁波）商业运营管理有限公司
宁波市奉化银泰城商业经营管理有限公司
宁波德克德家太平洋家居有限公司

【优化市场环境】 全面推行市场主体登记全程电子化服务，深化“企业开办一件事”改革，开辟“快速预核”通道，减少网办时间。2021年度，新增市场主体10800家（其中个体户7129家、企业3655家、农民专业合作社16家），累计市场主体总数突破6.9万家。严格落实“双减”工作要求，对103家学科类培训机构启动转登工作并全部销户清零。深入实施商标品牌战略，首次成立区知识产权工作领导小组，并联合区人民法院建立知识产权行政司法保护工作机制。新增中国驰名商标1个，新增授权发明专利138件。在全市率先将发明专利产业化单项补助上限金额从20万元提高至60万元。坚持加大质量和标准化工作力度，指导企业主持和参与制定国家标准7项、“浙江制造”团体标准4项，新增“浙江制造”品字标认证产品7个，建成奉化首个水表生产企业“二检合一”实验室。推动成立佰荣标准化研究院，与中国计量大学标准化学院达成共建协议，完成《基层权力监督指引》标准体系、《奉化区气动产业标准化白皮书》编纂。围绕居民生活领域碳达峰、碳中和行动的重点工作，制定14项行动和2项标志性工程建设规划。

2021年度主持制定“浙江制造”团体标准企业一览表

表33

单位名称	标准名称	标准编号	发布日期	实施日期
百琪达智能科技（宁波）股份有限公司	永磁材料成型数控液压机	T/ZZB 2023—2021	2021.5.24	2021.6.1
宁波瑞凌新能源科技有限公司	辐射制冷薄膜	T/ZZB 2304—2021	2021.8.26	2021.9.26
宁波市哈雷换热设备有限公司	供暖器具及供暖系统用钎焊板式换热器	T/ZZB 2336—2021	2021.9.2	2021.9.30
浙江恒基永昕新材料股份有限公司	汽车排气系统不锈钢粉末冶金法兰	T/ZZB 2421—2021	2021.8.30	2021.10.2

（邬乐婷）

物价管理

【概况】 2021年，区物价管理部门按照区委、区政府的部署要求，以“全面创新、全域美丽”的发展策略为指引，按“五年奉献一个新奉化”的要求，加强市场价格监测和预警分析，强化成本监审与调查，积极稳妥地推进价格改革，规范政府制定价格行为，圆满完成各项工作任务。

2021年居民消费价格指数表

表34　　上年价格=100

项目名称	价格指数
居民消费价格总指数	102.0
一、食品烟酒	102.6
二、衣着	100.6
三、生活用品及服务	101.2
四、医疗保健	100.7
五、交通和通信	104.5
六、教育文化和娱乐	101.1
七、居住	101.3
八、其他用品和服务	100.7

【价格监测】 区物价管理部门定期发布民生商品价格信息。主要针对粮、油、肉、蛋、奶、蔬菜、鱼、煤气等八大类34个常规品种民生商品进行监测，定期巡查、采集、跟踪和分析，通过宁波智慧民生价格平台和《奉化日报》发布民生商品价格监测信息，合理引导市场价格预期和民众均衡消费。特别是台风“烟花”影响期间，加强市场价格巡视和监测，密切关注民生商品价格动态。全年共发布民生商品价格监测信息662次。

加强市场价格预测和分析。重点对生猪、草莓、水蜜桃生产成本、粮食销售价格进行调查与监测分析，并对其价格变动情况、收益状况进行分析，及时把握市场动态，当好政府参谋助手，研究提出解决问题的对策、建议。

加强商品房价格调控。贯彻落实国家和省、市有关房地产市场调控政策精神，规范全区商品住房销售行为，维护消费者和经营者合法权益，有效促进全区房地产市场健康稳定发展。全年完成普通商品住房价格备案28批次，备案面积133.8万平方米，预售12399套。

【价格与收费管理】 农业水价综合改革。深入贯彻落实《2021年浙江省农业水价综合改革工作计划的通知》（浙水农电〔2021〕1号），持续深化农业水价综合改革，促进农业节水和可持续发展。根据《浙江省农业水价综合改革“五个一百”创建评定办法》，联合水利、财政、农业农村部门出台全区农业水价综合改革“五个一百”创建活动实施方案调整自来水工程安装配套费。落实浙发改价格〔2021〕43号文件要求，理顺住宅小区自来水工程安装配套价格形成机制，转发《市发展改革委关于调整新建住宅小区自来水工程安装配套费的通知》（甬发改价格〔2020〕503号），自2021年3月1日起，取得建筑工程施工许可证的项目按新标准执行。

规范前期物业收费。加强普通住宅小区前期物业服务收费管理，根据《浙江省定价目录》（2018年版）和《宁波市住宅小区物业管理条例》的相关规定，按照质价相符的原则，对江宸府、澜山郡庭等17个新建普通住宅小区的前期物业综合服务费标准进行核定。

规范殡仪服务收费。进一步规范殡仪服务收费管理，适应殡仪服务业的发展要求，根据《宁波市民政局宁波市发展和改革委员会关于发布宁波市公墓服务收费项目清单、宁波市殡仪服务收费项目清单的通知》(甬民政〔2019〕67号)和《宁波市发展改革委宁波市民政局关于调整殡仪服务收费标准的通知》(甬发改价格〔2020〕506号)等规定，经成本调查，调整殡仪服务收费项目和收费标准。

规范公共停车收费。加强机动车停放管理，促进车辆规范有序停放，进一步提高车位流转率，改善市民停车及出行环境，根据《浙江省定价目录》及区政府关于智能停车管理系统项目建设运行的工作要求，综合考虑经济和社会发展要求、智能停车管理系统项目建设运行成本及社会承受能力，对溪口医院、锦美大型停车场、城区金峰路等公共停车泊位的收费标准进行核定。

规范教育收费。为进一步提高幼儿园保教质量和办园水平，促进学前教育事业健康持续发展，根据《浙江省学前教育条例》等有关规定，结合幼儿园办园成本持续上升等因素，经区政府同意，调整公办幼儿园保教费收费标准。

规范供水供电供气行业收费。认真贯彻国务院办公厅转发国家发展改革委等5个部门《关于清理规范城镇供水供电供气供暖行业收费促进行业高质量发展的意见》(国办函〔2020〕129号)文件精神，及时清理规范城镇供水、供电、供气、供暖行业不合理收费，厘清价费关系、完善价格机制、提升行业服务质量，降低实体经济成本，减轻社会负担。

【成本监审与调查】 严格成本监审程序，提供价格调整依据。全年开展殡仪基本服务成本调查、污水处理成本监审、公办幼儿园定价成本监审、初中和小学课后服务定价成本调查、学科类校外培训定价成本调查等工作。

【专项治理】 开展行业协会商会乱收费专项清理整治。区物价管理部门联合民政、市场监管等部门开展行业协会、商会新一轮的全面自查，逐项对照三部委通知，明确整治重点，核查落实，结合工作实际加强检查抽查、对接指导和督促整改。

开展殡葬价格秩序专项整治。按照全国、全省殡葬业价格秩序、公益性安葬设施建设经营专项整治电视电话会议的部署要求，区物价管理部门会同区民政、区市场监管部门印发《宁波市奉化区开展殡葬业价格秩序、公益性安葬设施建设经营专项整治实施方案》，自2021年9月开始至12月底，在全区范围内开展殡葬业价格秩序、公益性安葬设施建设经营专项整治工作。

【应急响应】 制订市场价格异常上涨事件应急响应方案。为有效预防、及时控制和消除突发公共事件引起的市场价格异常上涨，规范市场价格异常上涨事件的应急处置工作，区物价管理部门起草《宁波市奉化区市场价格异常上涨事件应急响应方案》，并在征求相关单位意见、建议的基础上进行修改，区政府已审查印发。按有关要求开展市场价格异常上涨事件应急响应专题培训活动，达到预期效果。

(郭　辉)

安全生产监督管理

【概况】 2021年，面对新冠肺炎疫情冲击带来的安全生产风险和重大台风灾害、极端天气等灾害影响的双重压力，区应急管理局以习近平新时代中国特色社会主义思想为指导，在区委、区政府的坚强领导下，认真贯彻落实上级会议精神和工作决策部署，统筹安全和发展，以压实责任为关键，深入推进体制机制改革，不断强化应急管理基层基础建设，有效防范化解重大风险，科学提升应急综合能力，全区应急管理事业改革发展取得新成绩、新突破。安全生产领域，安全生产形势持续稳定向好，全年共发生并上报各类生产安全事故10起、死亡6人，与前两年平均数相比分别下降23%、40%，未发生较大及以上生产安全事故。自然灾害防治领域，各项防治工作稳中有序，未发生因灾伤亡事故。实现连续三年未发生森林火灾以及防汛防台“不死人、少伤人、少损失”的目标。奉化区在2021年度宁波市安全生产和消防工作目标管理责任制考核中被评为优秀，位列第三名。区应急管理局在2021年度宁波市县级应急管理局工作绩效考评中被评为优秀，位列第四名。区应急管理局下属的应急服务中心被评为2021年度全省防汛防台工作先进集体。区应急管理局被评为2021年度全区政务公开先进单位。区应急管理局安全生产监察大队赵远波被评为宁波市首届“最美应急人”。

【体制机制】 安委会架构进一步健全，完善安全生产责任体系。区级层面，建立并实现10个安全生产专业委员会的实体化运行。2021年3月，区委、区政府办公室印发的《关于坚决打赢遏制重大生产安全事故攻坚战的实施意见》中，明确区安委会下设道路交通、涉海涉渔、消防、危险化学品、建设施工、工矿、文广旅游、城市运行、石油天然气长输管道和商贸行业10个专业安全委员会，分别由区委、区政府分管领导担任主任，区府办分管副主任以及牵头部门主要负责人担任常务副主任，其他相关部门分管负责人担任副主任。同时，制定出台《宁波市奉化区安委会工作规则》和《奉化区专委会运行规范》，确保专委会的实体化、规范化运行。镇（街道）层面，深入推进基层应急管理体系建设。2021年3月，区委、区政府办公室印发的《关于进一步加强基层应急管理体系和能力建设的实施意见》中，调整完善镇（街道）“1+X”安委会组织体系，健全完善应急管理（安全生产）责任体系和运行规则，突出“一岗双责、党政同责”，明确党政主要负责人为各镇（街道）应急管理委员会主任（双主任制），分管副书记为常务副主任。

应急管理综合执法改革进一步深化，实行“局队合一”管理体制。为认真贯彻中央和省委关于深化综合行政执法改革的部署要求，聚焦“遏重大”、降较大、减总量、提本质、控风险的目标，根据《中共宁波市委办公厅宁波市人民政府办公厅印发〈关于深化应急管理综合行政执法改革的实施方案〉的通知》的精神，2021年11月，区委编办印发《宁波市奉化区应急管理行政执法队职能配置、机构设置和人员编制规定》，明确区安全生产监察大队更名为区应急管理行政执法队，在区应急管理局挂牌，实行“局队合一”的管理体制。区应急管理行政执法队下设3个执法中队，共核定参公事业编制14名，执法队队长由区应急管理局局长兼任。

【安全生产】 严格履行综合监管职责。区安全生产委员会办公室（设在区应急管理局）牵头，全力防范化解重大安全风险。深入开展安全生产综合治理三年行动“遏重大”重点行业领域安全隐患整治。道路交通、危化等8个“遏重大”重点领域共识别关键风险节点215项，制定313条重点管控措施，并落实到位。组织开展全区安全生产风险普查，深入排查企业基本信息和安全生产风险状况，建立完善企业风险管控基础档案，共普查企业（场所）7661家，发现风险9436项，并落实管控措施。充分发挥安全专业委员会的作用。区级安全专业委员会累计召开例会26次，领导带队检查24次，牵头完成“遏重大”重点工作任务313项，挂牌督办重大隐患53条。组织开展《生命重于泰山——学习习近平总书记关于安全生产重要论述》电视专题片学习，区委理论学习中心组进行了专题学习，全区12个镇（街道）、50个安委会成员单位以及标杆企业等均组织开展了专题学习。

做好非煤矿山，危化企业，烟花爆竹，“三场所三企业”等行业领域的安全监管。组织开展非煤矿山、危化领域专项整治行动，对辖区内15家重点危险化学品领证企业、30家重点化工医药企业和5家矿山企业进行执法检查，立案处罚22家，罚款人民币74.7万元。对辖区内30家危险化学品领证企业和矿山企业进行安全评价报告专项整治。全年共办理审批烟花爆竹经营许可证（零售）核发23项。会同区公安分局、区综合行政执法局、区生态环境分局、区市场监督管理局联合发布《关于禁止销售燃放烟花爆竹的有关规定》，首次划定双禁区和部分禁止燃放烟花爆竹的区域。组织相关部门开展烟花爆竹联合专项检查，累计检查烟花爆竹经营单位25家、商品超市100家，发现各类隐患57项，取缔无证经营单位7家，查没烟花爆竹160箱。持续推进“三场所三企业”和涉危企业安全生产专项整治，对辖区内的63家涉爆粉尘企业、45家涉及危险化学品企业进行执法检查，立案处罚31家，罚款人民币69.8万元。

加大安全生产执法力度。2021年，执法检查477家生产经营单位，事前处罚171起，比上年增加39%；罚款436.01万元，比上年增加166.5%；案均值为2.59万元，比上年增加94.7%。强化行刑衔接，加大事前严重违法行为的刑事责任追究力度，移交公安机关追究刑事责任案件2起。

提升企业本质安全水平。持续推进企业标准化复评与创建工作，成功申报新建三级标准化企业54家。建立“合格奖励”和“警告+黑名单”并举的奖惩机制，规范安全生产社会化服务市场秩序。建立“保险+服务”模式，出台相关政策鼓励一般工贸行业企业投保安责险，完成安责险投保企业1284家，超任务目标16.7%，位列全市前三名。深化产业工人安全和消防技能提升工作，培训产业工人4.4万人，超任务目标91.6%，培训完成率位列全市第二名。“学习强安”线上综合互动平台注册用户8443人，推进进度位列全市第一名。

【森林消防】 加强火源管控。区森林防灭火指挥部（办公室设在区应急管理局）组织开展野外火源专项治理行动，对农事用火、林事用火、祭祀用火等引发火灾的主要顽疾进行集中治理。节假日、天晴（火险等级三级以上天气），全区318名护林人员、263名扑火队员到岗到位、值班备勤、延长巡护。火险等级四级以上时，各地对火险隐患大的区域进行设卡、蹲点，筑牢防火墙。加强宣传力度。利用“3·19”契机在岳林文化广场举行森林消防宣传日大型广场活动；春节、清明等重要时期在《奉化日报》刊登森林消防专版，在电视台《奉视新闻》栏目播放以森防为主题的报道，在全区人流密集区域的20余个大型户外电子屏上播放森防公益广告，在15家星级酒店电子屏上滚动播放森防标语。全区设置森林防灭火语音提示杆28个。春节、清明期间，共出动宣传车15辆，发放警示短信10万条，张贴禁火令1200张，悬挂横幅500余条、小红旗10000余面。

加强森防队伍建设。全区实行“网格化”森林防灭火管理体系，为全区126.5万亩林地配备了有318名队员的护林员队伍，建立健全12支镇（街道）森林扑火队伍。率先组建成立2支区级综合森林火灾应急救援队伍，其中，莼湖街道综合森林火灾应急救援队被列为宁波市级综合森林火灾应急救援队伍。全力做好森防专业队伍和森防半专业队伍的建设工作，组织开展区级森林火灾拉动演练比赛和全区扑火队员集中培训。

加强值班备勤及物资保障。节假日、高火险天气等重要时段，区应急管理局、自然资源和规划分局、12个镇（街道）、3个国有林场带头做好全区森林消防工作，严格落实党政主要领导在岗带班24小时值班制度，确保政令畅通。区森防办对森防储备物资进行不定期检查，对各地高压水泵、风力灭火机的完好情况进行统计，视情况及时维修保养或更新增配物资。

【防灾减灾】 强化基础建设。区防汛防台抗旱指挥部（办公室设在区应急管理局）调整防汛预案组织机构13个，落实避灾安置场所217处，323个行政村防汛形势实现图表化，新建省级避灾安置场所规范化建设36处。开展全区“线上+线下”防汛防台综合演练和区级森林火灾拉动演练比赛，900余人参加演练观摩。组织防汛防台主题培训、扑火队员培训3场次900多人次。举办“4·15”防汛日、“5·12”防灾减灾日、“10·13”国际减灾日等各类形式的主题宣传日活动，增加群众防灾减灾避灾常识和提高群众应急救援技能。率先完成自然灾害风险普查启动招标工作，落实普查资金2182.2万元，及时开展地震普查试点工作，在省、市、区等多个平台发表宣传稿件18篇、工作简报3期，创新利用“微视频”等手段开展普查宣传，制作奉化区“普查在行动”宣传短片。

确保安全度汛。汛前确定防汛行政责任人335人并进行公示。明确山洪灾害防御重点村落73个、地质灾害风险防范区184处，全面落实群测群防员以及乡镇负责人和巡查责任人，并制定危险区人员转移清单。完成危险区转移避险人员“浙江安全码”赋码7747人，已赋码人员比例为100%。开展防汛安全隐患大排查大整治专项行动，全区投入隐患排查1256人次，整改问题隐患107处。组织开展防汛防台抽查，进一步推动防汛责任落实到“最后一公里、最后一环节”。全区储备防汛抗旱物资、应急救灾物资共46类，价值300余万元。配备“三大件”即卫星电话89台、应急发电机106台、排水泵183台，“四小件”即头盔、电筒、防雨护具、救生衣等4611套，实现多灾易受灾乡（镇、街道）和村（社区）应配尽配。全区落实防汛抢险队伍42支1592人、社会应急救援队伍2支60人、防汛抗洪抢险应急连125人。与区人武部建立军地抢险救灾系统联调联动机制，提前预置部队，确保需要时迅速出动、投入抢险。

做好台风和强降雨防范应对工作。组织会商20次，下发防御工作通知和风险提示函24份，发送预警短信50余万条。根据天气形势和汛情变化，及时启动应急响应10次。对各镇（街道）和村（社区）值班值守和防汛责任人进岗履职情况督查抽查100余人次。加密开展重点区域和重点部位的巡查排查，确保人员安全。积极动员基层干部常态化巡查临山临水工程、地质灾害点、风险区、山洪易发区、危旧房、易涝点等，并对全区92个村（社区）295名老弱病残等弱势群体进行登记造册，制定“一对一”的转移帮扶方案，落实转移责任人。高质量落实“防、避、抢、救”各项措施，取得防御“烟花”“灿都”台风的全面胜利。全区累计转移人员12.5万人，集中安置人口3.4万人，未造成人员伤亡，并将台风灾害损失降到最低，全面实现“不死人、少伤人、少损失”的目标。

【应急救援】 加强应急预案管理。修订《宁波市奉化区突发事件总体应急预案》，明确全区专项应急预案的构成及指挥体系。有序推进专项应急预案制修订及演练实施工作，区级专项应急预案制修订率达68.2%，年度专项应急演练实施率达100%，镇、街道应急演练实施率达87.5%。制定基层应急预案管理工作手册，推进村（社区）多合一应急方案的制定。全年组织对道路施工事故、药品安全、粮食安全、价格异常上涨等事件的应急演练，开展分类评估4次。衔接审核各类应急预案12次（件）。

夯实应急救援基础。全面推进应急管理融入基层社会治理“一张网”工作，依托“基层治理四平台”综合指挥系统，推进基层应急指挥平台建设，出台基层应急指挥平台指导意见，作为宁波试点，建成尚田、江口两个基层应急指挥平台。强化全区应急指挥可视化调度建设，推进各镇（街道）视频会商系统、可视化单兵和卫星通信电话建设与配备工作，建立指挥调度机制，有效保障偏远乡镇在突发情况下能第一时间调度应急救援力量。与红十字会建立联动机制，全年参与社会联动拉练8次。增强应急救援力量。新培育1支社会应急救援队伍，持续培育2支社会应急救援队伍，组织备勤4次，执行任务20余次。推进全区17支专业应急救援力量的建设与联动，重点推动海上应急救援队伍建设和救援机制建设，完善队伍信息化管理。

强化应急值守。应急服务中心保持24小时应急值守。共接收预警131个，其中气象预警113个、地质灾害预警5个、台风类预警13个，启动应急响应12次，接收并联动处置“110”社会应急联动平台警情623起。

【数字赋能】 探索建立“数字改革为引领，数字管理为内涵，精准治理为导向”的数字化应急管理新模式，实现对全区企业安全生产过程的动态化、智慧化管理。联合市场监管、卫生健康、综合执法、消防救援等部门积极推行“众安码”沿街店铺协同场景应用，打造“一户一码”数字化协同管理应用场景，建成区、镇两级数字驾驶舱，并在锦屏、岳林两个街道试点推广，完成约1500家沿街店铺的初步赋码工作。

【防疫物资保障】 常态化保障全区疫情防控一线工作人员防疫物资需求，做好物资接收、储备和派发工作，全年共采购各类疫情防护物资70余万件，发放90余万件。

【队伍建设】 开展党史学习教育。党委理论学习中心组专题学习12次，撰写调研文章6篇，全体干部职工专题学习45次，应急管理系统干部培训5次，微信公众号开设党史专题小课堂24期，以实地参观、党员宣誓、集中学习、节日问候等方式开展主题党日活动5次。强化作风建设。忠实践行“八八战略”，持续深化“四风纠治”，提升干部思想协同、责任协同、服务协同、改革协同、机制协同水平。深入实施“我为群众办实事、我为企业解难题、我为基层减负担”专项实践活动，以领导干部上党课、安全宣讲、镇街帮办、驻企专员等形式，提升干部责任意识、服务意识、大局意识。领导干部（含“8090”干部）党课宣讲30次，其中，“8090”宣讲党的十九届六中全会精神微党课在奉化电视台《安全365》专栏播出。

（林邵龙）

生态环境保护

综　述

2021年，宁波市生态环境局奉化分局被授予宁波市全面深化改革突出贡献集体荣誉称号；“环评集市”入选“美丽浙江生态环境治理十佳”优秀案例；大堰生态环境教育特色小镇获评“美丽中国　我是行动者”2021年全国“十佳公众参与案例”。大堰镇、箭岭村和张家村成为全省首批低（零）碳试点创建单位；“无废乡村”特色模式被“中国环境”（App）及央视专题报道；“生态环境议事厅”经验做法被《中国改革报》报道。

环境质量

【空气质量】 2021年，奉化区空气质量继续呈现稳中向好态势，空气质量达标天数比例（优良率）为97.3%，比去年同期上升5.2个百分点。全年无中度污染（四级以上）天气。大气环境质量评价的6项常规污染物浓度较2020年同期均有所下降，二氧化硫、二氧化氮和一氧化碳指标达到国家一级标准，PM_{10}、$PM_{2.5}$、O_3（臭氧）指标达到国家二级标准。其中$PM_{2.5}$平均浓度25微克/米^3，与2020年持平。

【酸雨】 2021年，共采集雨水样品110个。在110次降水中，有41次为酸雨，降水中pH值最低为4.64，最高为6.52，酸雨率37.3%，大幅度低于2020年酸雨率（55%），呈现夏季低、冬季高的特点。

2021年奉化区环境空气质量表

表35

统计天数	AQI 指数分布天数					优良率
	一级（天）	二级（天）	三级（天）	四级（天）	五级（天）	
365	170	185	10	0	0	97.3%

2021年奉化区城区酸雨监测情况表

表36

酸雨率	降水 pH 值			质量状况
	最小值	最大值	均值	
37.3%	4.64	6.52	5.61	非酸雨区

【水源地监测】 2021年1—12月，全区区控以上监控断面15个，Ⅱ类占66.7%，Ⅲ类占33.3%，水质优良率100%，功能区达标率为100%，全区地表水综合评价水质为优，全区千吨万人饮用水水源地水质状况总体良好。

【污染减排】 科学推进污染减排与总量控制，落实主要污染源总量减少和强制性清洁生产企业审核，完成9家强制清洁生产企业审核及年度减排任务。

环境管理

【环保审批】 2021年，宁波市生态环境局奉化分局共受理各类事项274件。其中，建设项目环境影响评价文件审批受理170件（报告书9件，报告表161件）；零土地技改备案项目15件；“规划环评+环境标准”降级登记表备案89件。网上登记表备案97件。

【环保管控】 严格落实《宁波市奉化区“三线一单”生态环境分区管控方案》，强化源头准入；三横经济开发区和滨海新区继续实施“区域环评+环境标准”，符合准入条件的建设项目环评实行降级管理；强化排污许可证登记、发放工作，2021年度发放排污许可证161家次、排污许可登记表284家（次）。

【环境执法】 全区划分成12个网格，每个网格确定1名监察队员和1名协管员。辖区内企业根据污染程度的重轻分为重点监管、一般监管和视线对象，并分层次进行监管。对污染源在线监控系统实行24小时在线监控值守，并对重点污染企业进行手机联网，确保实时掌握企业排污情况。严管、严控、严防环境违法，开展冬季大气环境专项执法、平安护航复工复产攻坚、有机废气百日攻坚行动、危险废物三年专项行动、“两小”企业综合治理提升等专项行动，全年共作出行政处罚44起，处罚金额609万元；加强公安环保联动，积极发挥检察官办公室、法官办公室效用，共移送公安案件3起；推进“互联网+监管”工作模式，开展跨部门联合执法，全年度双随机检查企业422家。

【环保督察】 持续推进第一轮中央、省环保督察反馈问题整改销号工作，全力抓好第二轮中央生态环境保护督察交办信访件整改销号。二轮环保督察期间，共接到信访交办件21件，较第一轮下降56%；涉及点位44个，较第一轮下降68%。省委生态环境专项督察信访交办件3.2件，涉及点位4个，已全部办结。

【环境监测】 围绕构建现代化的环境监测监控体系，继续加大投入，不断优化完善区域环境监测网络，继续做好软、硬件的升级改造。

【信访调处】 2021年，继续认真、及时、妥善处理好污染事故和污染纠纷，确保全区环境安全。共受理办结各类环境信访投诉374件，办结率100%，较2020年同期下降5.79%。

污染防治

【水环境整治】 通过推进“污水零直排区”建设、狠抓美丽河湖建设、重抓涉水污染源头治理、加快饮用水源地划分等工作，着力提升水质环境。完成5个“千吨万人”以上饮用水水源保护区规范化整治；开展入海污染源排口专项排查整治工作，并建立排口名录，开展溯源分析、排口监测、规范化整治工作；开展象山港综合整治工作，清理海漂垃圾。开展各镇（街道）地表水断面水质情况通报工作，区控以上断面水质达标率为100%。

【大气环境整治】 大力推进涉VOCs行业源头替代及整治提升工作。加快推进重污染企业搬迁、落后产能淘汰、“散乱污”企业整治、VOCs治理工作。空气质量优良率为97.3%，创历史新高。完成16个VOCs治理项目、4个工业窑炉重点治理项目，完成10个道路扬尘自动监测点位建设。

【土壤整治】 完成33家重点行业企业用地土壤污染自行监测、

有毒有害物质排放报告、土壤污染风险隐患调查，着力推进重点行业企业土壤污染防治，并完成6家在产重点行业企业土壤管控方案编制，完成81个地块的场地调查。

【危废治理】 大力推进一般工业固废专业化服务体系和小微企业危险废物收运体系建设，签约入网5519家。建成佳境危废综合处置项目，制定出台危险废物收集、暂存及转运试点工作方案，落实试点单位，已完成基础建设并投入运行。

【辐射监管】 强化废源收缴、处置，加强辐射监管单位的环境监管及监督性监测，强化辐射事故应急处置能力建设。2021年，完成1家企业的废源处置，专项检查核技术利用单位，组织开展1次辐射事故应急演练。

环境优化

【生态示范创建】 大堰镇生态环境教育特色镇建设取得阶段性成效，成功举办首届乡村生态文明建设高端研讨会，大堰镇生态环境教育特色镇项目荣列2021年“美丽中国　我是行动者”全国十佳公众参与案例，大堰镇、箭岭村和张家村成为全省首批低（零）碳试点创建单位；新增1家市级生态文明教育基地。

【环保服务】 持续开展“生态环境议事厅”“环评集市”等“六个一”服务工作，2021年，累计开展“生态环境议事厅”10场、环保知识大课堂10期，发送“一企一信”1730封，组织“环评集市”3期，“凤凰行动”服务企业40家次，“1+X”环境监管模式服务企业408家次。

【环保宣传】 在铸造协会、金属表面协会、大堰镇后畈村分别成立协会议事厅和村级议事厅；制定“奉化区居民生态文明公约”并在居敬小学进行千人现场发布；成功举办浙江省生态文明主题公益巡回演出暨生物多样性现场宣传活动，成功召开全省生态环境宣传教育工作会议。

（陈乐琼　应　蕾）

教育　科技　卫生

教　育

【概况】 2021年，全区教育系统牢牢把握“争先进位”“良好生态”两条主线，勇当标杆创新局，紧紧围绕“质量”“人才”“民生”三个关键。不断深入教育综合改革，加大教育投入保障力度，补齐教育发展短板持续。年末，全区有中小学校和特殊教育学校50所、幼儿园74所。全区在校中小学和特殊教育学校学生54432人、幼儿园在园幼儿14483人，其中，普通高中学生6280人、中等职业学校学生4036人、初中学生13764人、小学学生30274人、特殊教育学校学生78人。中小学和特殊教育学校专任教师3862人、幼儿园专任教师1076人，其中，普通高中746人、中等职业学校326人、初中1202人、小学1562人、特殊教育学校26人。

【基础教育】 建成一批具有奉化特色的融合性、共建型教育共同体，确保中高考成绩逐年提升，“奉有优学”品牌更响更亮。新投用公办幼儿园5所，新增学位1350个，公办幼儿园在园幼儿占比上升10%以上，超计划完成年度目标任务，优质学前教育资源不足问题得到破解。贯彻落实双减政策，强化校外培训机构常态化监管力度，建立健全培训内容备案与监督制度。通过加强教育共同体校际帮扶、教研工作、专项培训、校本研修等方式，提高作业设计和指导质量，减轻学生不合理作业负担；打好纾困解难“组合拳”，切实解决群众特别是弱势人群的实际困难，保障随迁子女平等接受义务教育权利，持续提升公办学校入读比例，健全特殊教育卫星班、随班就读等多种融合教育模式，巩固从学前教育到高等教育的全过程资助体系。

【职业教育】 坚持聚焦产业、深耕专业，全力做强四大重点专业群，加大新兴专业扶持力度，不断升级产教融合校企合作“共同体”，为全区打造更具竞争力、影响力、硬实力的现代化经济体系发挥职业教育更大作用。组建终身教育资源共享开放联盟，持续完善“奉化终身学习平台”，推出多个终身教育培训品牌项目，通过终身学习把简单劳动者培养成复合型劳动者，构建多方参与、协同推进的教育模式，助力低收入人群增加收入增长。结合奉化各镇（街道）的本土特点，借助大数据平台，扩大符合农村特色的教育资源存量，打造更多、更精的优质农科经教基地和特色农业品牌，培育一批“农创客”“青创客”等新型职业农民。首次建立成人教育教师职业成长机制，村干部学历提升项目（宁波广播电视大学奉化分校、宁波市奉化区方桥街道成人文化技术学校）成果斐然。

【基础设施建设】 春晖幼儿园等5所公办幼儿园和莼湖中心小学体育馆等4个重点“薄改”项目建成投用；上海师范大学附属宁波实

验学校高效完成启用各项筹备任务；锦屏中学迁建、锦溪小学扩建、金海小学新建等重点建设项目按计划有序推进；江口中学迁建前期工作取得阶段性进展。全区教育资源硬件配置进一步优化。

3月19日，宁波市奉化区教育系统党史学习教育动员部署会召开

【教师队伍建设】 2021年，新招聘教师中学历为硕士研究生及重点高校毕业生比例近四成，第二轮教师定向培养录取考生高考分数创新高，新增专技二级高端人才1人、宁波市突出贡献奖获得者1人、正高级教师1人，4人入选浙派名师名校长培养工程，3人成为首批甬城教育名家培养对象。16个培训项目入选省“教师教育十百千工程”优秀案例，首期“潜力教师赋能工程”成效显著，师训工作在全市会议上作典型交流。

明确教师职业行为“红线”，持续整治教育领域腐败、有偿家教失德、个人言行失范、教学常规失责、班级管理失位等群众反映强烈的问题。2021年，开展师德、师风专项整治行动10次，查处师德违规违纪8人次，组织“我身边的师德榜样”宣讲教育活动36场、集中警示教育活动80场。

【政治生态建设】 围绕“学党史、守初心、育新人”主题，高标准高质量推进教育系统党史学习教育，组织专题学习180余场，新增党组织领导下的校长负责制试点学校3个，培育“党建+业务”品牌60余个，开展党员名优教师工作室教学展示活动86场次，组织领航学科党小组教科研活动79次，组建班子成员“领衔破难”攻坚项目小组7个，全面形成以党建引领教育质量提升、教育事业发展的良好格局。

抓好清廉校园建设，全力推动教育系统全面从严治党向纵深发展。打造一批具有本地特色的教育治理数字化典型应用，以数字化改革牵引撬动教育治理现代化取得突出成果。营造良性健康可持续的发展环境，全面提升校园安全管理标准化和校园安全科技化建设水平，不断提高疫情防控等重大公共安全事件应对处置能力。

【教育系统党史学习教育动员部署会】 3月19日，全区教育系统党史学习教育动员部署会在龙津实验学校召开。会议围绕总体要求、学习内容、主要安排、组织领导4个板块，对《宁波市奉化区教育系统开展党史学习教育的实施方案》作深入解读，会议要求系统上下要学党史、悟思想、办实事、开新局。

【全区校园突发公共事件应急演练】 5月12日，全区校园突发公共事件应急演练在剡溪中学举

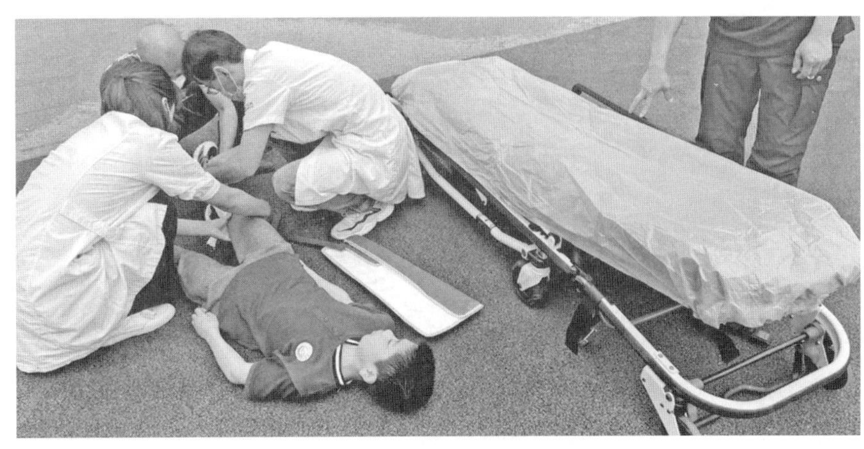

5月12日，全区校园突发公共事件应急演练举行

行。演练检验了新修订的《奉化区校园突发公共事件应急预案》的针对性和实用性，同时向师生普及各类防灾减灾常识，达到提升学校突发事件应对处置能力和增强师生应急避险意识的目的。演练当天，15个减灾委成员单位在操场设置宣传、展板、演示3个区域，向师生发放宣传资料，讲解各自领域防灾减灾常识，开展有奖问答和实操练习。

5月28日，宁波市奉化区教育局德育工作现场会召开

6月8日，教工合唱团获“我心向党——中国梦·劳动美”宁波市第三届职工合唱展演金奖

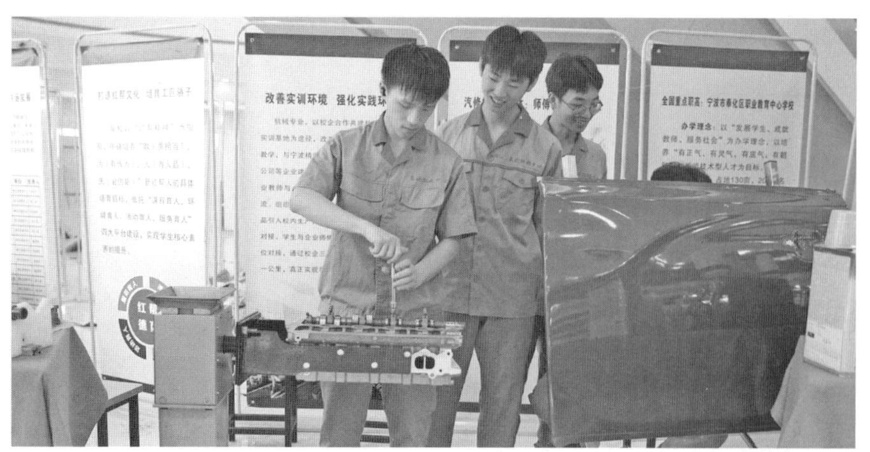

6月20日，“红心向党精彩职教”职业教育成果展示活动顺利举行

【全区中小学德育工作现场会】 5月28日，全区中小学德育工作现场会在尔仪小学举行，通过论坛交流、专家引领、表彰先进等形式充分展示学校德育成果，推动德育工作品质化、品牌化发展，指明下一阶段全区中小学德育发展的方向。

【教工合唱团获市第三届职工合唱展演金奖】 6月8日，“我心向党——中国梦，劳动美”宁波市第三届职工合唱展演举行，由区总工会选送的教工合唱团以《追寻》和《唱支山歌给党听》两首曲目获得金奖。

【“红心向党精彩职教”职业教育成果展示活动】 6月20日，“红心向党精彩职教”职业教育成果展示活动在万达广场举行。活动以“技能让生活更美好”为主题，重点突出技能创造美好生活，多角度、多渠道展示奉化职业教育的工作成绩，以精彩的活动、优异的成绩庆祝中国共产党成立100周年。活动当天，职教中心、工贸旅游学校两所职校联合设置服装、数控、汽修、机械、烹饪、机电等20个展台，全面展示在人才培养、教学改革、产教融合等方面的专业成果和技能特色。

【第二轮乡村学校教学质量提升帮扶行动】 9月18日，全区第二轮乡村学校教学质量提升帮扶行动启动仪式在萧王庙街道中心小学举行。行动旨在通过教师进修学校相关教研员的引领，为参与学校、临近乡村学校的学科团队搭建起共商、共议、共享、共建的平台，督促其科学规范、扎实有效地开展教研活动，深入教学研讨，最大程度地调动教师们的积极性、责任意识与内需力。启动仪式上，解读了活动实施方案，三校围绕学校基本情况、主要短板、指导需求与预想对策等方面进行情况介绍，与会人员商讨交流该学期的行动计划框架。

9月18日，奉化区第二轮乡村学校教学质量提升帮扶行动启动仪式召开

【中小学校体育传统项目（学校）建设现场会】 10月18日，奉化区中小学校体育传统项目（学校）建设现场会在武岭小学举行。通过现场集中展演、经验交流，推动竹竿舞、毽球操、武术、舞龙、舞狮等体育传统项目在校园“生根发芽”，同时，保障项目在中小学的全链条发展的畅通。现场为武岭小学、实验中学、奉化高级中学等20所体育传统项目学校进行授牌。

10月18日，中小学校体育传统项目（学校）建设现场会上学生学习武术

【奉化区职业教育学生技能（才艺）大赛】 11月2日，奉化区职业教育学生技能（才艺）大赛举行，585名中职学校学生在3天内进行电气控制线路安装与调试、计算机硬件检测与数据恢复、数控综合应用技术、酒店英语等45

11月2日，奉化区职业教育学生技能（才艺）大赛现场

个赛项的比拼，全面展示中等职业教育成果和学生风采，进一步提升职业学校学生专业技能水平和实际操作能力，为区域经济转型升级提供更强的人才支撑。

（余佳汶）

科　技

2021 APAR亚太青少年科技创新大会顺利举办

【概况】 2021年，科技工作围绕区委“全面创新”行动计划部署，高水平推进“二轮攀高”，坚持以目标任务为导向，积极推进“动力创新”实施计划，深耕科技创新夯基工程，实施“春苗计划”，培育“小而美”苗子企业，深化创新平台建设，认真谋划“十四五”科技创新发展工作，探索解决制约奉化创新发展的关键性核心问题，积极为区域科技创新高质量发展提供硬核力量支撑。

【科技创新】 全年新入库高新技术企业苗子企业81家，新增科技型中小企业344家，新增国家高新技术企业46家。深入实施“春苗计划”，加大“小而美”苗子企业培育力度，全年新增第一批“小而美”苗子企业22家，预计第二批新增10余家。新增省级高新技术企业研究开发中心5家（海威汽车、辉格、秉航、卡伦特、沈鑫）、省级企业研究院2家（松科、麦博韦尔）、宁波市级工程（技术）中心19家、市级企业研究院4家（海威汽车、星宇电子、利安科技、哈雷换热）。截至2021年年底，全区累计有省级企业研究院6家、省级高新技术企业研究开发中心45家、宁波市级企业研究院11家、宁波市级工程（技术）中心146家、区级工程（技术）中心286家。全年入选中国国家重大人才工程之一的某奖励计划的人员1名、市级“甬江引才工程”7项、区“凤麓英才”计划3项，获得“茶花纪念证书”外国专家1名。

聚焦关键基础件（气动）、智能家电、时尚纺织服装、电子信息等区“4+X”产业链培育体系和新品种选育、智慧农业建设、绿色生态种植养殖、农副产品精深加工利用、生态与环境保护等农业与社会发展领域，通过推行科技项目“揭榜挂帅”机制，征集主导产业“卡脖子”技术难题，深化关键核心技术联合攻关改革，立项实施17个产业链、37项农业和社会发展关键核心技术“揭榜挂帅”项目。

【科技计划】 全年确定科技计划项目55项。其中宁波市级2项、区级53项。宁波市重大科技攻关暨“揭榜挂帅”项目2项，区级有“小而美”苗子企业重大科技专项6项、工业重大科技项目11项、农业科研攻关项目19项、社会发展科研攻关项目18项。

2021年宁波市科技计划实施项目一览表

表37　　单位：万元

序号	计划类别	项目名称	实施单位	补助经费
1	宁波市重大科技攻关暨“揭榜挂帅”项目	超高寿命高精比例调节开关电磁阀关键技术开发及产业化应用	浙江飞达利恩精密制造有限公司	300
2	宁波市重大科技攻关暨“揭榜挂帅”项目	燃料电池汽车高速空压机关键技术及应用	宁波鲍斯能源装备股份有限公司	300

2021年奉化区科技计划实施项目一览表

表38　　单位：万元

序号	计划类别	项目名称	实施单位	补助经费
1	“小而美”苗子企业重大科技专项	高强度可降解竹浆海绵关键技术开发及产业化应用	宁波尼可海绵科技有限公司	50
2	“小而美”苗子企业重大科技专项	复杂恶劣工况下电能质量综合治理柔性智能装备研发	浙江鸿熹智能科技有限公司	50
3	“小而美”苗子企业重大科技专项	强溶解高保真彩色滤光片显影液制备关键技术研究及产业化	华璞微电子科技（宁波）有限公司	50
4	“小而美”苗子企业重大科技专项	高强度高导热氮化硅芯片基板技术开发	宁波银瓷新材料有限公司	50
5	“小而美”苗子企业重大科技专项	ARS纳米智能吸能防护材料的研发及产业化	宁波中聚新材料有限公司	50
6	“小而美”苗子企业重大科技专项	光学纳米结构色的研究开发与产业化	宁波融光纳米材料科技有限公司	50
7	重大工业科技专项	基于随行冷却的免热处理铝合金压铸工艺研究及超高真空压铸模具开发	宁波海威汽车零件股份有限公司	45
8	重大工业科技专项	高效节能磁悬浮离心空压机关键技术开发及示范应用	宁波鲍斯能源装备股份有限公司	45
9	重大工业科技专项	低功耗高可靠性高频电磁阀关键技术研发及产业化	浙江亿太诺气动科技有限公司	45
10	重大工业科技专项	全光谱LED智能调控果蔬育苗工厂的研发及应用示范	浙江金缘光电有限公司	45
11	重大工业科技专项	智能电网柔性直流输电系统用电力电子电容器	宁波海融电器有限公司	45

续表38

序号	计划类别	项目名称	实施单位	补助经费
12	重大工业科技专项	基于5G通信的低时延高同步远程驾驶终端开发	宁波波导易联电子有限公司	45
13	重大工业科技专项	高精度长寿命推杆型电缸模组关键技术研究及产业化	宁波索诺工业自控设备有限公司	45
14	重大工业科技专项	不锈钢粉末冶金电子真空泵核心部件（真空源泵室）的研制	浙江恒基永昕新材料股份有限公司	45
15	重大工业科技专项	超高速压电芯片阀关键技术研发及产业化	星宇电子（宁波）有限公司	45
16	重大工业科技专项	基于新型氟硅共聚乳液制备高性能脱模剂的应用与研究	宁波辉宏新材料有限公司	40
17	重大工业科技专项	抗磁干扰自动对焦防抖马达	宁波金诚泰电子有限公司	40
18	农业科技专项	低致敏高果香水蜜桃果酒加工技术研究与示范	浙江梦溪酒业有限公司	20
19	农业科技专项	竹笋加工技术关键技术研究与提升	宁波市奉化银龙竹笋专业合作社	20
20	农业科技专项	斑节对虾设施化高效养殖关键技术研究	宁波百奥水产养殖有限公司	20
21	农业科技专项	绿壳蛋鸡疾病净化生态养殖关键技术	奉化鹊岙花梦农业科技发展有限公司	20
22	农业科技专项	精品设施农业土壤连作障碍治理与改良技术研究与示范	宁波市乐为农业专业合作社	20
23	农业科技专项	药用黄精林下种植关键技术研究	宁波市奉化区普天乐农业发展有限公司	20
24	农业科技专项	智慧农业与观光一体化模式创新研究	宁波市奉化区伟忠家庭农场	20
25	农业科技专项	水蜜桃种质创新与示范基地建设	宁波市奉化区水蜜桃研究所	20
26	农业科技专项	生态环境调控下的马口鱼集群性自然高效繁育技术	宁波奉化森泉渔业有限公司	15
27	农业科技专项	林下拟野生生态化栽培技术研究与示范	宁波奉化岙里香家庭农场	15
28	农业科技专项	林下套种西瓜产业链提升关键技术	宁波常盈农业科技有限公司	15

续表38

序号	计划类别	项目名称	实施单位	补助经费
29	农业科技专项	奉化水蜜桃园更新技术示范	宁波市奉化区梅尊农场	15
30	农业科技专项	地方特种名茶产品开发关键技术研究与示范	宁波市奉化区大堰镇三兴村股份经济合作社	10
31	农业科技专项	美国黑布李新品种引进与环境适应性栽培关键技术	宁波市奉化金辉农业有限公司	10
32	农业科技专项	“阳光玫瑰”葡萄优质高效种植关键技术研究	宁波奉化得润农业科技有限公司	10
33	农业科技专项	基于人工智能的大棚草莓全光谱节能补偿栽培技术	浙九味科技股份有限公司	10
34	农业科技专项	奉化白杨梅设施大棚优质栽培技术攻关	宁波市奉化区言午家庭农场	10
35	农业科技专项	奉化水蜜桃提质增效技术研究与减肥减药模式构建	宁波市奉化布袋子水蜜桃专业合作社	10
36	社会发展科技专项	垃圾中转站的渗沥液净化处理装置设计制造关键技术研发	宁波倍加福生物技术有限公司	20
37	社会发展科研攻关项目	骨折联络服务在老年骨质疏松性椎体压缩性骨折患者中的应用及效果评价	宁波市奉化区人民医院医共体	—
38	社会发展科研攻关项目	子宫颈锥切标本类似ESD的三组切缘染色取材模式的应用研究	宁波市奉化区人民医院医共体	—
39	社会发展科研攻关项目	基层医院PICC导管移位的预测模型构建与验证	宁波市奉化区人民医院医共体	—
40	社会发展科研攻关项目	大黄贴敷神阙穴结合穴位贴敷天枢穴防治老年患者在胸腰椎骨折后出现便秘的效果研究	宁波市奉化区人民医院医共体	—
41	社会发展科研攻关项目	输尿管细镜联合输尿管引导鞘与输尿管软镜治疗输尿管上段结石的对比研究	宁波市奉化区人民医院医共体	—
42	社会发展科研攻关项目	神经肌肉电刺激联合中药清宫汤应用于人流术后患者子宫复旧中的疗效观察	宁波市奉化区中医医院医共体	—
43	社会发展科研攻关项目	颌骨囊肿刮治联合骨立方植入在颌骨囊肿空腔性缺损患者中的应用价值研究	宁波市奉化区中医医院医共体	—
44	社会发展科研攻关项目	复方治中汤改善非幽门螺旋杆菌感染胃溃疡患者临床症状及情绪状态的临床观察	宁波市奉化区中医医院医共体	—

续表38

序号	计划类别	项目名称	实施单位	补助经费
45	社会发展科研攻关项目	大量输血导致的铁过载对心肝肾功能损伤指标相关性研究	宁波市奉化区中医医院医共体	—
46	社会发展科研攻关项目	结直肠癌早癌筛查流程再造提高患者肠镜检查依从性的应用研究	宁波市奉化区中医医院医共体	—
47	社会发展科研攻关项目	中药经方神阙穴贴敷联合TDP（特定电磁波）治疗湿热内蕴型肛门湿疹疗效观察	宁波市奉化区中医医院医共体	—
48	社会发展科研攻关项目	中医经穴推拿联合中药离子导入治疗青少年近视的临床研究	宁波市奉化区中医医院医共体	—
49	社会发展科研攻关项目	超声引导下颈浅丛神经阻滞在甲状腺术后镇痛中的应用	宁波市奉化区中医医院医共体	—
50	社会发展科研攻关项目	经跗骨窦切口微创治疗跟骨骨折的生物力学分析及临床应用研究	宁波奉化新桥骨科医院	3.5
51	社会发展科研攻关项目	奉化区健康科普演讲培训模式研究	宁波市奉化区疾病预防控制中心	3
52	社会发展科研攻关项目	宁波市近海海洋生物的放射性水平研究	宁波市奉化区疾病预防控制中心	—
53	社会发展科研攻关项目	宁波市奉化区近30年乙肝流行病学与防控对策研究	宁波市奉化区疾病预防控制中心	—

【科技支撑】 农业和社会发展关键核心技术“揭榜挂帅”，获市级公益类计划项目4项，累计向上争取资金100万余元。奥纪农业的“奉化水鸭”通过国家禽遗传资源鉴定，银龙谷星创天地和滕头农创中心被列入2021年度市第二批宁波市级星创天地备案名单。

【科技金融】 2021年，区科技信贷风险池共放贷17家企业、19笔贷款，共放贷3670万元，风险池累计可放贷款量为1.8亿元。区科技局联合农业银行完成针对奉化区高新技术企业的金融方案，至年底，已经累计为7家国家高新技术企业授信超过1亿元。

【科技合作】 全年，全区科技合作项目政策兑现28项，总计合同金额1020.6万元，发放补助经费220.12万元。

2021年产学研项目政策兑现情况表

表39

序号	企业名称	项目名称	合作院校
1	宁波陈氏鑫光气动有限公司	一种热流道行业高温电磁阀的研发	浙江纺织服装职业技术学院

续表39

序号	企业名称	项目名称	合作院校
2	宁波大昌药业有限公司	鸡矢藤苷酸与大豆苷元分离工艺优化及其制剂稳定性、一致性与降尿酸活性评价研究	浙大宁波理工学院
3	宁波飞芯电子科技有限公司	激光器驱动芯片开发	西安交通大学
4	宁波奉化光亚计数器制造有限公司	基于集成相控阵列天线的全固态车载激光雷达发射组件关键技术研发	浙大宁波理工学院
5	宁波海特创电控有限公司	震动感应计时器的研发	浙江纺织服装职业技术学院
6	宁波海特技术转移有限公司	650V 氮化镓（GaN）功率 HEMT 器件的开发	南方科技大学
7	宁波霍科电器有限公司	基于人工智能人脸识别算法及应用开发	哈尔滨工业大学
8	宁波金晟芯影像技术有限公司	一种粉末烧结零件坯体电热锻造烧结一体化方法	哈尔滨工业大学
9	宁波精科机械密封件制造有限公司	基于混沌系统的图像零水印加密算法开发研究	大连工业大学
10	宁波酒石新材料科技有限公司	智能开水机控制系统开发	浙江工业大学
11	宁波南海化学有限公司	飞行时间传感技术（TOF）关键技术开发及产业化	常州机电职业技术学院
12	宁波欧适节能科技有限公司	高寿命机械密封设计及耐磨材料开发	中国计量大学
13	宁波市戴森机械密封有限公司	高温集装式机械密封系统及检测装置开发	中国计量大学
14	宁波市奉化浩轩光电有限公司	稳定同位素类产品的生产工艺开发	浙大宁波理工学院
15	宁波光远致信生物科技有限公司	丙烯酸树脂的技术开发及应用研究	华东理工大学
16	宁波协诚电动工具有限公司	消防通风气动控制箱	金华职业技术学院
17	宁波亚茂光电股份有限公司	大轴径潜污泵用双端面机械密封产品及测试装置开发	中国计量大学
18	宁波荟康生命科技有限公司	COB 固晶工艺的研发	宁波大学

续表39

序号	企业名称	项目名称	合作院校
19	宁波鑫华银机械有限公司	双色温 COB 光源的研发	宁波大学
20	星宇电子（宁波）有限公司	一体倒装式 COB 研发	宁波大学
21	浙江金缘光电有限公司	诱导性组织修复材料	深圳大学
22	宁波丞智科技有限公司	高效低噪声永磁电机及控制器	浙江大学
23	宁波陈氏鑫光气动有限公司	家用 LED 照明球泡灯关键技术研发	浙江万里学院
24	宁波大昌药业有限公司	莴苣增强睡眠机能食品研发	浙江工业大学
25	宁波飞芯电子科技有限公司	模拟量电动弹簧复位智能调节执行器的研发	浙江纺织服装职业技术学院
26	宁波奉化光亚计数器制造有限公司	基于 ISIGHT 优化集成系统真空发生器结构设计	浙大宁波理工学院
27	宁波海特创电控有限公司	五基色智能 LED 灯具的研究与开发	宁波工程学院
28	宁波海特技术转移有限公司	机器人力控轴向浮动装置及砂带机开发及研制	上海交通大学

【创新创业平台】“茗山智谷”创新综合体建设稳步推进，实现总投资约5亿元，麦博韦尔、海上鲜、瑞晟、锋成等产生税收5000余万元。启迪科技园园区环境品质大幅提升，累计入驻企业58家，产值约3亿元。整合产业链上下游资源，创新实施以宁波麦博韦尔移动电话有限公司为主体建设的“奉化区电子信息产业链协同创新服务平台”运作模式，平台洽谈企业8家，已达成合作企业3家。

（韩　玥）

卫生健康

【概况】 2021年，全区卫生健康工作紧紧围绕“十三五”改革发展目标任务，结合省、市、区工作要点，以“健康奉化”建设为主线，着力建设“奉有健康”“奉有善育”“青鸟探巢”3个共同富裕品牌，纵深推进“1+5”改革发展攻坚战，坚决打赢新冠疫肺炎情防控的人民战争、总体战、阻击战，为全区经济社会发展提供坚强保障。截至2021年底，全区共有各级各类医疗卫生机构484家。其中，公立医院4家、社会办医院9家，急救站、卫生监督所各1家，采供血点1家（不是发放独立许可证的不纳入统计数据），社区卫生服务中心、街道（镇）卫生院共11家，社区卫生服务站、分院共49家，医务室16家，转制卫生院8家，诊所101家，门诊部15家（其中社会办门诊部14家），独立设置社会办医学检验实验室1家，村卫生室267家。全区各级各类医疗机构核定床位2811张，每千常住人口医疗机构核定床位数4.87张（按“七普”57.75万人口计）。全区医疗机构全年共诊疗8131406人次，出院67857人，平均住院日为10.3

天。区级公立医院门急诊均次费用和住院均次费用分别为183.58元和7602元，同比下降7.49%和3.4%。2021年，全区共出生2072人，同比减少214人，减少9.36%，其中二孩及以上出生691人，同比减少162人。2021年，奉化区居民期望寿命81.58岁。孕产妇死亡率为0/10万，婴儿死亡率为2.45‰。全年无甲类传染病报告；无新冠肺炎病例报告；乙类传染病报告发病率237.23/10万，同比上升1.75%；丙类传染病报告发病率585.28/10万，同比下降53.75%。

【新冠肺炎疫情防控】 在区委、区政府的坚强领导下，持续抓好常态化疫情防控工作。全面开展疫情风险主动监测预警，医疗机构、冷链等重点场所重点人群核酸检测全年累计达62.16万人次，监测各类冷链场所269家次。完成制定全区大规模核酸检测工作方案及应急预案，组织开展溪口、大堰区域大规模核酸检测3次、高风险作业人员核酸检测3次，共采送标本176598人，结果均为阴性。科学合理设置12个疫苗接种点，各镇（街道）成立巡回接种组，进企入村开展接种工作。全年累计接种新冠病毒疫苗126.72万剂次，高标准完成上级下达的目标任务，在全市率先完成3～11岁人群全程接种任务，位居全省第一位，获上级通报表扬；在全市率先完成60岁以上人群第一针接种任务；18岁以上人群加强接种稳步推进。成功处置进口冷链食品核酸阳性事件6起。在镇海、北仑疫情防控期间，组织医护骨干圆满完成支援任务，累计出动核酸采样、PCR检测及流调人员1114人次。

【提升改造工程】 基层医疗卫生机构业务用房提升改造工程有序推进。其中，裘村分院扩建工程、桐照分院迁建工程基本完工，松岙分院、西坞分院迁建工程开工建设。加快推进区中医医院医共体迁建工程，继续做好奉化区医疗健康综合体建设项目（含人民医院和公共卫生服务中心）前期工作。

【综合医改】 奉化区持续强化“三医联动”“六医统筹”综合医改。全面落实国家组织药品集中采购工作要求，印发《奉化区区域医共体基本用药统一目录》（2021年第一版），协调推进医保支付方式改革、医疗服务价格调整、药品供应保障体系建设等工作。公立医院综合改革持续推进，区级公立医院控制医疗费用不合理增长，全年区级公立医院医疗总费用增幅在10%以内，门急诊均次费用和住院均次费用增幅在5%以内。继续按照“一体两层级、三医四机制、五中心六统一”要求，全面深化以区人民医院、区中医医院、区溪口医院为牵头单位的三大医共体建设，印发《2021年度奉化区区域医疗卫生服务共同体建设重点目标任务清单》，健全绩效考核评价体系，强化考核结果运用，提升基层医疗服务能力。2021年，全区域就诊率97.73%，基层就诊率67.67%。

【基层卫生】 推进契约式家庭医生制服务，基层医疗机构实施率达到100%。建立家庭医生考核体系，完善激励机制。全年家庭医生收费签约居民总数7.43万人，完成重点人群签约7.03万人。基本公共卫生项目经费达到人均92元，服务均等化更加普及。项目宣传力度不断加大，居民知晓率和参与度稳步提高，居民规范化电子健康档案覆盖率77.87%，老年人健康管理率66.14%，全区基本公共卫生服务项目综合达标率为97.43%，公共卫生均等化服务水平全面提升。2021年，全区高血压患者规范管理率为65.57%，控制率60.01%；2型糖尿病患者规范管理率为66.23%，血糖控制率60.13%。

【卫生监督】 大力开展“蓝盾先锋——争先创优促进位”系列活动。围绕“五个能力”考核指标，狠抓卫生执法效能，高质量推进年度执法任务，推动执法数量与质量“双提升”。2021年，奉化区获评全省卫生行政执法效能监测A档次县（市、区），获评浙江省卫生健康执法规范化建设单位。全年共出动执法人员1292人次，检查医疗机构1248家次，共立案42起，停业整顿19家，罚款

4万余元，吊销医疗机构执业许可证1起。合力实现“四个确保，一个力争”的防控目标。研判市场风险点，聚焦专项整治，对全区范围内3200多家经营单位不间断地开展健康执法监督，全年共立案372起，结案352起，分别同比2020年增长51.83%、45.45%。结案的案件中，一般程序案273起，简易程序案79起，罚没款共计1504671元，实际执行罚没款1341965元。

疾病预防

【传染病防控】 重大传染病防控有力实施，新冠肺炎疫情防控取得阶段性成效，全年无甲类传染病报告，无新冠肺炎病例报告，乙类传染病报告发病率237.23/10万，同比上升1.75%，报告处置聚集性疫情74起，突发公共卫生事件2起。实施结核病防治规划，落实耐多药结核病防治措施，强化重点人群监测与防治工作，防治核心指标圆满完成。重点实施第四轮艾滋病综合防治示范区建设，全年报告HIV/AIDS36例，同比下降5.26%；开展HIV检测103970人次，占常住人口的18.00%，阳性检出率为3.65（1/1万）。规范预防接种，加强疑似预防接种异常接种反应监测，全年无死亡、群体性接种反应等重大事件报告。

【农村饮水安全工程卫生学评价试点工作】 实现信息交流和经验共享，帮助两家水厂建立健全长效运行管理机制。

【严重精神障碍患者救助】 率先对非本地户籍严重精神障碍患者进行救助，应用定位设备，推荐使用长效针剂，多措并举提升严重精神障碍患者综合管理治疗率。

【妇幼保健】 城乡妇女免费“两癌”检查有效实施，其中，宫颈癌筛查8469例，乳腺癌筛查8475例。出生缺陷综合防治扎实推进，完成孕前优生健康检查2264人、产前筛查2787人次、新生儿疾病筛查2257人、新生儿先天性心脏病筛查2259人。高危孕产妇妊娠风险评估管理到位，全年发现户籍高危产妇1512例，住院分娩率为100%。2021年，共有户籍产妇2000例，未发生孕产妇死亡现象。0～3岁儿童发育监测与筛查有效落实，全年共筛查户籍儿童16717人次。实施高危儿童分级管理及早期干预，管理高危儿童1529人，高危管理率为100%。新建20家村（社区）婴幼儿照护服务指导点。

【爱国卫生】 持续开展共建“我们的家园”、美丽乡村建设、文明典范城市创建等专项行动，促进城乡环境提升，宣传普及文明健康的生活方式，强化市民防病防疫意识，巩固疫情防控群众基础。提升卫生村镇的覆盖面，裘村镇、松岙镇通过国家卫生镇省评估，实现国家卫生镇创建全覆盖；77个新申报省卫生村通过评估，创建市卫生村38个，实现市卫生村全覆盖，省卫生村覆盖率到达86%；创建健康促进学校金牌2家、银牌7家、铜牌9家，实现健康促进学校建设全覆盖，金银牌比例为34%；新建健康公园、健康步道等健康支持性环境57个；居民健康素养水平达到35.8%，较上年提高0.9个百分点。两位市民获宁波戒烟达人称号，区爱卫办获宁波市戒烟大赛优秀组织奖。广泛发动群众加强环境卫生治理，消除蚊蝇滋生地。定期灭鼠灭蟑，累计投放鼠药、蟑药6000余千克。以除四害村创建为重点，加强农村病媒生物预防控制技术指导，全区12个镇（街道）年度四害密度监测均在C级以上。

【婴幼机构】 新建母婴设施4家，改造升级母婴室10家，累计母婴设施29家，公共场所母婴设施标准化配置率达100%，均按三星级及以上标准配置。积极推进奉化区高质量发展建设共同富裕“奉有善育”行动方案。采取公办民营、民办公助等形式，大力发展普惠性婴幼儿照护服务体系，加快幼儿园托幼一体化发展，建立健全3岁以下婴幼儿社会化照护服务体系。2021年，全区幼儿园举办托育服务的有29家，实际入托人数803个；已备案托育机构4家、托位数215个；未备案托育机构9家、托位数455个；总托位数1473个，每千人托位数为2.55个。新增计划生育家庭奖扶、特扶对象2449人，其中新增奖扶对象2396人、特扶对象53人。2021年，实发奖扶人数35780人，合计发放5146.68万元。

【无偿献血】 采供血点运营管理信息系统趋于完善，建成血液储存、运输一体化冷链监控系统，实施全区血液学质控品统一采购、统一管理、统一调配，一体化临床用血管理模式基本形成。推出多样化宣传模式，提高血液采集量。引入“We志愿”服务平台，无偿献血志愿者联盟框架初步搭建。组建奉化区“血缘”无偿献血公益联盟，新加入“剡溪”和“蜜蜂”两支团队，无偿献血志愿者队伍不断扩大。组织三批《奉化日报》小记者参观宁波市中心血站，开展“我心中的无偿献血”主题征文比赛，助力建立无偿献血工作发展长效机制。2021年度，全区参与全血捐献6565人次，成功捐献4865人，采集血液1537742毫升，同比增加3.25%；参与血小板捐献1028人次，捐献1431治疗单位，同比增加16.25%；全年采集血液1823900毫升，同比增加5.09%。

【工作亮点】 结合建党100周年，“青鸟探巢——小棉袄暖心行动”项目创新发展。“青鸟探巢——农村失独老人幸福晚年”志愿服务项目荣获2021年浙江省青年志愿服务项目大赛金奖。奉化区暖心家园、锋之社爱心服务协会上榜中国计生协会发布的全国“暖心家园示范点”和“暖心之星”。在2021年度家庭健康主题活动中，2例“孕妈萌宝小鸟餐”入选全国优秀案例，其中“海鲜米豆腐”作为全国优秀案例在“2021中国家庭健康大会”上展示。

（汪辰卉）

文化 体育

综 述

全民艺术普及深入推进。博物馆举办讲座145场，参与人数8200余人次；开设展览10场，共接待观众22.9万人次。“山海交响——奉化历史文明展”获评“第十五届全省博物馆陈列展览精品项目”。开展“和乐大舞台”“百姓戏台”“宁波走书”等惠民活动780余场。“一人一艺”全民艺术培训100余场次，受益群众超5000人次。新增图书采编到库10.16万册，累计达到73.91万册。依托巴人读书节、凤麓讲堂等平台载体，举办阅读推广活动507场次。红帮裁缝技艺列入第五批国家级非物质文化遗产代表性项目名录；弥勒文化被确定为首批“浙江文化标识”培育项目。

奉化区融媒体中心以庆祝中国共产党成立100周年为主线，深入贯彻党的十九大和十九届二中、三中、四中、五中、六中全

“来未来·溪口雪窦山”亮相第五届杭州（国际）未来生活节

奉化区第七届巴人读书节系列活动举办现场

会精神，坚决落实省、市和区委各项工作部署，忠实践行“八八战略”，奋力打造“重要窗口”，决战决胜“五年奉献一个新奉化”，为建设现代化健康美丽奉化新城区提供有力的舆论支撑和强大的精神动力，为塑造县域媒体深度融合的“奉化融媒”作出积极探索。

持续打造第六届桃花马拉松、第三届海峡两岸排球精英赛、第八届“江南百英里雪窦山越野赛”等品牌赛事IP，“海峡两岸桃花马拉松”获评中国田径协会铜牌赛事和最美赛道特色赛事，入选2021年浙江省重点培育品牌体育赛事名录库。举办区级及以上赛事活动250余场。徐凫岩运动景区入选中国体育旅游十佳精品项目和长三角体育旅游目的地，商量岗滑雪场获评浙江省运动休闲优秀项目，奉化区获“浙江省运动休闲基地”称号。总投资约5.5亿元的新体育中心项目体育场（田径场、游泳馆）主体结构结顶并投入使用，22个省、市民生实事项目如期竣工，获“十三五”省体育场地设施建设突出贡献奖。全区1965个公共体育场馆和963.09千米登山步道全面实现数字化、智慧化管理；人均体育场地面积达4平方米；中国皮划艇协会总部基地落户奉化。东京奥运会奉化籍运动员汪顺夺得区首枚奥运会金牌，奉化区获2021年度浙江省竞技体育突出贡献奖。

2021奉化区工艺美术大赛顺利开展

胡华教授生平展开展仪式顺利举办

首届“合奉戏语”戏曲文化节开幕式暨赵志刚越剧基地揭幕仪式顺利举办

公共文化服务

【公共文化设施建设】 完成方桥街道综合文化站建设，新建并开放朝夕城市书房——中交未来城分馆，实现每万人拥有公共文化设施面积5100平方米，城乡一体“15分钟品质文化生活圈”凸显，优质公共文化资源向基层、乡村延伸。与浙江师范大学合作建立奉化传统工艺工作站，推进“雪窦山省级文化传承生态保护区”创建。实现每万人拥有公共文化设施面积5100平方米。

【文化惠民品牌建设】 原创女声表演唱《踏水而歌》在“百年礼赞·一心向党”宁波市庆祝中国共产党成立100周年原创音乐舞蹈大赛中获金奖。原创歌曲《心中的誓言》获评浙江省“2021新时代主题原创歌曲十优作品”。奉化布龙参加由文化和旅游部主办的“庆建党百年 享美好生活”浙江省民间音乐舞蹈大型广场展演，获民间舞蹈精品奖。文化惠民品牌建设不断出新，开展红色文物故事讲述、红色文化赛事活动、建党100周年巡展等30余场活动，开展“和乐大舞台”、“百姓戏台”、“宁波走书”进基层、送戏下乡、文化走亲、全民阅读等惠民活动780余场。推进“一人一艺”全民艺术普及工程，开展展览、讲座和培训课程100余场次，受益群众超5000人次；以区非遗馆为阵地，全年举办农民画、植物染、棠岙纸等体验活动100余场。

【精品展览】 以区博物馆为依托，策划精品展览10场，共接待观众22.9万人次、团队142批次，举办各类活动145场，参与人数8200余人次，其中，“山海交响——奉化历史文明展”获评“第十五届（2020年度）全省博物馆陈列展览精品项目”。

文化传承

【文物保护】 拍摄《王馆长说文物》视频145期，点击量超60万人次。公布第九批区级文物保护单位、第七批文物保护点，完成不可移动文物数据库和区级以上文保单位“三色图”清单。对蒋氏宗祠西厢房、天主教堂、毛邦初旧宅等6处场所进行修缮，完成滨海医疗项目、江口杜家畈等考古勘探12处，S203省道、白杜

越剧赵派基地项目签约仪式现场

红色故事绘系列活动顺利开展

非遗项目亮相央视节目

厨余垃圾处理厂地块等考古发掘6处。对全区各级文物保护单位、文物保护点巡查412人次，全面保障文物安全。

【非物质文化遗产传承与保护】 4人入选省级第六批非遗代表性传承人名单，建成市级非遗体验基地3个、传习所3个、生产性保护示范基地4个。启动编纂浙江省非遗丛书《红帮裁缝技艺》和宁波市非遗抢救记录工程传承人口述史丛书。制作48集动漫IP短视频《奉小布讲非遗》，点击率500余万次，获点赞近10万，抖音号粉丝数突破5.8万人。奉化布龙、内家拳、削竹脑技艺等非遗项目受邀参加中央电视台《了不起的地方》节目录制，9月在央视综艺频道播出。

【文化基因解码工程】 文化基因解码工程稳步推进，完成20个重点文化元素的基因解码和400个文化元素的图像资料数据输入，纳入全省文化基因库。

【奉化文化标识建设】 启动奉化文化标识建设工作，弥勒文化被确定为首批“浙江文化标识”培育项目。

区融媒体中心

【体制机制改革】 区融媒体中心引进专业团队，制定内部改革方案，确立改革设计、机构调整、流程再造、平台建设、绩效考核、经营机制、配套制度七大支撑体系，以党委会为主体决策层，以行管会、编委会和经管会为业务指导层，相应职能部门为操作执行层，按照“总量控制、多劳多得、优绩优酬”的原则，实行绩效考核，深化薪酬制度改革。3月，启动双向选择（不包括广电网络公司）。4月，推出双向选择岗位161个。5月，207名人员参与竞岗，2人落选待岗。8月，根据奉化区深化机构编制委员会文件《关于印发〈宁波市奉化区融媒体中心主要职责、内设机构和人员编制规定〉的通知》，内设机构18个，派出机构10个。10月，研究调整KPI系数，使“优绩优酬”绩效导向更加鲜明。制定新绩效考核办法，极大地调动职工干事创业的积极性。12月，根据奉化区委机构编制委员会办公室文件《关于同意区融媒体中心内设机构设置及职责调整的函》，调整更改7个内设机构科室名称，撤销2个科室，新设2个科室。内设机构得到优化，部室职能更趋精准。创新实施项目制，确立短视频、新闻外宣、重大主题、摄影摄像、信息技术、产业经营等16个学科项目，团队合作、业务骨干领衔，推动整体业务能力再上新台阶。

【重大主题宣传报道】 区融媒体中心切实发挥新闻舆论主阵地作用，围绕“中国共产党成立100周年”“高质量发展建设共同富裕特色区”“五年奉献一个新奉化”等主题，在全媒体平台开设“奋斗百年路 启航新征程”“全面创新 全域美丽——高质量发展建设共同富裕特色区”“奋进的五年 辉煌的成就”等20多个专栏专题，刊播稿件2500余篇次，主流声音持续唱响。做好《中外师生留校过年 入乡村感受传统年俗》《浙江奉化为留在大陆过年台胞送温暖》等市外务工人员留奉过年相关报道（其中有7篇报道在央视各个频道播出）及两次防御台风特别报道，新闻传播更有温度。3月底起，《奉化

留奉过春节活动顺利开展

日报》开设《记者视点》专栏，全年共推出70期；5月起，在《奉视新闻》栏目里开设舆论监督类节目《记者观察》，全年共推出56期，在《记者视点》《记者观察》两档新闻舆论监督专栏和节目中，先后刊播《甬金铁路部分工地抑尘不力》《多家生猪养殖场不同程度存在环保问题》等舆论监督报道，有效解决部分社会治理难题。《奉川走笔》《犇犇说事》《锦溪杂谈》评论专栏刊登《切莫无视防疫纪律》《对野蛮施工说不》等50余篇新闻评论，直面热点、针砭时弊，充分发挥党报评论的旗帜作用。

"掌上奉化"客户端创新推出"奉化慢直播""我在奉城读党史"专栏和《奉Show》栏目，均取得良好社会反响，"奉化发布"《热烈祝贺！奉化小伙汪顺喜获金牌》《关于开展溪口镇全域全员核酸检测的通告》等微文点击量超10万次，《紧急通告！今天上午8时30分起，奉化将在溪口镇、大堰镇部分村组织开展核酸检测》点击量达12.9万次，"视听奉化"视频号制作发布的《奉化·正青春》《庆祝建党百年灯光秀》等多条短视频，单条点击量超过5万次。994微博推送《窨井盖被冲走，热心市民现场维护，提醒过往车辆》《宁波地铁部分线路停运》等信息阅读量超30万次。制定出台中心编委主任轮值和部门审核提级制度、新闻（广告）业务差错追究办法、采编播发人员规章制度等，牢固树立"最后一道关"意识，坚决杜绝政治差错，避免各类文字、逻辑等错误。

【党史学习教育宣传报道】 聚焦学习宣传贯彻习近平新时代中国特色社会主义思想和迎接中国共产党成立100周年，继续深化"头条"和"首页首屏首条"内容挖掘，大力开展主题主线宣传，让镜头、话筒，视频、声频、大屏、小屏共同发力，同步共振。在"掌上奉化"首页首屏最醒目位置开设《学习时报》系列采访实录专栏，专栏下设《习近平在浙江》《学习卡片》《热烈反响》《评论理论》4个子栏目，共转载70余篇文章及视频，共计35000余人次点赞。"奉化发布"连续发布6篇关于"习近平在浙江的探索与实践"相关主题微信文章。在《奉化日报》《奉化新闻综合频道》"掌上奉化"等各大平台的重要版面、重要时段及首页首屏开设"牢记总书记嘱托"等专栏，充分展示奉化贯彻落实习近平总书记重要讲话精神的创新实践和重要成就。做强党史宣讲"六进"中"进网络"的文章，大力践行"移动优先"战略，使舆论宣传到达基层末端、手机终端。"掌上奉化"经3次升级，初步形成"资讯+党建+政务+服务"的新格局。在"掌上奉化"发挥时效性强、覆盖面广等特点，推出以党史学习教育为主题的微党课、微视频，传播效应广，深受市民好评。开辟"百炼成钢"板块，以短视频的形式,讲述百年大党的100个重要历史事件,累计阅读量15万余人次；录制区直机关党工委关于《党史学习教育专题讲座》系列视频，利用"周二夜学"，要求全区单位通过"掌上奉化"组织收看，学习效果显著；"掌上奉化"推出《我在奉城读党史》专栏，每晚8点更新，每条视频链接可转发、可评论，从4月份推出以来，共录制100余期内容，累计阅读量破40万人次。启动"奋斗百年路 启航新征程"大型主题采访活动，在"奉化电视台"《奉化日报》"掌上奉化”等各大平台统筹策划专题报道，中心全体编辑记者深入探访奉化党史上重大事件发生地、重要遗迹遗址，挖掘革命先烈的英雄事迹，推出《沿着红色足迹走奉化》专栏，先后推出20余篇红色故事精品报道。组织以“红色巡礼 英雄记忆”为主题的融媒体展播展示活动，在“掌上奉化”集中推出奉化区爱国主义教育基地以及“红色菜单”，在“奉视新闻”《奉化日报》等平台推出新闻报道20余条（次）。讲好奉化党史学习教育好经验、好做法，共刊播奉化区党史学习教育相关主题新闻报道300余条（次），其中，100余条（次）被省级以上媒体刊播。

【宣传成果】 全年在中央、省级媒体累计刊播稿件198余篇。在央视各频道播出58篇新闻，其中，7月25日新闻《台风“烟花”登陆各地积极应对》和8月7日新闻《五集电视专题片〈人民的小康〉引发热烈反响》在《新闻联播》播出，时长30秒以上。在浙江卫视播出80余篇，4月4日新闻《特别的思念：清明祭英烈 精神永传承》在浙江卫视《浙江新闻联播》头条播出。在“中国之声”和央广网播出30余篇，在“浙江之声”及新媒体播出30余篇。甬派稿件每周录用5条以上，全年录用300余条。《暖心故事》市级以上媒体每月录用2条以上，全年录用30余条。2021年实现荣誉“大丰收”，共有65件新闻作品获奖。其中，《奉化日报》4月16日要闻版等3件作品获得浙江省县市区新闻奖二等奖，《“奉”陪到底看“浙里”》等9件作品获得浙江省县、市、区新闻奖三等奖；《浙拖奔野年组装1.5万台拖拉机整机项目在安土投产》等12件作品获得宁波新闻奖广播、电视、报刊、新媒体等各类奖项一等奖，13件作品获得二等奖，28件作品获得三等奖。文化作品上，《“童祝祖国好”2021奉化少儿春节联欢晚会》获得市广播电视节目奖电视少儿节目一等奖；《阳光大舞台》获得市文艺奖一等奖，并获电视文艺名专栏称号；《文明养犬》系列公益广告获得市公益广告一等奖，《生与死的距离》获得市公益广告二等奖；《奉勇争先奔跑者》获得“红色印记——党在我心中”短视频展映活动暨第七届万峰林微电影盛典二等奖；《八集医保骗保情景剧》获得市广播电视节目奖服务类政府奖三等奖。

【平台建设】 适应传播格局和舆论生态的深刻变化，推动媒体融合向纵深发展，进一步打造新型传播平台。坚持移动优先战略，推动信息内容、技术应用、平台终端、管理手段等共融共通。目前中心运行奉视一套（新闻综合频道）、奉视二套（生活与娱乐频道）、图文信息频道三个电视频道和FM994广播频道、《奉化日报》。实现“一端四微多平台”融媒体矩阵，一端即“掌上奉化”客户端（粉丝量16万人以上）；四微即“奉化头条”（粉丝量12万人以上）、“奉化发布”（粉丝量6万人以上）、“FM994资讯音乐台”（粉丝量近11万）和“民声1890”（粉丝量近4万人）4个微信公众号；入驻网易、蓝媒号、甬派、宁聚等多个外宣平台。矩阵用户总和在49万人以上，除去各平台重复用户，信息覆盖达全区一半用户以上。“奉化头条”连续5个月在宁波市媒体月排行榜前十名，每个月累计阅读量均超过45万次。2021年，“奉化头条”微信公众号入选宁波最具影响力自媒体二十强。“奉化发布”全年共发布微信1400余条，微信公众号在全市政务微信月排行榜中排名持续提升，11月冲上全市政务微信月排行榜第四名（含“宁波发布”），在全省政务微信排名第42位，12月跃居全省政务微信第29名。创建全市首个县级数字化社区综合服务平台“家门口”，整合锦屏、岳林、江口、莼湖4个街道和溪口镇共29个社区的资源，开设30项多跨场景应用，涉及居民日常衣食住行及就医、养老、择业、缴费等项目，实现供给多元化、服务广覆盖、资源共分享。服务居民7万余人次，总浏览量超10万人次。“家门口”工作信息被市委“信息每日汇报”、市政府办公厅“每日要情”录用。

【安全播出】 区融媒体中心定期召开安全播出会议，定期组织开展安全播出演练，在重大活动、重点时段、重要节目等重大保障任务中工作开展有序，确保安全刊播和网络安全零事故。积极开展庆祝建党百年安全播出专项活动，4月完成全省和全市建党100周年安全播出督查迎检工作，制定的《安全播出制度汇编》得到上级充分肯定。5月，完成全省人防应急演练彩排、三地直播连线技术保障和省公安厅护网行动攻防演练以及省广电局网络安全攻防演练，进一步提高全中心的应急处置能力。参评2021年宁波市广播电视技术质量奖录制工作，获得3个二等奖和1个三等奖。

【网络建设】 2021年，有线电视在册正常用户140388户，其中双向业务用户16172户、宽带用户7743户、有线电视新开户3547户。营业厅共受理业务180392笔，呼叫中心受理故障和咨询电话144454次，故障派单17661次。5月，新推出4K业务落地，200M宽带上线，不断加大用户的选择空间和需求。6月，开展“广电服务月”志愿活动，社会反响良好。密切配合区深改办、区编办、区文明办、大数据中心做好“最多跑一次”改革、公共服务窗口文明创建和系列改革。加强网络运维与平台建设，完成万科未来水岸、锦轩尚都、忆东南园、陈家岙别墅、方桥街道紫薇苑、百合苑和锦屏街道江宸府等小区机房的设备安装、调试工作，省华数OTN（光传速网）二级干线网设备波道扩容工作；中星6A、6B卫星天线安装调试和旧天线拆除工作。现全区EOC（智能终端）有3910套（在线），光纤入户3662户（开通双向用户）。积极做好集客项目建设和业务开展，区教育局平安校园项目完成验收；医保局诊所和药店项目共完成194家。2021年，广电网络公司完成的《浙江省有线广播电视运营服务质量评价》被宁波市文广新局推优至省局。公司员工参加宁波市广播电视职业技能竞赛取得良好成绩，其中，1人被推荐到浙江省参加竞赛，还有1人被推荐加入浙江省广播电视职业技能竞赛装维技能类别裁判库（宁波唯一入选者）。

【产业发展】 2020年11月和2021年8月，区融媒体中心分别获得“区政府批复对政府宣传合作项目和农村视频监控项目实施单一来源采购”和“数字灯杆项目的特许经营权”，在产业扶持政策驱动下，中心新业务创收1800万元。积极筹建成立国有控股合资公司，实施数字灯杆投资、建设、运营一体化工程，实现产业新的增长点。借梯登高，加强与宁波广电集团合作，联优联强，进军未来社区信息化项目。2021年，实现产业经营总创收7830万元（税后）。

（刘　声　杨永革）

体育现代化区创建

【体育设施建设】 总投资约5.5亿元的新体育中心项目体育场（田径场、游泳馆）主体结构基本结顶，22个省、市民生实事项目如期竣工投入使用。全年共采购安装一代健身路径296件、二代健身路径38件。2021年，新增体育场地面积2.3万平方米，人均体育场地面积达4平方米。区文广旅体局获“十三五”省体育场地设施建设突出贡献奖。

【品牌赛事】 积极打造海峡两岸桃花马拉松、“王者之战”国际街舞挑战赛、阿迪达斯国际越

2021奉化海峡两岸桃花马拉松开跑

野赛、浙江省龙狮锦标赛、江南百英里越野赛等高端IP品牌赛事，共举办区级及以上群众性体育赛事250余场，约2万名外地运动员到奉化参赛，参赛总人数超15万人次，促成体旅消费2000余万元。

【体育人才培养】 2021年，共培训三级社会体育指导员225人，截至2021年年底，全区共有注册社会体育指导员1777人，每千人拥有社会体育指导员3.07人。

【“体育奉化”数字化建设】 打造“体育奉化”数字化公共服务平台，开启奉化963千米健身步道“2.0时代”，环浙步道建设培训会在奉化举办，全省89个县（市、区）、11个地市的体育部门参与。

【体育成绩】 东京奥运会上，奉化籍运动员汪顺为奉化夺得全区首枚奥运会金牌；第十四届陕西全运会上，奉化籍运动员勇夺6金2银3铜，位列宁波市各县、市、区第二名。获“十三五”浙江省竞技体育突出贡献奖。加强社会力量办体育扶持力度，先后引进击剑、棒垒球项目相关企业，合作推进新兴项目推广和青少年运动员培养；推进市队区办模式探索，在马术、街舞、游泳等项目中涌现成功样板。在第十四届陕西全运会马术比赛中，获全运会马术场地障碍赛团体比赛铜牌1枚，个人赛银牌、铜牌各1枚。

（王璐婷）

2021年“江南百英里雪窦山越野赛”开跑

奥雷士杯第十四届全国运动会女子成年组篮球预赛（奉化赛区）顺利举办

世界帆联主席李全海到宁波奉化考察调研

精神文明建设

【概况】 2021年，全区精神文明建设围绕区委、区政府中心工作，突出价值引领、突出实践带动、突出夯实基础，推进精神文明建设长久长效，不断推动全体市民形成适应新时代要求的精神风貌。

【文明创建】 奉化区对标全国文明城市典范城市创建标准，持续完善长效机制，高水平推进新时代文明实践，进一步弘扬社会文明风尚，获得省测评全市第一名、社区专项测评全市第二名的佳绩。一是健全“四位一体”督导体系。区四套班子主要领导和区文明委领导定点联系各镇、街道，通过暗查暗访、现场办公、重点督办及召开专题调度会等形式，对包片区域督导检查累计超过30余次。成立联合督察组，每周两次对重点、难点点位进行督办，下发督办单11张。二是完善点位ABC动态管理机制。实施典范引领行动，印发《奉化区点位ABC动态管理（试行）》，确定首批动态管理点位，每两个月开展实地测评，结果在《奉化日报》、“掌上奉化”公布。通过以点带面，打造一批路段路口、小区、校园、背街小巷、窗口单位等文明创建领域的示范点位。至年末，已完成四轮测评。三是完善督查整改机制。落实周检查、半月通报、月回头看制度，下发通报38期。开展社区（小区）、文明餐桌等专项督查18次，督促宾馆饭店、机关企事业单位设置文明劝导员，促进文明餐桌行动深入实施。

【文明实践】 积极践行社会主义核心价值观，立足群众在哪里，文明实践就到哪里，积极弘扬“主旋律”，持续涵养“精气神”，聚力塑造新风尚。

选树道德典型，打造好人群体。推荐一批助人为乐、见义勇为、诚实守信、敬业奉献、孝

4月8日，宁波市奉化区文明委（扩大）会议暨建设全国文明典范城市动员会召开 （翁贤斌　摄）

3月5日，2021年奉化区学雷锋志愿服务主题月启动仪式暨志愿服务典型表彰活动顺利举行

老爱亲的道德典型参加各级好人和道德模范评选，共评选出“奉化好人”15名、“宁波好人”10名、“浙江好人”1名、“中国好人”1名、市级道德模范3人、省级道德模范1人、全国道德模范1人。开展“金色专线”活动，邀请汪知羞、刘安芬、周军等人结合自身事迹“话党史”，组织巡讲活动15场。

创新工作方法，护航未成年人成长。结合文明城市创建，组织开展文明校园、教育培训机构、家长学校督查通报，落实相关问题整改。下发“童心向党”教育实践活动通知，上报乡村复兴少年宫试点5个。

夯实阵地建设，促进实践示范引领。按照宁波市新时代文明实践中心建设标准，完成奉化区新时代文明实践中心—所—站三级组织架构全覆盖。推出“文明奉邑”公众号，设置五大文明创建专栏，排摸各部门、群团组织和社会组织的服务内容和项目，用好“掌上奉化”App点单系统，进一步完善线上线下对接平台，数字化推动线上新时代文明实践开展。探索“全区覆盖、出户可及、群众便利”的15分钟新时代文明实践服务圈，打造新一批14个区级新时代文明实践示范所（站），建成岳林和善悦邻新时代文明实践示范线，推进大堰新时代文明实践示范线建设。

强化资源整合，推动文明实践落地。整合部门资源，在区新时代文明实践中心建立“一院、两家、三课堂、四基地”（即新时代志愿者学院，小候鸟之家、职工阅读之家，文明大讲堂、老年大学文明实践课堂、未成年人好习惯养成课堂，党史、廉政、消防、文明交通教育基地），全年累计开展“文明润万家”活动300余场，服务群众万余名。针对特殊人群和重点服务对象，积极培育文明实践“五大员”，项目化开展文明实践活动，相关做法在中央文明办信息简报第11期刊登，并获得时任宁波市委常委、宣传部部长批示肯定。每月汇总实践所（站）文明实践活动开展情况，印发《工作简报》，督促各地落实文明实践“963”活动清单。

做强项目培育，打响志愿服务品牌。抓好人才队伍培养，建立奉化区新时代文明实践志愿者学院，每月分类开展志愿服务提升和志愿服务组织青年骨干交流会，全面提升志愿服务人才培养。至年末，已开展27期，培育10名全区志愿服务领军人物。深化全区优秀志愿服务项目库，建立全区项目培育管理机制，在2021年宁波市志愿服务项目大赛中，奉化区荣获1金2银，同时，在省新时代文明实践志愿服务项目大赛中，孝膳堂项目荣获铜奖，“大红烙铁走千山”项目进入金、银奖决赛，青鸟探巢项目荣获省青年志愿服务项目大赛金奖，成绩再创新高。推进志愿服务阵地建设，全区新建10家宁波志愿服务WE站，打造新时代文明实践品牌化志愿服务阵地。做好典型选树工作，87名志愿者、25家组织获评2020年度奉化区志愿服务先进典型。奉化区小草电力志愿服务队《“小草”共建平安万家 贴心帮扶精准脱贫》案例入选2020年全国“志愿者扶贫案例50佳”名单。

（薛丛川）

关心下一代工作

【概况】 2021年，全区各级关工委深入贯彻落实习近平总书记对关心下一代工作的重要指示批示精神，不断保持和增强政治性、先进性、群众性，确保关心下一代事业始终沿着正确方向前进。区关心下一代工作委员会紧紧围绕立德树人的根本任务，各项工作均取得新进展新成效。利用基层换届契机，及时调整各村（社区）关工委班子，使关工委组织与换届选举同步同频，进一步夯实组织基础。至年末，全区有533家关工委组织，其中，55%的基层关工委达到“五好”标准。

【主题教育】 按照市关工委《关于开展“我心向党永远跟党走”主题教育活动的通知》精神，结合建党100周年，围绕四史（党史、新中国史、改革开放史、社会主义发展史）教育，全年开展活动12次，参加“五老”230人次，受益青少年6000人次。同时，为扩大主题教育的影响，充分利用媒体宣传平台，各项活动坚持以“宣传党史、传播红色、回望百年”为中轴线持续开展，吸引全区3000多名学生实际参与，500余名学生获奖。7月3日，《奉化日报》刊出“‘红心·耀未来’系列活动”与《相伴童行，情系家国共成长》两个主题整版，内容既有小记者们的参与感受，又有“五老”热心参与事迹;《奉化日报》小记者公众号发布若干条活动报道，其中，以头条推送的报道有4条，综合点击量破万次，主题教育成果不断扩大。

【改革创新】 按照“组合联谊化、管理社团化、运行项目化、服务专业化”的“四化”要求，不断探索、创新，扎实推进关工委建设，有效提升服务能力和工作成效。2021年，除向市关工委申请“暑期组织五老关爱服务青少年”“2021年度‘甬润童心’关爱留守（困境）儿童”两个项目外，还牵头与区融媒体中心合作“‘我心向党 永远跟党走’主题教育”和“第二届小学生健康素养提升年”活动项目，与区青少年宫合作暑期“流动少年宫”项目，与区人民检察院、妇联合作“护苗行动”项目，共计投入资金16万余元，通过项目

4月10日，“红心·耀未来”系列活动之“小小讲书先生”奉化区级决赛赛事现场

7月22日，奉化区关工委、人民检察院、妇联、民政局联合发起的“护苗行动”儿童关爱服务活动启动仪式在区人民检察院举行

化规范运行，进一步提升关爱服务青少年的精准度和满意度。按照高标准建强要求，通过民政局AAAAA级社会组织评估。

【假日学校】 区关工委在调研的基础上出台《关于稳慎开办2021年暑期“假日学校”的意见》，对疫情防控、教学、管理等方面都提出要求，确保2021年暑期“假日学校”在疫情防控常态化条件下仍是让学生开心、家长称心、社会放心的民心工程。举办启动、开班仪式营造“假日学校”浓厚气氛；开展形式多样的党史学习教育，厚植爱党爱国情怀；组织开展“护苗行动”，普及《中华人民共和国未成年人保护法》《中华人民共和国预防未成年人犯罪法》等法律知识，加强青少年法治观念；创新工作方式方法，推出“菜单式”课程选择模式，解决学生上、下课交通安全和师资等问题；发动企业开办“假日学校”，解决职工后顾之忧。

9月1日，宣讲员在松岙镇卓兰芳纪念馆进行爱国主义宣传

2021年，奉化区各镇（街道）共开办暑期“假日学校”132班，“五老”参与人数292人，青少年参与人数4300多人；省、市、区各级媒体报道稿件96篇，其中，省级媒体报道稿件32篇、市级媒体报道稿件44篇；公众号推送稿件22篇，其中，“中国火炬”公众号推送9篇文章。8月18日，《奉化日报》在《社会周刊》中全面报道2021年奉化区关工委暑期“假日学校”的开办情况。

7月21日，莼湖街道桐蕉司村“假日学校”开班仪式现场

【校外教育阵地建设】 通过资源挖掘、整合，已基本形成“一镇一品”的校外教育阵地格局，阵地的教育辐射功能进一步提升。大堰、裘村、松岙等镇形成“红色记忆之旅”一条线，巴人文化馆—红色印记馆—“红领松溪”爱国主义教育基地；锦屏街道打造的弥勒文化馆；溪口镇的民国文化馆和新奉化人子女关爱中心；尚田街道打造的劳动实践基地“莓好农创园”；萧王庙街道推出的“滕头学生社会实践基地”；江口街道、方桥街道推出的“红帮服饰教育基地”；莼湖街道打造的“国际灾童教养院”；西坞街道打造的“孝德文化实践

基地”，等等。

2021年，松岙镇“红领松溪”爱国主义教育基地被省关工委命名为“浙江省关心下一代教育基地”。汪知羞被省关工委授予“红船精神优秀五老宣讲员”称号。

（韩 础）

社会事务管理

【农村组织】 2021年年末，全区有283个行政村。

2021年，区民政局会同区委组织部和农业农村局，实地走访涉及2020年行政村规模优化调整的8个镇（街道），对32个新村调整工作完成情况、三资融合和组织设置进行检查，验收通过后，下拨行政村规模优化调整奖补资金660万元，推动新村融合发展，完成行政村规模优化调整验收。

区民政局联合纪委、农业农村局等单位实行村务公开督促检查制度，采用定期检查、抽样检查和举报检查相结合的方式，共督查检查63个行政村的村务公开栏、重大村务民主决策、三资管理情况等。明确问题反馈和结果应用，通报督查情况，要求各行政村逐条分析整改落实到位，并在下一次的督查活动中检查问题整改落实情况。

【社区管理】 2021年年末，全区有39个社区。其中，2021年新设4个社区。

完成塔水村、前方村等25个村撤销建制的工作。推广社区“共享绘”议事协商方式，在2020年理论技术培训的基础上，新招募9个社区参与推广，提高社工的实务运用能力。加快清廉社区建设，在7个社区和2个居委会开展社区建设工作经费事中绩效评估工作，建立健全社区组织班子成员廉洁档案制度，制定《奉化区社区组织班子成员廉情登记表》，制定实施《奉化区社区工作及党组织服务群众专项经费使用办法》。根据省厅和市局部署要求，推荐第四批省级引领型农村社区5个、市级完善型农村社区20个。

区民政局与区委编办联合发出《关于规范专职社区工作者公开招聘流程和日常管理有关事项的通知》，对社工招聘、任职、考核、调动和借用等各方面制度进行规范。2021年，公开招聘43名社工，年末，实有专职社工275人，人数较2020年年底增加12%。对全体社工（含居委会专职工作人员）开展集中轮训，内容分别为社区党建、社工经验分享、拆迁安置居民社区融入和社区社会组织培育管理等，累计培训1004人次。

【婚姻登记】 2021年，全区婚姻登记9163件。其中，结婚登记2212对，离婚登记683对，补结婚证6078件，补离婚证187件，出具无婚姻登记记录3件。

【殡葬服务】 全年火化遗体3832具。根据惠民殡葬政策减免收费3651人、446.18万元，其中，骨灰盒减免668人、19.98万元，灵堂减免52人、8.18万元，骨灰撒海2人、1.1万元。

【养老服务】 至2021年年末，全区60周岁以上老年人口有137939人，占区总人口的28.87%。

2021年年底，全区有养老机构22家，养老床位5059张，2020年无新建养老机构，减少床位856张。全年新增居家养老服务机构4个，其中区域性居家养老服务中心1个、居家养老服务站3个，到年末，全区建成各类居家养老服务机构333个，区域性13个，服务覆盖全区所有老年人。继续开展居家养老服务机构等级评定，年末有AAA级居家养老服务机构45个、AA级居家养老服务机构198个、A级居家养老服务机构86个。组织全区养老机构安全员和护理员参加养老安全和消防演练培训，全年累计培训1616人次。

2021年，为17134名80周岁以上的老年人发放高龄津贴1186万元，为652名60周岁以上的老年人办理老年优待证。

（王亚雷）

民族宗教工作

【概况】2021年，奉化区民族宗教工作围绕铸牢中华民族共同体意识和推进宗教中国化这一主线，强化领导，创新举措，不断夯实民族宗教工作基层基础，切实加强民族宗教工作依法管理，各项工作取得积极的成效。区民族宗教事务局获评全国2016—2020年普法先进集体（全市民族宗教系统唯一获此殊荣单位）、全市民族宗教工作先进（表彰）单位，多项理论研究工作和成果在省、市统战工作中获得优异成绩。

6月24日，奉化区佛教场所消防知识培训暨首届技能运动会在浙江佛学院举行

【民族工作】推进民族团结进步示范点建设，设立乡村振兴联系结对村和民情观测点，不断提升服务各族群众实效，尚田街道双溪联村获评市级民族团结重点培育单位。深入贯彻落实全省“双百村”结对行动，做好文成县旁边垟村结对帮扶任务。加强各民族交流、交往、交融，以“歌”为媒，举办“再唱山歌给党听”少数民族山歌大赛，活动被光明网、新华社客户端、央广网、中央统战部网站、浙江卫视等媒体广泛宣传报道。以“节”为媒，开展“中华民族一家亲‘娘家人’陪你过元宵”等活动，营造民族团结一家亲的浓厚氛围。建立少数民族代表人士结对联系制度，定期走访少数民族代表人士，了解其思想动态和实际需求，确保生活有人问、困难有人帮、问题有人管。

【宗教工作】将民族宗教工作纳

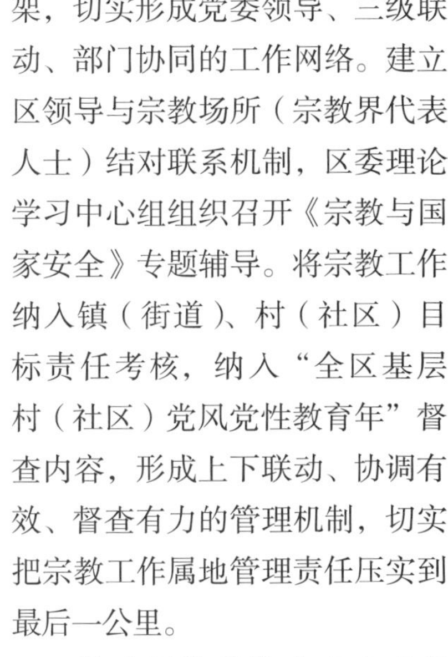
入区委统一战线领导小组议事框架，切实形成党委领导、三级联动、部门协同的工作网络。建立区领导与宗教场所（宗教界代表人士）结对联系机制，区委理论学习中心组组织召开《宗教与国家安全》专题辅导。将宗教工作纳入镇（街道）、村（社区）目标责任考核，纳入“全区基层村（社区）党风党性教育年”督查内容，形成上下联动、协调有效、督查有力的管理机制，切实把宗教工作属地管理责任压实到最后一公里。

推动区佛教协会出台《奉化区佛教场所负责人任职管理办法》《奉化区佛教场所规范化管理指导标准》等4项配套制度，明确场所负责人准入的“两项条件”和退出的“六种情形”，引导场所向精品型、文化型寺院转型升级。利用“学习强国”平台，组建由百余名佛教场所负责人以及骨干人士组成的在线学习交流群。继续开展教职人员常态化轮训，围绕党史知识、宗教政策法

6月14日，再唱山歌给党听——奉化区庆祝中国共产党成立100周年“民族一家亲　同心颂党恩”联欢晚会顺利举办

规、宗教中国化等热点问题进行解读培训。积极构建数字宗教应用场景，开发宗教场所安全智慧管理系统，实现场所日常巡查线上流转，形成问题隐患发现、整改、督促、提升的闭环链条；投入近10万元研发宗教场所人员管理、活动管理、财务管理以及人员履职等系统功能模块，推进各类工作成效衡量指标即时化、可视化。

加快推进佛教名山软、硬件建设，研究制定《浙江佛学院“十四五”发展规划》，女众部新校区建成投用，三校联动机制进一步完善，与宁波大学合作办学模式进一步深化。承接全省佛教教职人员轮训班、全市佛教骨干人事培训班等多批次培训活动，浙江佛学院人才教育培训基地作用进一步凸显，现代化的办学模式受到中央统战部常务副部长张裔炯等领导的充分肯定。

（李希萌）

奉化区慈善总会

【概况】 2021年，奉化区慈善工作以党的十九大精神和习近平总书记关于发展慈善事业的重要论述为指导，以深入贯彻落实《中华人民共和国慈善法》为主线，充分发挥慈善组织在社会保障、社会救助体系和三次分配中的重要作用，克服新冠肺炎疫情和经济形势趋紧的不利影响，在资金募集上积极作为，广开渠道，增强慈善实力。

【慈善募集】 奉化区慈善总会2021年共募集慈善资金4405.04万元，同比增长0.47%。全区12个镇（街道）分会全年共计募集善款1687.85万元，占总会募集的38.3%。罗蒙集团股份有限公司、浙江中烟工业有限公司、奉化滕头常青老年基金会、奉化滕头出口包装有限公司、奉化农商银行股份有限公司等企业捐款额度都在100万元以上。2021年，不少企业和爱心人士立足乡情本土，积极为家乡的新农村建设捐款。杭州富阳崇胜贸易有限公司助学捐款43.5万元；岳林商会向街道4个村（社区）老年食堂捐款35万元；万竹籍98家企业和乡贤集体捐款47万元，为大堰万竹村新建老年食堂；奉化绿能燃料有限公司为鲒奇村新农村建设捐款40万元；奉化璟辰置业有限公司向99乐园、斯张村敬老院捐款20万元；奉化永诚源金属制品有限公司为大堰镇张村机耕路建设捐款20万元。一位胡姓奉化籍上海爱心人士捐款15.17万元，已累计捐款118.5万元；张雪敏老人16年来，每年捐款2000元，共计捐款3.2万元。

【慈善救助】 2021年，慈善救助支出4338.34万元，同比增长3.5%。按照“突出重点、精准多元、讲究实效”的要求，紧紧围绕党委、政府最关心，困难群众最急需确定救助项目，开展帮扶救助。总会开展特困人员调查摸底工作，排摸出无依无靠特困人员102名、失独贫困家庭51个，对这些困难人员和家庭，加大救助力度，实施精准救助，春节期间，发放慰问金177.6万元，救助2873人。全年全区助困817.8万元，救助4401人。2021年助学金额达到239.3万元，重点帮助困难学生就读和学校教学设备设施改善。杭州富阳崇胜贸易有限公司捐款43.5万元，定向用于武岭中学学生奖学金；宋都集团出资100万元人民币，资助困难大学和困难高中生；鲁冠球“三农”扶志基金连续14年资助困难学生就读，2021年资助23名困难学生就读，金额7万元；中国银行出资25万元，资助50名困难大学新生。2021年全年助医金额509.9万元。继续对困难群众大额医疗支出予以适当补助；继续实施H型高血压与脑卒中防控惠民项目，资助金额10万元；会同区计生协会实施“青鸟探巢”项目，出资10万元，资助261户计生失独家庭；资助癌症康复协会17万元，用于生活困难的癌症患者养护资助。总会将募集到的400万元资金，通过区卫健局，用于改善相关医院的医疗设备设施。2021总会加强对老年人的帮扶救助工作，全年助老、助残金额160.1万元。其中，出资82.7万元，为岳林街道3个村、1个社区和大堰万竹村创办农村老年食堂；出资12万元，会同区民政局实施适老化改造项目；出资13万元，资助残联爱心基金会。奉化滕头常青老年基金会捐款118万元，用于村文化礼堂建设；杭州宋都公益基金会出资40万元，为大堰镇政府购买消防车1辆；中烟集团出资90万元，用于公益宣传、新农村和文化礼堂建设；奉化绿能燃料有限公司出资40万元，资助鲒奇村新农村建设。

【四大工程】 2021年，开展慈善四大工程建设和对口援助工作。根据各镇、街道行政村调整的实际情况，调整完善部分慈善工作联络站，新建31家，撤销87家。确定慈善工作联络站以村、社区书记为站长，会计为联络员，按照职责分工做好工作。抓好基层义工组织建设，大多数村、社区都建立义工队伍，发挥义工在环境卫生、老年食堂、敬老扶弱、垃圾分类、文化建设等方面的作用。建立基层慈款募集的长效机制。发挥各镇、街道人大主席（主任）兼任慈善分会会长的有利条件，在一年一度的人代会上，开展慈善宣传，做好募集工作，积极推出富有吸引力的救助项目，促成企业认领。帮助企业建立慈善基金，采取留本用息、用本用息的方法，用于扶贫帮困、助医助学、社会公益方面的资助。

【基地扶贫】 2021年，全区共有3家市级扶贫基地、4家区级扶贫基地。总会落实有关扶贫基地的帮扶措施，通过对扶贫基地的考核，发放慈善基地补助款67万元，其中市级39万元、区级28万元；溪口有机竹笋慈善扶贫基地“食用菌下脚料覆盖竹笋”项目，两年来免费为参与的21户困难农户提供食用菌下脚料362吨，价值8.2万元，帮助农户创收35万元。

【对口扶贫】 区慈善总会响应区委、区政府号召，做好对口援助工作，2021年会同全区12个镇、街道和经济开发区与四川甘洛县13个乡镇结对，对口援助金额130万元；浙江瑞晟智能科技股份有限公司向甘洛县残疾人联合会儿童康复基金资助20万元；萧王庙商会20家企业与甘洛县教育局结对助学，资助10万元；向新疆阿克苏库车县捐款20万元。

【义工工作】 2021年，区慈善总会按照基地化、常态化、品牌化的要求，广泛开展具有慈善特色的义工活动。2021年，义工便民服务大队共组织各种便民服务10次，先后到周村、张村、石桥头、吴家埠等村、社区开展服务，参与人数188人次；配合政府有关部门参与区全运会志愿服务、农村环境综合整治督查等公益服务活动22次。春节前，开展“留下微笑留下爱”活动，义务为因疫情留奉的外来务工人员拍照（或拍全家福），照片以武岭门和惠政桥为背景，把他们的思念和身影寄给远方亲人。2021年重点实施“和风抚芽”“礼敬老兵”两个品牌服务项目。“和风抚芽”项目的服务对象是留守困难儿童，重新确定帮扶对象，落实帮扶人员，提出帮扶的任务和要求，精心组织开展帮扶工作。“礼敬老兵”项目主要是开展对20世纪50年代之前老兵进行走访，赠送慰问品，了解他们的生活情况，开展义工服务。继续巩固原有的兰峰村、人民医院、长岭社区、启航等8个义工服务基地和3个义工服务点，加强与服务基地的联系，了解基地的需求和困难，积极开展结对帮扶和便民服务。加强与何美蓉工作室、剡溪志愿者、城管义工和村（社区）基层义工组织的联系，开展分工合作，专业性义工相互协作，发挥特长，努力实现义工服务效益最大化。在开展具有慈善特色的义工活动的同时，继续在义工服务点进行挂牌服务，积极组建、扩建义工队伍，并组织开展先进义工评选活动，不断完善管理制度，提升慈善义工的社会影响力。

【慈善宣传】 区慈善总会通过报刊和电视等媒体，广泛宣传爱心人士先进事迹、捐款捐物活动和慈善工作的经验做法，弘扬慈善正能量，做到月月有报道、经常有信息。9月5日第6个中华慈善日期，区慈善总会与区诗词楹联家协会联合举办慈善诗词创作比赛，诗词创作以慈善公益为主题，歌颂、反映、记录企事业单位感人的爱心善举，共征集诗词

50首，35首入选获奖，后分别在总会大厅、长岭社区、义工服务点巡回展出，并发表在《大爱》《雪窦山》杂志上。总会拍摄的《和风扶芽（组照）》摄影作品，获省慈善总会“同心向党崇德向善——庆祝中国共产党成立100周年摄影比赛”二等奖。抓好慈善文化进校园工作，组织小义工参加慈善活动，感受慈善氛围，体验慈善真情。做好慈善长廊、宣传栏等设施建设，组织摄影义工义务帮助农村慈善服务基地拍摄照片，在有关社区开展慈善图片、诗词展示展览，对广大市民进行慈善文化教育。积极参与慈善理论研讨，总会撰写的《论布袋弥勒的慈善精神在奉化》《慈善与社会工作融合发展》两篇研讨文章参加宁波慈善总会第四届慈善理论研讨会并获三等奖；做好奉化慈善人物征集，撰写奉化十大慈善人物故事。2021年，区慈善总会获《大爱》宣传报道先进集体，一人获评优秀通讯员；萧王庙街道被评为第二批省级示范慈善分会；萧王庙街道滕头村被评为第一批省级示范慈善工作站；亚德客（中国）有限公司董事长王世忠荣获第六届宁波慈善奖（捐赠个人奖）；“宋爱千里”助学项目荣获第六届宁波慈善奖（项目奖）。

（吕　娜）

社会保障服务

劳动与就业

【概况】 2021年，区人力社保局坚持就业优先导向，实施“乐业奉化”行动，全力稳企业扩就业保用工，全年城镇新增就业20258人，其中，失业人员再就业3132人，就业困难人员就业2039人，城镇登记失业率保持在2.43%的较低水平。

【公共就业服务】 面对疫情冲击，推出春节“稳岗留工”政策，有力支持企业留工优工促生产。紧跟奉化区就业形势，制定出台“鼓励就业创业和技能培训十二条”举措，为各类群体提供全方位就业支持。先后对22534家企业开展用工大调查，进一步摸清就业底数。实施“百企百校”聚英才行动，先后赴东北、陕西、江西、湖南、重庆等5省9市15所高校开展“全国选才、才兴奉化”招聘活动27场。加强劳动力余缺调剂，全年举办本地招聘会90期，达成就业意向1.1万人次。依托“十省百城千县”劳务协作机制，开展“走百城、招万人”赴外劳务协作活动，举办“乐业奉化”东西部劳务协作座谈会，签署各类协作协议22份，为企业稳定用工提供坚实保障，至2021年年末，有2.3万省外脱贫人口在奉化稳定就业。

【创业带动就业】 深化创业服务品牌，为各类创业人员提供创业指导、资金支持、跟踪引导等“一条龙”服务，承办2021—2022中国宁波青年大学生创业大赛智联装备行业赛，挖掘创业先进典型，营造良好创业氛围。积极鼓励、引导和支持城乡劳动者自主创业。全年发放创业担保贷款4458万元、各类创业补贴900万元，全区新增创业实体10086家，带动就业35301人。

【职业技能培训】 启动新时代奉化工匠培育工程，围绕产业发展和劳动者需求，分批分类开展各类职业技能培训39436人次；举办区级以上职业技能竞赛16场，参赛人员1.2万人，均为历年最多；全面推行职业技能等级认定制度，新增技能等级认定企业54家，开展技能认定9682人次。奉化区“擦亮‘奉化工匠’名片助力高质量发展建设共同富裕特色区”做法获省人社厅主要领导批示肯定，年度技能人才工作获省人社厅发信表扬。

【和谐劳动关系建设】 实施“和谐同行”劳动关系能力提升行动，先后为350家企业开展劳动用工体检。根据奉化区经济社会发展水平，将全区最低月工资标准由1660元调整到2070元。

【劳动人事争议仲裁调解】 推进劳动纠纷一体化治理改革，引入工会、人民法院等力量，打造“调裁诉”三方工作室，多元化解劳动纠纷。溪口、西坞劳动人事争议调解中心入选首批市级金牌劳动人事争议调解组织。2021年，共受理劳动人事争议仲裁案件993件，结案率、调解成功率、网络办案率分别达到98.4%、91.5%、44.4%。区劳动人事争议仲裁院于2021年2月获评2020年度浙江省劳动人事争议“互联网+调解仲裁”成绩突出仲裁院。

【劳动保障监察执法】 紧盯工程建设等欠薪重点领域，建立房地产工程欠薪一体化处置机制，精心谋划实施护航建党百年“奉化安薪”专项行动、“漠视侵害群众利益问题”专项整治行动、根治欠薪冬季专项行动，先后为5900余名劳动者追讨劳动报酬8100余万元。恒大、宝龙等欠薪隐患问题得到有效处置。

【议案提案和信访工作】 2021年，收到建议、提案主办件7件（协办件25件），所有建议、提案均按时办理完毕，主办件面商率为100%。持续加大积案化解和初信、初访办结力度，及时回应群众合理合法关切诉求。落实法定途径分类处理信访投诉制度，努力化解各类矛盾，全年接访80次，快速答复办理682件，完成书面信访答复3件，完成率和正确率均为100%。

【行政审批和工伤认定】 2021年，完成行政许可242件、行政确认7608件、行政给付25375件、公共服务事项118469件，办结率为100%。工伤认定2437件，劳动能力鉴定2059人次，无行政诉讼及行政复议。

（李静静）

保险保障

【概况】 2021年年末，全区企业职工养老保险参保人数298237人，工伤保险参保人数271740人，失业保险参保人数158150人，城乡居民养老保险参保人数109100人，被征地人员养老保障参保人数49118人。户籍人口基本养老保险参保率达到99.2%，残疾人、低保人员等困难群体实现“应保尽保”。全区社会保险基金总收入68.59亿元，累计结余13.7亿元。企业职工基本养老保险基金抗风险能力为0.6个月。

【政策落实】 2021年，区人力社保局认真落实企业职工养老保险省级统筹有关部署，平稳有序地完成省社保系统启用、外来务工人员社保补缴以及历时18年的积存被征地农民参保工作。深化全民参保登记计划，重点抓好企业职工参保工作，全年新增企业职工参保2.3万人。全区困难群体城乡居民养老保险参保情况核查率达到100%，全额补助对象参保10200余人，部分补助对象参保1.1万人，实现全区100%按年参保。

【社保待遇提高】 实施社保惠民提质专项行动，稳步提升社保待遇水平，全区企业退休（职）人员人均月增资145元，月人均2475元；城乡居民养老保险基础养老金从每人每月220元提高至310元，实现“同城同标”；退休人员基本养老金月人均上调116元。

【基金监管】 2021年，区人力社保局依托省、市智慧监管平台排查疑点数据654条，经核实后，及时追回违规待遇领取24.6万元，追缴率为100%。通过专人检查和交叉检查等方式，严格防控基金管理风险。内控监督检查每月1次以上，检查量均在上月业务量的20%以上。通过风险排查和专项审计，共梳理风险点35个，并全部整改到位。

【经办服务】 合理配置经办资源，社保统一受理窗口从原先的8个调整为6个，充实专职“大堂经理”力量，利用智能化办事大厅24小时自助服务机、高拍仪、共享手机等硬件设施，主动做好群众咨询、办事引导、自助办指导等工作。针对群众疑难问题，设立“帮办服务站”，全程跟踪陪伴问题处置，切实打通惠企利民“绿色通道”，形成一般业务自助办、特殊业务窗口兜底办的经办格局。加强后台审核力量，对网上申报的企业职工补缴、个人到龄后延缴等“线上申请、线下审核”事项，凡符合条件的，均实现“秒批”。对企业网上申报QQ群、镇（街道）工作联络群等实行动态管理，第一时间广泛传达相关政策精神，及时解答群里提出的各种疑难问题。依托政务服务网、浙里办App、自助服务机等渠道全线开展“网上办”“掌上办”，将10个群众需求强烈的高频社保服务业务事项纳入“一网通办”。

（李静静）

【社会福利和救助】 至2021年年底，全区最低生活保障对象总数为6263户8477人，根据宁波市民政局、财政局《关于调整全市最低生活保障标准的通知》，城乡居民最低生活保障标准自2021年7月1日起进行调整，从842元提高到1005元，全年发放最低生活保障资金7957万元。全区特困供养人员268人，根据市政府《关于进一步健全特困人员救助供养制度的实施意见》，特困供养基本生活标准自2021年7月起，从1555元/月提高到1709元/月，并落实特困人员照料护理费，全年发放特困人员基本生活保障资金和照料护理费629万元。2021年元旦、春节期间，全区发放节日生活困难补助金1393万元；2021年，奉化区连续3次启动困难群众物价补贴机制，共发放困难群众基本生活价格补贴209万元。2021年，全区共支出临时救助款459万元，2047户困难家庭3433人次得到及时救助，较好地解决了城乡居民的临时性困难。至年末，全区有孤儿20人、困境儿童577人。自2021年4月起，集中供养孤儿基本生活保障标准从原来的2178元/月调整至2580元/月，散居孤儿和困境儿童基本生活保障标准从原来的1743元/月调整到2064元/月。全年，发放孤儿及困境儿童基本生活保障资金808万元。

（张碧云）

医疗保障

【概况】 2021年，奉化区医保局坚持贯彻落实习近平新时代中国特色社会主义思想，充分发挥医保兜底作用，紧紧围绕本职和群众关切的小事，办好医疗保障中的惠民实事，以富有成效的工作举措提升百姓医保获得感，为助力共同富裕示范区建设贡献力量。全区城镇职工基本医疗保险参保人数为246970人，城乡居民基本医疗保险参保人数为252289人，参保总人数较2020年同期净增7587人，全区户籍人口医保参保率为99.86%。

【医保助力】 稳步做好城乡居民医保参保扩面工作，扩大医保参保覆盖面，截至2021年年底，已有50余名外来务工人员学龄前子女参加奉化区城乡居民医疗保险。

时刻关注疫情防控新趋势，积极做好疫情应对工作，落实好各项医保政策。按照国家统一部署，做好新冠肺炎疫苗免费接种的支付结算，2021年共支付相关费用6758.49万元，其中疫苗费用5609万元、接种费用1149.49万元。继续实施企业降费减负政策，2021年共计减征4541.62万元。

切实提高困难群众医疗保障水平，建立救助对象精准识别、动态管理机制，按照认定一户、参保一户的要求，医疗救助政策落实率和符合条件困难群众资助参保率均达到100%。创新建立健全参保群众高额医疗费用预警机制，及时发现因病、因意外致贫返贫的困难人员，并每月向民政局、农业农村局、残联等部门推送，确保应助尽助。自2021年6月开始实施预警机制以来，共推送年度医疗费用个人负担在5万元以上的参保人员信息72010条，政策内个人自负在3万元以上的困难人员信息42条。继续落实医疗救助对象高额医疗费用补助政策，联合相关部门开展2020年度困难人员个人自负5万元以上高额医疗费用化解行动，为10人化解提供补助，化解率为100%，补助金额16.8万元。深入实施困难群众高额医疗费用化解补助政策，将符合条件的医疗救助对象个人自付费用年度累计超过3万元的部分给予全额补助，全年补助金额61447.3元，医疗救助共203803人次，救助金额2117.6万元。

【医保改革】 努力打通医保公共服务“最后一公里”，全力推动医保电子凭证激活与使用，截至2021年年底，奉化区医保电子凭

4月20日，区医保局开展“医疗保障基金使用监督管理条例暨医保电子凭证激活宣传日活动”

证激活率为86.57%，结算率为23.11%，结算率位列全市第一名。加大医保政策网宣力度，编印发放《政策问答手册》《常用办事指南》《致全区学生家长一封信》近10万份，摄制打击欺诈骗保情景短剧2部，举办医保政策有奖线上知识竞赛2期，开展媒体访谈1期，群发短信100万条。巩固医保窗口无差别受理，全面推进政务服务2.0建设，不断提升群众满意度，全年一网通办的办件率达82.44%。将城乡居民医保参保登记、参保信息变更登记等8项业务的经办权限下放到各镇（街道），并列入区对镇（街道）目标管理考核，以考核促服务，努力打造“医保经办15分钟服务圈”。加快推进基本医保跨省异地就医直接结算，全区已有28家医疗机构开通跨省异地就医直接结算服务。协同推进价格改革和带量采购工作，积极做好五批国家集采药品和省级集采药品使用落地工作，全年节约医保基金计1500余万元。开展全区公立医疗机构中药配方颗粒剂集中采购，零售价格平均降低约20%，共节约医保基金80余万元。

【“两定”机构管理】 严格规范“两定”机构管理，2021年新增定点医疗机构10家、零售药店5家，退出医疗机构7家、零售药店6家。至年底，全区有定点医疗机构95家、定点零售药店126家。将年度考核结果与“两定”机构医保付费决算挂钩，提高“两定”机构的主动控费意识，有效遏制基金使用的不合理增长。参照同类同级别医疗机构历年业务数据，科学确定新进定点医疗机构总额标准。积极探索“两定”机构、参保企业、参保人交流服务模式，做大做强区“医保直通车”品牌。

着力推进医保支付方式改革，按照全省统一的DRGs（诊断相关分类）标准和付费办法，全面实施住院费用DRGs点数法付费。加强预算绩效管理，健全完善基金内控制度和基金运行风险预警机制，强化基金定期分析报告制度，按月分析、按季报告基金运行情况，分析研判全区医保基金支出情况，对发现的基金管理薄弱环节和漏洞及时提出预警，防范基金风险，提高基金使用效率。2021年度，全区职工医保基金支出较2020年增长12.01%，居民医保基金支出较2020年降低2.95%，确保医保基金安全平稳可持续运行。

【基金安全】 深入开展打击欺诈

3月11日，宁波市医保系统DRGs点数法付费工作座谈会暨3月工作例会在奉化召开

骗保专项治理行动。2021年通过向第三方购买大数据监管服务，对全区40家内科类、中医类诊所门诊部开展专项检查，同时结合日常检查、飞行检查、交叉检查、“双随机、一公开”等多种形式相结合的检查模式，形成打击整治欺诈骗保高压态势。2021年1—12月，共检查定点医药机构167家，违规处理17家，其中，解除协议7家，追回医保基金122.48万元。

开展联合督导检查，与区卫健局、市场监管局一案联查、一案多查。2021年，共作出行政处罚3起，处罚金额1.88万元。

建立部门联查共享机制，加快推进与公安、人民检察院、人民法院、资源与人力社会保障局、卫生健康局、市场监督等部门之间信息系统互联和数据共享，建立常态化比对机制，有效弥补因部门之间信息不对称造成的监管漏洞。2021年，联查、共享案件213起，共发现违法违规案例4起，追回医保基金62100元。同时与人民检察院、公安分局共同建立骗取医疗保险基金案件移送、查处、追偿协作机制，坚决堵塞医疗保险基金监管漏洞，着力推进行政执法与司法工作有效衔接。

建立违纪移交机制，将定点医药机构违法违规违约行为相关人员的政治面貌和职务，作为医保案件调查的必要内容，加大对涉案中共党员及公职人员的监管力度，2021年移交驻局纪检组1起案件。

加大公开媒体曝光医保基金违法违规案例力度，定期选取部分医保基金违法违规典型案例，通过各级各类媒体、官方网站、微信公众号、“浙政钉”、“两定”机构工作群等予以实名曝光。2021年曝光17起，有效提升医疗保障基金监管震慑力。

（邬芸俐）

气象服务

【概况】 2021年，区气象局按照全国、省市气象局局长会议精神和区委、区政府工作部署，全力抓好防灾减灾、气象现代化、改革创新等各项工作，推动奉化气象事业高质量发展，为奉化区“争先进位、二轮攀高”提供优质气象保障。

【气象防灾减灾服务】 针对强寒潮、暴雨、高温、台风等灾害性天气，加强监测、预报、预警服务，为地方安全度汛做好强有力的气象服务保障。尤其在“烟花”“灿都”等台风气候中，预测精准，会商研判及时科学，为全区防御工作提供了重要的决策依据。为水蜜桃文化节、杜鹃花文化旅游节、桃花马拉松等重大活动提供有力支撑。2021年，共发布各类气象灾害预警信号156次、各类专题服务32期、决策服务短信131.6万条。推进人工影响天气常态化作业，累计实施火箭弹和地面烟炉作业20次。

【特色气象服务】 强化气象为农服务。区气象局连续11年开展桃花花期预报；与区桃研所联合发布2021年奉化水蜜桃气候品质预测服务专报；助力奉化水蜜桃获得省级“特优”气候品质证书；定期发布水蜜桃采摘气象指数。加入全省草莓气象服务联盟，深化草莓气象服务工作。为奉化区政策性香榧气象指数保险试点业务提供数据。开展以农、渔业气象服务提质增效为核心内容的智慧气象服务项目，该项目列入区2021年民生实事项目、区委改革办数字化创新项目。

深化生态气象保障服务。开展奉化“最天气”评选活动，挖掘天气气候的“正能量”。利用气象大数据发掘全区高质量的旅游憩息资源，向西坞街道金峨村授予“天然氧吧”标牌。助力滨海旅游度假区入选首批“浙江省气候康养乡村”。发布《2017—2021年奉化区生态气候质量分析报告》，以气象数据见证奉化区生态气候质量持续提升。在中山公园新建负氧离子监测站。

【气象社会管理和防雷减灾】 推进“最多跑一次”改革。“网上办”“掌上办”“一证通办”“跑一次”实现率均达100%。深化防雷安全管理改革。将雷电灾害防御纳入年度安全生产考核指标，将气象安全检查纳入部门联合检查和镇（街道）属地综合检查；对易燃易爆危化品企业、防雷检测公司开展双随机执法检查；推进防雷减灾管理平台的数据录入与应用；编制2020年度雷电监测公报；实施防雷安全重点单位“一企一档”管理；溪口镇以乡镇名义行使气球施放执法职责，区气象局负监管职责。

【气象科普宣传】 区气象局开展世界气象日、防灾减灾日、科普宣传周等主题宣传活动。联合区应急管理局，对全区700多名气象防灾、减灾工作人员进行防汛防台抗旱专题培训；联合区减灾委，对全区近200名灾害信息员开展气象灾害防御知识培训。组织召开气象防灾减灾工作会议。为居敬小学、萧王庙小学学生开展科普讲座。

（沈绿草）

住房公积金管理

【概况】 2021年，是“十四五”规划的开局之年，宁波市住房公积金管理中心奉化分中心严格贯彻实行国务院《住房公积金管理条例》和《浙江省住房公积金管理条例》的规定，统筹推进奉化区住房公积金稳增长、促改革、惠民生等各项工作，以安居促发展助富民，扎实推动全区住房公积金事业稳步发展，助力奉化高质量发展、建设共同富裕特色区。

【房改和住房补贴工作】 做好一次性住房补贴的查漏补缺和新职工的审批工作。2021年，审批出售公有住房43套、2335.34平方米；审批新职工住房公积金补贴335人。

解决住房补贴历史遗留问题。从2018年开始，中心着力处理住房补贴历史遗留问题。溪口区域已批地建房的部分行政人员和教师56人违规领取的住房补贴，截至2021年8月已全部清退完毕。

着力深化职工住房分配货币化政策。奉化撤市设区后，就如何深化住房分配货币化改革事宜做了大量相关的调研工作，因资金原因未能实施。2021年，参照宁波市和各县、市、区的做法，拟进一步深化住房货币化改革，制定《奉化区深化住房分配货币化改革实施方案（草案）》，提交区政府。

【住房公积金归集和使用情况】 2021年年底，全区缴存住房公积金单位1434家，新开户职工16957人，完成计划的169.57%。住房公积金缴存职工55054人，比上年月均增加2157人，超额完成计划。全年归集108840.98万元，完成计划的101.76%，同比增长8.94%。实际归集累计总额达到79.00亿元，完成计划的100.23%。2021年，住房公积金贷款发放1336户、39441万元，完成计划的112.69%，比上年增加4.10%；“公转商贴息贷款”发放430户、13244万元，完成计划的101.88%，比上年增加43.46%。两项贷款合计52685万元，完成年度计划的109.76%。历年累计发放住房公积金贷款15618户、40.67亿元；“公转商贴息贷款”累计发放3225户、13.22亿元。存量公积金贷款余额为19.50亿元，“公转商贴息贷款”余额9.51亿元。

2021年度，提取公积金25989人、82981.51万元，完成计划的93.24%，比上年减少1.22%。其中购房消费和还贷提取占79.42%。历年累计提取总额达到58.54亿元。

【风险准备金及增值收益情况】 2021年，住房公积金业务收入6616万元，业务支出4429.92万元，实际产生增值收益2186.08万元，完成计划的136.63%，比上年增长24.52%。增值收益经财政部门审核后进行分配，其中提取风险准备金1311.65万元，提取中心管理经费560.46万元，提取公共租赁住房建设补充资金313.97万元。

【政策调整和简化】 业务政策调整。7月1日，年度缴存基数调整，以职工本人2020年度月平均工资为基数，按5%～12%的比例计算住房公积金月缴存额，2021年月缴存基数上、下限分别为33414元和2010元，不得高于上年度月平均工资的3倍；12月起，住房公积金委托提取业务签约生效后，签约职工仍可申请其名下其他住房的偿还购房贷款本息提取住房公积金业务。

服务提升方面。中心不断改革创新，改进服务方式，提高服务水平，提升办事群众的体验感、获得感、幸福感。开通商贷客户的“按月委托提取”，减轻职工购房的还贷压力；推进“一件事”建设，围绕群众和企业两个生命周期，分别推出退休入职个人全生命周期“一件事”、公务员职业生涯全周期管理“一件事”、企业开户“一件事”等内容；实现住房公积金提取业务宁波“全城通办”、浙江“全省通办”，打造“就近办”服务体系；融入长三角住房公积金一体化进程，开通长三角住房公积金一体化服务“一网通办”专窗，实现长三角地区异地贷款证明信息互认，为区域内单位和职工提供更优质的服务；着力推广“浙里办”的公积金应用，2021年度，为推进“数字公积金”的使用覆盖面，奉化中心联合10家业务委托银行全力推广“公积金”应用场景，每日活跃率在100人左右，力促“数字公积金”的使用深入人心。

（胡飞虹）

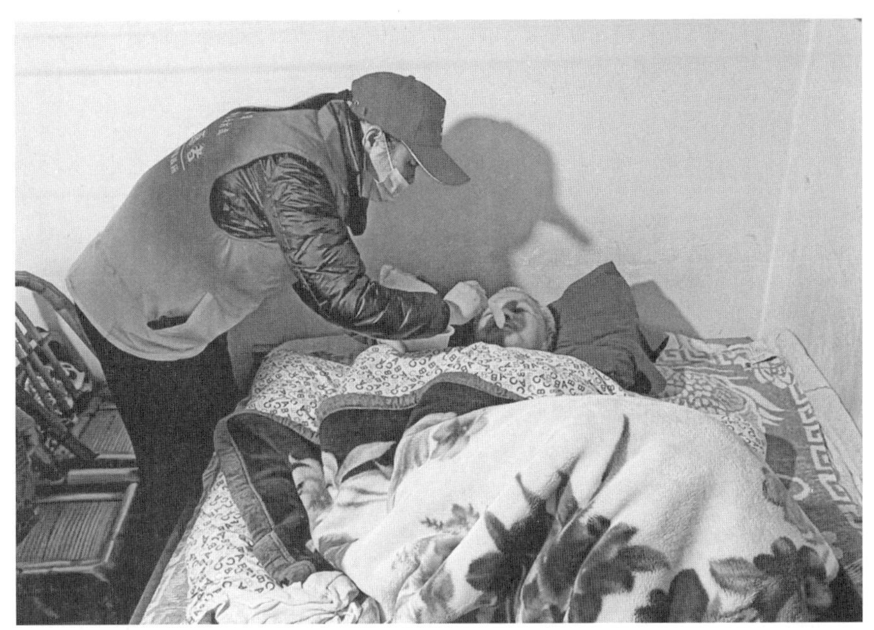

1月20日，腊八节当天，溪口镇退役军人服务站联合剡溪志愿者协会开展“大寒逢腊八　暖粥献老兵”活动

2月26日，举行奉化区“绘致百星　礼敬老兵”活动启动仪式

退役军人事务

【概况】 2021年，区退役军人事务局在区委、区政府正确领导下，扩大服务站示范创建工作，推进退役军人“一件事”改革，推广社会化优抚模式，持续深化双拥优抚，推动退役军人工作取得新的进展。

【完善服务体系】 2021年，奉化区进一步扩大全国示范型退役军人服务中心（站）和“新时代枫桥式退役军人服务中心（站）”的创建覆盖面，全区107家村（社区）服务站申报创建全国示范型退役军人服务站；区服务中心、3家镇（街道）服务站及25家村（社区）服务站成功创建“省新时代枫桥式退役军人服务中心（站）”，10家服务站被评为市级红色服务站，海沿村服务站被评为省级红色服务站。

建立退役军人全生命周期服务管理“一件事”服务，涵盖国防教育、应征入伍、服役、退役、就业、优待、褒扬纪念7阶段，形成工作闭环。梳理退役军人全生命周期服务管理“一件事”改革事项目录（试行），摸排办事事项88个。与相关部门对接，做好军人退役“一件事”联办，组织100多名退役士兵报到。

整合“点亮红星”公益联盟力量，精心打造“您好，老兵”尊崇残疾退役军人志愿服务项目，以全区403名残疾程度1～4级的残疾老兵为重点，开展立体化、个性化、精准化全面帮扶。该项目获2021年度浙江省最佳志愿服务项目、宁波市新时代文明实践志愿服务项目大赛银奖等荣誉。

紧扣七一、八一、春节等重要节点，做好走访慰问工作。组织退役士兵返乡集体欢迎仪式，108个“爱在优抚”微心愿通过“锋领奉化”平台被爱心党员悉数认领。按政策为现役义务兵的父母开展免费体检，落实27名享受抚恤补助待遇的优抚对象进行短期疗养。开展“记忆百星”“绘致百星”“礼遇百星”等“百星”系列活动，收集百名老兵故事，开展百名老兵写生，组织百名老兵观影，推进红色尊崇。组建“崇军联盟”，招募成员单位商家188家，制作“崇军卡”和“甬尚老兵码”，为退役军人及“三属”对象提供“三优”服务。

7月30日，宁波市奉化区2021年度“最美退役军人”“最美退役军人工作者（团队）”发布仪式顺利举办，主办单位为奉化区委宣传部、奉化人武部、区退役军人事务局

【深化系列专题活动】 2021年，退役军人事务局部署开展庆祝建党100周年“八个一”红色系列活动，充分发挥“兵支书”“兵委员”作用，通过一轮红色党史学习教育、一轮红色主题党日活动、一轮红色英烈故事宣讲等活动，以思想政治为引领推动红心向党。“八个一”活动被评为“奉化区党史学习教育优秀学习案例”。

举办“最美退役军人”学习宣传活动，评选“最美退役军人”“最美退役军人工作者（团队）”双十佳。发挥“最美退役军人”的带头作用，5000余人次退役军人积极参加公益活动。

【共建宁波市军创园】 2021年，退役军人事务局推动宁波市退役军人创业创新园落地奉化，为入驻企业提供为期3年的办公场所、公共区域等免费使用权。至2021年年底，通过内育外引方式引进多家军创企业。

（王立奎）

镇 街道

锦屏街道

【概况】2021年，全街道期末人口为83545人、31794户。其中，城镇74151人、乡村9394人。全年街道实现财政总收入16.96亿元，同比增长9.08%。

【经济能级提升】2021年，街道实现规模以上工业企业总产值16.8亿元，同比增加12.7%；工业投资5726万元；建筑安装工程投资11.11亿元；实际利用外资309万美元；限上批发零售业销售额19.6亿元，同比增长28%；服务业营业收入124698万元，同比增长33.7%；其他营利性服务业营业收入107333万元，同比增长40.2%；研发费用支出0.45亿元，完成率111.3%，有效发明专利拥有量为57件；1—12月实现自营货物进出口总额15.07亿元，同比增长28.36%，完成率118.2%。新培育工业企业8家、服务企业（商贸）14家，净增高新企业2家。

全年新招引非致命绳索发射器项目、巴斯伍德项目、鸿源智能无线终端产业项目、网易有道项目、浙江融象数科项目、浙江葆润应用材料有限公司项目和“亲爱的玛丽”网红文创项目等重大项目7个。租赁楼宇、厂房引进优秀企业，比如，浙江葆润应用材料有限公司向萧王庙街道租赁6000平方米的工业厂房；非致命绳索发射器项目向江口街道租赁2000平方米的工业厂房。加快摩米、颐高、爱伊美财富中心、玮泽大楼等平台建设，提供良好的招商空间。利用多种渠道，建立贤人能士档案资源库，做好招商引资工作。领导带队走访招商引资企业，加强全程代办、协办服务，解决企业后顾之忧。

【劳资建设】1—11月，完成重点群体帮扶（失业人员、就业困难人员、高校未就业的毕业生）1211人，开发公益性岗位7个，名列全区第一名。居敬社区被评为省级高级社区，仁湖社区和光明社区完成申报宁波市级高质量就业社区登记扩面工作。建立健全欠薪预警机制、预报机制和应急预案机制，协助配合劳动保障监测大队办理追薪案件7起，其中，珠江中央城欠薪案2起，涉及员工152名，欠薪金额59.6万元；保利地产项目外墙涂抹油漆工程涉及员工30人，欠薪40万元；华润兴光燃气有限公司工程项目涉及员工15人，欠薪42万元。全年调解劳动争议案件12起，2.0事项窗口“一网通办”办结率达100%。

【服务“三农”】2021年，锦屏街道实际完成小麦播种面积0.14平方千米，早稻播种面积0.16平方千米，单季稻实际种植面积0.3平方千米，连作晚稻实际种植面积0.16平方千米，超额完成区政府下达的指标任务。6辆变型拖拉机提前报废淘汰。年初，区委、区政府下达复耕任务0.567平方千米，年末实际完成复耕0.61平方千米，通过验收0.572平方千米。完成区片整改面积0.077平方千米及两轮“非粮化”“非农化”调查摸底，完成核对图斑400余块。

2021年，街道农村集体经济总收入5151.38万元，其中经营性收入4570.54万元（包括长汀、朱家河、塔水）。集体经济总收入100万元以上的村17个，500万元以上的村3个，年经营性收入达到30万元以上的村19个。15个村进行股份制分红，总额达2107.272万元。截至10月24日，街道在“双代理”模式下完成汇款1226笔，支付金额达5020.7万元，位列全区第一名。完善财务制度，规范村集体资金使用情况。对20个村的应收账款进行排查，共计排查问题清单107笔、金额10416.97万元，下发任务清单72笔、金额278.53万元。年底前完成全部应收账款任务清单清零工作。全年完成街道农技人员培训14人次，新任农村干部培训15人次，新任会计、出纳培训60人次，水蜜桃提质增效培训7人次，开展老年人智能手机培训900人次。

【城乡品貌】 全年完成征收拆迁22万余平方米，其中，东门路拓宽、桑园一期、庆登桥、南山路中段二期、城北区块、石柱、零星解危等区块提前实现“清零”。完成仁湖公园二期、人民医院迁建等13个重大项目区块共约0.95平方千米的征地保障工作。整治农村老旧房屋68处，完成684处农村三级、四级房屋及公共房屋的“保险+服务”全覆盖工作。组织集中拆违行动11次，完成拆违8.2420万平方米，完成率103.03%；完成“三改”24.3万平方米，完成率为135%。完成广南商城等4个老旧小区综合改造及封闭式管理改造，完善14个社区、1个村的智安小区建设，帮助春晖等老旧住宅导入小区物业，城区品质显著提升。西圃村“西兴家园”顺利结顶，涉及农房128套，总建筑面积20851.3平方米，总投资8000万元。完成4个农村污水改造项目。创建国家AAA级旅游景区1个、省AAA级景观村庄1个，推进长岭村、西圃村“星级美丽（特色）村庄”创建。居敬路52幢（西）、茗山路155幢、居敬路77幢、河头路49—3幢、河头路25幢、庄山4弄14幢等8幢D级危房全部拆除，完成签约率达100%。对位于南山路中段和桑园新村拆迁区块内的惠政新村5幢、10幢和南山路64号南幢、桑园新村12幢5栋等D级危房，计划待指挥部人员撤离后统一拆除。锦屏北路8号—1、8号—2已进入协商阶段。3幢C级危房已拆除，剩余6幢C级危房及其余重点监管的城镇老旧房屋共计71幢，通过24小时设备监测与技术人员定期动态巡查相结合的方式，进一步确保房屋使用安全。委托北京筑福和宁波中房两家公司排查街道所属各村农村房屋安全隐患，共计排查复核房屋6461处，其中用作生产经营的488处、非自建房169处，安全鉴定率为100%，完成整治75户。

【平安锦屏】 锦屏街道建立书记综治责任清单31张、信访矛盾化解工作方案19个；推行“两级联动”矛盾化解及工作机制，配备社会治理干部33人，招录专职网格员17人，优化综治网格95个，组织召开各类对象参加的专题会议18次。街道领导班子成员每周2次、村社党支部书记每周4个半天接访群众，全年接访群众46批137人次；全年共受理网络平台信访投诉261件，化解率为100%。排查和完成社会风险矛盾24个。受理区长电话转交群众诉求179件，办结率为100%；“数字城管”案件6429件，办结率为99.5%。社区矫正对象95人，通过线上办理、远程教育、电话报到、信息核查等方式进行监管。印刷反诈资料8万余份，制作反诈宣传品扇子7万把、折页3000份，安装“国家反诈App”15000余人次，注册“金钟罩”25000余人次。反诈宣讲队每季度开展一次单位内部宣讲和12个村（社区）的宣讲座谈，制作大型反诈宣传网架广告13个，在网格微信群、楼道群、小区群内转发反诈信息200余次，各村、社区LED屏滚动播放反诈标语2000余次。制作张贴反诈海报120份，在长岭村、春晖公园内挂宣传横幅12条，摆放展板22块，发放宣传册1500多份，赠送宣传品1200多份。开展普法宣传进文化礼堂、进校园、进社区、进寺院等法律“七进”活动；街道和村、社区调委会全年共调处各类矛盾纠纷115起，调解成功率为100%；村级网格工作2021年共上报事件35132件，其中矛盾纠纷类693件、城市管理类5866件、困难救助类223件，创建文明典范城市专项拉练类16295件，办结率为100%。

【便民服务】 协同“一窗受理、集成服务”改革及窗口平台建设，结合街道实际，重新设置窗口服务模式，同时推行“无差别受理”模式和审批事项“无差别受理”制度，全面实现群众办事“只进一扇门，只跑一个窗”。街道17个行政村、14个社区完成“一站式”便民服务全覆盖。成立“浙里办”宣传推广工作领导小组，利用辖区内黑板报、电子屏幕、Hi新锦屏等宣传阵地，全方位指导群众运用“浙里办”便民服务功能。街道日活跃用户数全区各镇、街道中排名第一。完成街道行政服务中心和试点社区仁湖社区政务2.0配套建设，完成平台事项、人员权限配置和工作人员的操作培训等，与省里对接的事项全部通过政务2.0办理。各村（社区）全部挂牌“党群服务中心”，以“党建+志愿服务”新模式为抓手，提供“窗口化”“一站式”“代办制”服务，开展共建“我们的家园”、应收账款“清零”“微心愿”认领、抗台风防疫等专题活动，居敬社区、南溪社区、捷达物业党群服务中心被评为区AAAAA级党群服务中心。

【退役军人优抚】 锦屏街道投资5万余元，为街道退役军人服务站设置服务窗口、接待室、办公室、会议室、资料室、荣誉室、电子阅览室和健身室等功能区块。投资10万余元对长岭、东门、奉中、居敬、锦山5个服务站整体办公、业务模块、文化阵地、工作职责等功能进行专业策划和氛围布置。长汀社区、居敬社区和奉中社区的退役军人服务站被授予浙江省“新时代枫桥式退役军人服务站”，另有10个社区退役军人服务站创建全国示范型退役军人服务站验收合格。对2000—2011年全街道自谋职业转业士官及1996年、1999年进藏兵共23名，街道根据个人工作能力特点，因人适岗，分类施策，做好服务工作。成立一支由33人组成的联络员队伍，对辖区内退役军人开展精准服务：全年对71名优抚对象发放抚恤补助资金200万余元，发放物价生活补贴10万余元。广泛走访，不定时召开各类座谈会，办好“小课堂”，讲好“小故事”，摆好“小桌子”，做到日常关怀“六必访”（退役返乡必访、立功受奖必访、英模典型必访、重要节日必访、遇到困难必访、重大变故必访）。对突遇重大疾病、家庭变故等困难退役士兵及时发放临时救助金25000元，办理60周岁以上农村籍退役士兵补贴53人。采集退役军人及各类优抚对象信息，悬挂光荣牌3000多块，激励他们不忘初心使命，永葆军人本色。

【红动锦屏】 开展“红动锦屏·回首拼搏”专题党课164场，其中，县处级以上党员领导干部上党课25场、基层党组织书记上党课139场；开展“红动锦屏·砥砺奋进”现场教育，组织31批次党员赴嘉兴南湖、余姚横坎头村、奉化革命烈士园等红色基地参观学习，受教育党员2700余人；开展“红动锦屏·固本培元”重温誓词活动54场，开展“红动锦屏·先锋闪耀”纪念章颁发活动，为辖区内377名党龄达到50周年的老党员颁发“光荣在党50年”纪念章；开展“红动锦屏·担当作为”实践活动，累计开展志愿活动263次，服务5000余人次，现场解决群众烦心事123件。

【队伍建设】 建立村干部培养“导师制”，实行“青蓝工程”师徒结对，7位离任书记结对7位新任书记；聘请7位“乡村振兴”顾问，开展“传帮带”活动12场。先后开展“领雁训练营”轮训、赴滕头乡村振兴学院实地研学等集中培训25次1100人次。结合党史学习教育制定完善“不忘来时路、砥砺新征程”学党史主题党日“初心菜单”，指导各基层党组织“点单”学习，重温入党誓词活动38场、党史宣讲91场，“两星”以下党支部动态清零。全年完成249名党员的党组织关系转接，基层党组织常态化开展每月25日的主题党日活动、“三会一课”、组织生活会；组织村（社区）党建业务知识培训4次，党员发展业务培训2次。2021年，共发展党员47人，储备入党积极分子140人，及时整改三年内未发展党员的村（社区）5个。全面排查梳理155个党组织和3854名党员的基本信息，实现街道本级和下级党组织信息、党员必填信息完整度达100%。结合“周二夜学”，组织街道85名在编干部开展集中学习42场，结合“乡邑学堂”活动，分批分类组织61名街道中层及以下干部开展菜单式重点轮训和干部自学，提振干部队伍的精气神。

【纪检监察】 开展作风建设督查22次、重点项目监察52次、日常工作监察67次。街道全年开展正风肃纪督查46次，共检查378家单位，发现问题28个，发出督查通报3份。全数办结上级纪委移交信访件3起、自办件1起、业务外信访件4起，纪检信访总量、重复访、越级访持续下降。“微腐败”治理中，对存在轻微违纪违规问题的党员干部提醒谈话35人，批评教育12人，诫勉谈话1人。街道纪工委立案19件，均已办结，其中开除党籍3人、留党察看5人、党内严重警告处分1人、党内警告处分9人、免于党纪处分1人。巡察回访工作中，制作问题清单17个，并督促责任主体逐一“对账销号”。

（沈永明）

岳林街道

【概况】 2021年，街道辖区户籍人口4.2万人，常住人口超10万人。全年实现规模以上企业产值77.37亿元，进出口总额47.81亿元。在区重点考核工作中，荣获招商引资、主要发展指标和坚决打赢基层治理大会战等工作区级考评第一名，全域美丽计划和坚决打赢“五年奉献一个新奉化”项目大会战两项工作区级考评第二名。

【重大项目】 2021年，腾讯云启、百度飞桨、麦度智能等12个重大产业项目签约落户，协议投资总额14.15亿元。推进实施各类项目56个，其中街道重点项目19个、前期谋划重点项目10个、线办重点项目12个、属地配合项目15个；已完成圣墩安置房、宝龙广场、柏香路等13个项目，其余43个项目正在加速推进。高标准编制“茗山智创小镇发展规划”，积极打造“一谷一区两园”，推动茗山智创小镇成功入选省特色小镇创建名单。

【招商引资】 全年岳林街道引进注册300万元以上项目198个，申报国家、省级人才计划各1个，成功入选“甬江引才”人才项目1个，“凤麓英才”人才项目2个，落地“双招双引”项目4个，新引进高层次人才39人。全年累计招商项目45个。其中，27个宁波市外境内项目实际到位资金158150.8万元，完成率为113%；19个浙商回归项目实际到位资金88271.9万元，完成率为126.10%；3个外资项目实到资金4559万美元，完成率为651.30%。

【助企服务】 2021年，岳林街道全年累计帮办企业99家，帮忙办结各类事项200余件。创新设立重大项目调度会机制，保障6个续建项目、4个新建项目和10个前期项目顺利推进。协助企业申报技改等各类补贴1811万元，惠及企业608家、外来务工人员6117人次。制定实施经济竞速“助跑”计划，辖区新增亿元以上企业5家、规模以上企业23家，增量创新高。

【城乡建设】 岳林街道完成教堂及周边、龙潭滞洪分洪区（住宅）、舒前2号区块签约等拆迁工作，有序推进前方路拓宽等7个项目区块的拆迁工作；完善征地项目领导包案制，积极推进金海路南侧新建小学等54个项目约1600亩征地任务按时保质保量完成，为区域发展腾出空间。

【环境提升】 岳林街道紧紧围绕“全域美丽”要求，结合文明典范城市创建，常态长效打造“我们的家园”2.0版。率先在全区开展每月15日、28日的“家园日”活动，积极推进“精品线路”、惠政老街“特色街区”提升工程，完成高标准整治；推动华信小区、秀水家苑等老小区改造提升，并完成229户老旧农房改造任务。探索城市养老难题，在迎恩社区设立老年中心食堂打造示范点。

【基层党建】 岳林街道深入推进村社干部“党性党风教育年”和干部作风整治大会战活动，联动实施“双竞速双领跑”专项行动，修订联村居干部考核办法，下发“村社干部十项基本制度”，与24个村、社区签订《履职责任书》，梳理村、社区年度重点任务204项，对标争先目标清单38项，引导广大党员干部立足岗位，创一流、争进位。打造“58”众创“党建+楼事会”、迎恩社区“党建+村社融合”、民主社区“党建+家工作法”等示范点，提升党建“微治理”，切实把党建优势转化为服务实效。

【安全生产】 岳林街道结合“三合一”整治、“遏重大”等专项行动，开展全覆盖排查整改工作，共清退违规住人154家338人；开展重点楼宇消防安全集中整治，完成160余处隐患整改，全区率先在力邦广场单身公寓楼2部电梯内安装瓶装燃气阻止系统，确保瓶装燃气无法进梯上楼；组织联合执法行动，处罚拒不整改、隐患突出单位；持续做好员工安全生产和消防技能提升及安管员培训工作，进一步增强安全意识，2021年死亡事故起数较上年下降50%。

【平安综治】 岳林街道全力推进法治政府建设，获评第一批市法治建设示范街道。广泛开展反电信诈骗宣传活动，不断提高居民防诈骗意识，辖区反电信诈骗App安装率居全区首位。积极发挥矛盾调解机制作用，办结各类事项2.4万件，初信初访事项726起。依托领导“包案制”，成功化解社会风险隐患14起、历史遗留问题7起。成立宝龙项目民工工资处置专班，解决119起宝龙欠薪案件，拖欠资金4583万元全部落实到位，兜住农民工薪酬“保障网”。

（张　铮）

莼湖街道

【概况】 2021年，全年实现经济总量约145亿元，同比增长5.84%；财政总收入约6.63亿元，同比增长49.7%。获浙江省新时代美丽城镇“省级样板”、浙江省“AAAA级景区街道”、浙江省法治宣传教育成绩突出集体等荣誉称号。

【招商引资】 莼湖街道完成市外境内资金1.9亿元，完成全年任务数的150%；完成浙商回归资金1.9亿元，完成全年任务数的150%；完成外资实到资金602.2万美元，完成全年任务的301.1%。通过实地调研和多轮对接，多名博士、硕士领衔的宁波源海博创科技有限公司的减振降噪解决方案及相关产品项目落户莼湖街道。宁波源海博创科技有限公司的“基于声学特征跟随的共性宽频高效减震降噪技术研究及应用示范”项目成功申报“甬江引才工程”。

【产业转型】 源海博创成功投产，祥瑞新材料总部经济项目签约，卡伦特获评专精特新“小巨人”企业，科技领域新增区级企业工程（技术）中心3家，认定“小而美”苗子企业1家，新增宁波市科技型中小企业15家。莼菜、青梅、水蜜桃、菌菇等特色农产品实现规模化和产业化发展。建设完成高标准农田8400亩。超额完成“恢复地类”复耕整治工作，1万余亩盘活耕地全部招标流转。“莼”系列生态农产品完成品牌注册。新成立渔船应急处置莼湖分中心和桐照、栖凤村级渔船管理服务站，以整体智治助推渔业快速安全发展。开发应用东海区外省籍挂靠渔船监管系统平台，实现同进、同出、同编组。

【城乡建设】 莼湖街道完成下湖线、振兴路整治提升等工程，二横二纵“井”字路网更为成熟。

新增“四好”农村公路超过5.32千米。完成污水处理厂清洁排放提标改造等工程，成功创建市级“污水零直排样板区块”。农村生活污水改造覆盖率为95%，自来水“一户一表”改造覆盖率为97.4%、完成沿海供水二期等工程。农房改造工作扎实推进，完成拆旧约88516平方米，新建201套38830平方米，成功创建市级美丽乡村示范镇和美丽乡村示范带、缪家美丽宜居示范村、章胡浙东民居样板村和鸿峙市级农房改造示范村。新创建区级新时代美丽乡村精品村6个、善治村10个。

【美丽城镇】 莼湖街道成功创建浙江省新时代美丽城镇“省级样板”。借助青创大走廊、滨海旅游专线和宁波湾沿海岸线、宁波美丽乡村现场会的东风，大力推进路网建设、道路沿线绿化美化，累计新建改造道路17千米，改造立面16万平方米，新增绿化14万平方米。全面开展“我们的家园”建设，环境整治与城乡风貌塑造兼顾，传承保护与迭代更新互促，打造翁岙精品线等景观节点15个、“美丽庭院”630户、“示范美丽庭院”80户，建成降渚溪“美丽河道”、直街“美丽街区”等多个地标景点。大力推进农村宅基地审批试点工作，创新审批流程和管理办法，累计完成13个村梳理式改造，改造面积达13.19万平方米，危旧房解危400余户。

【全域旅游】 莼湖街道成功创建AAAA级景区街道。翡翠湾渔文化公园是国家、省、市三级休闲旅游基地，正创建国家AAA级景区。缪家、曲池、章胡等村获评AAA级景区村。街道创建省级以上A级景区村庄累计18个。南岙长寿村、缪家风筝馆、九峰山等乡村旅游多点开花，与周边旅游业态有效联动。

【农民增收】 莼湖街道深入发挥莼元公司“造血功能”，总投资2200万元设立光伏发电项目，预计每年可为参与村增收15万元。低收入农户结对帮扶全覆盖。盘活农村富余劳动力，鼓励大学生回乡创业。2021年，村集体经济总收入5509万元，同比增长29.5%，其中，经营性收入2961万元，同比增长29.4%。

【民生保障】 莼湖体育馆、城市书吧投入使用，医共体莼湖分院桐照院区加快建设。改造莼湖体育公园、健身广场，新建舍辋村省级全民健身广场，陈二村多功能运动场；全面排查、提升健身设施，构建“15分钟健身娱乐生活圈”。出台《奉化区莼湖街道老旧农房改造三年行动计划》，首年完成改造474户。城镇在册D级危房原莼湖区委办公楼后幢建筑完成清空。

【文化建设】 莼湖街道依托“曹氏风筝”文化，打造风筝主题场馆和研学品牌。山海旅游、康养、富硒等莼湖元素深入人心，并登上央视等主流媒体；吸引多部影视剧赴奉取景拍摄。以街道新时代文明实践所为中心，打造“1+39+N”新时代文明实践阵地体系。组建“蓝海渔嫂”“蓝海卫士”等涉海文明实践队伍，开展“渔嫂献红歌”、海岸线保洁等系列活动。尔仪小学获评全国青少年校园足球特色学校。莼湖中心小学以海洋文化为特色打造国防教育实践平台。

【基层治理】 莼湖街道高标准统筹多元力量，矛盾调解中心试点构架上下联动工作格局，打造“一站式”信访调处平台。海陆联动探索“海上枫桥”模式，“四步法”助力134件海事渔业纠纷高效化解，涉及金额约3000万元。深入探索“三治”融合新模式，开展全科网格试点并成功推广，获得奉化区年度考核第一名。累计化解家庭婚姻、邻里之间等各类矛盾纠纷250余起。成功开展矛盾调解中心、村级道德庭等治理试点，相关经验被央视《社会与法治》栏目及浙江卫视6频道专题报道。“共享法庭”全覆盖融入基层村（社区）。

（龚欣丹）

西坞街道

【概况】 2021年，西坞街道较好地完成年初确定的各项目标任务，1—12月工业总产值达116.5

亿元，同比增长14.4%；财政收入6.34亿元，同比增长31.93%；获评新时代美丽城镇建设省级样板、省体育现代化街道、市“四好农村路”示范乡镇，为决战决胜“五年奉献一个新奉化”画上圆满句号。

【工业经济】 2021年，西坞街道81家规模以上工业企业实现工业总产值77.7亿元、销售产值78.8亿元、利润总额5亿元，分别同比增长14.3%、16.3%和3%。完成固定资产投资额6.6亿元，完成率为165.78%。新引进项目65个，其中重大产业项目4个、“零地”项目2个、“双招双引”项目1个。微纳米功能无纺布项目已签约落地。1—12月，新增规上企业17家、“小而美”企业1家、国家级高新技术企业6家、市级工程中心3家，成功列入2021年度市级专精特新“小巨人”企业2家，市重点培育专精特新中小企业2家，鲍斯能源获评中国驰名商标。全年引进高级工程师4人、高级技师11人、硕士以上学历人才3人（其中，博士2人），推荐4家创业团队进入区“凤麓英才”计划。

【农业经济】 率先完成10平方千米“恢复地类”和草坪两项整治，划定2个“万亩方”和1个“千亩方”，与省农业龙头企业湖州星光农业签订《现代农业园区项目投资合作框架协议》；顺利完成金溪小流域、东江升级美丽河湖创建等工程，逐步改善甬新河水体质量，达到全年Ⅲ类水的目标。

【旅游经济】 出台西坞粮仓设计改造方案，打造农业+工业产品“水韵西坞”文创伴手礼，新增省AAA级景区村庄1个。成功举办“唐宫花宴·盛世游源”杜鹃花文化旅游节，金峨村年度游客突破30万人次。

【城乡建设】 6个重点项目有序推进，金甬铁路（西坞段）工程和S203省道二期项目征地拆迁全面清零，S310省道项目全面完成征地签约，南岙村旧村拆迁安置小区建设基本竣工，杨四岙地质灾害点搬迁新房交付完成119户签约，尚桥区块顺利完成邬志浩地块签约，奉化经济循环园区征地拆迁项目按照区里相关部署逐步推进。新时代美丽乡村建设36个子项目完工。基础设施建设启动西坞卫生院迁建，实施中心区路灯亮化提升工程，推进白杜区块污水支管网建设和山下地村、虎啸刘村自来水“一户一表”改造工程，规划西坞农贸市场改造工程。改善教育设施环境，西坞中学通信“上改下”提升、西坞中心小学立面提升改造、综合楼改建及西坞中心幼儿园厨房沉降修复等4项教育工程顺利完工。路网体系方面，完成4条园区道路建设，推进二码头路东延工程，规划设计笔峰路改造工程，启动西坞小学道路拓宽工程。“三改一拆”成效凸显，完成“三改”11.8万平方米，处置各类违法建筑9.1万平方米，整改完成31宗卫片执法违法问题，拆除多年遗留的西坞南路55号危房，打通菱堰春晖消防通道，查处多家企业违规改建公寓楼行为。乡村振兴方面，开展村（社区）“争先进位”活动，177项年度作战任务和23项试点创建工作上墙公示，169项如期完成，完成率为95.48%，蒋家池头村荣膺全国乡村治理示范村，金峨村获“中国天然氧吧”称号并荣登《人民日报》（海外版）。农村住房改造方面，累计完成雷山、税务场等6个村拆旧52.3亩，建新69套。发展村级集体经济，申报完成一事一议项目4个，借力光伏发电等项目全面消除经营性收入不足20万元的村。

【社会事业】 西坞街道“最多跑一次”受理各类服务审批事项32048件，办结率为100%。全年发放最低生活保障救助金531.4万元、集中供养救助金58.7万元，募集慈善款45.9万元，慈善救助191户。完成街道示范型区域性居家养老服务中心创建，2家居家养老服务站获评AAA级，蒋家池头村孝膳堂项目获得市新时代文明实践志愿服务项目大赛银奖。全员联动打好疫情防控阻击战，辖区人群疫苗全程接种率为98.79%。白杜村、康亭村获评市卫生村。白杜小学获市文明校园称号，西坞中学中考成绩名列同类学校前茅，14人被省一级重点中学录取。成功举办省“环浙步道”现场会，白杜小学获中国毽球协会授予“最具潜力奖”，杨韩、蒋叶辉2名少年分获“全民战役·健康你我”全国青少年踢毽子网络挑战赛盘踢和蹦踢第一名。辖区居民国家反诈App安装率超80%。完善、运营信访闭环管理、“周三下村”、班子领导“日行万步”等17项机制，有效发挥夜巡志愿服务队、专职网格员、社会治理干部等作用，11件历史遗留问题得到成功破解（区级3件、镇级5件、村级3件）。

【作风建设】 西坞街道开展“党性党风教育年”等活动，23个行政村152名干部同步开展“四不问题”大讨论，累计整改完成组织问题清单126个、村书记问题清单85个、村“两委”干部问题清单240个。建立村社红黄榜亮晒制度，公开栏亮晒各村排名，3个季度累计通报约谈9个行政村，严令限期整改。蒋家池头村村书记陈伦兼任孔峙村、康亭村“第一书记”，“第一书记”跨村任职模式为全市首创。开展党史学习教育，举办“学党史·庆百年”党史学习教育微型党课比赛，结合“周二夜学”邀请区委党校讲师授课，全方位提升干部队伍素养。选派11名“90后”年轻干部到信访一线学习实践，17名“80后”中层干部到重点工程指挥部锻炼，提升干部能力。落实党工委主体责任和党工委书记“第一责任人”职责，全体班子成员签订党风廉政建设分工责任书，廉政建设责任体系进一步完善。开展正风肃纪专项行动，完成山下地村的区级巡察工作，查处各类违纪违法案件13起，下发督查通报4起，处理党员13人，批评教育谈话30人。

（江宇婧）

尚田街道

【概况】 2021年，尚田街道区域面积154.6平方千米，辖31个行政村、1个居委会，代管葛岙水库4个移民村撤村设居的社区居委会。年末，全街道共13820户38596人，全年实现财政总收入44330万元。

【工业经济】 尚田街道全年工业销售收入85.44亿元，同比增长33.9%；70家规模以上企业完成总产值53.79亿元，同比增长28.6%；货物出口总额17.36亿元，同比增长22.8%；工业投资2.59亿元，同比增长8.1%；限额以上批发零售业销售额完成4.38亿元，同比增长36.4%；新上规企业5家，申报“甬股交”挂牌企业3家、高新技术企业5家，奔野重工荣获工信部专精特新“小巨人”企业，高度科技、沃腾玛尔入围市级单项冠军培育企业名单。严格落实196家企业有序用电，推进平稳经营。张家、梅山路老工业区完成改造面积75000平方米。竹产业园规划设计方案完成，一期53867平方米启动区块土地征用及完成7家企业征收，厂房同步拆除。全年新引进工业项目8个，其中2000万元以上项目6个、重大产业项目1个（鸿熹科技），总投资达2亿元。引进市外境内资金5640万元，完成全年目标的43.4%；浙商回归资金4190万元，完成全年目标的45.5%；实际利用外资达到20万美元。

【农业与旅游】 奥纪农业科技有限公司养殖的奉化水鸭列入国家遗传资源目录；“滴水雀顶”“安岩白茶”“奉化曲毫”连续11年获得“中绿杯”金奖。试种高架无土草莓；“58青创园”招引培育新兴创业主体17家；集培训、直播于一体的电商培训基地正式运营，举办“我为家乡草莓代言”网销活动，开始农产品直播带货。孙家莓好农创园、冷西小栈、桥棚羊羔仔农场开展的农家乐、民宿、采摘、研学等旅游体验项目人气不断积聚；开设融入红色元素的“数字党建乡村打卡”游，成功举办草莓文化节、田园民俗风情节等节庆活动；创建美丽乡村和百村景区化创建A级、AA级景区村庄5个。保护土地资源，制止耕地“非粮化”“非农化”，街道“恢复地类”复耕整治总面积达4.37平方千米，签约、作物清理、航拍工作全部完成；350宗“非农化”点位违法判定初步完成；低效用地再开发56000平方米，垦造耕地44667平方米。

【城镇建设】西溪至广渡公路（尚田段）完工通车；甬临线（尚田段）精品线建设完成绿化3000平方米，立面改造4000平方米，新建3处景观小品，整治问题点位107处。甬临线至下鹊岙等3条公路完成工程量的80%以上；九龙至驻岩农村公路改善工程基本完成；西溪桥拓宽完成工程量的50%；连山快速通道按计划推进；新建污水管网4.4千米、健身路径32条；后潭景观节点、路灯安装、路面“白改黑”和县江两岸提升项目预算编制等美丽乡村示范镇创建项目完工。“家园日”活动常态化，累计参与3600人次；“整洁村庄”建设推出“双周一督查，一月一评估，一季一亮榜”机制，在年末第4次测评中，28个村建成“整洁村庄”；加大文明典范城市面上整改和长效机制建设，顺利通过省级、国家级迎检；重拳整治工业污染，排查企业460余家，关停5家，整治提升24家；大岙等9个行政村率先启动垃圾“智”分类试点推广；10宗卫片违法图斑完成整改，拆违7.24万平方米，完成全年目标的103.5%。

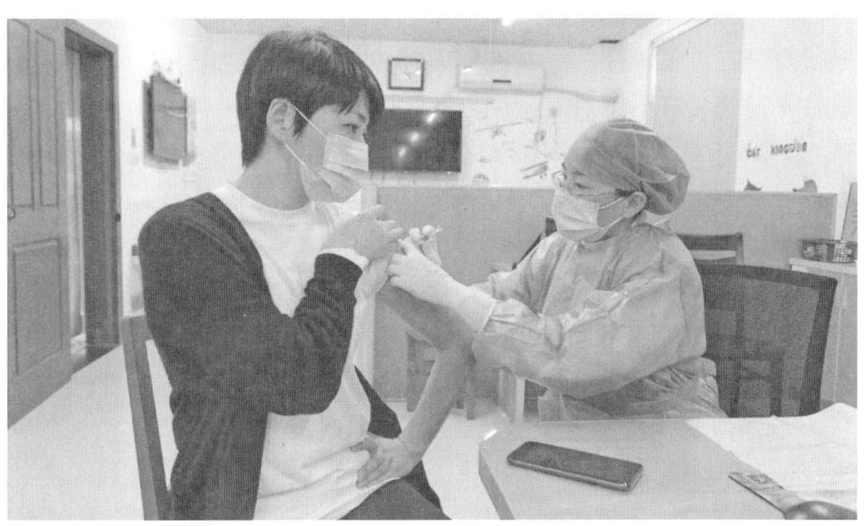

3月26日，尚田街道办事处主任李琳（左）带头接种疫苗（袁义芸　摄）

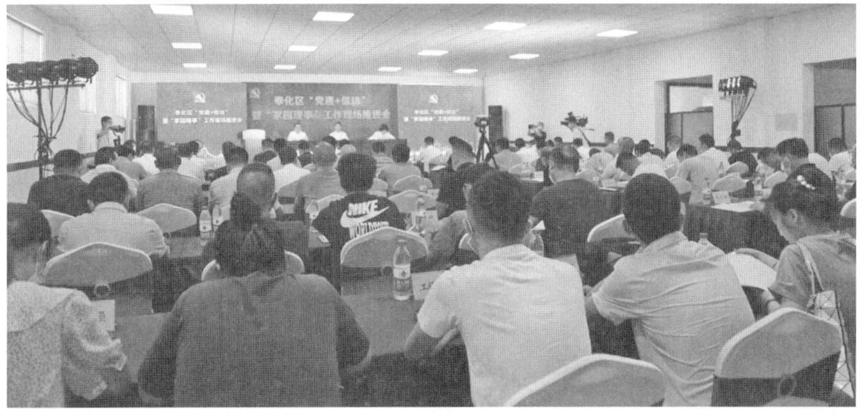

9月3日上午，奉化区“党建+信访”暨“家园理事”工作现场推进会在大岙村召开（尚媛　摄）

【社会事业】筑牢防疫屏障，累计核查国内重点地区返回尚田的人员5639人次、境外返回尚田的人员43人次，全力推进全民疫苗接种。农村住房改造累计完成拆旧30667平方米、建新33334平方米，新建农房224套；葛岙卫生院加速整体装修和附属工程建设，2022年1月底前交付使用；开发危旧房巡查微信小程序，推广农房“保险+服务”，13894处房屋全部完成安全鉴定；失地农民参保试点，1036人办理城乡居民基本养老保险。构建“居家上班”增收机制，有效盘活农村富余劳动力，有稳定来料加工经纪人12人、货源企业10余家，集中加工点9处，覆盖12个行政村（多以山区村为主），工人300余人，全年加工总收入在500万元以上，人均年增收1.6万元以上。10月29日，奉化区来料加工工作现场会在印家坑村召开。布龙非遗展览馆完成装潢，条宅舞龙队荣获全运会银奖。投入50万元的实验幼儿园、方门小学改建工程基本完工；尚田敬老院实现公建民营。新创建省、市级卫生村13个，市级卫生村实现全覆盖。9月3日，区“党建+信访”暨“家园理事”工作现场会在试点村大岙举办。用初信初访，非访处理和历史遗留问题化解“组合拳”成功化解1起国家级信访积案、2起省级信访积案、4起历史遗留问题和13起社会风险隐患；处置各类安全生产事故9起、火灾13起，检查各类场所562家，发现并整改隐患4242个，50家自建燃气单位均安装气感装置；专职网格员和社会治理干部两支队伍和“一室（中心）四平台一网格”基层治理服务体系更加完善，成功化解各类矛盾纠纷230起，解决各类民生诉求323起。

【重大项目】 尚田街道全年完成固定资产投资4.55亿元，同比增长12.4%。葛岙水库移民签约率达99.2%，1248户移民安置房、附属配套用房顺利选房交付，完成53户无房户安置；金甬铁路（尚田段）4家企业、3家养殖场、环境影响线方门8户农房政策处理全面完成；旧城区改造方面，98户集体住宅、120户国有住宅全部签约清零，21家企业、18户非住宅完成签约，3个地块基本完成拆除；东江整治（尚田段）涉及的8个村的征地等政策处理工作全面完成；汪家安置小区二期政策处理、围挡等工作完成，桩基和地下室加快施工。

（仇飞青）

萧王庙街道

【概况】 2021年，萧王庙街道实现地区生产总值160.17亿元；完成固定资产投资16.3亿元，同比增长21.75%；财政总收入3.37亿元，其中一般公共预算2.28亿元，增长24.4%。

【项目攻坚】 区级重点项目宁波城市职业技术学院、药科职业大学二期、人民医院迁建、金甬铁路隧道、甬金高速至弥勒大道二期、西圃路二期等项目建设顺利实施。老旧工业园区改造强势推进，滕头工业园区拆迁全面清零，大埠工业区块项目有效推进，青云工业集聚区加快建设，君禾智能科技产业园项目全面竣工运行，科程小微产业园项目主体施工。农业项目剡江体育公园全面完工，“芋稻剡江”田园综合体项目建成并种植水稻、芋艿约0.27平方千米。名山风景线萧王庙段改造初显风貌，明山剡水精品线完成两侧环境卫生及沙场整治。剡江及支流河道生态化治理、滕头水环境提升、肖桥头河道治理快速推进，高质量完成17个水利续建项目、12个村高标准农田建设项目、8个村级机耕路建设项目，以及2.26平方千米“恢复地类”土地清苗及验收工作。

【产业转型】 1—12月，萧王庙街道规模以上工业企业完成产值18.99亿元，同比增长39.03%；制造业投资2.46亿元，完成率为204.94%，同比增长34.34%；建筑安装工程投资完成9.44亿元，完成率为125.84%；规模以上工业增加值增速为40.3%，位列全区第一名；规模以上工业企业研发经费支出5194.7万元，完成率为167.57%，同比增长170.52%；高新技术产业投资1.77亿元，完成率为145.28%；浙商回归到位资金1.9亿元，完成率为105.43%；实际引用宁波市外境内资金3.25亿元，完成率为135.44%。“联步青云”一期项目全面完工，艺术棠溪节点建设、立面改造全部完成，棠云古法造纸体验中心完成主体建设，持续举办水蜜桃文化节等农旅节庆活动，带动街道美丽经济发展。联步青云景区获评国家AAA级旅游景区，浙江爱伊美服装有限公司入选省级工业旅游基地。全年累计接待各类团队648个、游客209万人次，旅游综合收入1.92亿元，同比增长17.6%。

【城乡建设】 萧王庙街道的农村基础设施得到提升，农村联网公路加快建设，“微更新”精准有效，完成拆违7.54万平方米、“三改”1.3万平方米。打造“我们的家园”升级版，组建跨村互查小组，建立“河长、路长、所长”的“三长共治”长效保洁制度。助力宁波创建全国文明典范城市，及时自查发现、解决问题。高效完成城市学院一期、大埠工业园区、傅家岙七号地块等重点项目土地农转用报批工作，保障上宸府、滕上花开、世贸云玺庐、学林新天地等房地产项目落地和推进。圆满完成陈朗埭至塘湾、石溪线至良浪溪、前葛至集胜、大埠至青云、仇家岭至黄泥岭联网公路建设；推进覆盖全街道的22个农村生活污水治理工程的建设管理；开展农村公路管理养护，成功获评省级规范化创建“四好农村路”示范街道。

【乡村振兴】 通过“1+1+1”工作模式，即1个重点项目，由1名领导干部领衔，成立1套工作班子，对在建重点项目进行“拔钉清零”、会战攻坚；分类推进农村住房改造，完成拆旧50200平方米、建新1.8万平方米。傅家岙二期完工，青云二期、何应、林家3个村农居房开工建设。街道获评省农村文化礼堂建设示范乡镇，青云村文化礼堂入选省书香文化礼堂，滕头村文化礼堂获评宁波市最美文化礼堂，陈家岙村获评省A级景区村庄。创新推出跨村互查机制，实现全域常态保洁，在大大低于2020年投入的前提下，18个村实现合格。9个光伏发电村年收益达到12%～15%，经营性收入20万元以下的村实现清零。

【民生保障】 群众信访和督办件处理及时，第二轮中央生态环境保护督察交办信访件全部整改到位。萧王庙街道获评省森林城镇。疫情防控常态化，压实街道、部门、村、个人“四方责任”，严管重点场所、重点人员、重点物品，完成新冠病毒疫苗接种任务。落实政务服务2.0向街道、村延伸，办结各类服务审批事项36104件，办结率为100%。社会保障力度持续提升，累计发放各类救助资金677万元。打赢建党百年安保攻坚战，扫黑除恶、全民反诈等行动深入开展，电信诈骗案件数量呈现下降趋势。街道矛调中心实体化运作，5个镇村历史遗留问题全部破解，初信、初访113件，化解率为98.2%。

【基层党建】 党史学习教育日益丰富，萧王庙街道深入学习贯彻习近平总书记重要讲话精神和批示指示精神、党的十九届六中全会精神。组织“上门入户访民情办实事”实践活动，收集问题126个，已解决124个。干部作风整治大会战持续深化，“导师帮带”、首问负责即问即办全面实施。周一夜访发现问题或事项170个，已解决166个。村社干部党性党风教育活动不断，整改“四不问题”418个。完成试点创建项目20个，完成年度重点任务114个，应收账款全部“清零”。开展新一届村“两委会”班子党纪党规和廉洁履职教育，推动监督关口前移，严格岗位廉政风险排查，正风肃纪驰而不息。全年查处党员干部17名，其中，警告5名、严重警告4名、留党察看2名、开除党籍6名。

（徐腾辉）

江口街道

【概况】 2021年，江口街道财政收入26.46亿元，实现工农业总产值381亿元。荣获坚决打赢平台园区建设大会战第一名、主要发展指标工作考评第二名、招商引资工作考评第二名、坚决打赢“五年奉献一个新奉化”项目大会战工作考评第三名和征收拆迁工作考评第三名，获得宁波市五一劳动奖章、宁波市示范基层侨联组织达标单位等荣誉。

【经济建设】 江口街道全年规模以上工业实现产值376亿元，同比增长12%；实现利润41亿元，同比增长7%；实缴税金26亿元。引进成都模塑、高信达、金榜汽车等7个重点项目。推动发展都市农业，比如，早稻种植、“双千”示范工程。鼓励粮食高产高效示范创建，获得区级小麦绿色高产示范第一名和连作晚稻绿色高产示范第二名。完成“恢复地类”整治0.87平方千米并整体流转，全年实现农业总产值约3亿元。实现批发零售业销售额89亿元，同比增长33%；涉及零售企业13家，实现零售额13亿元。

【平台保障】 江口街道完成江口中学迁建、民营科技园二期、殡葬一体化等重大项目政策处理。完成土地征收40万平方米，完成房屋征收签约、拆除1508户。其中，签约7.4万平方米，旧房拆除约29万平方米。此外，甬山隧道、后胡村、杜家畈自然村房屋征收拆迁项目签约率为100%；三横园中村改造项目完成全部选房；蒋葭浦村房屋拆迁项目签约选房工作清零；民营科技园二期拆迁项目完成拆除；民营科技园三期拆迁项目完成评估。

【城镇建设】通过立面改造、河道整治完成周村、坝桥、朱应、沈家塆梳理式改造，村容村貌焕然一新；组织前横、朱应等经济薄弱村抱团实施太阳能光伏发电项目，每村每年增加集体收入约30万元；加快“我们的家园”2.0版本建设，全域美丽数字化实现辖区全覆盖，全域环境从清洁、整齐向绿化、美化、亮化发展。江口实验幼儿园建成投用；投入260万元完成江口派出所南侧、南渡小学东侧、南渡幼儿园西侧3处停车场建设；投资约580万元、成功打造宁波首个桥体音乐喷泉灯光秀；投资640万元治理老县江小流域、村内河道，增强排涝抗洪能力；投入360万元推进江口街道老旧小区雨污水改造工程。全区首家零工市场挂牌运营，零工求职环境得到根本性改善；试点实施养老助餐服务，建成老年食堂8家；启动周村、朱应两个村垃圾智分类试点工作，以点扩面逐步推广垃圾分类新模式；江口街道体育活动中心、甬山健康健身登山步道完成改造提升，浦口王村多功能运动场、蒋葭浦村全民健身广场顺利完工。

【社会治理】江口街道建立街道、村社、网格三级疫情防控网格化责任管理体系，累计完成第一针接种49756人，第二针接种47531人，加强针接种6911人，3～11岁第一针接种3685人。成立江口“红卫士”消防联盟，统筹建立24个村级微型消防站（队）和25个重点企业（园区）微型消防站(队)；自主开发“江盾系统”，数字赋能安全生产管理，实现问题整改高效闭环和高效监管；引进智能化无人船监测辖区河道，提升“五水共治”效能。推进“基层治理平台”迭代升级，提升化解矛盾纠纷和调解处置能力。前横村旧村改造、三横园中村改造、立江置业等重点事项落实领导包案，态势处于稳定可控之中。全年来信、来访共177件，受理、答复、回访率为100%；全年化解国家级和省、市、区、镇级等历史遗留问题17件、社会风险隐患14件，街道全局平安稳定。

【组织建设】全年累计完成党史理论学习中心组学习、专题研讨、专题宣讲等各类党史学习教育480余场次，覆盖党员群众2万余人；各级党员干部参加“我为企业解难题、我为群众办实事、我为基层减负担”专题实践活动，累计解决问题数3500余个。村社干部以“党性党风教育年”活动为抓手，开展“任职第一课”专题培训、基层党务培训等12轮次，覆盖村社干部600人次；2021年年初，街道24个村（社区）共查找“四不问题”460个，全部完成整改；确定年度重点任务138项，已全部完成。前胡村、蒋葭浦村、甬山社区获区级先进基层党组织，1名村干部获评宁波市级优秀共产党员。“线上+线下”双管齐下开展党风廉政建设和反腐工作，推动“清廉江口”建设。全年对党员干部存在的轻微违纪、违规问题提醒谈话6人，警示谈话2人，批评教育13人，通报批评6人。共办理各类案件24起，其中，自办案6起。处理党员干部24人，其中开除党籍6人、留党察看1人、警告17人。

（傅宏辉）

方桥街道

【概况】街道行政区域总面积26.99平方千米，下辖16个行政村，4个社区(目前实际运行2个)，户籍人口2.58万人。2021全年实现地区生产总值23.8亿元，比上年增长4%；一般公共预算收入突破1.5亿元。

【工业经济】全年实现规上工业总产值35.5亿元，同比增长15%，其中服务业同比增长29%；宝湾物流、科瑞特等5个项目全年完成固定资产投资14.3亿元，同比增长110%；区平台园区建设考核优胜。全面升级传统制造业，补助资金100余万元，协助8家企业实施机器换人、智能生产等技术改造项目。建立健全社会组织，今年6月挂牌成立方桥商会，辖区内企业资源交互、协作发展向心力进一步加强。

【征地拆迁】研究出台《方桥街道五年拆迁规划（2021—2025）》《无房户认定标准和实施办法》

“集体土地及地上附属物征收流程”“民房拆迁重点环节注意事项”等一系列规章制度，征迁工作机制得到进一步完善。新成立清零指挥部、征迁保障组，把优秀年轻干部下派拆迁工作一线任副总指挥，拆迁队伍呈梯队配置，层级日渐完善，力量日益强大。全年完成农房签约18.16万平方米，企业拆迁签约7.73万平方米，完成土地征收2.084平方千米。

徒家村拆迁签约现场办公图

宁波一院方桥院区项目

上三村荷花特色村

【基础设施】 宁波市第一医院项目（一期）工程通过结构验收，儒江路、恒兴东路、方浦路等陆续成网，新城功能逐步完善。2号、3号安置房建成，约1600套安置房顺利完成交付，农村居民进城入市步伐加快。上海师范大学附属宁波实验学校、街道中心幼儿园交付使用，街道居家养老服务中心顺利运行并获评AAA级养老服务中心，幼有所育、老有所养硬件基础格局初步奠定。全面推行农村垃圾分类上门收集制度，建立统一清运体系，农村生活垃圾分类工作考核连续3次位列全区第一。上三村“水墨荷韵，情系上三”主题村庄、三江口花海绿化景观先后建成。

【文旅提升】 积极打造上三村“水墨荷韵，情系上三”的荷花主题文化特色村建设。共投入120万元用于引种、周边环境提升、特色小景打造和剪纸博物馆修建等工作。积极打造“源起方桥 勇立潮头”花海绿化景观工程项目。在奉化最北端的三江口打造33731.5平方米慢行步道、老方桥再造、花海心境、石汀步道等花海景观，优化道路4755平方米，成功在浙江新闻网、“学习强国”等平台亮相。

竺家村花海

三江口花海健步道

【基层基础】 龙潭墩村完成撤村建社，方园、尚德社区启动实体化运作，方恒、方贸、尚德社区获批成立，基层治理由农村向城区转变。制定街道“党性党风教育年”实施方案，以及年度重点工作任务、集体经济发展、矛盾隐患、党员联户等“六张清单”，将村企结对、征地拆迁、经济发展等10项重点工作纳入村干部教育成果考察范围，自我加压抬高考核标准，将村集体经济经营性收入底线从20万元增加到25万元，年底各村均达到30万元以上。

【民生保障】 结合“防疫有我，爱卫同行”第33个“爱国卫生月”活动，动员辖区居民开展群众性大扫除、开展“六清”行动，清理死角、清除积水、翻盆倒罐。完成4个健康社区、1个健康促进企业、3个健康小屋、1个健康食堂创建，培育30个健康家庭，进行各种健康宣传、义诊活动10次。年度临时救助支出11.9万元，完成人均支出考核标准的108%。做好避灾点建设、困境儿童帮扶、适老化改造等工作。

【疫情防控】 构建“五包一”网格化管理体系和重点场所“三级督查、五轮驱动”工作机制。根据疫苗供应数量、接种进度和集体预约数量安排医务人员上门集中接种和卫生院门诊定点定时接种相结合。第一针完成率126.74%，第二针25721针剂（任务数20484针剂）、全程完成率125.57%。

【社会保障】 街道全年未发生进京访，省、市、区三级走访量同比大幅下降，11件社会风险隐患问题全部化解，基层稳控能力持续提升。积极推进数字化改革工作，“智慧水闸”“智政方桥”“码上安全”“四位一体”安全监管模式等一批数字赋能系统上马投用，全年安全生产及消防安全事故同比下降67%，未发生人员伤亡事故。深入推进退役军人示范点创建工作，征兵工作获宁波军分区通报表扬。筑牢防台防疫生命安全线，全程疫苗接种完成率130.68%。抗击“烟花”台风事迹被央视新闻联播报道。

（江笠宇）

溪口镇

【概况】 2021年，溪口镇辖52个行政村，6个社区居委会，区域总面积380平方千米。全年实现地区生产总值57.67亿元；完成财政总收入7.96亿元，同比增长2.13%；完成公共财政预算收入

4.81亿元，同比增长1.50%；完成固定资产投资29.53亿元；实现工业总产值101.43亿元，同比增长17.71%；接待游客441.77万人次，同比增长28.64%，实现旅游综合收入24.44亿元，同比增长26.75%。

【党史学习教育】 推进党史学习教育、开展“干部作风整治大会战”、村（社区）干部“党性党风教育年”等活动；举办青年理论宣讲大赛暨微型党课比赛；“故里新说”景区理论宣讲志愿服务项目获区新时代文明实践志愿服务项目大赛金奖；溪口镇党校揭牌成立。

【名山建设】 “弥勒圣坛”项目荣获“中国建筑工程钢结构金奖”，弥勒圣坛演艺装修项目加快推进；浙江佛学院女众部建设基本完成，法华寺、瀑布院、东翠寺等项目顺利建设；“应梦里”项目进行装饰装修施工，与横店殷旭团队的运营合作成功签约，国庆期间开展灯光秀及美食节活动；蒋氏民国文化中心剧场加紧建设。“两山”特色文旅宣传实现宣传品牌一体化。利用“两山”宣传推广资金，加大国内、国际主流媒体的品牌宣传力度，在甬金高速公路溪口出口设置普陀山旅游形象广告，在普陀山旅游集散中心设置溪口雪窦山旅游形象广告，推出“甬舟双城旅游惠民季”等活动，探索旅游门票同城待遇。

【产业发展】 溪口镇全年新增创新型初创企业25家，技术改造备案企业39家，甬交所成长板挂牌企业6家，创新板挂牌企业1家。签约落地招商引资项目5个，“双招双引”1家（宁波华晶智能科技有限公司）。全年引进市外境内资金10.44亿元、浙商回归资金6.3亿元，推荐“甬江引才”项目5个，入选“凤麓英才”计划项目2个。今日生物科技有限公司年产50000吨金枪鱼生物健康食品产业园建设一期项目主体完工；北环线北侧工业地块完成土地征收。

【城乡建设】 溪口镇全年共安排重点工程49项，其中17个项目完工，中兴东路以北一、二、三号地块开发等项目建设加速推进，原宁波城市职业技术学院溪口分校周边等4个地块共60000平方米土地拆迁顺利推进。湖山新城区块教育产业园、任宋农住小区一期（Ⅱ标段）等民生项目加快推进；上白、沙堤、三石等11个村完成农房拆旧51333.33平方米，建新67040平方米。榆樟杨、石敏等6个村农村生活污水治理项目顺利完成；创建浙江省新时代美丽乡村精品村9个、浙江省“无废乡村”2个，宁波市级美丽乡村梳理式改造村6个。

【社会民生】 政务服务2.0改革工作正式启动，新一轮村级便民服中心代办点试点建设；镇、村两级矛盾纠纷调处化解体系全面形成；溪口镇综合执法队揭牌成立，基层综合行政执法体制改革入选省级试点，“镇队合一”执法模式为全国首创并入选法治宁波建设十佳创新案例。新冠病毒疫苗累计接种7.8万剂次，第一针剂接种基本实现常住人口全覆盖。18个经济薄弱村太阳能光伏发电发展项目平均分红12万元/村。奉化海峡两岸桃花马拉松顺利举行，来自14个国家及中国港澳台地区共8000多名跑步爱好者参加，在台湾也特别组织开展“奉化桃花马——跑在同片天空下”线下异地同跑活动，台南、高雄、台中、台北、新竹、南投各地跑友自行组团参与，并于奉化海峡两岸桃花马拉松溪口主会场进行线上连线互动，互送祝福。

【成绩荣誉】 溪口镇所获集体荣誉分为国家级、省级、市级、区级四个层面。国家级集体荣誉2项，分别是溪口镇获评2021年淘宝镇，徐凫岩步云谷房车旅游度假区获评2021年中国体育旅游十佳精品景区。溪口镇省级集体荣誉29项、宁波市级集体荣誉35项、奉化区级集体荣誉32项；国家级个人荣誉1项、省级个人荣誉6项、宁波市级个人荣誉13项、奉化区级个人荣誉25项、壶潭村周洪富荣获“中国好人”称号。

（刘振华）

大堰镇

【概况】 2021年，下辖23个行政村、1个居委会，在册人口24329人，常住人口6060人。2021年实现工农业总产值7.81亿元、旅游综合收入1.27亿元、财政总收入2883万元、农民人均收入15380元。大堰镇全国首个生态环境教育特色镇项目获评2021年“‘美丽中国，我是行动者’提升公民生态文明意识行动计划”十佳公众参与案例，成功入选全省第一批低（零）碳乡镇（街道）试点创建名单。

【特色生态】 大堰镇全国首个生态环境教育特色镇试点项目获评2021年“‘美丽中国，我是行动者’提升公民生态文明意识行动计划”十佳公众参与案例。邀请中国环境科学研究院专家团队编制《大堰镇低（零）碳示范镇建设规划（2021—2025）》，打造省级零碳先行镇，大堰镇及箭岭村、张家村分别入选全省第一批低碳乡镇、乡村试点创建名单。开发后畈“缸瓦”、张家“光伏”等特色无废样板，相关做法的经验总结在全省“无废城市”建设工作会上作典型发言报告。

【乡村旅游】 创建省AAAAA级旅游景区镇，全新推出乡愁记忆之旅等主题精品线路21条；举办蜜桃纳凉、农好生态文化节等主题节庆活动10场；四岙幸福驿站、

3月19日，大堰镇“云学讲师团”成立暨“蓝青之约·甬堰授学”师徒结对活动顺利开展

4月16日，大堰镇党委、奉化农商银行党委党建联盟成立暨“红色银行”项目启动仪式顺利举行

6月26日，奉化区桃研所大堰镇分所揭牌暨“桃缘锦绣”党建联合体成立签约仪式顺利举行

徐马站康养旅居基地建成投用；完成新版大堰全域旅游手绘地图制作；大堰游玩攻略上线小红书、抖音等平台，累计吸引12489人关注。红色研学资源入选宁波职工党史学习教育十大红色走读线路，获中共宁波市委党校教学科研实践基地称号。联合首开生物编制7个项目规划，推广“大堰十大碗”等特色餐饮。全年共接待游客60万人次，留宿13万人次，旅游综合收入1.2亿元，同比分别增长12%、10%和11%。

【农居治理】 抓好农房梳理式改造和老旧农房改造，箭岭、谢界山、社家畈3个村共计完成拆旧3000平方米、建新66套10380平方米，完成万竹村改造地块内农户意愿调查及实施细则制定。完成23个行政村8398户老旧房排查、52户老旧农房等级鉴定及改造，实现危房全域动态清零。农村政策性住房保险参保8537户，参保率达100%，发放老旧农房治理补助资金61万元。

【民生保障】 大堰镇针对“公共服务”“共同富裕”“社会兜底”3个关键点位精准施策、靶向提升。提升医疗卫生服务水平，引进义诊专家队伍3支21人，落实契约式家庭医生签约2636人次，顺利通过省、市两级卫生村创建（复评）13个，实现市级以上卫生村全覆盖。成立实体化运作防疫专班，抓实疫情防控常态化管理及新冠病毒疫苗预防接种工

7月10日，三市五地“全域锋领”党建联盟框架协议签约暨“浙东红脉”图谱指引发布活动举行

10月17日，大堰镇创建“省级零碳先行示范镇”启动仪式顺利举行

11月25日，浙东番薯研究所揭牌暨新产品发布会召开

作，打好疫情防控阻击战。完善养老服务体系建设，投入80万元改造提升镇级敬老院，新开3家老年食堂，创成李家、三溪、万竹、湖边桥4家AAA级居家养老服务站，惠及老年群体1300余人。制定出台来料加工镇级政策，加大对企业、经纪人、从业者等的补助力度，全年加工总收入在1200万元以上，带动就业1000余人，人均年增收1.2万元以上。加大对弱势群体的帮扶力度，发放各类助困、助学、助残、临时救助、低保低边等补助资金1570万元，惠及目标群体1900余人。

【平安建设】 坚决打击各类违法犯罪，建成“扫黄打非”基层示范点1个、受理刑事案件10起、查处治安案件29起。镇、村两级矛调中心推动矛盾纠纷源头化解，回应群众诉求72个，处置各类安全隐患152处，化解初信、初访37起，解决历史遗留问题4个。重点领域安全监管到位，更新完善应急管理体系，新增1个示范村级微型消防站、7个规范化避灾场所。

（邬丹盛）

裘村镇

【概况】 2021年，裘村镇下辖16个行政村，34个自然村，1个居委会，户籍人口24237人。全年实现地区生产总值25.47亿元，增长7%；一般公共预算收入突破1.6亿元。五年来，裘村镇先后荣获省卫生镇、省美丽乡村示范镇、省AAA级景区镇、省森林城镇等荣誉称号。

【工业经济】 2021年，裘村镇地区生产总值预计达25.47亿元，比2016年增长43.9%；财政总收入突破2.2亿元，比2016年增长128.9%。持续推进“低散乱”专项整治，拆除燃煤锅炉48家，深入开展“亩均论英雄”综合评价，报批低效土地167亩。服装铸造行业转型升级，规模以上企业五年累计完成工业总产值35.53亿元，引入宁波市外境内资金1.73亿元，全社会固定资产投资6.3亿元。加大项目招引和企业服务力度，累计接洽招商项目20余个，宁波钢导办公家具公司被列入“五年奉献一个新奉化”重点项目库。

【特色农业】 裘村镇累计造田0.67平方千米，完成复耕3.07平方千米。农业设施不断完善，综合治理峻壁溪等河道小流域6千米，实施岭下水库、银峰水库等水利工程标准化创建，10个山塘水库得到改造提升，1.2平方千米养殖塘完成尾水治理。景观农业异军突起，有0.6平方千米美丽田园示范区。积极发展规模种养、生态农业，水蜜桃、猕猴桃、南美白对虾等现代农业产业示范园初具规模，农产品附加值有效提升。充分发挥山海农业公司平台作用，大力发展物业经济、飞地经济，光伏项目增收明显，所有行政村经营性收入在20万元以上。

【基础设施】 裘村镇投入3亿余元开展污水零直排区创建和小城镇环境综合整治，强力推进“五水共治”，峻壁溪成为全宁波首个通过剿劣验收的县控劣Ⅴ类断面河流。完成自来水管网铺设及一户一表改造，实现镇域全境市政通水。累计铺设污水管道35千

5月白岩山风车公路美景

ＡＡA级景区村庄及宁波市美丽乡村示范村马头村一景

米，标准化改造农村公厕36座。妥善完成203省道政策处理，全线开展马松线绿化整治提升，环镇南路、沿海旅游专线一期等道路建成通车，新增农村联网公路20余千米、停车位800余个，公交车站等一批公共设施投入使用。着力改善人居环境，翔鹤潭、裘四、甲岙、石盆农房改造先后启动，累计拆旧50.7亩，建新2万余平方米，建成农房113套，示范效应不断扩大。因地制宜地打造特色韵味村庄，成功创建马头小集镇式中心村。

【家园建设】 裘村镇“我们的家园”建设率先全域通过“整洁村庄”创建验收，环境卫生考核连续三年位居全区第一名。深入实施农村生活垃圾分类，首创“撤桶两收”新机制，开启数字化管理新模式，获评宁波市农村生活垃圾分类示范镇称号。系统实施全域美化，12个村完成省A级景区村庄创建，黄贤、马头获评省AAA级景区村庄及宁波市美丽乡村示范村。旅游标识标牌迭代升级，旅游业态产品不断丰富。重点提升核心资源，黄贤森林公园完成改造复园迎客，马头古村保护与开发并重，获评国家AAA级景区及省级休闲旅游示范村。全镇五年累计接待游客340余万人次。

【民生福祉】 普惠民生，打好脱贫攻坚战，裘村镇490户低收入农户实现结对帮扶全覆盖。累计帮扶13000余人次、发放各类补助1800万元。全区首家公建民营敬老院正式运营，区域性居家养老服务中心运转良好。优化文体资源配置，省五星级农村文化礼堂落户黄贤，成功创建省一级乡镇文化站。居民医保参保率在99.6%以上。扫黑除恶深入开展，刑事治安案件发案数稳步下降，“平安三率”考核居全区前列。信访总量持续减少，人民幸福感显著提升。累计整治整改安全隐患2000余个。做好新冠肺炎疫情防控，累计排摸4万余人。

【政府建设】 裘村镇开展“不忘初心、牢记使命”主题教育、党史学习教育，贯彻落实“三服务”“四联四跑”“五大员”制度，以“周一夜访”“周二夜学”为载体，执行力不断提升。“最多跑一次”改革行政服务大厅办理各类事项23000余件。主动接受人大依法监督、政协民主监督和社会监督，办理人大代表建议49件、政协委员提案37件，办结率、满意率显著提升。落实中央八项规定精神，三公经费累计下降76.91%。积极防范化解重大风险，追回阳光海湾征地多领、冒领款501万元，收回吴江等3个农居小区购房款1.17亿元。处置黄贤违建别墅，拆除63栋，没收腾空323栋，解决了一批重大历史遗留问题。

（王姣娇）

松岙镇

【概况】 2021年，全镇有11个行政村、1个居委会，户籍5390户，人口1.21万人，常住人口1.22万人，外来务工人口1033人。松岙镇是小城镇环境综合整治行动省级样板镇、省红色旅游教育基地、省级森林城镇、省级卫生示范镇、省AAA级景区镇、省级污水零直排区，获评美丽城镇行动方案省级优秀、省级消除集体经济薄弱村工作成绩突出集体，被浙江省文物局授予“最美浙江文物守望者”荣誉称号。2021年，全镇实现规模以上工业总产值14.9亿元，财政总收入0.54亿元，农村居民人均收入达到23054元。

【工业经济】 松岙镇全年完成规模以上工业总产值14.9亿元，同比增长11.8%；实际利用外资616.5万美元，完成率为308%；R&D经费支出2779万元，完成率为115.8%；规模以上数字经济核心产业产值完成47333万元，同比增长60%；货物进出口总额完成1.5亿元，同比增长24.6%。共受理“惠企专项政策”相关业务17人次，实际完成兑付3万元。全年开展“四联四跑”“服务企业”专项工作，累计走访帮服企业224家次，帮助解决问题41个。全力保障宝龙构件、海丰纸业等企业产业项目提升投产，技改投入1.1亿元。引进首个总部经济项目松和实业，累计实现销售额13.5亿元，纳税2300余万元。

【农业和农村经济】 2021年，实现农村经济总收入20.18亿元，农村居民人均收入21082元。新签约引进正业兴农、道济农业两大农业项目，预计正业兴农全年农产品营收3000万元；完成长粒香、华浙优等38个新品种试种，亩均效益较传统种植模式增加1000元以上。累计投资1180万元建成镇级柑橘产业示范园1个、村级产业园4个，全镇柑橘种植面积2.333平方千米，松岙蜜橘年均销售突破18万千克。完成地理标志商标“松岙”注册，涵盖食品饮料、餐饮住宿等26个大类367种产品。集体经济收入稳步提升，投入1130万元完成7个村光伏发电项目，装机总量达到2258千瓦，每年创造收益175万元，同步完成全域11个村集体经济消薄。完善食品安全监管体系，全年抽测蔬菜农残样品820批次，合格率达99.1%。深入抓好“一打三整治”工作，从严打击非法捕捞行为；做好象山港伏休工作和自备船安全检验工作；同时增殖放流，加大对幼鱼资源的保护力度；加强海上巡查力度，切实保护象山港海洋生态环境。加强森林消防和防汛防台工作，完善森林防火工作体系，提高预防能力，抓好汛前检查和汛期防汛，防汛防台责任体系和能力进一步完善。

【第三产业】 全力打造“浙东滨海红色旅游基地”，构建“三馆八村”格局。投入380万元建成裘古怀烈士陈列馆，同步修缮卓恺泽故居，优化卓兰芳纪念馆。完成8个景区村庄创建，其中，海沿、大埠村成功创建省AAA级景区村庄。推出串联卓兰芳纪念馆、红色古道等遗迹的红色旅游研学环线，打造卓家祠堂等红色研学基地。启动松岙滨海文化旅游年系列活动，举办松岙山海音乐节等活动10余场。全年累计接待游客1100余批、4.5万人次，其中乡村游、红色团队游客逾3万人次，各级媒体累计宣传报道100余次。

【基础设施】 松岙镇完成镇域总体规划、所有行政村村庄规划、土地利用总体规划中期调整，研究实施国土空间规划编制，合理划定“三区三线”，镇、村空间布局全面提升，美丽城镇创建行动方案获评省级优秀，大埠村获评市级村庄规划示范村。完成总投资11.34亿元的镇域水利综合治理工程前期工作。投入1700万元完成西岙村莫家河小流域、东溪小流域、大埠水库治理工程，率先在全区完成所有存量隐患水库清零。

【镇村环境】 持续推进农房改造，完成拆旧16800平方米、建新16140平方米，目标完成数均列全区前三位，西岙村获评市级农房改造示范村。创新实施美丽乡村工程,4个村获评区“美丽村庄”。“五水共治”累计清淤河道3万立方米，1人获评全国优秀河长。“治危拆违”专项行动累计拆除违法建筑2万平方米，完成房屋解危40户。“绿色松岙”建设完成绿化造林20000平方米，补种约27万平方米。采取镇统管、村收集、户定时模式，试点开展垃圾智分类工作，收集率提高25%，率先在全区实现垃圾智分类行政村全覆盖，获评市级垃圾分类示范镇。

【文卫事业】 松岙镇完成各行政村、企业等17个点位的新冠病毒疫苗免费接种22947剂。启动卫生院迁建工程，主体工程建设已完成。投入260万元改造提升农贸市场，依托恒大投资4亿元谋划奉化滨海实验学校项目。成立松溪学堂，开展文化培训活动80余次，参与群众2800余人次。建成新时代文明实践所1个、新时代文明实践站24个，编撰完成《松岙镇志》。创新建立全区首个镇级乡贤医疗服务机制，建立镇、区两级合作医联体。公共服务“大物业”模式将镇区6个行政村环卫保洁等服务统一委托给第三方实施，统筹资金150万元，保洁面积增加20%，保洁效率提高21%，形成“政府职能解放、工作效率提高、责任落实到位”的新局面，成为全区首个省级卫生村全覆盖乡镇，成功创建省级卫生镇。

【民政社保】 松岙镇依托镇困难互助中心、慈善总会等平台，开展低保发放、善款募集等社会救助工作。试点社会救助二维码申报，实现救助申请“数据跑”、救助办理“零次跑”。成功创建省AAA级居家养老服务站4家。建成老年食堂4家，开展送餐300余次，惠及老人7万余人次。退役军人服务站获评2021年浙江省“新时代枫桥式退役军人服务中心（站）”。组建综合性志愿队伍，组织垃圾清扫、爱心帮扶等志愿活动230余次，发动志愿者12000余人次。通过联户、包片等形式，落实环境整治责任，累计开展各类家园日活动40余次。

【社会管理】 松岙镇安全防控设备增设新点位。深化“一室、四平台、一网格”治理平台建设，实现“四个平台”处置率和初信初访答复后化解率达100%；共化解历史遗留问题6件，国家级、省级信访件2件，化解率为100%。国家、省、市、区四级走访登记0批次，镇级走访占比99%以上，位列全区第一名。成立“老龙调解工作室”，快速化解村级矛盾，成功调处案件20余起。抓好安全生产监管，完成企业、民族宗教活动场所、沿街店铺等42个重点区域火灾隐患排查整治，全年无重特大安全事故发生。

【党建工作】 松岙镇运用“学习强国”客户端、党委中心学习组理论学习、“周二夜学”、党员之夜等载体，全面落实意识形态工作责任制，扎实推进党史学习教育。严格执行“三重一大”事项集体研究决策，集体研究决策重大事项15项。开展党性党风教育年活动，全力破解中层干部个人“中梗阻”问题，提振镇干部“精气神”。加强干部梯队建设，坚持德才兼备、以德为先的用人原则，选拔培养一批年轻干部到重要岗位，调整充实中层骨干。开展党风廉政教育，从源头上预防和治理腐败。健全完善财务管理、公务接待等内控制度，以制度管人、管事。加大各类违纪违规案件查办力度，保持风清气正的良好氛围。完善监察机制，加大监察审计工作力度。全年开展各类监督检查20余次、廉政谈话60余人次，收到问题线索7条，党纪政务立案2件，结案2件，党内警告处分2人，批评教育谈话4人。建成村居监察联络站12个，配备站长、联络员等工作人员76人，村级监督网络更加严密，监督效果明显提升。

（王益宁）

人　物

纪念人物

胡　华（1921—1987年）

原名家骅，大桥镇北街村人。1934年考入奉化县立初级中学。1937年夏，考入浙江省立高等师范学校，为公费生。抗日战争爆发后，学校停办，胡华回乡参加抗日宣传活动，组织醒民剧社，巡回演出《放下你的鞭子》等剧，编印救亡刊物《醒民刊》，主办通俗小报《战时大众》。1938年10月赴陕北，先后入陕北公学普通班、高级研究班学习。翌年2月加入中国共产党。9月到达晋察冀敌后抗日根据地。1940年4月起，执教华北联合大学，先后在社会科学部、工运部、社会科学院、法政学院、教育学院讲授“中国近代革命运动史”等课程。1943年1月参加晋察冀边区参议会。抗日战争胜利后赴张家口市，从事工人运动，当选为张家口市工会执行委员，历任宣传部副部长、部长，在《北方文化》《晋察冀日报》多次发表有关工人运动文章。1946年10月，重返华北联大，任教育学院党总支副书记、史地系副主任。次年，参加河北省束鹿县土地改革运动。1948年参加编写中共党史教材，所编《中国新民主主义革命史》被翻译成日文、朝鲜文及维吾尔文、哈萨克文等，作为我国大学生和党政干部的学习教材。中华人民共和国成立初，参加中国人民政治协商会议全国委员会学习干事会（后称学习委员会）工作，后任中国人民大学中共党史教研室主任。1956年晋升教授，兼中国近代史研究所学术委员会委员，编著出版《学习列宁、斯大林关于中国革命的学说》《中国革命史讲义》等书。“文化大革命”中遭受迫害，1970年下放江西余江干校，参加农业劳动。1972年任中国革命博物馆党史顾问。后任职北京师范大学党史系。1977年撰写《南昌起义史话》《青年时期的周恩来同志》。翌年起任中国人民大学中共党史系主任、国务院学位委员会学科评议组成员、中共中央党史资料征集委员会委员、中共党史人物研究会副会长兼《中共党史人物传》主编、《中国大百科全书》历史学卷编委、科学社会主义编委兼《社会主义在中国》卷主编等职。曾应邀前往澳大利亚、美国讲学。1980年后，《中共党史人物传》陆续出版，胡华获最佳主编奖。1987年

胡　华（1921—1987年）

获吴玉章奖金历史学一等奖。12月24日在上海逝世。

2021年5月6日，由中国人民大学博物馆、中国人民大学马克思主义学院、中国人民大学党史党建研究院主办的《生就是奋斗——胡华百年诞辰生平与书信展》，在中国人民大学博物馆开展。展览拣选胡华在战火中进行中共党史教学的珍贵照片、教材、研究文献，以及生前留下的数百封书信等珍贵史料，真实展现胡华奋斗的一生。为纪念党史研究专家、教授胡华，奉化区于2018年开始筹建胡华生平展览厅，2021年6月25日正式对外开放。展厅分5个部分，分别以“绝不做亡国奴”“熔铸坚定信仰”“坚守党史阵地”“生是奋斗　死是休息”“传承薪火　接续奋斗”为主题，展示胡华在革命年代与和平时期开展党史研究与教学的部分照片、教材、研究文献和书信。展览获得广泛好评。

新闻人物

奥运冠军　汪　顺

汪顺，男，1994年2月出生。2000年7月经特招加入宁波市少体校游泳队，2002年进入浙江省体校，2007年被教练朱志根招入浙江省队，2009年进入国家队。曾获得广州亚运会男子200米个人混合泳亚军；喀山游泳世锦赛男子200米混合泳季军；里约奥运会游泳男子200米个人混合季军；国际泳联短池游泳世锦赛男子200米个人混合泳冠军；全国游泳冠军赛暨东京奥运会选拔赛男子200米自由泳冠军。2021年7月30日10时22分，在东京奥运会男子200米混合泳决赛中，汪顺以1∶55.00毫秒的成绩刷新亚洲纪录，为中国代表团夺得第16枚金牌，实现奉化籍运动员在夏季奥运会赛场上金牌零的突破。在第十四届全运会上，汪顺在男子400米个人混合泳、男子4×100米自由泳接力、男子4×200米混合泳接力、男子200米自由泳、男子4×200米自由泳接力和男子200米个人混合泳6个项目的决赛中勇夺金牌，个人累计获得全运会金牌15枚，成为中国全运会历史上获得金牌最多的运动员。

9月30日，区委书记高浩孟（左）、副区长陈彩凤（右）会见奥运会、全运会冠军汪顺（中）

附　录

2021年奉化区国民经济和社会发展统计公报

宁波市奉化区统计局

（2022年2月26日）

2021年是建党100周年，也是“十四五”的开局之年，面对复杂严峻的国际环境和国内疫情散发等多重考验，奉化区委、区政府认真贯彻落实国家、省、市级决策部署，坚持稳中求进的工作总基调，科学统筹疫情防控和经济社会发展，加大实体经济支持力度，国民经济持续恢复发展，民生保障有力、有效，构建新发展格局迈出新步伐，高质量发展取得新成效。

一、综　合

地区生产总值。初步核算，全区实现地区生产总值848.44亿元，按可比价计算，比上年增长5.6%。分产业看，第一产业实现增加值33.79亿元，增长3.5%；第二产业实现增加值523.83亿元，增长9.1%；第三产业实现增加值290.82亿元，增长0.2%。三次产业之比为4.0∶61.7∶34.3，对GDP增长贡献率分别为2.7%、96.2%、1.1%。

财政收支。全年我区完成财政总收入119.98亿元，比2020年增长19.9%。一般公共预算收入74.18亿元，增长15.0%，占GDP收入比重的8.7%，增值税、企业所得税、其他地方税种等主体税种保持较快增长，其增幅分别达到12.8%、67.1%和3.7%。

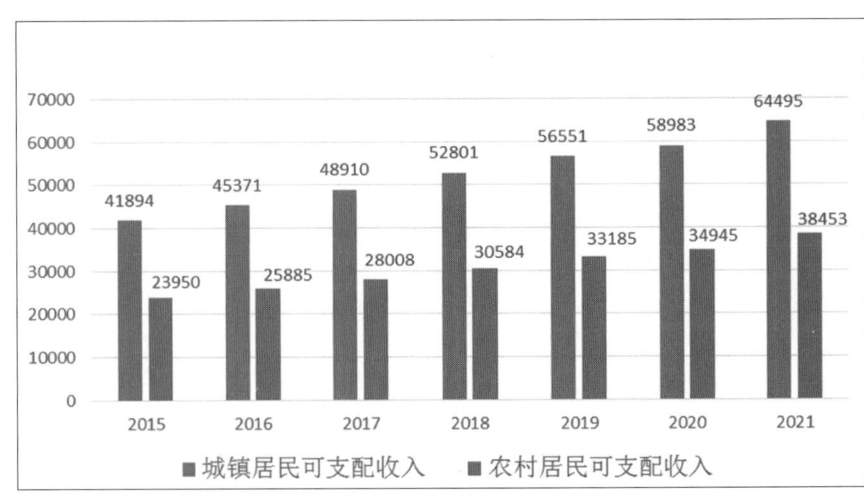

图1　2015—2021年历年地区生产总值（GDP）及增速

一般公共预算支出94.39亿元，增长10.6%，其中，民生支出70.60亿元，占一般公共预算支出的74.8%。

就业和再就业。全年城镇新增就业人数20258人，共举办各类人力资源洽谈会89期，有11249名求职者与企业达成用工意向。帮助2039名就业困难人员实现再就业。登记失业人数6374人。城镇登记失业率为2.43%。

市场价格。奉化区居民消费价格指数（CPI）累计上涨2.0%，涨幅比2020年低1.5个百分点，其中，服务价格指数上涨1.4%，消费品价格指数上涨2.4%。构成居民消费价格指数的八大类商品呈现“全面上涨”的格局：交通和通信类上涨4.5%、食品烟酒类上涨2.6%、居住类上涨1.3%、生活用品及服务类上涨1.2%、教育文化和娱乐类上涨1.1%、医疗保健类上涨0.7%、其他用品和服务类上涨0.7%、衣着类上涨0.6%。

二、农业和农村

农业生产。全年我区实现农、林、牧渔业总产值56.96亿元，比上年实际增长4.9%，其中，农业增长0.94%，林业增长4.65%，畜牧业14.02%，渔业增长7.00%。实现农、林、牧渔业增加值35.12亿元，增长3.6%。完成粮食播种面积15.50万亩，粮食产量6.31万吨。“奉化曲毫”成功获得农业农村部地理标志农产品登记保护。成功建成滕头田园综合体以及溪口五林村、西坞金峨村等4个农业公园。成功创建省级健康养殖示范场4家。

新农村建设。建成梳理式改造村60个，成功创建小集镇式中心村1个、历史文化保护重点村1个、美丽乡村示范镇（街道）2个、乡村振兴示范带1条、省级新时代美丽乡村达标村69个（其中精品村23个）、省级善治（示范）村40个。创建“浙东民居”样板村1个、培育村1个，市级农房改造示范村7个。实施垃圾分类智分类村104个，成功创建省级高标准示范村1个，市级垃圾分类示范镇1个、示范村3个。

水利建设。全年水利建设完成投资19.75亿元。葛岙水库工程、甬江防洪工程东江剡江奉化段堤防整治（二期）工程、剡江（畸山至萧王庙）及支流河道治理工程、龙潭滞洪分洪区改造工程、鱼山与大欧泵站工程、倪家碶河整治工程、海塘安澜等重点工程顺利推进。完成6座小型水库除险加固，14座山塘分类治理；河湖库塘清淤累计完成25.15万立方米；中小河流治理累计完成4公里；完成1座小型水库安全鉴定、249座重要山塘安全评定和4座水闸安全鉴定；完成水土流失治理2.5平方公里；新增水域面积7万平方米。

三、工业和建筑业

工业经济。全年实现工业增加值473.18亿元，比上年增长9.4%。规模以上工业中，32个工业行业大类有24个行业增加值实现正增长，行业增长覆盖率为75.0%；实现规上工业出口交货值170.07亿元，同比增长22.4%，工业新产品产值率为21.7%；新兴动能加速壮大，规上工业中高端装备制造业、数字经济核心产业、高技术制造业、人工智能产业增加值分别增长22.8%、19.6%、18.6%、18.5%；规上工业实现利润总额64.57亿元，同比增长12.7%，营业收入利润率为6.2%。年末，规模以上工业企业营业收入上亿元企业达到157家，比上年增加32家。

建筑业。全年实现建筑业增加值50.75亿元，比上年增长6.9%。全区资质以上建筑企业104家，完成建筑业总产值137.38亿元，比上年增长17.7%。房屋建筑施工面积755.5万平方米，比上年增长6.7%，新开工新型建筑工业化面积为271.7万平方米，钢结构装配7.18万平方米。

四、固定资产投资和城市建设

固定资产投资。全年固定资产投资比上年增长28.9%。分产业看，第一产业下降71.0%；第二产业下降0.6%，其中，工业投资与去年同期持平；第三产业增长34.9%。项目投资增长1.4%，其中，基础设施投资下降17.0%；完成房地产投资242.69亿，增长55.2%。民间投资增长8.3%，建安工程投资增长18.3%。商品房销售面积146.06万平方米，下降47.8%；二手住房成交4169套，成交面积4.54万平方米，比上年减少17.23%。

城乡人居环境建设。深入推进老旧住宅小区改造，完成阳光小区、强人花园等5个老旧小区改造。扎实推进城乡危旧房整治，完成13.9万户农房排查并完成录入，录入率为100%；共治理改造完成农村困难家庭危房35户；落实500幢城镇房屋日常动态监测和网格化巡查。规范提升物业管理，中心城区已成立业委会的物业小区37个，全区三分之一的物业管理住宅小区已建成三星级以上平安小区。镇村人居环境显著提升，莼湖街道、西坞街道获评美丽城镇省级样板；完成2020年度大堰社家畈村、裘村翔鹤潭村等4个省级美丽宜居示范村建设。滕头社区、金钟社区等5个社区列入省未来社区创建名单。垃圾分类加快推进，全区65个小区的厨余垃圾、140家企事业单位的餐厨垃圾、156家镇（街道）、企事业单位的有害垃圾纳入"公交化"收运处置体系。全年生活垃圾处理总量9.91万吨，城镇生活垃圾回收利用率达到67%。实施市政设施整改。全年累计清淤疏通管网484.97公里、检测221.52公里，修复15.68公里，完成日处理量20吨及以上农村生活污水处理设施165个；新增绿地39公顷，养护绿地面积130余万平方米，新增口袋公园2处；智慧停车（二期）已完成智能管理中心的建设，新增车位1572个，安装高位视频设备550个；累计开展各类专项整治行动640余次，劝导教育各类违法、违章行为6.3万余起。

五、交通运输业

交通投资。全年完成交通投资21.1亿元，同比增长13.6%。S203省道奉化段公路工程一期、沿海农村联网公路石沿段二期（沿海旅游观光道路石沿段）、马松线K4+000–K11+500提升改造工程（沿海旅游观光道路马松线段）、溪口镇旅游专线（溪南隧道）工程、奉化东环路（K0+000—K5+240）改造提升工程、下湖线提升改造工程、锦奉大道路面提升工程顺利完工。完成15条20.6公里农村公路加密提升工程，继续实施危桥改造、边坡整治等项目。年末，全区公路总里程1412.16公里，其中，三级以上公路462.44公里，路网密度111.36公里/平方公里。

交通运输。完成营业性公路客运量72.47万人次，同比下降61.4%，旅客周转量5102万人公里，同比下降72.6%；完成公交输送旅客83787人次，下降45.65%；货运量3996万吨，同比下降4.3%；完成货运周转量566780万吨公里，同比下降6.2%；完成水上货物运输量544万吨，货物周转量876180万吨公里，同比增长12%和增长8.5%。

公共交通。公共交通不断优化，大力推进与宁波主城区公交一体化发展，结合轨道3号线的开通，调整33条公交线路对接轻轨金海站、大成站；另有2条线路进公交西站，促进奉化全部镇街道及开发区公交与轻轨接驳。年末，全区共有营运公交车691辆，公交线路总长度2517.6公里，公交输送旅客2452.96万人次，增长20.9%。

六、贸易和旅游业

贸易业。全年实现商品销售总额比去年增长32.5%，其中限上商品销售额同比增长33.3%。实现社会消费品零售总额162.14亿元，增长6.3%；累计发放消费券13.34万张，产生交易24.5万笔，涉及优惠金额2862.91万元，带动消费人数14.5万人次。

对外贸易、合作。全年完成外贸进出口总额262.91亿元，比上年增长21.2%，其中外贸出口总额229.54亿元，增长18.0%。实现跨境电商出口额39.52亿元，同比增长15.2%。加大外贸企业招引力度，全年实际利用外资达1.32亿美元，比上年增长14.9%。

旅游业。全年接待国内外游客478.45万人次，同比增长7.5%，实现旅游总收入73.98亿元，同比增长5.55%。国家AAAAA级旅游景区1个；国家AAAA级旅游景区新增奉化博物馆景区，共计2个；国家AAA级旅游景区新增联步青云景区，共计5个。青创大走廊等2条精品线路、惠政老街等2个特色街区新装亮相，名山风景线获评全市首批最美精品线路。新增民宿8家，累计达130家。

七、金融和证券

金融业。年末全区金融机构本外币各项存款余额1052.83亿元，比年初增加136.89亿元，比上年增长14.9%；各项贷款余额1178.99亿元，比年初增加193.58亿元，比上年增长19.6%。银行业金融机构不良贷款余额4.45亿元，不良贷款率为0.38%，比年初下降0.17个百分点。

保险业。全年保险机构实现保费收入13.6亿元，比上年增长0.8%，其中，财产险保费收入6.31亿元，减少5.3%；人身险保费收入7.29亿元，增长6.9%。

证券业。全年证券经营机构证券成交总额1756.27亿元，比上年减少18.0%。年末全区有7家证券营业部，证券从业人员82人，证券投资者66325户。

八、科技、教育、人才

科技创新。全区新立项实施宁波市级以上科技计划项目430项，其中国家级科技项目47项，省级7项，宁波市级376项。全年申请专利3539件，其中申请发明专利888件；授权专利2872件，其中授权发明专利214件；有效发明专利拥有量1174件。落户锋成纳米材料研究院、瑞凌辐射制冷研究院2家研究院和瑞嘉通信技术研究院、麦博韦尔研究院、海上鲜海洋新经济研究院、瑞晟智能物流研究院、茗山科创中心5家数字产业平台。新增"小而美"苗子企业22家，"春苗计划"创新孵化平台1个。

教育事业。全区现有中小学校和特殊教育学校50所，幼儿园74所。在校中小学和特殊教育学校学生54432名、幼儿园在园幼儿14483名，其中普通高中学生6280名、中等职业学校学生4036名、初中学生13764名、小学学生30274名、特殊教育学校学生78名。中小学和特殊教育学校专任教师3862名、幼儿园专任教师1076名，其中普通高中746名、中等职业学校326名、初中1202名、小学1562名、特殊教育学校26名。全区学龄儿童入学率、小学毕业生升学率均达到100%；初中毕业生升学率为99.86%，基本实现了普及十五年教育。学校办学条件进一步改善。小学生均占地面积22.25平方米，每百生拥有计算机25台；初中生均占地面积43.89平方米，每百生拥有计算机34台；普高生均占地面积84.71平方米，每百生拥有计算机53台；中职生均占地面积33.12平方米，每百生拥有计算机35台。

人才工作。实施"全国选才"战略，先后组织5次27场赴外招聘，成功举办了春夏等15次大型公益性人才交流大会，2.1万人次进场应聘。全年引进和新增各类人才1.85万名，其中，博士48名，硕士497名；培训各类人才 39436人次。推荐晋升高级以上职称174人，晋升中级职称357人，478人获得初级职称。年末全区共有各类专业技术人才70201人，其中中级以上技术职称人员20168人，各类农民技术人员3725人。

九、文化、卫生、体育

文化建设。全民艺术普及深入推进。博物馆举办讲座145场，参与人数达8200余人次；开设展览10场，共接待观众22.9万人次。"山海交响——奉化历史文明展"获评"第十五届全省博物馆陈列展览精品项目"。开展"和乐大舞台""百姓戏台""宁波走书"等惠民活动680余场。"一人一艺"全民艺术培训100余场次，受益群众超5000人次。实现每万人拥有公共文化设施面积5100平方米。新增图书采编到库10.16万册，累计达到73.91万册；依托巴人读书节、凤麓讲堂等平台载体，举办阅读推广活动507场次。红帮裁缝技艺列入第五批国家级非物质文化遗产代表性项目名录；弥勒文化被确定为首批"浙江文化标识"培育项目。

卫生事业。全区有医疗卫生机构484家，核定床位2811张，有卫生技术人员4709人，其中，执业（助理）医师1896人，注册护士1856人。基本实现县、乡、村三级卫生服务网络全覆盖，实现国卫镇创建全覆盖、市卫村全覆盖，省卫村覆盖率达到86%。4家公立医院的27个学科分别与上海、杭州、宁波等地11家三甲医院建立长期合作关系。区域就诊率为94.2%，基层就诊率达到67.95%。全年无甲类传染病报告，乙类报告发病率255.62/10万，同比上升20.35%。所有公立医疗机构均已实现全省范围内的医学影像检查资料和医学检验结果互认共享。全区累计接种新冠病毒疫苗126.72万剂次。开展各类健康巡讲1606场次，受教人群4.2万人。成功创建县级全国基层中医药工作先进单位。

体育事业。持续打造第六届桃花马拉松、第三届海峡两岸排球精英赛、第八届“江南百英里雪窦山越野赛”等品牌赛事IP，海峡两岸桃花马拉松获评中国田径协会铜牌赛事和最美赛道特色赛事。举办区级及以上赛事活动250余场。徐凫岩运动景区入选中国体育旅游十佳精品项目和长三角体育旅游目的地，商量岗获评浙江省运动休闲优秀项目，奉化区获“浙江省运动休闲基地”称号。总投资约5.5亿元的新体育中心项目体育场（田径场、游泳馆）主体结构结顶并投入使用，22个省、市民生实事项目如期竣工，获“十三五”省体育场地设施建设突出贡献奖。全区1965个公共体育场馆和963.09公里登山步道全面实现数字化、智慧化管理；人均体育场地面积达4平方米。东京奥运会奉籍运动员汪顺勇夺我区首枚奥运会金牌，奉化区获2021年度浙江省竞技体育突出贡献奖。

十、人口、居民生活和社会保障

人口规模。年末，全区共有8个街道、4个镇、39个社区、10个居民区、283个行政村。年末，全区户籍人口477862人，比上年减少1535人，其中，城镇人口222172人。全年出生人口2190人，出生率4.58‰；死亡人口4085人，死亡率8.55‰；人口自然增长率-3.97‰。

居民收支。全年，全体居民人均可支配收入51587元，比上年增长9.8%，扣除价格因素，实际增长7.6%。其中，城镇居民可支配收入64495元，增长9.3%；农村居民可支配收入38453元，增长10.0%。城乡居民收入比由上年1.69∶1缩小到1.68∶1。城镇居民人均生活消费支出45415元，农村居民人均生活消费支出23894元，分别比上年增长18.4%、17.7%。城乡居民恩格尔系数分别为28.0%、33.1%。年末，城镇居民人均住房建筑面积47.1平方米，农村居民人均住房建筑面积61平方米。

社会保险。各类社会保险扩面工作稳步推进。年末，全区企业职工养老保险参保人员298237人，工伤保险参保人数271740人，失业保险参保人数158150人，城乡居民养老保险参保人数109100人，被征地人员养老保障参保人数49118人。

民生保障。年末，全区最低生活保障对象总数为6263户8477人，城乡居民最低生活保障标准从842元提高到1005元，全年发放最低生活保障资金7957万元。特困供养人员268人，从1555元/月提高到1709元/月。发放困难群众春节慰问金和节日生活困难补助金1939万元，困难群众基本生活价格补贴209万元；临时救助款459万元，2047户3433人次困难家庭得到了及时救助；为17134名我区户籍80周岁以上高龄老人发放高龄津贴1186万元。全年合计床位5059张，每百名老年人拥有床位数6.6张。建成居家养老服务机构333家，其中AAAAA级居家养老服务机

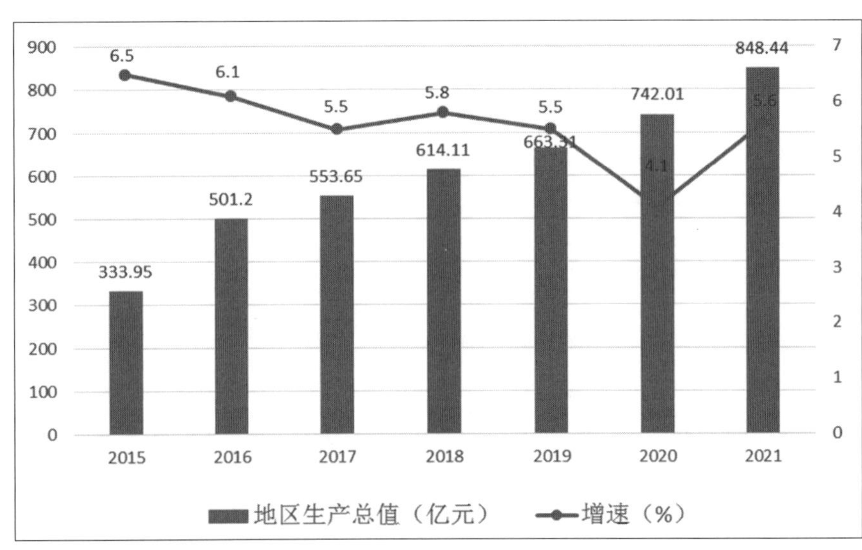

图2　2015—2021年历年城镇和农村居民可支配收入

构1家，镇（街道）示范型居家养老服务机构13家，机构数量覆盖所有城市社区和农村，服务覆盖全区所有居家老年人。

慈善事业。全年慈善机构募集善款4405万元，救助支出4328万元，受助的困难群众达1.08万人次。区慈善机构累计募集已达43253万元，累计救助支出37034万元，受助54.21万人次。

十一、资源环境、社会安全

生态建设。全年环境空气优良率为97.3%，$PM_{2.5}$平均浓度为25微克/立方米，地表水环境功能达标率达到100%，15个县控以上断面地表水优良率达到100%。大堰生态环境教育特色小镇荣获"美丽中国·我是行动者"2021年"十佳公众参与案例"，大堰镇、箭岭村和张家村成为全省首批低(零)碳试点创建单位。环境投诉量连续七年稳步下降，"1+X"环境监管模式服务企业408家次。省委生态环境保护专项督察全部完成，共计排查入库生态环境问题566个。全社会用电量46.68亿千瓦时，比上年增长16.6%，其中城乡居民生活用电6.60亿千瓦时，增长8.7%。

平安建设。全年发生各类生产安全事故10起、死亡6人，与前两年平均数相比分别下降23%、40%；安全生产综合治理三年行动收官之年累计成立检查组1126个，检查单位12330家，排查发现一般隐患22201条，已整改20780条，整改率93.6%。全区落实防汛抢险队伍42支1592人，社会应急救援队伍2支60人，防汛抗洪抢险应急连125人。落实避灾安置场所217处，323个行政村防汛形势图实现图表化，新建省级避灾安置场所规范化建设36处。

全年完成食品定量检测1947批次，其中检出不合格35批次。药品监督抽样250批次，检验均为合格，全年上报药品不良反应878例、医疗器械不良事件188例。共查处各类经济违法违规案件852件，其中药械化领域案件40件、食品领域案件518件、移送司法机关案件5件。举报投诉中心和消保委共受理举报投诉3205件。全区信访总量（不含来电）为3152件（人）次［含上级登记1358件（人）次］，同比下降32.4%；其中来信458件（含上级登记414件），网上信访1974件，四级走访共179批720人次，同比批次及人次分别下降29.3%和24.2%。政务服务热线平台受理群众来电、网上投诉共113591件，同比下降6.9%。企业劳动合同签订率和已建工会企业集体劳动合同签订率分别达到99.3%和100%；健全防范处置欠薪机制，共处理各类劳资纠纷案件248起，涉及职工5930人，涉案金额8110万元，结案率达99%；提升劳动人事争议处理效能，全区受理劳动争议993件，仲裁结案率达到98.4%，调解率达到84.3%。

注：

（1）本公报所列各项数据均为初步统计数。

（2）全区生产总值、各产业增加值绝对数按当年价格计算，增长速度按可比价格计算。

（3）规模以上工业企业指年主营业务收入2000万元及以上企业。

限额以上批发、零售、住宿、餐饮企业分别指达到如下额度的企业：

批发业指年主营业务收入2000万元及以上；

零售业指年主营业务收入500万元及以上；

住宿业指年主营业务收入200万元及以上；

餐饮业指年主营业务收入200万元及以上。

固定资产投资指计划总投资500万元及以上的项目。

（4）根据上级文旅部门统一部署，旅游业的统计方法和口径有调整。

部分政区、组织、机构全称简称对照表

表40

全 称	简 称
浙江省	省
中国共产党浙江省委员会	省委
浙江省人民政府	省政府
宁波市	市
中国共产党宁波市委员会	市委
宁波市人民政府	市政府
中国共产党宁波市奉化区委员会	区委
宁波市奉化区人民代表大会常务委员会	区人大常委会
宁波市奉化区人民政府	区政府
中国人民政治协商会议宁波市奉化区委员会	区政协
宁波市奉化区人民武装部	区人武部
中国共产党宁波市奉化区委办公室	区委办
宁波市奉化区人民代表大会常务委员会办公室	区人大办
宁波市奉化区人民政府办公室	区府办
中国人民政治协商会议宁波市奉化区委员会办公室	区政协办
中国共产党宁波市奉化区纪律检查委员会、宁波市奉化区监察委员会	区纪委监委
中国共产党宁波市奉化区委组织部	区委组织部
中国共产党宁波市奉化区委宣传部	区委宣传部
中国共产党宁波市奉化区委统一战线工作部	区委统战部
中国共产党宁波市奉化区委政法委员会	区委政法委
宁波市奉化区信访局	区信访局
中国共产党宁波市奉化区委老干部局	区委老干部局
宁波市奉化区档案馆	区档案馆
中国共产党宁波市奉化区委党校	区委党校
宁波市生态环境局奉化分局	区生态环境分局
宁波市自然资源和规划局奉化分局	区自然资源和规划分局
宁波市奉化区农业农村局	区农业农村局
宁波市奉化区投资促进局	区投促局
宁波市奉化区供销合作社联合社	区供销社
宁波市奉化区水利局	区水利局
国网浙江宁波市奉化区供电有限公司	区供电公司

续表40

全　称	简　称
宁波市奉化区住房和城乡建设局	区住建局
宁波市奉化区交通运输局	区交通局
宁波市奉化区财政局	区财政局
宁波市奉化区税务局	区税务局
中国人民银行宁波市奉化区支行	人行宁波市奉化区支行
宁波市奉化区发展和改革局	区发改局
宁波市奉化区审计局	区审计局
宁波市奉化区统计局	区统计局
宁波市奉化区市场监督管理局	区市场监管局
宁波市奉化区综合行政执法局	区综合执法局
宁波市奉化区应急管理局	区应急管理局
宁波市奉化区公安分局	区公安分局
宁波市奉化区人民检察院	区检察院
宁波市奉化区人民法院	区法院
宁波市奉化区司法局	区司法局
奉化人力资源和社会保障局	区人力社保局
宁波市奉化区民政局	区民政局
宁波市奉化区医疗保障局	区医保局
宁波市奉化区退役军人事务局	区退役军人事务局
宁波市奉化区科学技术局	区科技局
宁波市奉化区教育局	区教育局
宁波市奉化区文化和广电旅游体育局	区文广旅体局
宁波市奉化区融媒体中心	区融媒体中心
宁波市奉化区卫生健康局	区卫生健康局
中华人民共和国奉化海关	奉化海关
宁波市奉化区国有资产管理中心	区国资管理中心
宁波市奉化区政务服务办公室（宁波市奉化区公共资源交易管理办公室）	区政务办（区公共资源交管办）
宁波市奉化区政府侨务办公室	区侨办（区侨联）
中国共产党宁波市奉化区委台湾工作办公室	区台办
宁波市奉化区人民防空办公室	区人防办

名词解释

1.“四争四做”：在学思践悟上奋勇争先，做政治坚定的模范；在守善笃行上奋勇争先，做崇德正身的模范；在务实办事上奋勇争先，做为民服务的模范；在担当破难上奋勇争先，做勇开新局的模范。

2.“四百”：“百优百地”阵地宣讲、“百人百场”微型宣讲、“百号千篇”线上宣讲、“百队六进”全面宣讲。

3.“三为”：我为群众办实事、我为企业解难题、我为基层减负担。

4.七大攻坚行动、十大标志性工程：新动能培育攻坚行动、城乡深度融合攻坚行动、收入十年倍增攻坚行动、全生命周期公共服务提质攻坚行动、全域美丽大花园建设攻坚行动、新时代新风尚养成攻坚行动、区域治理现代化攻坚行动；幼儿园扩容提升及幼托服务提质工程、农村医疗卫生服务提质工程、老旧小区拆迁改造工程、城中村改造及农村集聚工程、低收入群体增收工程、社会保障提质提标工程、乡村路网提质工程、“污水零直排”巩固工程、文明习惯养成工程、“平安村社”全覆盖工程。

5.“四张清单”：重点任务清单、突破性抓手清单、重大改革清单、首批典型案例清单。

6.“四治”融合：自治、德治、法治、智治。

7.“精特亮”：精品线路、特色街区、亮点工程。

8.“五大员”：驻企专员、村社指导、项目经理、街巷跑长、镇街帮办。

9.“六色”行动：实施党的创新理论进入千家万户行动，彰显文明实践本色；推进培育践行主流价值行动，厚植文明实践底色；实施绿色根基最美山海行动，展现文明实践特色；实施文明有礼奉城守礼行动，擦亮文明实践原色；实施传统文化进万家行动，增添文明实践亮色；实施助推基层综合治理行动，提升文明实践成色。

10.“六不准”：涉企审批高效便捷，不准要求企业重复、多头填报材料；涉企检查统筹管理，不准随意检查；涉企服务有呼必应，不准推诿扯皮；涉企投诉即接即办，不准逾期回复；合同承诺依法兑现，不准拖欠账款，新官不理旧账；所有市场主体必须平等对待，不准违规设置门槛和市场壁垒。

11.“八严禁”：严禁收受企业赠送的财物；严禁接受企业的吃喝宴请；严禁与企业人员赌博玩乐；严禁向企业筹资借钱借物；严禁插手企业的经营管理；严禁在企业兼薪投资分红；严禁到企业报销私人费用；严禁向企业强买强卖物品。

12.“四种形态”：第一种是经常开展批评和自我批评、约谈函询，让“红红脸、出出汗”成为常态；第二种是党纪轻处分、组织调整成为违纪处理的大多数；第三种是党纪重处分、重大职务调整的成为少数；第四种是严重违纪涉嫌违法立案审查的成为极少数。

13.奉新嵊合作区：甬绍一体化合作先行区建设方案中涉及奉化区、新昌县、嵊州市的四明山生态文旅休闲体验区和义甬舟开放大通道合作先行区。

14.四好农村路：把农村公路建好、管好、护好、运营好。

15.两强三提高：“两强”即强谋划、强执行，“三提高”即提高行政质量、提高行政效率、提高政府公信力。

16.两大计划：“全面创新”计划和“全域美丽”计划。

17.六大会战：“五年奉献一个新奉化”项目大会战、城乡危旧房整治大会战、平台园区建设大会战、民生同城化大会战、基层治理大会战、干部作风整治大会战。

18.人才银行：用于解决区内人才企业贷款难问题而成立的虚拟金融机构，有针对性地提供利率较低、额度较高的纯信用贷款。

19.五大变革：思想观念变革、发展动能变革、空间格局变革、制度体系变革、干部能力变革。

20.五大跃迁：发展思维大跃迁、综合实力大跃迁、城乡形象大跃迁、治理效能大跃迁、工作质效大跃迁。

21.“凤凰行动”2.0版：浙江省在巩固原有“凤凰行动”成果的基础上，深化推进企业上市和并购重组工作，提出“凤凰行动”新一轮五年计划（2021—2025年），力争2025年年末全省境内外上市公司达到1000家。

22.八大百亿级产业集群：关键基础件（气动）、智能家电、时尚服装、汽车零部件、生命医疗健康、电子信息、新材料、新能源（节能环保）等8个产业集群。

23.“4566”乡村产业振兴行动：到2025年，宁波将培育形成4个绿色基础产业、5个特色优势产业、6个现代加工流通产业、6个新型融合产业。

24.科创飞地：在北京、上海、杭州、深圳等7个重点城市设立凤麓孵化器，实现“小而美”“黑科技”“独角兽”企业在奉注册，在外研发、销售、孵化、成长。

25.一湾两山三江三库：“一湾”即象山港湾，“两山”即四明山脉、天台山脉，“三江”即剡江、县江、东江，“三库”即横山水库、亭下水库、葛岙水库。

26.三区两廊三江三库：“三区”即“一山、一湾、一城”，包括雪窦山佛教名山、滨海风情湾、主城区时尚名城都市旅游组团及环城休闲带；“两廊”即山海旅游走廊、3号青创大走廊；“三江”即诗路剡溪旅游带、活力县江旅游带、生态东江旅游带；“三库”即横山水库、亭下水库、葛岙水库。

27.“奉有”幸福民生品牌：奉有善育、奉有优学、奉有健康、奉有颐养、奉有宜居、奉有保障、奉有温暖。

28.五大行动：全域空间系统重塑行动、服务业优先发展行动、历史难题拔钉清零行动、全民共富优享行动、干部队伍正风提能行动。

29.揭榜挂帅项目：产业链开展关键核心技术难题攻关，以“张榜”方式邀请专家、企业代表发布攻关“榜单”，鼓励企业与企业、企业与高等院校、科研院所以及产业技术研究院联合“揭榜”的项目。

30.数字孪生：充分利用物理模型、传感器更新、运行历史等数据，集成多学科、多物理量、多尺度、多概率的仿真过程，在虚拟空间中完成映射，从而反映相对应的实体装备全生命周期过程。

31.亩均论英雄：浙江省正在全面深化进行的一项经济改革，用“亩均效益”对经济效果进行评价，而非“唯GDP”，建立企业综合评价指标体系，推动资源要素向优质高效的领域集中。

32.雏鹰行动：浙江省实施数字化改造提升、质量标准提升、创新能力提升等10项工程，引导中小企业开展质量、标准和品牌建设，打造“浙江制造”品牌，引导中小企业实施针尖战略，聚焦主业，主攻细分行业。

33.滨海“一城三区”：滨海新城、国家级经济开发区、国家级渔港经济区、国家级旅游度假区。

34.扩中提低：扩大中等收入群体规模，提高低收入群体收入。

35.阳光行动：以来料加工增加就业为主的助农增收行动。

36.万亩方、千亩方：布局集中连片、农田设施完善、生态美丽良好、适合规模种植和现代农业生产的规模超过万亩、千亩的优质耕地和永久基本农田。

37.宅基地“三权分置”：宅基地被赋予的所有权、资格权和使用权三权分离。

38.农民“带权进城”：在保留进城农民依法享有农村“三权”的基础上，均等享受城镇社会保障和公共服务。

39.三线一单：生态保护红线、环境质量底线、资源利用上线和生态环境准入清单。

40.低散乱高：亩均税收万元以下低效、不符合布局规划、违法违规建设、高污染和高能耗企业。

41.义务段“双强工程”：初中强校工程和小学强基工程。

42.三免三惠：“三免”即参保城乡居民免费健康体检、重点人群免费接种流感疫苗、重点人群免费重点疾病筛查；“三惠”即惠享家庭医生贴心服务、惠享县域优质医疗服务、惠享数字化健康新服务。

43.“152”体系：浙江省委提出的数字化改革工作体系，“1”即一体化智能化公共数据平台；“5”即5个综合应用，分别是党政机关整体智治、数字政府、数字经济、数字社会和数字法治；“2”即数字化改革的理论体系和制度规范体系。

44.“141”体系：一中心、四平台、一网格的基层治理体系。“1”即区级指挥中心；“4”即镇（街道）基层治理4个平台，分别是监管执法、公共服务、应急管理和综治工作；“1”即村社1张网格。

45.四风：形式主义、官僚主义、享乐主义、奢靡之风。

46.“六学联动”：领导干部带头学、对照要求“规范学”、竞赛测试争先学、红色现场沉浸学、数字手段云端学、灵活载体融合学。

47.“四百宣讲”：指深入开展“百优百地”阵地宣讲、“百人百场”微型宣讲、“百号千篇”线上宣讲、“百队六进”全面宣讲活动。

48.“四史”：中国共产党历史、新中国史、中国改革开放史、中国社会主义发展史。

49.“两微一端”：指微博、微信及新闻客户端。

50.“六进”：进企业、进农村、进机关、进校园、进社区、进网络。

51.“六讲六做”：讲好新时代的辉煌成就特别是“两个确立”对新时代党和国家事业发展、对推进中华民族伟大复兴历史进程的决定性意义，做“两个确立”的忠实拥护者、做“两个维护”的示范引领者；讲好党的百年奋斗历程，做红色根脉的坚定守护者；讲好百年奋斗的宝贵经验，做新时代“重要窗口”的优秀建设者；讲好总书记深厚的为民情怀，做人民至上的不懈奋斗者；讲好总书记在浙江的故事，做“八八战略”的忠实践行者；讲好总书记赋予浙江的重大历史使命，做高质量发展促进共同富裕的先行探路者。

52.“三学并进”：以上率下全面学、活用资源创新学、基层宣讲深入学。

53.“六个一批”：指宁波市宣传思想文化系统选拔的理论、新闻出版、文艺、体育、文化经营管理、创意设计等六类人才各一批

54.“三服务”：服务企业、服务群众、服务基层。

55.助医“四陪”：通过入户陪伴、就医陪诊、住院陪护、康复陪训，提供一站式助医帮扶，提升老兵健康水平

56.“8个对标对表、8方面具体行动”：对标对表“重要窗口”，开展“人人争当窗口、处处呈现风景”主题活动；对标对表“疫情防控要慎终如始”，开展“疫情风险排查化解”专项行动；对标对表“复工复产要化危为机”，实施“高质量发展”行动计划；对标对表“改革开放要不断深化”，开展“亮点比晒”活动；对标对表“治理体系和治理能力要补齐短板”，开展“补短板”专项行动；对标对表“发展不平衡不充分问题要率先突破”，开展“我们的家园”活动；对标对表“生态文明建设要先行示范”，开展“美丽经济打造”行动；对标对表“全面从严治党要走向纵深”，开展“六深化、六养成”作风大整治活动。

57.“七张问题清单”：重大巡视问题、重大督查问题、重大审计问题、重大生态环境督察问题、重大信访、重大舆情、重大安全等七方面的内容。

58.“五不”问题：重大决策落实不快、服务保障不优、难题破解不力、执行规矩不严、干部形象不佳。

59.“五小一跑”：小单位决策、小资金使用、小物资采购、小项目实施、小干部管理以及“最多跑一次改革”运行。

60.“五类人员”：乡镇事业编制人员、优秀村党组织书记、到村任职过的选调生、第一书记、驻村工作队员。

61.“三张清单”：关爱清单、

实战清单、教培清单。

62.“四大课堂”：“领导干部大讲堂”“局长汇智讲坛”“星期六课堂”“乡邑学堂”。

63.“一廊、两室、四角”：政策长廊，图书阅览室和党员活动室，电竞文化角、三员服务角、产品展示角、服务办理角。

64.“四讲四有”：聚焦“党性不纯”，开展“讲政治、有信念”专项教育；聚焦“用权不正”，开展“讲纪律、有底线”专项教育；聚焦“规矩不严”，开展“讲公道、有操守”专项教育；聚焦“担当不力”，开展“讲奉献、有作为”专项教育。

65.“四不问题”：坚决修正“党性不纯”问题，重拳打击“用权不正”问题，强力整治“规矩不严”问题，从严整肃“担当不力”问题。

66.“一端四微多平台”：“掌上奉化”客户端、“奉化发布”“奉化头条”“爱听奉化”“民声1890”4个微信号，多平台还包括视频号、微博。

67.“四个一批”：整治一批短板弱项、创建一批示范点位、维持一批常态机制、开展一批实践教育。

68.“四本预算”：包括一般公共预算、政府性基金预算、国有资本经营预算、社会保险基金预算。

69.“两条例”：省、市分别制定的两个关于学前教育的条例。

70.“两个确立”“两个维护”：“两个确立”指中国共产党第十九届中央委员会第六次全体会议公报指出，党确立习近平同志党中央的核心、全党的核心地位，确立习近平新时代中国特色社会主义思想的指导地位。“两个维护”指坚决维护习近平总书记党中央的核心、全党的核心地位，坚决维护党中央权威和集中统一领导。

71.“四联四跑”：联企业、联村社、联项目、联乡镇，跑企业、跑村社、跑工程、跑街巷。

72.“三不”机制：不敢腐、不能腐、不想腐。

73.“三交底”廉政谈话：开展廉政谈话时，就全面从严治党主体责任履责清单、所在单位问题清单、重要廉政风险清单面对面谈话交底，明确任务要求，落实工作责任。

74.“双专”：专业能力、专业精神。

75.“三个区分开来”：要把干部在推进改革中因缺乏经验、先行先试出现的失误和错误，同明知故犯的违纪违法行为区分开来；把上级尚无明确限制的探索性试验中的失误和错误，同上级明令禁止后依然我行我素的违纪违法行为区分开来；把为推动发展的无意过失，同为谋取私利的违纪违法行为区分开来。

76.五好：领导班子建设好、“五老”队伍作用好、场地建设功能好、活动经常效果好、积极探索创新好。

77.“五史”：中国共产党历史、新中国史、中国改革开放史、中国社会主义发展史、多党合作史。

78.“三重一新”：围绕重大工程项目、重要工作任务、重点发展领域（行业）、新经济业态组织，全面开展劳动竞赛。

79.“平安三率”：群众安全感、平安建设群众参与率和电信网络诈骗犯罪防范知识知晓率。

80.“五大阵地”：残疾人家庭、残疾人基层组织、残疾人服务机构、公共服务场所、社会公益组织。

81.“三救三献”：救灾、救助、救援；献血、造血干细胞捐献、人体器官（遗体）捐献。

82.“五类案件”：爆炸、放火、强奸、绑架、劫持等恶性案件。

83.“六有、六无、六降”：六有指，1.党建引领有成效，村党组织牵头开展平安村建设事务，治保、帮教等组织健全，村干部平安建设分工明确、责任到人，有平安综治工作站（室）并有效运行；2.有专职网格员队伍，充分发挥网格员的“五大员”作用；3.有平安志愿者队伍和应急联动力量，积极参与疫情防控、隐患排查、村容村貌维护等活动；4.有智慧安防体系，辖区重点公共区域的安全设备覆盖面达到100%；5.有矛盾纠纷化解平台，以“发现在早、处置在小”为导向，加强村级调解组织建设，深化村民说事、道德庭等工作载体，做到矛盾化解“村村有办法”；6.有平安宣传工作阵地，参照“平安体验馆”“平安主题公园”“平安小喇叭”等模式，打造驻点式或流动式工作载体，做到平安宣传“一村一阵地”。六无指，1.辖区无新增涉邪教人员，原有涉邪教人员管控有效；2.辖区无进京赴省扰序滋事人员，无集体越级走访现象，无新增信访积案，信访老户管控有效；3.辖区无命案、“两抢”、强奸、绑架、爆炸等恶性刑事案件，无黑恶势力，无新增吸毒人员，无刑满释放人员重新犯罪现象；4.辖区无安全生产、道路交通（村道路及村域内）、消防安全、食品药品等亡人事故；5.辖区无新增违章建筑；6.辖区无较大影响环境问题案事件。六降指，1.辖区电信网络诈骗案件立案数较前三年平均数同比下降；2.辖区信访走访人次较前三年平均数同比下降；3.辖区生产安全事故起数较前三年平均数同比下降；4.辖区道路交通事故起数较前三年平均数同比下降；5.辖区火灾事故起数较前三年平均数同比下降；6.辖区食品药品、生态环境问题案事件起数较前三年平均数同比下降。

84.“一包十”：在平安宣传过程中，1名干部职工包10名人员。

85.“三升三少、最美最好”：执法品质提升、打击效能提升、群众安全感满意度提升，发案少、事故少、乱点少，努力建设宁波最美丽警营、最平安城区。

86.“两办”：区委办公室和区政府办公室。

87.“两个教育”：“满分教育”和“审验教育”。

88.“四项任务”：筑牢政治忠诚、清除害群之马、整治顽瘴痼疾、弘扬英模精神。

89.“三个环节”：学习教育、查纠整改、总结提升。

90.“四个集中”：集中在线界定、集中电话录音、集中线上审核、集中E键联办。

91.“五大机制”：即导师帮带、组团调研、专业法官会议、青年法官列席审委会和院领导主持重点调研课题。

92.“三个规定”：《领导干部干预司法活动、插手具体案件处理的记录、通报和责任追究规定》《司法机关内部人员过问案件的记录和责任追究规定》《关于进一步规范司法人员与当事人、律师、特殊关系人、中介组织接触交往行为的若干规定》。

93.“三沼”：沼气、沼液、沼渣。

94.“三无”：无船名号、无船籍港、无船舶证书。

95.“两收法”：实行分类—收集—运输—处理的全链条闭环式垃圾分类管理。即厨余垃圾和其他垃圾分类由回收人员定点、定时上门收取；有害垃圾和可回收物设置定投点，有害垃圾由物业公司统一清运至镇资源处理站暂放，每季度末月21日由区分类办确定的专业公司统一回收处理。

96.“零污染模式”：实现就地消纳和“减量化、资源化、无害化”，以解决高山村交通不便利、空心化老龄化严重、服务进不来、垃圾出不去的困境。

97.“公交式收运模式”：全村设置16个垃圾收集点（类似公交站点，不设垃圾桶），每天早上6—8点和晚上17—19点垃圾收运车依次到收集点收集垃圾并以小喇叭通知村民，在收运的同时监管源头分类质量。

98.“四懂三会”：四懂，懂得岗位火灾的危险性；懂得预防火灾的措施；懂得扑救火灾的方法；懂得逃生的方法。三会，会报警、会使用消防器材、会预防火灾。

99.“四个年”：招商之家服务年、招商引资攻坚年、招商机制创新年、招商铁军锻造年。

100.“双五”案件：案值超过5万元或数量超过5件（250条）。

101.三位一体：集生产、供销、信用为一体。

102.一般工业固废：企业对一般固体废物进行安全分类存放或采取无害化措施。

103.三区三线：“三区”是指城镇空间、农业空间、生态空间三种类型的国土空间。“三线”分别对应在城镇空间、农业空间、生态空间划定的城镇开发边界、永久基本农田、生态保护红线三条控制线。

104.“三车、三店、三路”：三车为洗车、二手车、僵尸车，三店为蔬菜店、餐饮店、水果店，三路是主干道、次干道、背街小巷。

105.“三改一拆”：指浙江省政府决定，自2013年至2015年在全省深入开展旧住宅区、旧厂区、城中村改造和拆除违法建筑（简称“三改一拆”）三年行动。通过三年努力，旧住宅区、旧厂区和城中村改造全面推进，违法建筑拆除大见成效，违法建筑行为得到全面遏制。

106.“四边三化”：指浙江省委、省人民政府提出的，在公路边、铁路边、河边、山边等区域（简称“四边区域”）开展洁化、绿化、美化行动(简称“四边三化”行动)。

107.“两路两侧”：奉化区全区两路两侧用地范围内和红线外侧国道不少于20米、省道不少于15米、铁路不少于100米，以及城市快速道路和主干道两侧。

108.“七进”：进企业、进学校、进机关、进社区、进农村、进家庭、进公共场所。

109.“四好农村路”：建改好、管理好、养护好、运营好农村路。

110.“三个出行”：安全出行、方便出行、温馨出行。

111.船舶FSC：船旗国监督（FSC）是指船舶所悬挂国旗的国家政府机构对船舶进行的安全检查。

112.“5+1”工程：预报双提升工程、通信双保障工程、站网优化工程、直属站示范工程、综合平台工程五大工程及水文补短板工程的实施。

113.宁波“246”万千亿级产业集群：指浙江省宁波市培育的2个世界级的万亿级产业集群（绿色石化、汽车），4个具有国际影响力的五千亿级产业集群（高端装备、新材料、电子信息、软件与新兴服务），6个国内领先的千亿级产业集群（关键基础件/元器件、智能家电、时尚纺织服装、生物医药、文体用品、节能环保）。

114.“1+1+6+N”：一张融合的网络、一套低代码开发平台、连接6大生产要素,可催生N个5G创新应用。

115.“三全”服务体系：“全方位、全过程、全员”的服务体系。

116.ICT：信息、通信和技术。

117.绿色“四专”机制建设：专营机构、专项额度、专项流程、专项考核。

118.“双百双千”工程：市区百家金融机构对接百家社区，县域千家助农金融服务点对接千个行政村。

119.三提升一整治：通过宣传提升认知，通过培训提升业务，通过制度提升管理水平，通过暗访提升整治力度。

120.“五化”市场：符合“便利化、智慧化、人性化、特色化、规范化”改造标准的市场。

121.LNG点供设备：天然气点对点供气过程中使用的液化天然气储罐、压力容器等设备。

122.“四个最严”：（习近平总书记提出的）“最严谨的标准、最严格的监管、最严厉的处罚、最严肃的问责”要求。

123.“1+5+2”系统：（2021年开年浙江省政府提出）“1”是一体化智能化公共数据平台，其作为智慧化平台中枢将支撑各级、各系统应用创新。“5”即5个综合应用——党政机关整体智治综合应用、数字政府综合应用、数字经济综合应用、数字社会综合应用和数字法治综合应用。“2”是构建理论体系和制度规范体系共两套体系。

124.“三比一讲”项目：浙江省市场监管系统开展比快、比好、比贡献、讲大局“三比一讲”争先创优竞赛。

125.“二检合一”：出厂检验和强制检定二合一。

126.“基层治理四平台”：综合治理、市场监管、便民服务、综合执法。

127.“两小”：小企业、小作坊。

128.VOCs：挥发性有机物。

129.PCR检测：用聚合酶链式反应，检测特定的基因片段。新冠肺炎疫情以来，主要指检测新冠病毒基因片段。

130.“三医联动”“六医统筹”：医疗、医保、医药改革联动；医保、医疗、医院、医药、医生和中医的统筹。

131.“一体两层级、三医四机制、五中心六统一”：县乡两级医疗卫生机构融为一体，但明确各自的功能定位，统分结合；坚持医疗、医保、医药联动改革，改革医保支付、服务价格、药品供应及人事薪酬等机制；在医共体层面，要求成立人力资源、财务、医保、公共卫生和信息化“五大中心”，统一医共体的资产运营、物资采购、人员使用、信息化建设、财务管理和绩效评价。

132.“五个能力”：卫生监督的履职能力、发现能力、覆盖能力、处置能力和创新能力。

133.“五老”：老党员、老专家、老教师、老战士、老模范。

134.“三属”：烈士遗属、因公牺牲军人遗属、病故军人遗属。

135.“三优”：优质产品、有限待遇、优惠价格。

136.“八个一”：（一）学理论，强担当，开启一轮“凝聚老兵”红色教育行动。（二）寻印记，传信仰，开启一轮“宣讲老兵”红色强基行动。（三）亮红星，同携手，开启一轮“您好老兵”红色暖心行动。（四）抓规范，促提升，开启一轮“服务老兵”红色创建行动。（五）建阵地，享优待，开启一轮“礼敬老兵”红色尊崇行动。（六）显本色，立新功，开启一轮“奉邑老兵”红色引领行动。（七）优体系，重帮扶，开启一轮“幸福老兵”红色共富行动。（八）推智治，聚高效，开启一轮“智慧老兵”红色数字行动。

索　引

说　明

一、本索引采用主题分析法编制。

二、索引按主题词首字拼音字母顺序和音序排列，按标引首字的汉语拼音音序排列，首字相同按第二字音序排列，以此类推。

三、标引词后的阿拉伯数字表示内容所在的页码。

四、正文索引仅限于具体条目、类目、分目及条目中的“综述”“概况”“概述”不作索引。

五、《特载》《大事记》《附录》的内容不做索引。

阿拉伯数字

A

B

C

D

F

G

H

J

K

L

M

N

P

Q

R

S

T

W

X

Y

Z